1944년생, 허 스토리

HER
STORY

한국 여성사를 새롭게 쓰다

강숙자

주니어
지식산업사

1944년생, 허Her 스토리Story

한국 여성사를 새롭게 쓰다

제1판 1쇄 인쇄 2022. 11. 2.
제1판 1쇄 발행 2022. 11. 11.

지은이   강숙자
펴낸이   강숙자
펴낸곳   주니어 지식산업사
          03044, 서울특별시 종로구 사직로 8길 34, 1019호
          전화 (02)734-1958 팩스 (02)720-7900
          한글문패   지식산업사
          영문문패   www.jisik.co.kr
          전자우편   jsp@jisik.co.kr
          신고번호   제2021-000064호
          신고연월일 2021. 5. 14.

책값은 뒤표지에 있습니다.

ISBN 979-11-980416-0-9   03990

이 책을 읽고 저자에게 문의하고자 하는 이는
지식산업사 전자우편으로 연락 바랍니다.

1944년생,
허 스토리

HER
STORY

한국 여성사를 새롭게 쓰다

강숙자

주니어
지식산업사

책머리에

누군가 말했다. "기록된 활동은 역사가 되지만, 나머지는 모두 잊히고 만다."[1] 이 책은 필자 개인의 역사이면서, 한국여성사와 한국여성해방이론 형성의 격랑에 동승하여 때로는 맞서기도 하며 때로는 휩쓸리기도 했던 공적 부문의 이면사裏面史이기도 하다.

억압과 질곡에서 헤매던 중세 조선시대 여성을 근대 개화기에 와서 해방시켰다는 통설을 뒤집고, 근대가 여성에게 과연 발전만을 가져왔느냐하는 세계 여성역사학자들의 공통된 물음에 동참하여 그렇지 않다는 답을 이끌어 냈다. 즉 한국에서 여성의 지위가 가장 열악했던 시기는 조선조 사회가 아니라 식민지 자본주의화가 진전되는 일제강점기였음을 밝혔다. 1922년 일본 민법에 종속되면서 조선 여성들이 법적 무능력자가 되었음을 논증한 것이다. 더욱이 이론은 경험에서 도출되기에, 한국 여성들의 경험을 바탕으로 '새 공동체주의 여성해방론'을 제시한 점에서도 비록 작으나마 뿌듯함을 느낀다. '상아탑' 혹은 '학문의 전당'이라는 이름에 걸맞게 '사상의 자유' '학문의 자유'를 보장한 이화여자대학교에 감사한다.

필자는 1950년 한국전쟁이 발발하던 해 4월 1일에 당시 초등학교에 입학했고, 이어서 4.19의거와 5.16군사정부 초기에 고등학교를 다녔기에 한국현대사의 굵직굵직한 변혁의 시기를 몸소 헤쳐 나왔다. 개

---

1) 공병호의 말을 다른이의 글에서 재인용함.

인사에 더 보태어 한국 현대 사회사의 한 조각이라도 더 소개하기 위해 애쓴 부분을 아울러 평가해주었으면 하고 바란다. 한편, 적나라赤裸裸한 모습으로 스스로 노출되고자 한 민망함은 필자가 견뎌내야 할 몫이라고 생각한다.

6.25 전쟁 뒤 유년 시절 공동 수도에서 물 길어오는 일을 어머니께서 과제로 주셨다. 소설이든 교과서이든 책만 들고서 이 힘든 일을 모면하고자 요리조리 피해왔던 필자, 물 긷는 일을 포함한 힘든 집안 살림을 혼자서 대신 도맡아 했던 해숙 언니, 결혼했으나 가난하게 살다가 일찍 하늘나라로 떠난 해숙 언니에게 빚 갚는 마음으로 이 책을 바친다.

2022년 9월 어느 날
광화문 우거에서
저자

안동유치원 졸업 (둘째줄 오른쪽 두 번째 필자, 다섯째 순혜, 서혜, 정자, 이숙자, 앞줄 오른쪽에서 둘째 신자, 여섯째 혜자, 여덟째 추옥

오드리의 선물 흰 원피스 입은 딸 연주,
아들 양헌 이종누나 아진(뒤)

오령의 치마 물려받은 연주

◀박경리 선생님 선물 점퍼 입은 아들-
졸업식에서 선생님과 악수

▲외손자 용훈과 외손녀 혜정

이화교에서 60년대 여대생들 – 멀리 대강당이 보인다

본관 옆 숲에서

학관 앞 잔디밭에서. 영학관 친구들

영학관 앞에서. 김옥자 크레인 선생님들과 함께

영학관 앞에서

영어 연극 공연

영어 연극 출연진들

공연 뒤 출연진들 인사 –
가운데 한복차림의 김갑순 선생님

영학관 실내에서

어머니 은혜를 노래하는 딸들

어머니파티에서 즐거운 한때

크레인 선생님 회갑기념 -김옥자 선생님과 제자들

▲평창동 농원에서

▶1990년 뉴욕시 어느 거리에서

1998년 평창동 농원 영학회 모임

마추픽추에서 지학사회장 부인과 함께

제대한 아들의 위로 여행, 발리

아들과 함께 성지순례의 길목에서

김진홍 목사님의
후쿠오카 숲 치유캠프에서

첫 해외 나들이 터키 원형극장에서

성 소피아성당을 배경으로

옛 도서관 앞에서

지하도시에서

니케아 여신의 조각상 앞에서

상해 여행

제주도 여행

양재천에서   동해안 여행

고려 건국공신 배현경장군   친구를 위로 방문하다   김기혜 원장의 여성 쉼터,
묘역에서   수선화의 집 식구들

졸업 50주년 기념 일본 여행

꽃보다 사람

미국 LA 거주 친구들

차 례

책머리에   5

Ⅰ부 내가 살던 고향은
 1 할머니와 내 악동惡童 시절 ················· 20
 2 안동여중·안동여고 시절 ················· 45

Ⅱ부 청운靑雲의 꿈을 펼칠 서울로
 1 촌뜨기, 서울내기로 살다 ················· 58
 2 학관에서 보낸 나의 청춘 - 영문과 재학 시절 ········· 63
 3 대한가족계획협회에서 근무하다 ················· 88

Ⅲ부 아메리칸 드림 vs 브리티시 드림
 1 아메리칸 드림, 산산이 부서지다 ················· 100
 2 브리티시 드림(British Dream)을 이루다 ········· 108
 3 넓은 세상을 구경하다 ················· 136

Ⅳ부 결혼과 직업은 양립할 수 없는가
 1 1975년 '세계 여성의 해'를 맞다 ····················· 148
 2 어머니의 소천所天 ····································· 154
 3 결혼은 이상과 현실의 타협이다 ···················· 162
 4 육아育兒는 하찮은 일인가? ························· 168

Ⅴ부 애플컴퓨터 별자리 점괘와 역마살
 1 여성학과에 입학하다 ······························· 178
 2 남편 사업 부도와 주부 대학원생의 삶 ··············· 184
 3 애플컴퓨터 별자리 점괘와 역마살 ·················· 193

Ⅵ부 여성사·여성학이론과 씨름하다
 1 여성학은 학문인가 도그마(dogma)인가 ·············· 204
 2 한국여성개발원 현상논문 공모에 연이어 당선되다 215
 3 여성학 강사로 발품을 팔다 ························· 226
 4 국제 여성학대회에 참석하다 ······················ 236
  가. 88년 미네소타대학 제10회 미국여성학대회
  나. 89년 방글라데시 여성대회-여성의 몸
  다. 90년 뉴욕 헌터대학 세계여성학대회
  라. 뉴저지 럿거스대학 세계여성역사학자 대회

Ⅶ부 정치학과 여성학을 잇다

  1 '67 영학회(영문과 동창회) 활동 ┄┄┄┄┄┄┄┄ 258

  2 정치학박사 학위를 받다 ┄┄┄┄┄┄┄┄┄┄ 269

  3 한국학중앙연구원 객원연구원 생활 ┄┄┄┄┄┄ 314

  4 대한민국 육군 일등병의 어머니 ┄┄┄┄┄┄┄ 322

Ⅷ부 노년기-삶을 관조觀照하다

  1 하나님은 진실을 아신다(God Sees the Truth) ┄┄┄┄ 346

  2 청산도 여행 - 이인자 김숙현 정령자를 회고한다 ┄┄┄ 400

  3 70년 친구 김정자를 추모한다 ┄┄┄┄┄┄┄┄ 413

  4 제주도 여행을 추억한다 ┄┄┄┄┄┄┄┄┄┄ 420

  5 탭댄스 배우기 소망목록(bucket list)을 포기하며 ┄┄ 423

  참고문헌 ┄┄┄┄┄┄┄┄┄┄┄┄┄┄┄┄┄┄┄ 425

18

I 부

내가 살던 고향은

1. 할머니와 내 악동惡童 시절[1]

　나의 할머니 김명이金明伊 여사는 구한말 1888년에 출생하여 74세를 일기로 1960년에 작고하였다. 할아버지는 일찍 돌아가셨기 때문에 모습을 기억하지 못한다. 나는 어릴 적 아버지, 어머니 방에서 잠을 잤지만, 유치원을 졸업하고 초등학교에 입학한 뒤부터는 할머니, 언니와 함께 방을 썼다. 나는 초등학교를 4월에 입학했는데 곧이어 6.25 전쟁이 터졌고, 철도국에 근무하는 아버지 덕분에 온 식구들이 기차를 타고 편안하게 거제도까지 피란 갈 수 있었다. 거제도에서는 부엌이 딸린 넓은 방 한 칸에서 식구들이 함께 생활하였다. 피란지에선 맨발로 다녔고, 논에 들어갔다가 내 발목에 거머리가 붙어서 떼어내느라 혼쭐이 난 적이 있었다. 9.28 수복으로 고향에 돌아오니 안동 읍내 큰 건물들은 거의 폭격을 면하지 못했지만, 우리 집은 온전하게 식구들을 기다리고 있었다. 학교

---
1) 졸업50주년기념 문집에 실린 글에 가필하였다.

건물 또한 불에 타서 남아 있던 안동예배당 마당 등나무 밑에서 책·걸상 없이 가마니를 깔고 화판으로 책상을 대신하여 공부하며 초등학교 저학년 시절을 보냈다. 안동예배당은 2층으로 된 돌집이 었는데 아래층에는 큰 방(강당) 하나와 여러 작은 방으로 나뉘어 있고 2층 전체는 넓은 예배실로 썼다. 겨울에는 아마도 1층 작은 방에서 새벽기도회를 연 것 같다. 안동예배당은 1909년 미국 북장로회 대구 선교부에서 독립한 안동 선교부의 노력으로 설립되 었다.

할머니는 구한말에 태어났기에 정식 교육은 받지 못한 것으로 짐작한다. 그런데도 기도할 때나 성경을 인용할 때 보면 유식하기 이를 데 없었다. 아마도 야학에서 공부한 게 아닌가 싶다. 내 작은 아버지는 안동교회가 배출한 일본 유학파였다. 안동에 있는 미국 선교부가 장학생으로 뽑아서 일본 유학을 보냈다면 얼마나 우수한 인재였는지 짐작할 만하다. 잘난 아들을 둔 할머니의 자긍심 또한 얼마나 대단했겠는가! 할머니가 늘상 '너의 작은아버지가 살아 있 었다면 대학 총장은 되고도 남았을텐데…'라며 아쉬워하는 것을 들었다. 나는 작은아버지를 기억하지 못한다. 듣기로는 20대 중반 어느 겨울날 영덕 처녀와 결혼하였고, 처가로 근친覲親 다녀온 뒤 에 감기로 시작한 것이 폐렴이 되어 일주일 만에 돌아가셨다. 그때 는 교통수단이 좋지 않아서 지붕도 없는 트럭 짐싣는 공간에 두 사람이 매서운 겨울바람을 맞으며 다녀온 것이 화근이었다. 결혼 한 지 한 달도 채 되지 않아서 남편을 잃은 작은어머니 영덕댁은 시집 식구들 권유에 못 이겨 할 수 없이 보따리를 싸서 친정으로 돌아간 것이 마지막이었다.

6.25 전쟁 뒤에는 위생이 엉망이어서 초등학교 6년 내내 회충약 을 학교에서 나누어 주었다. 저녁밥을 먹지 않고 회충약을 먹으면

그다음날 아침 대변에 회충이 나온다. 회충이 몇 마리인지 세어보고 담임 선생님에게 보고했는데 32마리나 나온 학생도 있었다. 학생들의 머리에는 이가 많아서 하얀 D.D.T.를 머리에 뿌려서 밀가루가 바람에 날리는 것처럼 보이기도 했다. 이뿐만 아니라 빈대와 벼룩도 많아, 방에는 굽지를 만들어서 벽과 굽지 사이에 D.D.T.를 뿌리고 잠을 자면 이튿날 아침에 빈대 벼룩이 죽어서 수없이 뒤집어져 있는 것을 볼 수 있었다. 나는 잠들기 전 할머니 무릎을 베고 누워서 이를 잡아 달라고 졸랐다. 이가 없어도 헛시늉으로 두 엄지손가락 등 사이에 내 머릿살을 조금 집어서 맞대어 누르면 그렇게 시원할 수가 없었다. 그러면 스르르 잠이 들곤 했다. 잠들기 전 할머니에게 들었던 《해와 달이 된 오누이》 같은 전래동화를 '할머니 버전' 구전동화로 지금 외손주들한테 가끔 들려준다.

"할마시(할머니), 할마시 팥죽 한 그릇 주우면 안 잡아먹지!"

"'할마시'는 하는 수 없이 호랑이에게 마지막 팥죽 한 그릇까지도 모두 퍼서 주고는 빈 질그릇 동이를 머리에 이고서 한 등성이를 또 넘었다. 호랑이가 또 어흥 하고 나타나서는…"

"세상 덜그렁 서울에 갔다가 밤 한 자루 실어다가 고물게(시렁에) 얹었더니 생쥐란 놈 다 까먹고 한 물빼기(바가지) 남았는데 (가마솥에 쪄서) 알밤은 니캉 내캉(너랑 나랑) 먹고 껍데기는 누구 누구(미운 놈) 주자."

할머니가 들려준 이 사설에 따라 지금 나는 어린 외손자, 외손녀와 두 손을 마주 잡고 윗몸을 앞뒤로 흔들면서(밀었다 당겼다 하며) 함께 기차놀이도 한다.

할머니는 1919년 기미년 3월 1일 독립 만세 운동에 참가했었다고 손주들한테 자랑스럽게 말했다. 안동교회 교인들에게 나누어 준 태극기를 치마폭에 감추었다가 길거리로 뛰쳐나가 흔들며 대한 독립 만세를 목이 쉬어라 외쳤다는 것이다. 아들 셋과 딸 둘, 5남매를 두었으나, 맏아들은 어린 나이에 잃었고, 막내아들은 혼인하자마자 세상을 뜨고 아버지와 두 고모만 남았다. 할아버지도 일찍 돌아가셨기에 홀로 된 할머니는 일찍부터 기독교 신앙에 귀의했다.

내가 유년 주일학교에 다닐 시절에 할머니는 화성동을 담당하는 권찰(구역장)이었다. 우리 집은 예배당 뒷동네에 있었고, 할머니는 금요일이 되면 화성동에 거주하는 교인들 집을 일일이 심방尋訪해서 함께 기도하고 문안하였다. 그때는 대부분 집전화가 없었기 때문에 일주일을 지내는 동안 구역 교인들 가운데 경사나 애사가 있는지 알아서 전도사나 담임 목사에게 보고하는 구실을 담당한 것이다.

그런데 할머니에게는 아주 신묘한 재주가 있었다. 소화가 잘 안 되거나 음식 먹은 것이 체한 사람들 배를 주물러서 낫게 하는 의술 비슷한 능력을 지녔다. 배 아픈 사람들(횟배 포함)이 물어 물어서 집에 찾아오는 것을 자주 보았다. 먼저 할머니는 찾아온 환자와 함께 기도한다. 기독교인이든 아니든 상관하지 않았다. 그런 다음에 아픈 사람이 누워서 옷을 걷어 올리면 할머니가 오른손으로 시계방향으로 힘주어 배를 쓰다듬는다. 가끔은 두 손으로 쓰다듬기도 하였다. 그러면서 할머니 당신이 체한 것이 내려가는 것처럼 '끄르럭 끄르럭' 트림을 한다. 아주 심한 경우에는 할머니가 애장하고 있는 바늘을 머리에 쓱쓱 문지르고는 손가락 하나를 따면 검붉은 피가 나온다. 그런 과정을 거치면 배 아픈 사람은 말짱하게 나았다고 기뻐하였다. 어떤 사람들은 할머니에게 약간의 금전적인 사례를 하는 일도 있었고 달걀이나 농산물로 대신하는 때도 있었다.

할머니는 손녀들이 배가 아프면 "할머니 손이 약손이다."라면서 배를 쓰다듬어 주었고 그러면 아픈 배가 씻은 듯이 낫곤 하였다. 나도 요즈음 외손녀가 배가 아프다고 하면 우리 할머니처럼 "할머니 손이 약손이다."라면서 외손녀 배를 쓰다듬어 준다. 할머니의 약손은 믿지 않는 이들에게는 기독교인으로 만드는 전도의 수단으로 활용되었다.

안동예배당에는 우리 할머니와 자웅을 겨루는 라이벌 한 사람이 있었다. 나와 유치원·초·중·고 동기인 최혜자의 할머니였다. 혜자 할머니는 목성동을 책임지는 권찰이었고 예배당 앞쪽 큰길 건너편 동네에 살았다. 혜자네 집은 책방을 운영했는데 찬송, 성경과 별로 잘 팔리지 않는 책들이 서가에 듬성듬성 꽂혀 있었다. 초등학생들이 읽기에는 재미없는 그런 것들이었다. 그래도 박화성의 《고개를 넘으면》 그리고 김말봉의 《찔레꽃》 그 밖에도 열 손가락 안에 꼽히는 소설류가 있었고 나는 그 소설책들은 모두 읽었다. 혜자 아버지가 안 계실 때 몰래몰래. 참, 그때 야한 소설로 낙인찍혀 금서이었던 방인근의 《벌레 먹은 장미》도 혜자네 집에서 읽은 소설책이었던가?

혜자 할머니 임 권찰은 우리 할머니와 마찬가지로 새벽기도회에도 열심히 제단을 쌓는다. 샘이 많은 임 권찰은 어느 날 느닷없이 새벽기도회에 손녀 혜자를 데리고 나왔다. 이에 질세라 우리 할머니도 그다음 날부터 나를 새벽기도회에 참석시켰다. 새벽기도회는 공동기도 시간이 있었는데, 기도 맡은 자를 미리 정하지 않고 아무나 먼저 기도를 시작하면 되었다. 혜자 할머니가 먼저 '높고 높은 하늘 보좌에 계시는 하나님 아버지…'로 기도를 시작하면 다음 날 할머니는 '구만리장천九萬里長天 높은 하늘 보좌에 계시는 하나님 아버지…'로 한 단계 업그레이드된 멘트를 날릴 만큼 두 사람 사이에 보이지 않는 긴장이 팽팽히 감돌았다. 한국 사람들은 지상에서 하늘까지 거리가 '구만리'로 믿고 있었다. 박목월의 〈이별의 노래〉 가사에도 "기러기 울어 예는 하늘 구만리"로 되어있는 것을 보면.

새벽기도회는 1층 작은 기도실에서 예배를 드렸다. 그때는 2층 예배실이나 기도실에 의자를 놓지 않고 마루에 앉았다. 통성기도를 할 때 어린 나도 함께하였다. 부모님께 거짓말한 것 회개하고 학교에서 공부 잘하는 우등생이 되도록 해 달라고 기도했다. 할 말을 다 마치고 눈을 떠 보면 어른들은 큰 소리로 기도를 계속하고 있었다. 무슨 기도할 사연이 그렇게도 많은지! 나는 같은 기도를 반복하다가 그만 졸려서 자리에 엎드린 채 스르르 잠이 들고 만다. 아예 편안하게 누워서 잠잘 때도 있다. '이 천지간 만물들아 복 주시는 주 여호와…'하는 폐회 찬송 소리에 잠에서 깨어나 눈을 비비며 얼른 일어나서 할머니와 함께 손을 잡고 집으로 돌아오곤 했다.

그런데 어느 날 갑자기 혜자 할머니가 선방을 날렸다. 초등학생 혜자를 새벽기도회 공동기도 대표로 내세운 것이다. 혜자는 원래 이야기꾼이었다. 말을 청산유수처럼 잘했다. 그런 혜자이니만큼 아마 기도도 잘 했을 것이다. 문제는 우리 할머니가 가만히 있었겠느냐는 점이다. 나도 할머니 성화에 못 이겨 대표기도를 했던 것으로 거억된다. 목사관이 교회 울타리 안에 있어서 목사 딸 서혜도 새벽기도회에 참석했을 것이고 아마도 대표기도도 했을 것이다.

예배당은 어린이들 놀이터였다. 동네 아이들 누구나 마당에 들어와서 깡통 차기, 제기차기, 마때치기(자치기)를 하였고, 여자아이들은 땅따먹기, 고무줄놀이, 공기놀이, 깨금발 뛰기를 하고 놀 만큼 마당(운동장)은 넓었다. 땅거미가 질 때까지 놀다 보면 이집 저집에서 저녁밥 먹으러 오라고 부르는 소리에 헤어져 집으로 돌아갔다. 가끔 미군 지프차가 지나가다가 멈추고선 미군이 카메라를 꺼내 마당에서 놀고 있는 우리들 사진을 찍기도 했다. 우리들은 행(큰)길로 달려나가 지프차를 뒤따르며, "헬로, 기브 미 (어) 츄잉 검"을 외쳤다. 내가 처음 배워서 원어민과 대화한 첫 영어 회화로 기록될 것이다.

이런 노래도 기억난다. "갓 댐(God Damn) 구루마 발통(바퀴) 누가 돌렸나? 집에 와서 생각하니 내가 돌렸지." 초등학교 1·2·3학년 때는 미국 선교부를 거쳐서 교회에서 받은 구제품 옷을 입었다. 목사 딸은 몸에 맞는 예쁜 옷이었으나 나는 큰 옷을 내 몸에 맞게 솜씨 좋은 어머니가 재봉틀로 줄여서 입었다.

예배당은 연극 공연장이기도 했다. 크리스마스 때가 되면 1층 큰 방(강당)에는 유치부, 유년부, 중고등부, 대학청년부의 각 부서에서 다투어가며 연극 공연을 하였다. 〈스크루지 영감〉, 〈천사 가브리엘과 아기 예수의 탄생〉, 〈선한 사마리아인〉 같은 제목들이 기억난다. 그때는 한 막이 끝나면 막을 내리고 무대 장치를 바꾸느라 무대에서는 망치질 소리, 장치를 옮기는 소리들이 들려왔고 다음 막을 기다리는 일이 지루해서 막을 들쳐서 내부를 보기도 했다. 크리스마스 쯤이 되면 내 어깨가 으쓱해진다. 운동장에서 높게 축대를 쌓아 올린 터에 건축된 돌로 지은 예배당은 2층이었지만 3층 높이만큼 높았다. 그 높은 예배당 지붕 꼭대기 앞쪽에 십자가를 세우고 양쪽 경사면까지 작은 오색 전구를 달아서 반짝반짝 불빛이 켜졌다 꺼졌다 하는 크리스마스 장식은 오로지 우리 아버지 지휘로 된 작품이기 때문이었다.

예배당은 또한 훌륭한 캠핑장이었다. 요즈음처럼 여름 피서 여행을 몰랐던 그때 여름밤이면 혜자와 나와 서혜는(가끔 조순혜가 낄 때도 있었다. 순혜는 4학년 때 아버지를 따라 감리교회로 옮겨

갔다.) 교회 2층 예배실 입구 널찍한 테라스 시멘트 바닥에 군용 담요를 깔고 누워서 밤하늘에 반짝이는 총총한 별들을 머리에 이고 "한여름 밤의 꿈"을 꾸었다. 한밤에 소변이 마려우면 1층 마당으로 내려가기가 무서워서 빗물이 흘러내리도록 만든 빗물받이에 소변을 본 것은 당연하였다. 만약 사찰 집사님에게 들켜서 꾸지람을 듣는다면 주님은 아마 이렇게 우리 편을 들어주시지 않으셨을까! "어린아이들이 내게 오는 것을 금하지 말라. 어린아이들과 같지 않고서는 천국에 들어갈 자가 없느니라." 글쎄, 우리들은 이미 훌쩍 커버린 아이들이었을까?

예배당은 또한 영화관이었다. 한여름 밤 키가 큰 포플러나무 두 그루에 줄을 연결하여 백양목 천을 사각으로 매달면 훌륭한 스크린이 되었다. 교인들과 많은 동네 사람들은 공짜 영화를 보려고 마당에 가마니를 깔고 앉아서 예수의 일대기를 그린 영화 〈왕중왕(King of Kings)〉을 관람했다. 나도 예닐곱 번은 족히 보았을 것이고 예수님의 일생을 잘 기억하는 것은 그 영화 덕분이 아닌가 한다.

예배당은 또한 피난처였다. 1959년 9월, 사라호 태풍 때 낙동강 둑이 무너지면서 안동 읍내 저지대는 물바다가 되었다. 구시장과 신시장에서 장사하던 교인들은 집이 물에 잠기자 너도나도 이불보따리를 이고서 예배당으로 피난을 와서 예배당이 임시 수용소 구실도 했다.

할머니는 친척들 잔칫집에 어린 나를 꼭 데리고 갔다. 연령과 위계질서 순서대로 앉는 자리여서 나는 '끈 떨어진 연'처럼 할머니와 떨어져 잔칫상 제일 끄트머리에 낯선 어린이들 틈에 앉아서 맛난 음식을 마음대로 날름날름 집어 먹을 수가 없었다. 그리고 아이들 상은 어른들보다 음식 가짓수가 적었다. 그러면 할머니는 저쪽 끝에서 닭고기 큰 부분을 들고선 가져가 먹으라고 손짓하였다. 그때는 소고기가 귀해서 불고기나 갈비찜은 먹어 본 기억이 별로 없다. 쌀밥, 고깃국, 인절미, 기지떡, 전 부침, 닭백숙, 돼지고기 편육, 잡채, 생선(방어), 나물 무침, 그리고 감주(단술)와 안동식혜따위가 잔칫상에 올랐다. 안동 간고등어 조림은 잔칫상이 아닌 일상 밥상에 귀하게 오르던 반찬이었다. 주로 잔치는 작은고모네 시댁에 많았다.

작은고모네 집은 법석골에 있었는데 찔레꽃 나무로 울타리를 둘러 봄철이면 붉은 찔레꽃 만발한 동네로 변한다. 그뿐 아니라 고염나무, 복숭아, 감나무, 포도, 모과나무 심지어는 추자(호두)나무도 있어서 철 따라 과일이 항상 풍성했다. 그리고 고모 시댁은 고모집에서 조금 높은 언덕 위에 있는 고래 등 같은 큰 기와집이었고, 가는 길에 작은 옹달샘도 있었다. 큰집은 형제들이 많은 대가족이어서 잔치가 끊이지 않았다.

90을 넘은 상할머니는 양잠을 잘했기 때문에 구한말과 일제강점기까지 양잠 감독을 지냈다고 했다. 고모네 집 건넌방에는 뽕잎을 방안 가득 깔아 놓았는데 그 위로 누에가 고물고물 기어 다니는 것을 문구멍으로 들여다본 적이 있다. 그 누에가 실을 감아서 누에고치를 만들면 삶아서 실은 풀어 명주를 짜고, 남는 애벌레가 번데기라는 것이다. 그 영양가 많다는 번데기를 나는 한 번도 먹은 적이 없다. 고물고물 기어 다니는 누에가 연상되어서. 고모부는 양화점을 운영하였는데, 내가 유치원 다닐 때 발등 위로 끈이 달린 가죽 구두를 선물로 받고 아주 으스대며 신고 다녔던 기억이 난다. 그 뒤 고모부는 일찍 돌아가시고 작은고모가 대신 가장 노릇을 하느라 고생을 했다.

큰 고모부는 일제 때 독립운동을 하다가 옥살이를 한 끝에 병을 얻어 일찍 돌아가셔서 얼굴을 직접 본 적이 없다. 고종 언니 이름이 권은숙이니 안동 권씨 일문이었다. 큰 고모네는 우리 복숭아밭 뒤에 있는 넓은 보리밭 주인이었다. 아래층은 살림집이고 원두막처럼 생긴 2층은 한여름 날 문을 사방으로 활짝 열어 놓으면 바람이 잘 통해 피서지가 따로 없었다. 보리밭에는 허수아비들이 많이 늘어서 있었다. 참새들도 이미 '허수아비는 기껏 허수아비일 뿐'이라는 걸 깨닫고선 아랑곳하지 않고 알곡을 쪼아 먹기 일쑤였다. 누가 머리 나쁜 사람을 '참새 대가리'로 비유했을까? 참새가 이처럼 영리한 것을. 새 방법을 고안했다. 밭 전체에 허수아비들을 연결하여 만든 줄에 작은 종을 매달아 집 2층에서 손잡이를 잡아당기면 종들이 '땔랑 땔랑' 울려서 새들이 놀라 푸드득 날아 올랐다. 나는 재미삼아 새들 쫓는 종을 울리러 자주 2층으로 올라가곤 했다.

큰고모는 어린 내가 보기에도 병색이 완연하였고, 작은고모보다 먼저 돌아가셔서 고종사촌 언니가 일찍 시집가서 형부와 함께 남동생 2명을 부양하는 가장 노릇을 했다. 언니네는 보리밭을 판 밑천으로 미군 군복을 떼어다 파는 옷 장사를 시작했다. 사람들은 카키색 군복을 검정색으로 염색해서 평상복으로 입었다. 그때는 염색집이 많았다. 이러다 보니 할머니의 기도가 간절하고 길어질 수밖에 없었다. 일일이 이름을 부르며 눈물로 기도를 해야 하니까. 손주들에게 한결같이 '디모데와 같은 믿음', '유니게와 같은 믿음'을 달라고 기도하였다. 나한테 가장 괴로웠던 일은 친척들 생일이나 추도식을 맞아 모두 모이면 식사기도를 할머니가 담당한 것이었다. 맛있는 음식을 앞에 놓고 사돈의 팔촌(?)까지 언급하면서 긴 기도를 하는 할머니 때문에 몰래 부침개 한 점을 집어 먹을까 말까 하는 유혹과 싸우느라 기도 내용은 들리지 않을 때가 많았다.

우리 집 뒤에는 복숭아밭이 있었고 집 앞에는 (떡)살구나무 두

그루가 있었다(떡살구와 개살구의 맛은 아주 달랐다). 아주 어린
시절 여름날, 날씨가 더워서 윗도리를 벗고 다녀도 부끄러움을 몰
랐던 때(실은 등에 옴이 올라서 약을 발라서였다.) 나는 복숭아가
먹고 싶으면 뒤꼍 복숭아밭 나무에 올라가서 손을 뻗어 복숭아를
따서 삼베(안동포)바지에 쓱쓱 문지르고서 그냥 먹던 기억을 해낸
다. 보송보송한 복숭아털이 땀이 난 내 몸에 붙어서 온몸이 까슬거
리며 가려웠던 기억도 함께. 지금도 나는 과일 가운데 복숭아를
가장 좋아한다.

　복사꽃과 살구꽃이 활짝 피면 우리 집 둘레는 꽃향기가 가득하
다. "나의 살던 고향은 꽃피는 산골, 복숭아꽃 살구꽃 아기 진달
래" 이원수 · 홍난파의 〈고향의 봄〉은 마치 내 고향을 노래한 것
같다. 복숭아꽃이 열매는 맺었으나 탐스럽게 익지 못하고 푸르고
여린 열매로 수명을 마치는 낙과가 많았다. 어머니는 이것을 버리
지 않고 가마솥에 삶아서 간식으로 주곤 하였다. 약간 쌉싸름하면
서도 달착지근한 그 맛을 지금도 기억한다. 설탕이 없었던 당시에
복숭아 잼은 꿈도 꾸지 못했고 음식에 단맛을 내려면 '당원'이라는
것을 섞었다. 예를 들면 옥수수를 찔 때 소금과 당원을 약간 넣어
서 쪄 먹었다.

　잿골(화성동의 다른 이름) 뒤편 산에는 온통 진달래(참꽃), 할미
꽃, 호랑이발톱, 명아주, 구절초, 갖가지 들꽃들이 많았다. 나는
1학년 학예회 때 부른 〈진달래〉 노래를 가만히 불러본다.

　　진달래 진달래 빠알간 진달래, 산기슭 안개 속에 진달래 나라,
　　포근포근 파란 이불 고요히 덮고, 진달래는 조은다 진달래는 꿈
　　꾼다.

어린 나이에 산에서 나물 캐고 놀다가 어둑어둑해지면 무서움이 금방 새어온다. 산기슭에는 6.25 때 죽은 인민군 해골이 관이 떨어져 나간 틈새로 빼꼼 내다본다는 으스스한 이야기들이 떠돌아다니기도 했다. 그리고 어린 시절의 낙동강 물놀이를 빼놓을 수 없겠다. 강 깊은 곳에는 가끔 사람들이 빠져 죽기도 했다. 어른들은 낙동강에 어린이들만 가서는 안 된다고 단단히 주의를 준다. 그래도 친구들과 몰래 가서 땅 짚고 헤엄치기, 송사리 잡기, 모래집 만들기 놀이를 했다. 집에 와서는 시치미를 떼고서 '강에 가지 않았다'고 천연덕스러운 거짓말을 한다. 얼굴이 새빨갛게 익었고 속옷에서는 모래알이 바슬바슬 흘러내림에도….

내가 한 거짓말이 들통이 날 때 부모님은 가끔씩 종아리에 회초리를 치신 일이 있었다. 그때 부모님은 회초리를 내 손으로 직접 만들어 오라고 하셨다. 나는 어린 마음에 굵은 회초리보다 가는 것이 덜 아프겠거니 생각하고 가느다란 싸리나무 회초리를 가져다 바쳤다. 회초리가 종아리에 세게 닿을 때마다 '따끔 따끔' 얼마나 아프던지 눈물이 찔끔거리다 저절로 흘러내렸다. '아하! 굵은 회초리가 덜 아프겠구나'를 그제야 깨달았다. 그다음부터 '회초리 해 오너라'는 꾸지람이 떨어질 때마다 나는 번개처럼 빠르게 도망쳤다. 도망은 쳤으나 갈 곳이 마땅치 않아서, 나는 집 근처를 돌아다녔다.

해는 어느덧 뉘엿뉘엿 서산에 넘어가고, 저녁 준비하느라 이 집 저 집 굴뚝에는 연기가 모락모락 피어올랐다. 나는 뒤 안 문을 밀고 몰래 숨어 들어가 굴뚝 곁에 앉았다. 무릎을 세우고는 두 팔로 깍지를 끼어 끌어안고서 얼굴을 묻으며 이 생각 저 생각 상상의 나래를 폈다. '딸이 집을 나간 지 반나절이 지나도 찾지 않다니… 아마도 어머니는 계모가 아닐까?', '그럼 나는 《콩쥐 팥쥐》의 콩쥐가 되는 걸까?' '차라리 어머니가 계모여서 내가 콩쥐였으면 좋겠다.' 나는 갑자기 콩쥐의 처지로 떨어져 오만 가지 구박을 받는 간접 체험을 하며 지루한 시간을 메웠다. 할머니가 돌아오신 기척이 들리면, 그때야 나는 떳떳하게 삽짝문을 열고 집으로 들어갔다. 든든한 내 편이 있으니 매를 맞지 않는 것은 두말할 나위가 없었다. 할머니는 항상 손녀들 편이었으니까.

할머니가 외출에서 돌아오면, 나는 제일 먼저 할머니의 손가방—데사게를 열어본다. 손가방은 예쁜 천[fabric]으로 가방의 패턴(본)을 뜬 뒤에 틀로 박아 가방을 만들고 손잡이는 나무를 가지런히 깎아서 둘을 만든다. 그 가운데에는 엄지를 뺀 네 손가락이 편하게 들어가도록 타원형으로 홈을 파내었다. 천 한쪽 주둥이에 나무 손잡이 하나를 붙여서 박고, 나머지에도 나무 손잡이를 붙여 박았다. 당시에는 지퍼(zipper)가 귀해서 할머니 손가방에는 지퍼가 달려있지 않았다.

그 손가방을 나(우리들)는 '데사게'라고 불렀다. 그런데 그 데사게가 분명 일본말인 줄 알았지만, 혹여 잘못 알고 있을까 염려되어 인터넷 검색을 한 결과 '데세게(てさげ, 手提げ)'라고 가르쳐 주었다. 할머니 '데세게'에는 항상 먹을 것들이 많이 들어있었다. 눈깔사탕, 인절미, 바람떡, 기지떡(술떡이라고도 불리는데 안동 지방에서 잘 먹는다.), 고구마, 엿, '미루꾸(아마도 지금의 밀크카라멜과 비슷한 것)' 심지어는 센베 같은 과자류도 있었다. 나는 할머니의 '데세게'를 알라딘의 요술램프처럼 여겼던 때를 추억하며 덧없는 향수에 젖어본다.

내 어린 시절에는 일본어가 여자아이들의 놀이문화에 깊숙이 들어와 있었다. '오자미'도 그 한 예이다. 오자미는 손바닥만 한 헝겊에 콩이나 모래를 집어넣고 사방을 둘러 꿰매어 주먹 크기로 만든다. 오자미 셋을 두 손으로, 또는 오자미 둘을 한 손으로 허공에서 빙글빙글 돌리면서 노는 놀이도구다. 야끼모(군고구마), 덴뿌라, 다꾸앙도 흔하게 쓰이던 일본말 들이다. 고무줄놀이에도 일본어가 쓰였다. 여자아이 둘이서 고무줄 끝을 하나씩 잡고서 머리 높이만큼 높이 올린 고무줄을 타 넘으면, 그 기준을 '산당'이라고 불렀다. 그리고 가장 높은 고무줄, 즉 두 아이가 두 손을 위로 뻗어 고무줄을 잡고 있으면, 도전하는 여자아이는 두 손바닥으로 땅을 짚고서 두 발을 하늘 높이 물구나무서기 하듯 뻗치면, 치마는 홀라당 밑으로 펼쳐지고 팬츠가 보이는가 하면 어느새 두 다리로 휙 '사까다치' 하면서 고무줄을 타 넘는 높이를 '주 산당'이라고 불렀다. 나는 주로 '산당'까지만 통과했었다. 그런데 전영순은 자신의 키보다 높은 '주산당'을 통과하고서 우쭐대기도 하였다.

또 여자아이 둘이서 두 손을 마주 잡고서 머리 위로 뻗어서 굴을 만들면 나머지 아이들은 서로 앞 사람의 허리를 부여잡고 긴 기차 모양을 만든다. 그 굴을 통과하면서 이런 노래를 불렀다. "사쿠라 사쿠라 요요이모 소라와스 민나다스 강기리" 그 노래의 뜻은 몰랐다. '강기리' 할 때 두 술래가 뻗쳤던 네 팔을 단숨에 내리면 그 안에 갇힌 아이가 또 술래가 되어 기차놀이는 끝없이 이어진다.

아버지가 철도국에 근무했던 까닭으로, 각 가정마다 전기 보급이 상용화되지 못했던 1950년대에, 우리 집은 특별 전기선으로 전기가 들어왔다. 그러나 밤 10시까지였다. 우리 집 툇마루 처마에 100와트 백열등을 내 걸면 넓은 마당이 환하게 대낮처럼 밝았다. TV도 없었기에 밤놀이 문화가 마땅치 않았던 시절, 동네 머슴애들이 저녁밥을 먹고서 우리 집으로 '마실'을 와서 환한 마당에서 깡통차기 놀이를 했다. '들마루'까지 갖추었으니 놀이터로는 안성맞춤이었다. 말하자면 동네 아이들에게 마당을 개방했었다. 우리 집 안방과 할머니 방 사이에 연결된 툇마루는 높이가 달랐다. 할머니방의 툇마루가 앉은뱅이 책상 높이만큼 더 높아서 나는 언제나 책상처럼 높은 툇마루 앞에 앉아서 숙제를 하곤 했다. 동네 아이들이 소리를 지르건, 놀다가 말다툼을 하든 말든 나는 꿈쩍도 하지 않고서 그들에게 눈길 한 번 주지 않은 채 숙제를 해내고야 만다. 이웃집 아주머니는 이런 나를 보고서 혀를 '휘휘' 내두르곤 하였다.

초등학교 6학년 때이니 아마도 1956년 초여름에 있었던 일이다. 그때 안동읍 가까이에 육군 36사단이 주둔하러 들어왔다. 온 안동 읍민들은 그들을 반겨서 대대적인 환영식을 했다. 6학년 4반과 5반 여학생들은 수업 마친 뒤에 남아서 이중순 선생님 지도로 36사단의 안동 주둔 환영식에 부를 환영찬가를 연습했다. 이 선생님은 무섭고 날카로운 분이라 잡담하는 아이, 음이 틀리는 아이들을 교단 앞으로 불러내어 회초리로 손바닥 때리는 일을 다반사로 하였다.

> 보아라 푸른 낙동강 물 아름다운 이 강산
> 하늘빛도 맑아지고 우리 강산 좋은 곳
> 자라나는 대한 건아 크거라 무럭무럭
> 젊은 팔뚝 내밀어 비바람 몰아내어
> 큰 빛을 받아드리세 건설의 꽃 핀 나라
> 자유의 그 동산 가세 힘차게 힘차게 힘차게.
> ………
> 삼십육사단 빛나옵고 성스러운 군기 높이 휘날리며
> 오셨네 오셨네 안동에 오셨네
> 아~ 아~ 삼 육 사 단 만 만세!

초등학교 시절 나는 숙제는 해갔으나 예습·복습 따위는 하지 않았다. 말하자면 공부는 열심히 하지 않았고 노는 일과 소설책 읽는 일에 열심이었다. 공부하라고 하면 국어책을 낭랑한 소리로 읽는 것이 고작이었다. 옛날 서당에서 소리 내어 읽는 방식 그대로였다. 혜자네 책방은 소설류가 많지 않았고, 있어 봤자 앞서 말했던 박화성과 김말봉의 소설 몇 권이었고, 이미 나는 그것들은 독파한 뒤여서 대신에 목성동으로 넘어가는 마루턱에 돈을 내고 책을 빌려보는 책 대여점을 자주 찾는 단골이 되었다. 화성동 집에서였으니 초등학교와 중학교까지 해당한다. 주로 김내성의 《청춘극장》, 《인생화보》, 《실낙원의 별》을 읽었고 특히 탐정 소설 《백가면》, 《마인魔人》을 섭렵하였다. 말할 것도 없이 이광수의《흙》, 심훈의 《상록수》도 읽었고, 조흔파의 소설들은 모두 읽었고 특히 《얄개전》에 심취하였다. '불치하문不恥下問'이란 공자의 어록도 《얄개전》에서 배웠다.

읍내와 거리가 먼 철도관사로 이사한 뒤로는 책 대여점보다는 학교 도서실에 남아서 책을 읽었다. 그런데 연애 소설보다는 탐정 소설에 더 흥미를 가졌다. 알렉상드르 뒤마의 《몽테크리스토 백작》, 아서 코난 도일의 《셜록 홈즈》 시리즈, 모리스 르블랑의 《괴도 뤼팽》시리즈를 섭렵하였다. 모두들 잠든 겨울밤 새벽 한두 시에 무명 목화솜 이불을 덮어쓰고서 탐정 소설을 읽을 때 책장 넘기는 '바스락' 소리에 스스로 소스라쳐 놀랐던 때가 얼마나 많았던고!

공부가 싫다는 것보다는 놀기를 더 좋아하였기에 시험 때가 되면 벼락치기 공부를 했다. 그래도 나에게는 믿는 구석이 있었으니까. 시험 치기 이틀 전쯤 나는 할머니에게 부탁한다.

"할머니, 모레부터 시험 기간인데 시험 잘 보라고 열심히 기도해 줘."

"그래, 알았다. 열심히 기도하마."

성적이 그런대로 나오는 것은 전적으로 할머니 기도 덕분이라는 확신에는 지금도 변함이 없다.

중3이 되었다. 50년대 후반에는 각 학교마다 '학도호국단'이 있었다. 나는 그 호국단 대대장이 되었다. 아침 조회 때마다 교장선생님 훈화에 앞서 교장선생님께 경례 구령을 붙였다. 말하자면 학생회 대신에 군대 조직 틀 안에서 학생들을 교육하던 때였다.

6월 어느 날 저녁 나와 김영자, 김화자, 이영옥 네 명의 악동들이 재봉 시간에 배운 삼단치마를 새로 만들어서 블라우스와 받쳐 입고서 안동극장에서 상영하는 영화《트로이의 헬렌》을 몰래 보러 들어갔다. 그때는 가발을 쓰지도 않았고 얼굴에 화장도 하지 않았다. 학생들의 극장 출입을 엄격하게 금지했던 때였음에도. 이탈리아 여배우 로사나 포데스타가 헬렌으로 주인공 역을 맡은, 호머의《일리어드》편을 내용으로 한 역사물이었다. 적국 트로이 왕자 파리스와 사랑에 빠져서 트로이로 도망친, 스파르타 메넬라오스의 왕비 헬렌을 데려오려고 그의 형 아가멤논이 전쟁을 치르고 왕비를 빼앗아 배에 태워 되돌아가는 내용이었다.

스파르타로 돌아가는 배에서도 헬렌은 트로이의 연인 파리스 왕자를 잊지 못했다. 눈물 어린 그녀의 얼굴에 왕자의 얼굴이 오버랩되는 마지막 장면에 흠뻑 취해서 눈물이 그렁그렁 어리는 가운데 갑자기 전짓불이 이리저리 비치고 '휙 휙' 호루라기 소리가 나고 '투다닥'거리며 도망치는 발소리들이 들렸다. 우리들도 옆문으로 도망쳤다. 문을 밀고 나오자 바로 앞에 조곰보(얼굴이 얽은 탓으로 생긴 별명임) 한문 선생님이 서 계시지 않는가! 사복 차림과 극장 출입이라는 두 가지 위반 행위로 틀림없는 무기정학 감이었다.

그런데 다행스럽게 나와 영자(중대장)는 직위해제로, 화자와 영옥은 가정통신문 발송으로 결론이 내려졌다. 대대장에서 직위해제 되었다는 학교의 알림장을 받고서 아버지와 어머니는 꾸지람 한마 디도 하지 않은 채 넘어갔다. 아마도 학교에서 충분한 벌을 받았으 니, 똑같은 사안으로 거듭 벌을 주지 않는다는 '일사부재리' 원칙을 존중한 것으로 생각된다. 나는 내 후임자로 누가 대대장이 되었는 지 기억하지 못한다. 기억력에서는 누구보다도 한몫한다고 자부하 면서도 말이다.

1950년대 후반 계契 모임이 깨지는 일이 사회 문제가 되면서 우리 집에도 피해가 왔다(내가 고 1 때). 어머니가 계주를 했는데 계원 가운데 한 사람이 계원들의 곗돈을 몽땅 가지고 야반도주를 한 것이다. 그는 장사를 하였는데, 계원들이 곗돈을 타서 꾸어 주 면 이자를 받는 재미에 모두들 계 탄 돈을 그에게 맡긴 것이다. 하루아침에 돈을 날린 계원들은 난리를 치며 계주인 어머니에게로 벌떼처럼 몰려왔다. 모두들 '예수쟁이' 어머니를 믿고서 그 장사꾼 한테 돈을 꾸어 주었다고 했다. 그때 도망간 사람 대신에 돈을 갚 느라고 집을 팔았다.

그때 처음으로 할머니가 어머니를 원망하는 심한 소리를 했다. '암탉이 울면 집안이 망한다'며. 어머니는 아무 대꾸도 하지 못했 다. 나는 기독교인으로서 할머니가 며느리를 너무 심하게 나무랐 다고 생각했지만 그 말 한마디와 집을 날린 것과 상쇄했다면 어머 니는 크게 손해 본 편이 아니다(어머니는 그 뒤 자녀 교육을 위해 부업으로 많은 헌신을 했다). 이 때문에 고등학교에 들어와서, 걸 어서 교회와 30분 남짓한 거리에 있는 철도국 관사로 이사를 했다. 따라서 새벽기도회와 저녁예배는 특별한 경우가 아니면 식구 모두 가 참석할 수 없었다.

엄밀하게 말하자면 철도관사는 안동읍 서쪽 끝 태화동에 있었

다. 우리가 이사 간 동쪽 운흥동 철도국 관내 관사는 사실 철도
승무원들이 기숙했던 작은 기숙사였는데 마침 비어있었다. 안동은
교통의 요충지였으나, 영동선이 개통되면서 교통의 중심을 영주에
게 빼앗겼다(영동선은 경북 영주시의 영주역과 강원도 강릉시 강
릉역을 연결하는 노선이었는데 1955년에 시작되어 1962년에 완
성되었다). 따라서 안동철도국 기능의 절반이 영주로 옮겨 갔다.
열차 시간표의 종착지였던 안동에서 마지막 열차의 승무원들이 통
금 때문에 퇴근을 못 하면 기숙했던 바로 그 장소였다. 그것은 부
엌 옆에 딸린 세면실의 수도꼭지가 열 두어 개 정도 나란히 양 옆
으로 달려 있는 것을 보면 쉽게 짐작할 수 있었다.

　넓은 방 둘에, 넓은 마루, 그리고 철도국 안에서만 통할 수 있는
전화도 설비되어 있었다. 처음에 할머니는 전화 받는 법을 몰라서
벨이 울리면 놀라서 전화기 앞에 가서 수화기도 들지 않은 채 "안
계십니다. 안 계십니다"라고 큰 소리로 말했다. 아마도 아버지가
부재중이라는 말을 전하려 했던 모양이다. 옆에는 사무실로 쓰인
넓은 공간이 딸려 있었는데, 어머니는 그곳을 자질구레한 물건들
을 집어넣는 창고(헛간)로 사용했다. 방 넷 딸린 집에서 방 둘이
있는 집으로 이사했기에 집안일을 돕던 언니는 이사 온 집에서 곧
시집갔다. 그리고 대학 2학년을 마친 오빠도 군에 입대했다. 그
당시 군 복무 기간은 3년도 넘었던 것으로 기억한다.

　오빠는 안동고등학교 시절 축구부로 활약했고, 학교 악단 단원
이었다. 안동고등학교는 안동 읍내에서는 유일하게 브라스 밴드
(brass band) 팀을 운영하였다. 안동읍 큰 행사에는 이 브라스
밴드가 위아래 흰색 제복 소매 끝에 금빛 수술을 달고 어깨에는
수술을 늘어뜨린 악단복을 입고서 나팔불고 북치며 심벌즈로 '쨍'
하는 큰 음을 내면서 선두에서 시가행진을 하면 온 읍민들이 나와

서 구경하곤 하였다. 오빠는 트럼펫을 불었는데, 당시에 유행했던 트럼펫 곡을 길가로 트인 오빠 방 앞 툇마루에서 불면 온 동네(잿골)가 조용하게 오빠의 트럼펫 연주에 귀를 기울이는 듯했다. 오빠는 트럼페터로서 신흥대학교(지금 경희대학교 전신) 음악부에 특기생으로 입학하였다.

그 당시에는 집집마다 수도가 들어오지 않았다. 화성동에 살 때 공동수도에서 물 길어 오는 일은 언니와 내 몫이었다. 우리 집은 공동수도가 있는 평지보다 좀 높은 지대에 있어서 세수, 설거지, 밥 짓고, 음식 재료 씻고, 청소에 필요한 물은 모두 길어서 써야 했다. 어머니는 "일하지 않는 자는 먹지도 말라"는 성경구절(살후 3:10)을 인용하며 물 긷는 일을 맡기셨지만 나는 곧잘 이 핑계 저 핑계를 대고 미꾸라지처럼 빠져나갔다. 대신 이 모든 덤터기를 해숙 언니가 도맡아 썼다.

언니는 초등학교 시절 귀에 고름이 나오는 귓병을 앓았다. 6.25 전쟁 바로 뒤라 병원에 가서 진찰과 치료 받는 일은 꿈에도 생각지 못하던 때였다. 내 어린 기억으로는 아버지가 약방에서 사 온 귀이개 같은 것에 약솜으로 말아서 소독약을 발라 귀에 넣어 소독한 다음, 아까징끼나 요도징끼를 바르는 것이 치료의 전부였던 것 같았다. 지금 같으면 대단한 병도 아니고 병원 치료를 받았으면 쉽게 나을 수도 있었을 터인데, 그때 병원 문턱이 너무 높아서 언니는 그만 귀가 잘 들리지 않는 상태로 초등학교를 마치지 못했다. 선생님 말이 잘 들리지 않았고, 친구들이 자꾸 놀려대는 탓에 학교를 그만두고 집에서 어머니 대신 살림을 맡아 하였다. 나는 그 해숙 언니에게 많은 빚을 졌다. 일하지 않고 마음껏 책을 읽을 수 있었으니까.

어머니는 그때 발로 밟는 미싱 한 대로 목성동 네거리에 방을 하나 얻어서 양복(장)점 비슷한 가게를 열어 손님들 옷을 만드는 일을 했다. 삯바느질보다는 좀 수준이 높았다고나 할까.

그런데 새집에선 수도꼭지만 열면 물이 '콸콸' 쏟아져 나오는 입식 부엌이었기에 쌀·보리쌀·나물 씻기, 설거지, 빨래 등등 물로 해결하는 모든 것은 '만고강산'이었다. 어머니는 집 앞 넓디넓은 빈터에 배추·무우·고추를 심어서 김장을 100포기나 150포기를 담가 겨울나기 밑반찬을 너끈히 해결하셨다. 당시에는 위생장갑이나 고무장갑이 없어서 어머니는 담그기 전에 미리 양손에 참기름이나 들기름을 듬뿍 바른 다음 맨손으로 양념을 버무리고 김치를 담갔다. 그 뒤 며칠 동안은 양손이 화끈거린다면서도 참으시던 기억이 난다.

텅텅 비어있는 거대한 기관차 차고는 어린 막내 남동생의 호기심을 채워주는 놀이터였다. 기관차 차고 건물은 3층 높이만큼 높았고, 그 면적은 웬만한 소학교 운동장 반만큼 넓었다. 3층 꼭대기 지붕에 올라가면 평평한 콘크리트 바닥이 한없이 펼쳐졌고 안동 읍내를 한눈에 조망할 수 있어서 놀이터로서는 안성맞춤이었다. 로마에 있는 콜로세움처럼 거대한 바깥 콘크리트 벽에는 지붕 위로 올라갈 수 있는 계단이나 사다리도 없었다. 단지 바깥벽에 엄지손가락만한 굵기의 철근이 ㄷ자 모양으로 튀어나와 박혀 있었다. 우리들은 그 철근 발판을 밟고 두 손은 위에 철근을 잡고서 한 계단 한 계단 올라갔었다. 내 친구들 ─ 정자, 화자, 영자, 송자, 영년 등도 기관고 위에서 놀았던 추억이 있을 것이다. 바로 아래 여동생은 안동여중을 마치고 서울로 이사 왔다. 내 동생의 동기생들치고 기관고에 올라가서 놀지 않았던 여중생은 아무도 없을 정도였다. 실컷 놀다가 땅으로 내려올라치면 무척 골치 아픈 일이 버티고 있었다. 밑을 내려다보면 머리카락이 쭈뼛쭈뼛 곤두서곤 하였다. 뒤

돌아서서 두 손에 힘을 꽉 주고 위 철근을 잡고, 발은 아래 철근을
밟고 내려올 때 두 다리가 후들후들 떨렸던 기억을 친구들은 아직
도 잊어버리지 않았을 것이다.

겨울, 집 옆쪽 아래로 펼쳐진 논바닥에 얼음이 얼면, 남동생은
앉은뱅이 썰매를 타고 놀았다. 논두렁을 따라 50m쯤 가면 약간
높은 둔덕에 있는 작은 집에 승무원들 식사를 책임졌던 아주머니
가 두 아들을 데리고 여태 살고 있었지만 우리 식구들과 별 왕래는
없었다. 나는 철길을 건너서 오가며 3~40분 거리의 등하교를 감
수해야만 했다.

거리가 멀어도 할머니는 철을 가리지 않고 금요일 아침이면 나들
이 차림—여름이면 빳빳하게 풀을 먹여서 숯불 다리미로 다린 하이
얀 모시 치마저고리, 봄·가을이면 정성들여 다듬이질을 한 연미색
명주 치마저고리로—을 하고 화성동 교인들 가정을 일일이 심방하
러 나선다. 그리고는 법석골 고종오빠 집에서 잠자고 토요일 새벽
기도회·주일대예배·저녁예배를 마치고 집으로 돌아온다.

할머니는 닷새 만에 열리는 안동장날이 되면 장터 입구에서 오
가는 사람들에게 전도지를 돌리며 '예수 믿고 구원받아 천당 가세
요'라고 전도하였다. 안동여중고 교정은 낙동강 둑 밑 서쪽 변두리
에 있어서 수업을 끝내고 읍내로 들어오자면 시장터를 지나가야만
한다. 여학생들에게도 전도지를 돌리는 할머니는 학생들이 받지
않으려고 하면 "너희들 강숙자 알지? 내가 숙자 할머니야."라면서
안겨준다. 나는 멀리서 할머니가 보이면 마주치지 않으려고 건너
편 길로 곧장 앞 만 보고 빨리 걸어 지나간다. 할머니의 전도 행위
가 창피해서가 아니라 마주치면 서로 민망스러울까 봐서였다. 할
머니의 활동영역을 침범하지 않기 위해서였다고나 할까!

할머니는 1960년, 내가 고교 2학년이던 초가을 어느날 평소처

럼 옅은 베이지색 명주 치마와 저고리를 차려입고 화성동 교인 가
정들 심방을 나섰다. 토요일 새벽기도회, 주일날 대예배도 무사히
마쳤다. 물론 법석골 고종오빠네 집에서 묵으면서. 주일 저녁 예배
를 보는 가운데 할머니가 혼절을 하셨단다. 젊은 남성 집사님이
들쳐 업고 30분 길을 달려왔다. 그 당시에는 교회가 자동차나 마
이크로버스, 아무것도 보유하지 못했다. 읍내 택시도 없을 때였다.
할머니는 키도 작고 몸집도 가벼워서 그리 힘이 들지는 않았겠지
만 그래도 혼절한 사람을 등에 업고 달려온 젊은 집사님은 숨이
턱에 차서 헉헉거렸다. 물 한 대접을 마신 뒤 집사님이 설명해서
할머니가 예배 도중에 혼절한 사실을 알았다.

그 뒤 이틀 동안 할머니는 혼수상태로 누워 있었다. 교회 손님
들, 친척들이 다녀가고 서당골 이모할머니와 어개골 이모할머니와
내가 곁을 쭉 지켰다. 중2인 여동생과 어머니는 들락날락했고 아
버지는 출근했다가 자주자주 들여다 보았다. 이모할머니들과 나는
계속해서 찬송가를 불렀다.

> 내가 천성 바라보고 가까이 왔으니
> 아버지의 영광 집에 나 쉬고 싶도다
> 나는 부족하여도 영접하실 터이니
> 영광나라 계신 임금 우리 구주 예수라
>
> 내 영혼이 은총 입어 중한 죄 짐 벗고 보니
> 슬픔 많은 이 세상도 천국으로 화하도다
> 할렐루야 찬양하세 내 모든 죄 사함 받고
> 주 예수와 동행하니 그 어디나 하늘나라

주의 음성을 내가 들으니 사랑한단 말일세
믿는 맘으로 주께 가오니 나를 영접하소서
내가 매일 십자가 앞에 더 가까이 가오니
구세주의 흘린 보배 피로써 나를 정케하소서

사흘째 되는 날 할머니는 거짓말같이 깨어나서 말짱한 정신으로 일어나 앉았다. 이모할머니들이 물었다. "형님, 천당 갔다 오셨는 가?" 할머니는 '사다리를 타고 천당 문 앞에까지 올라갔는데 아직 할 일이 남아서 돌아왔다'고 했다.[2] 나는 속으로 생각했다. '영혼이 천성문까지 날아가는 데 하룻길, 다시 세상으로 돌아오는 데 하룻길, 꼬박 이틀이 걸렸구 나'라고. 할머니는 주섬주섬 주변 정리를 나름대로 했다. 할머니는 앉아서 당신의 치마를 걷어 올리고 꼬장주(고쟁이 속옷) 주머니에 있는 돈을 꺼내어 차곡차곡 펴서 모은 다음 어머니에게 건넸다. 지금으로 치면 족히 백만 원을 거뜬히 넘기고도 남았을 것이다. 아마도 급체한 배를 주물러 낫게 하고 받은 자그만 사례금들을 모은 돈일 터였다. 다음으로 할머니가 아끼던 옷가지들— 명주 치마저고리는 서당골 할머니에게, 모시 치마저고리는 어개골 할머니에게, 당신이 겨울에 쓰던 처니(쓰개치마)는 누구에게, 깨끗한 버선들은 외손주 며느리에게 등 당신이 가졌던 모든 것을 골고루 나누어 주라고 말한 다음에 "나는 지금 다시 돌아가야 한다."면서 자리에 누워 고요히 눈을 감고 기다렸다. 또 찬송가가 울려 퍼졌다.

하늘가는 밝은 길이 내 앞에 있으니
슬픈 일을 많이 보고 늘 고생하여도

---

2) 이어령(2010),《지성에서 영성으로》, 서울 : 열림원, 22쪽

하늘 영광 밝음이 어둔 그늘 헤치니
예수 공로 의지하여 항상 이기리로다

빈손 들고 앞에 가 십자가를 붙드네
의(義)가 없는 자라도 도와주심 바라고
생명 샘에 나가니 나를 씻어주소서

　가끔씩 이모할머니들은 할머니의 귀에 대고 "형님 천당 가는가?" 묻곤 하였다. 그럴 때마다 할머니는 알아들었다는 듯 고개를 작게 끄덕끄덕하면서 그렇다고 답하였다. 한 40분 남짓 찬송가가 끊어지지 않은 가운데 마지막으로 할머니는 큰 숨을 네다섯 번 크게 들이마시고 내쉬고는 숨을 거두었다.
　우리 집은 초상집이 아니라 잔칫집 같았다. 많은 교인들이 와서 할머니 관을 장식할 종이꽃을 만드느라 부산한 가운데 이야기꽃과 웃음꽃이 끊이질 않았다. 그때는 시골에서 생화로 관을 장식하는 사례가 없었고 장의차도 없었으며, 대부분은 상여를 멨다. 군대 복무 중인 오빠도 잠깐 휴가를 얻어 집에 왔다. 당시 한국 나이 74세는 장수를 한 편에 들었다. 안동예배당을 거쳐서 할머니는 시집살이하던 안동군 서후면 명리 535번지 근처 산소에 할아버지 옆자리에 안장되었다. 내가 할머니 하관식을 기억하지 못하는 것으로 보아 장지에는 따라갈 수 없었던 모양이다. 할머니가 천당으로 가시며 내 악동 시절은 자연스럽게 막을 내렸다.

2. 안동여중 · 안동여고 시절

　고향 안동은 내가 초 · 중 · 고를 졸업하고 서울로 옮겨온 뒤에도 한참을 지나서야 행정단위가 안동군 안동읍에서 안동시로 승격하였다. 말로는 안동을 교육도시라고 하지만 이곳 출신 고등학생들이 서울 유수 대학에 쉽게 입학하는 경우는 드물었다. 공부 좀 잘하고 살림에 여유가 있는 집안이라면 대구로, 서울로 고등학교부터 유학을 보내서 유수 대학에 들어가기도 했다. 한 친구는 늘 안동을 '페이톤 플레이스' 같다며 어느 집 자녀가 무얼 했는지 따위의 소문이 금방 읍내로 번진다고 평했다. 북문동에 있는 안동 군청에는 고려 공민왕이 원나라 침략을 피해서 안동으로 잠시 피난해 있는 동안 친히 쓴 〈安東雄府〉라는 현판이 걸려있었다. 그리고 정월 대보름 저녁에 '놋다리 밟기' 풍습은 공민왕의 왕비 노국공주가 개울을 건널 때, 동네 처녀들이 나와서 허리를 굽혀서 그 등을 밟고 건넜다는 유래에서 전해진다. 중학생 시절이었을 때 놋다리밟기 행렬이 집 앞을 지나갈 때 친구와 함께 뛰어나가 등을 굽혀 다리를 만들어, 그 위로 어린 소녀가 밟고 지나가도록 한 경험이 있었다.

안동은 경상북도에 속해서 옛날 신라의 후예들로 생각하기 쉽지만, 실제로 풍속은 신라가 아닌 고구려를 따르고 고구려 후예에 속한다. 신라 풍속인 한가위는 안동에서 큰 명절이 아니었고, 오히려 오월 단오에 더 풍요로운 행사를 하였다. 음력 5월 5일 단오에 여자는 창포를 달인 물에 머리를 감았고, 남자는 그네뛰기와 씨름 대회를 열어 등급대로 상을 주었다. 아버지도 젊은 시절에 그네뛰기에서 2등 상을 받았다고 자랑하신 적이 있었다. 서울로 이사 온 뒤 어머니는 한가위를 요란하게 지내는 것을 보고선 "얄궂어라, 이렇게 떠들썩하게 지내는 건 무슨 연유인고?" 하셨다. 추석 송편은 자그마하게 빚는 서울식이 아니라 우리 집에선 큼지막하게 빚었다. 이것도 고구려식이었다. 우리 집에서 자그마한 송편을 빚게 된 것은 어림잡아 10년을 지나서였다. 고려 공민왕이 안동으로 피신해 온 것도 따지고 보면, 옛날 고구려 땅이었기에 믿을만하다는 판단이 섰기 때문이었을 것이다.

1955년 36사단이 안동 인근에 주둔한 다음부터 장병들 겨울나기 식량을 마련하고자 안동여고 학생들은 해마다 겨울이면 총동원되어 부대에 가서 김장김치를 담았다. 졸병들은 삽으로 소금을 뿌리고 배추를 절이고 씻는 일을 도왔다. 양념으로 김치소를 만들고 배추에 버무리고 하는 일은 여학생들 몫이었다. 물론 가사 선생님을 비롯한 여선생님들도 감독으로 동행하였다.

안동은 농촌 지역이라 모내기 철을 마치고 곡식이 여물 때면, 중학교 시절부터 가까운 논에 학생들이 동원되어서 피를 뽑기도 하고 메뚜기들을 잡기도 했다. 여고시절에는 학교 앞 낙동강 둑 아래 들판에 가서 퇴비를 만들어 다음해 농사를 준비하려고 풀 베어 오는 일에도 학생들을 동원하였다. 안동여중·고 교정은 낙동강 하구 북쪽에 있었는데, 앞에는 여중 건물과 운동장, 뒤에는 여고 건물과 야외 농구장이 자리했다. 나는 여중 교가校歌에 나오는 문필봉文筆峰은 안동지역에만 있는 산 이름인 줄로만 알고 속으로 자부심도 가졌었는데… 봉우리가 붓끝처럼 생긴 것은 모두 문필봉이라고 누가 말해서 그만 실소를 하고 말았다.

문필봉 고운 자태　높이 솟아서
화려한 금수강산　거룩한 기상
정의에 실천에　인격을 닦아
스스로 빛내어　올라가오리
아~아~　안동여자중학교
만세 만세 만만세

　나의 사춘기 시절은 친구들끼리 모여서 선생님들 흉을 보는 것으로 스트레스를 해소한 것 같았다. 여중 2학년 때 이른바 잘 나간다는 3학년 언니들이 세로프(Seroph) 클럽에 가입하도록 권유해서 2학년 친구들 9명이 가입했다. 김향자 · 배영자 · 김정자 · 김미양 · 김화자 · 신춘희 · 박성숙 · 남영년 그리고 나. 친구들 아홉 명은 저녁만 먹으면 집을 나서서 안동읍내 중앙통에 자리한 영남병원 집 다섯째 딸 정자네 집으로 마실을 갔었다.
　향자는 무서운 아버지 밑에서 올망졸망 따르는 동생들을 돌봐야 했기 때문에 마실을 자주 오지는 못했다. 우리들은 모여 놀면서 선생님들 흉보는 일로 시간을 소비했다. 그때는 남 흉보는 일이 왜 그리 재미있었는지. 그리고 가끔 클럽 선배 언니들과도 모임을 가졌다. 그때 중국집에 가서 자장면을 처음 먹어 보았다. 아주 맛이 있어서 지금도 기억난다. 3학년 이홍규 언니는 임청각臨淸閣[1]

에 살았는데, 2·3학년 클럽 회원들 전체를 임청각에 초대했다. 집 구경도 하고 노래도 부르며 재미있게 놀았다.

때때로 끼가 발동하면, 방과 후에 남아서 친구들 몇몇과 같이 선생님들 신발장에서 신발들을 모두 꺼내어 흐트러뜨려 섞어서 짝이 맞지 않도록 바꾸어 집어넣기도 했다. 선생님들이 자신의 신발을 찾느라 서로 우왕좌왕하며 법석을 폈을 광경이 떠올라 지금도 빙긋이 웃음이 나온다. 정자네 집에서 실컷 놀다가 집으로 올 때는 인적이 드문 한적한 밤길이 되기가 일쑤였다. 어느 날 나와 이숙자(백병원 간호이사 역임)는 길에 오가는 사람들이 없는 틈을 타서 중앙통에 있는 점방 무거운 입효간판들을 낑낑거리며 들어서 서로 뒤바꾸어 놓았다. 예를 들면 미장원 간판을 빵집 앞에 옮기고, 빵집에는 신발가게 간판을 옮겨 놓는 등 뒤죽박죽 바꾸어 놓았다.

학교 공부보다 소설책 읽기는 여전한 나의 습관이었다. 정독보다는 다독을 택했다. 중학교 2학년 때였던가? 영어 교과서에 실린 프랑스 작가 알퐁스 도데의 단편소설《마지막 수업》이 나에게 큰 감명을 주었다. 프로이센 전쟁에서 패한 프랑스 알자스 로레인 지방의 학생들은 수업시간에 모국어 대신 점령국 언어인 독일어로 공부해야 하는 변혁을 맞았다. 모국어로 수업하는 마지막 날, 어린 학생들은 온통 교실이 떠나가라고 "Vive La France, Vive La France.(프랑스 만세)"를 외쳤다. 지금도 나는 그 구절을 선명하게 기억한다. 우리들도 일제 강점기에 언어를 빼앗겼던 경험에 더

---

1) 임청각은 상해 임시정부 국무령을 지낸 석주 이상룡의 생가이다. 도깨비들이 100칸 한옥을 하룻밤 사이에 지으려다가 새벽닭이 울자 마지막 한 칸을 완성하지 못한 채 도망가서 99칸으로 남게 되었다는 전설이 내려온다. 이상룡의 독립운동 이야기는 박민영(2020),《임시정부 국무령 석주 이상룡》, 서울 : 지식산업사 참조.

해서《마지막 수업》을 마지막으로 노총각 영어선생님이 전근을 가기 때문에 감수성이 예민한 사춘기 소녀들로 가득한 교실은 온통 울음바다가 되었다. 이 작품과 함께 오 헨리의 단편소설《마지막 잎새》도 내 가슴에 오래오래 남아 있었다.

중학교 1학년 때였던 것으로 기억한다. 안동극장에서 시낭송회가 있다는 광고문을 보고 맹랑하게도 나 혼자서 참관하러 갔었다. 그때 낭송했던 '나두야 간다 나두야 간다 이 젊은 나이를 눈물로서 보낼거냐 나두야 간다 …'는 구절이 노년에 접어든 지금까지도 가끔 내 뇌리에서 맴돌기도 한다. 누구의 시인가 궁금하여 인터넷을 검색했더니 박용철 시인의 〈떠나가는 배〉로 확인되었다.

사춘기 초경初經 경험을 빼 놓을 수 없겠다. 중학교 가사시간에 선생님은 얼굴을 숙이고 책상 위 교과서만 내려다보고 여성의 최초 신체 변화를 불순한 내용이라도 되는 듯 월경 설명을 몇 줄 읽는 것으로 그쳤다. 마치 초경은 불량 학생에게나 찾아오는 수치스러운 것으로 여기게끔 만들었다. 2학년 때였다. 반에서 제일 뒷줄에 앉는 나이가 많은 여학생들은 이미 월경을 시작하였다. 반 학생들은 아무런 이유도 없이 이 학생들을 품행이 나쁜 불량학생 취급을 하며 쑥덕거리며 흉을 보았다.

나는 2학년 가을소풍 갔을 때 낌새가 이상하다 싶어서 친구들과 멀리 떨어진 갈대숲에 숨어서 살펴보았더니 초경이 비치었다. 그때 얼마나 놀라고 무서움이 몰려왔던지, 어찌할 바를 몰랐다. 집에 도착해서 어머니께도 숨기고 낡은 런닝 속옷을 월경대로 대신했었다. 몇 차례 낡은 런닝 속옷이 계속 없어지자 그제야 어머니는 딸의 초경을 눈치채고 가제보다는 더 촘촘한 면 한 필을 끊어 오셨다. 이 천을 삶아서 빨아 햇볕에 말려서 한쪽 팔만큼의 길이로 잘랐다. 이를 접어서 생리대로 사용하였다. 당시에는 신생아의 기저귀도 똑같은 방법으로 준비하였다. 옛날 어른들은 딸이 초경을 맞으면 집안에 경사 났다고 떡을 해 먹는 풍습이 있었다. 그런데 구한말에 들어온 여선교사들이 여성의 달거리를 불결하고 수치스러운 것으로 가르쳤다.

나는 어려서 노래를 잘한다는 평을 들어왔다. 유치원 시절부터 초등학교까지 발표회 때마다 독창은 늘 혼자서 도맡아 했다. 그리고 중학교 1학년 때까지도 노래를 잘했다. 한때는 주변에서 성악가를 꿈꾸라고 격려하기도 했었다. 그런데 중 2학년에 예견되었던 변성기가 닥쳐왔다. 음악시간에 입을 열어서 노래를 부를 수 없었다. 목이 쉰 상태로 소리가 나오지 않았다. 이 사실은 나의 자존심에 상처를 주는 심대한 사건이었다.

나는 음악 시간에 더이상 노래를 부르지 않았고, 입을 꾹 다물고 침묵으로 일관하였다. 심지어 음악 실기 시험에도 입을 열지 않았고 노래를 부르지 않았다. 마치 필기시험에 아무것도 쓰지 않고 백지를 낸 격이었다. 갑자기 목소리가 변해서 탁한 소리가 나고, 높은 음을 낼 수 없었을 때 그 낭패감은 이루 말할 수 없었다. 그 낭패감을 감추기 위해 2학년과 3학년, 2년 동안 음악시간에 노래를 부르지 않는 것으로 나의 사춘기 시절의 이유 있는 반항을 분출했다. 그래도 음악 선생님은 낙제점을 주시지 않았고 성적을 잘 주신 것으로 기억한다.

고등학교 들어와서는 음악시간에 노래를 부르기는 했지만, 소프라노가 아닌 앨토 파트를 불렀다. 방과 후 음악반에 남아서 '푸른 도나우', '장산곶'의 합창곡에다 화음을 넣어서 연습했던 아름다운 추억을 지금도 가끔 꺼내어 흥얼거리며 음미하곤 한다.

철도국 안에 있는 집으로 이사 와서 어머니는 집안 살림에 보탬이 되도록 적극적으로 농산물 도매 장사를 시작했다. 철도국 직원

가족들은 기차를 무료로 탈 수 있었다. 어머니는 안동 가까운 지역의 특산물을 낮은 생산자 가격으로 사서 화물칸에 짐을 부치고서 밤차를 타고 새벽녘 청량리역에 내려 청량리 시장 도매상들에게 물건을 넘겼다. 말하자면 중간도매상, 좋게 말하면 유통업을 한 셈이었다. 단양 마늘, 영양 고추, 햅쌀, 계란 등 안동 둘레 고장 농산물이 주거래 물품이었다. 밤차 타고 한 달에 서너 번씩 서울을 오가는 일이 얼마나 고된 일이었을까? 그런데도 어머니는 살던 집을 빚더미에 고스란히 넘겼다는 압박 비슷한 책임감 때문에 피곤한 기색조차 내비치는 일이 없었다.

1960년은 4.19 학생 의거가 터진 해이다. 4.19 의거는 이승만 정권의 3.15 부정선거에 맞서 일어난 마산 시민과 학생들의 평화적 시위를 경찰이 강압적으로 해산시키는 과정에서 발발했다. 전북 남원이 고향인 김주열이 마산상고 합격 발표를 보러 갔다가 데모에 참가한 후 행방불명 되었다가 한 달 뒤 마산 앞바다에서 왼쪽 눈에 미제 최루탄이 박힌 채 시신으로 떠올랐다. 이를 도화선으로 시위가 전국적으로 번졌다. 내가 고등학교 2학년이었고 안동여고는 안동고등학교 남학생들과 행동을 같이했다. 함께 자유당 국회의원 김석기 씨 집 앞에 질서정연하게 줄을 지어 몰려가서, '자유당은 물러가라', '김석기는 물러나라' 소리치며 대문을 쿵쿵 발로 걷어차고 담 위 기왓장들을 부수는 작은 소요를 벌였다.

3학년으로 진급한 지(1961년) 얼마 지나지 않아 5.16 군사정변이 일어났다. 사회 곳곳에 만연한 '부정부패를 뿌리 뽑는다'라는 기치를 내세웠다. 그러나 엉뚱하게도 이 '기치'가 나의 진로에 영향을 미칠 줄은 미처 몰랐다. 아버지는 어머니와 함께 일찍이 일본으로 건너가서 전기기술학교를 나왔기 때문에 귀국해서 안동철도국 기술직(기관사)에 종사했다. 나는 1944년 도쿄에서 출생하여 이듬해 1945년 해방이 된 뒤에 귀국했다. 우등생이었던 오빠는 한국에서 4학년에 편입했으나 우리말을 잘하지 못해서 놀림을 받았고 학교 가기가 싫었다고 했다. 기술직이 무슨 그리 큰 부정부패에 연루되었겠는가! 군사정권이 부정부패 척결을 내세운 대대적인 공무원 감축으로 정년 55세를 몇 해 남긴 아버지가 감원 대상에 올랐고, 그해 가을에 퇴직했다.

나는 3학년 동반(다른 한 반은 서반이었다) 반장으로서 고3 마지막 졸업여행을 앞두고 있었다. 아버지가 졸지에 실업자가 되고 보니 졸업여행은 고사하고 당장 대학 진학에 빨간 불이 켜졌다. 마음에 큰 상처를 받았고, 대학진학을 포기해야 할지도 모른다는 막연한 불안감에 휩싸였다. 아버지가 강요된 퇴직을 했다는 사실을 친구 누구에게도 말하지 않았다. 그런데도 알만한 친구들은 모두들 알면서도 내겐 모르는 척했다.

나는 담임 선생님께 수학여행을 가지 않겠다고 말씀드렸다. 선생님의 만류에도 고집을 부렸다. "너는 반장이니까 여행비를 내지 않고 가도 된다"는 선생님의 간곡한 설득에 졸업여행을 할 수 있었다. 여행비를 내지 않는다는 사실이 나의 자존심을 더욱 초라하게 만들었지만 선생님이 입을 다물고 계셨기 때문에 눈치챈 학생들은 아무도 없었다. 3박 4일의 한산도를 비롯한 남해 여행을 했다. 부산까지는 기차 여행이었기 때문에 노래도 부르고 친구들과 이야기꽃도 피우며 참으로 즐겁게 보냈다. 부산에서 배로 갈아타고 나서도 처음엔 마냥 즐거웠다. 뱃머리에 앉아서 노래를 부르며 한없이 재잘거렸다. 그런데 파도가 일고 배가 일렁이기 시작하자 우리들은 노래 부르기를 멈추고 아래 선실로 내려가서 모두들 드러누웠다. 배멀미를 하는 친구들이 하나둘 생기기 시작하더니 누구랄 것도 없이 모두 울며 토하며 아프다는 소리를 질러대기 시작했다.

배를 탄 것은 두어 시간뿐이었지만, 선실 안은 그야말로 아비규환의 도가니 같았다. 아마도 파도의 높이가 2m 정도 되지 않았나 싶다.

지금 남아 있는 졸업여행의 기억은 한산도에서 이순신 장군이 지은 유명한 시 한 수 "한산섬 달 밝은 밤에, 수루에 홀로 앉아, 긴 칼 옆에 차고, 깊은 시름 하는 중에, 어디서 일성호가一聲胡笳는 그칠 줄 모르는가"에서 그 수루만 기억날 뿐이다. 나는 지금도 배 타는 여행은 삼가고 있다. 고3 때 겪었던 배멀미가 생각나서 감히 크루즈 여행은 엄두를 내지 못했다. 언젠가는 꼭 가보아야 할 텐데….

졸업여행에서 돌아오자 곧 대학 전공과목을 정해야 하는 일과 마주쳤다. 초등학교 고학년 시절에는 여성법관이 되겠다는 꿈을 품은 적도 있었다. 그런데 이 꿈을 접은 것은 아마도 황윤석 판사의 갑작스런 죽음(1961년 4월)이 아니었던가 생각된다. 우리나라 최초의 여성판사 황씨가 가정불화로 스스로 목숨을 끊었다(?)는 신문 보도를 보고서 적지 않은 충격을 받았고, 나의 진로에도 은연중 영향을 미쳤다.

부모님은 내가 소설책 탐독하는 것을 나무란 적이 없었다. 자연히 인문계열로 진로가 정해진 거나 마찬가지였다. 그런데 아버지 퇴직으로 문제가 달라졌다. 부모님은 간호학과 지원을 강요했다. 더욱이 어머니는 '미국 존슨 대통령 맏딸 린다 양도 간호학 전공자'라며 나를 설득했다. 당시 대구상고 교감이던 막내 외삼촌까지 동원해서 간호학으로 진로를 바꿀 것을 종용했다. 이유는 '등록금은 어찌어찌해서 마련하겠는데 하숙비 부담은 어렵다'는 것이고 2학년부터 기숙사 입주가 가능한 간호학과가 제격이라는 것이다. 집안 사정을 잘 아는 나로서는 대학 진학을 포기하겠다고

선언하고, 학교에 지망 학과를 마지막으로 써내는 날 결석을 감행
했다. 그 날 아버지께서 내 동의도 없이 몰래 학교에 나가 나 대
신 간호학과로 지망 학과를 적어 내셨다. 예방주사 맞는 것도 질
겁하는 내가 어떻게 남에게 주사를 놓을 수 있으며, 수없는 수술
과정을 볼 수 있겠는가! 그리고 인문계열과 이과계열은 시험(선
택)과목이 달랐다.

　5.16 군사정부는 대학의 부정부패를 뿌리 뽑는다는 명분으로
각 대학이 직접 입학생들을 뽑는 학생선발권을 박탈하고 대신 국
가가 대학생들을 뽑는 '대학입학자격 국가고사'를 1961년 12월에
시행했다. 안동 지역은 대구에서 시험을 보았다. 나는 하는 수 없
이 대구 외삼촌 댁에 묵으며, 선택 과목을 '가정'에서 '화학'으로
바꾸는 우여곡절 끝에 국가고사 시험에는 무난히 합격했다. 그런
데 1차 국가고사에는 전국 대학의 입학 정원만큼만 학생을 뽑았
다. 예컨대 전국 각 대학에 설치된 간호학과의 입학생 숫자를 모두
합친 숫자만큼만 뽑았다. 그리고 그때 문교부가 수많은 응시생들
의 답안을 채점해야 하기 때문에 처음으로 '사지선다형' 객관식 문
제가 출제되었고 '찍기' 답안지에 기계화 채점이 가능하게 되었다.

　문제는 2차 체능고사였다. 달리기, 넓이뛰기, 팔굽혀펴기, 높이
뛰기, 공 던지기의 5종 종목에 각 10점을 주어 총 50점이 만점이
었다. 최하점수는 그 반인 25점이었다. 즉 필기고사와 체능고사를
모두 더한 점수로 입학을 결정한다. 그러니 1, 2점을 다투는 필기
고사보다 25점의 차이가 나는 체능고사가 당락을 결정짓는 열쇠
가 되었다. 당시 한국 청소년들의 체력이 일본 청소년들에 견주어
턱없이 뒤떨어졌기에 군사정부가 '체력은 곧 국력이다'라는 목표를
세우고 학생들의 체력을 튼튼하게 하려는 좋은 뜻에서 체능고사를
대학 입시에 연계했다.

'원님 덕에 나팔 분다'고 나는 서울 구경을 할 겸 연세대 간호학과에 원서를 냈다. 연대 간호학과는 지원자가 많아서 13명의 학생들을 떨어뜨려야 했으나 이화여대는 정원미달이었다. 내가 서울 구경을 처음 한 것은 고2 겨울 방학에 경안지역 기독학생 대표로 서울 중앙대에 회의 참석하러 상경한 때였다. 한강다리를 건널 때 한강이 꽁꽁 얼어서 많은 사람들이 스케이트 타던 광경이 아직도 내 기억에 있다. 동대문에 살았던, 정신여고로 유학 간 목사 딸 서혜네 집에 묵었다. 그 추운 겨울의 한가운데인 1월에 추위를 면케 해 주려고 연대는 운동장 여기저기 장작불을 피워 놓았다. 나는 백양로를 힘껏 열심히 달렸고, 높이 뛰었고, 넓게 뛰었고, 팔도 굽혔다 폈고, 공 던지기도 했지만, 기본 점수인 25점만 겨우 얻었다. 이대 기악과를 지원한 서혜는 50점 만점을 받아서 합격했다.

체능고사를 치른 뒤에 나는 '서울 구경'이라는 이름에 걸맞게 지인들 집을 방문하는 일정으로 나날을 보냈다. 아들을 목사로 만들고자 안동교회에서 서울 한신대학교 사찰집사님으로 이직해 간 정 집사님 댁을 방문했다. 집사님은 아버지에 대해 이것저것 물어보셨는데, 철도국을 퇴직하고 딱히 할 일이 없다는 사실을 듣고서 빨리 아버지가 상경하기를 재촉했다. 한신대학이 있는 수유리는 그때만 해도 양주군에 속한 곳이어서 수도가 들어오지 않았고, 자가발전을 해서 대학 안에 있는 기관과 사택에 급수를 했다. 전기 기술자인 아버지에게 딱 맞는 일자리였다. 서울시에 편입되어 있지 않았기 때문에 시내버스가 다니지 않아 종로 5가에서 동두천 가는 시외버스를 타고 수유리에 내렸었다. 나는 서울 구경을 중단하고 그다음 날 안동으로 내려갔다.

＊　　＊　　＊　　＊　　＊　　＊　　＊

　안동을 떠난 시 수십 년 만에 안동여고를 방문한 적이 있었다. 재경 안동여고 동창회 합창반에서 개교기념일인 5월 1일에 안동여고에서 총동창회가 열려서 참석했었다. 그런데 낙동강 하구 둑 아래에 있던 여고 · 여중 교사가 모두 우리 고모네 집과 고모네 큰집이 있던 동산으로 이전을 했다. 고모네 집 뒷동산 복숭아 농원이 있던 자리에 여고 건물을 지었고, 여중 건물은 고모의 시집, 즉 길 건너편 고래등같은 기와집이 있던 터와 그 뒷동산에 지었다. 고종 오빠가 시내 아파트로 이사한 걸 보면, 집 뒷동산을 안동여고에 판 것이 분명했다.

II 부

청운靑雲의 꿈을 펼칠 서울로

HER STORY

1. 촌뜨기, 서울내기로 살다

아버지는 퇴직 후에 받은 약소한 퇴직금으로 장사를 시작하셨다. 평생을 공무원으로 지낸 사람이 알지 못하던 분야에 무턱대고 발을 들여놓았으니 성과가 날 리 없었다. 철도국에 다녔던 친구 권계남의 아버지는 퇴직 뒤에 전기상회를 차려서 돈을 많이 벌었다는 소식을 뒤늦게 전해 들었다. '아, 참 아버지도 일찌감치 전기상회를 운영했더라면 돈을 많이 벌었을텐데…'하는 아쉬움도 있었다. 그럭저럭 생계를 유지하던 차에 '전기 기사 일자리가 있으니 급히 상경하라'는 정 집사님의 부탁은 아버지에게 큰 돌파구가 된 듯했다. 일주일 뒤에 아버지와 나는 이불 보따리와 솥단지, 밥그릇을 챙겨서 부랴부랴 서울로 이사했다. 나는 아버지 밥해 드리는 일을 맡았고, 어머니는 고향에 남아서 동생들 전학과 이사할 준비를 담당했다. 한신대 캠퍼스 안에 전에 기사가 살던 집이 비어있어 금방 입주했다.

사실 여고 졸업식에 참석했는지는 기억나지 않는다. 급히 상경하라는 부탁이었기 때문에 일주일 만에 서울로 올라온 것 같았다.
할머니의 기도 덕택에 나는 초등학교 때 송별사를 읽었고, 중학교
때도 답사를 읽었다(valedictorian). 그런데 할머니 돌아가신 뒤
에는 할머니의 기도가 끊겨서인지, 고등학생 때에 성적은 몇 칸
내려가기도, 다시 되찾기도 하는 내리막 오르막의 굴곡이 있었다.
중학교 때는 그래도 졸업식이랍시고 자장면도 먹었고 택시 타고
안동읍내 한 바퀴 드라이브했던 기억이 나는데, 여고 졸업식 날에
는 아무 기억이 나지 않는 걸 보면 아마도 식에 참석하지 않고 그
냥 상경했던 것으로 보인다.

　62년 3월, 태어나서 처음으로 나는 종로에 있는 EMI학원에 다
니면서 그 유명한 안현필 영어와 종로학원의 정경진 수학 강의를
들었다. 유명 강사의 강의를 직접 듣는다는 것은 촌뜨기인 나로서
는 꿈만 같은 일이었다. 그 꿈은 내가 서울에 살기 때문에 가능하
였다. 퇴계 이황李滉을 배출한 안동은 교육도시라는 일컬음을 받았
지만, 그 이름값을 하지 못했다. 대학 진학생을 위한 입시학원 하
나 없었다. 고등학교 교편을 잡았던 남자 선생님이 은퇴한 뒤 자신
의 서재에서 예닐곱의 남학생들에게 영어 과외를 했던 것이 유일
하게 내가 알고 있는 사설 입시과외의 한 유형이었다. 그것도 여학
생들에게는 그림의 떡이었다. 남녀가 유별한 고장이었기에 남학생
여학생이 섞여서, 공부라고 하더라도 우리 시대에 그런 일은 결코
있을 수 없었다.

　재수를 희망하는 안동여고 친구들 김정자·김화자 그리고 나는
유명한 재수학원에 등록한 것만으로도 이미 마음이 뿌듯하였다.
그리고 김미양은 재수 대신에 동덕여대에 입학하였다. 시골 친구
들은 서울 학생들처럼 머리 싸매고 공부하는 것에 익숙하지 않아
서 짬만 나면 도봉산이다, 단성사 영화 관람이다, '디쉐네' 음악

감상실로, 서울구경하며 놀러 다니기에 바빴다. 그 때 단성사에서 본 〈만날 때는 언제나 타인〉이란 영화제목의 여주인공 킴노박의 모습이 지금도 종종 내 기억에서 헤집고 나온다.

공부는 뒷전이고 노는 일에 정신을 쏟는 동생 친구들을 보고, 친구 언니가 눈치를 채고 이 사실을 그 아버지에게 알렸다. 친구 정자는 대노한 아버지의 엄명을 받고서 그만 고향으로 내려가고 말았다. 여름방학이 되자 어머니는 막내 남동생과 여동생을 데리고 안동에서 서울 수유리로 옮겨 왔다. 막내 남동생은 초등학교에 여동생은 집에서 가까운 인창여중에 전학했다. 서울 지리에 익숙해질 무렵 재수생활도 마지막에 접어들었다.

1961년에 치른 제1회 국가고사 시행 결과는 서울대학을 제외한 나머지 대학들의 정원 미달 사태를 가져오는 시행착오를 겪었다. 재수하겠다는 학생들의 사정을 고려하지 않은 결과였다. 따라서 62년 1개월 앞당겨 11월에 치른 제2회 대학입학자격 국가고사는 대학 정원보다 30% 초과한 인원을 뽑았다. 체능고사 점수 비중이 너무 높다는 여론을 받아들여서 50점에서 25점 만점으로, 기본점수는 5점으로 하향 조정했다.

나는 자연히 간호학에서 인문학으로 진로를 바꿀 수 있었다. 숙소 문제가 쉽게 해결되었기 때문이다. 전년도와 견주어서 달라진 것은, 국가 고사에는 필수 과목만 치르고 지원한 대학에서 선택 과목과 체능고사를 치르도록 했다. 나는 이화여대 영문과를 지망했고 '가정'을 선택과목으로 정했다.

책 읽기를 좋아하다 보니 대학은 인문계열을 선택할 것이라는 막연한 생각은 있었지만 꼭 영문학이 내 적성에 맞는다는 생각을 해본 적은 없었다. 시골 여학교에서는 제 2외국어를 배울 수 없었다. 불어나 독일어 과목만을 위해서 선생님을 따로 초빙할 수 없는 형편이기 때문이었다. 고등학교 2학년 때 화학 전공 여선생님이 독일어 아·베·체·데를 좀 가르치다가 전근 가신 뒤로는 독일어 선생님은 영영 오시지 않았다. 프랑스문학, 독일문학 전공은 처음부터 괄호 밖에 있었으며, 톨스토이 작품을 좀 읽었다고 해서 러시아문학을 전공할 수도 없는 노릇이었다. 구태여 영문학을 선택한 작은 인연이라도 찾으라고 한다면 아마도 유년 주일학교 시절에 참가했던 연극, 《크리스마스 캐롤》의 작가 찰스 디킨스의 영향이었다고 우긴다면 지나친 견강부회牽强附會일까?

이화여대에서 필기시험과 체능시험이 있던 날, 수유리 집에서 학교까지 1시간 반이 걸리는 거리였기에 나는 일찌감치 하루 전날 신촌에 있는 목사 딸 서혜네 집에서 자고 그다음 날 아침 늦지 않게 시험장에 도착했다. 서혜네 집은 학관 후문 연대와 이대 사이에 있는 언덕 동쪽 편, 즉 봉원사로 들어가는 입구에 있었다. 서혜는 합격을 바라는 마음으로 연필 서너 자루를 정성스레 깎아주었고 지우개도 함께 준비해 주었다. 시험 치는 날은 작년에 견주어 덜 추운 12월이었으나 그래도 운동장 여기저기에 장작불을 피워놓았다.

두 번째로 보는 5종 종목이었건만 체능에서만큼은 재수해도 실력이 향상되지 못했다. 무용이라면 몰라도 여고 체육 점수에서는 항상 하위 그룹에 속해 있었으니까. 나로서는 혼신의 힘을 다했다고 생각되었지만 역시 최하위 기본점수 5점을 얻었다. 선택과목 가정을 필기시험으로 보았고, 여기에 더하여 이화여대에서는 '인성검사'라는 이름으로 'IQ테스트'를 했다. 난생처음으로 유명한 종로에 있는 학원 강의도 수강했기에, 아무리 체능에서 꼴찌 점수를 얻었다고 하더라도 떨어진다는 생각은 들지 않았다. 마지막으로 면접고사도 보았는데 면접관은 홍복유 선생님이었다. 환하게 웃으며 격려하시는 인자한 모습에서 합격을 예견할 수 있었다.

당시 합격자 발표는 지금처럼 온라인 방식이 아니라 정한 날짜에 방을 붙여서 알렸다. 이대 후문으로 들어오면 바로 마주치는 학관 남쪽 벽에 공고문을 붙여놓았다. 당시에는 컴퓨터와 인터넷 등은 상상도 하지 못할 때라 직접 가서 공고문에 자신의 수험번호가 적혀 있는지 확인하고서야 합격의 기쁨을 누릴 수 있었다

2. 학관에서 보낸 나의 청춘 - 영문과 재학 시절[1]

　1963년 3월 2일은 영문과 입학식이 있던 날이다. 봄이라고 하지만 그래도 쌀쌀한 날씨였다. 추위에 아랑곳하지 않고 입학식에 입으려고 신입생들은 저마다 울긋불긋한 색상의 새 양복을 맞춰 입고 와서 뽐내며 한껏 희망에 부푼 모습들이었다. 어머니는 집 판 것을 자신의 책임으로 여겼기에 평생 본견 비단옷 한 벌 해 입지 않으셨지만, 딸에게는 여대에 입학한 기념으로 이대 앞 그 수많은 양장점 가운데 하나인 '클로버'에서 양복 한 벌 맞춰 주셨다. 4년 내내 입을 것을 예상하고 점잖은 회색 천에 얇은 스트라이프가 쳐진 옷이었다.

　63년 입학생은 모두 1440여 명이었는데 학부모들도 함께 참석한 터라 대강당 좌석을 가득 메웠다. 그 당시 이대 대강당은 3천여명을 수용할 수 있는 서울에서 가장 큰 강당으로 이름을 떨쳤다. 딸의 대학 입학을 축하하고자 우리 어머니도 함께 참석하셨다. 난

[1] 이 글은 2021년 '학관 리모델링 기금 모금'을 위해 대외협력처에서 공모한 행사에 응모하여 특별상을 받은 글에 가필하였다.

그날 김옥길 선생님의 환영사를 기억하지 못하는데, 어머니는 그 총장 선생님의 격려사가 그리도 훌륭하고 처음 들어본 멋진 연설이라고 살아생전에 두고두고 말씀하셨다. 아마도 '훌륭한 여성 지도자가 되라'고 강조하셨을 것이다.

학관은 그 당시만 해도 이화 캠퍼스에서 대강당을 빼고는 그래도 최첨단 시설이 완비된 건물이었다. 학관에서 대강당으로 가는 길 왼쪽에 마주치는 학생관은 낡았고, 대강당 왼편에 위치한 중강당 건물은 그때 음악대학이 사용하고 있었기 때문에 학생관에서 본관으로 갈라치면 그 중강당 건물 뒷길을 거쳐야 했다. 늦은 밤까지도 음대생들이 발성 연습하느라 하이소프라노 음을 지르는 소리 때문에 다른 전공 학생들은 귀신 나오는 으스스한 건물로 다니길 꺼리기도 했다.

학관에서 가파른 언덕을 넘어 본관이나 도서관으로 가는 길에 가장 먼저 만나는 과학관도 옛날식 돌집이었고, 그다음 총장실이 있는 본관도 돌집이었다. 그다음 도서관은 2층 건물이었다. 1층에 서고가 있었으나, 개가식이 아니었기 때문에 학생들이 일일이 쪽지에다 도서부호와 책 제목을 써내면 직원이 서고에서 책을 찾아서 주는 방식이었다. 열람실은 한 삼사 백여 명을 수용할 수 있는 방에 칸막이도 없는 넓고 긴 테이블을 두어서 앞자리 낯선 학생과도 얼굴을 마주해야만 했다. 학생들이 간혹 떠들거나, 엎드려서 낮잠을 자면 그러지 못하도록 감독하는 직원도 있었다. 도서관 2층은 그 당시 대학원관으로 사용하였다.

학관 3층 301호에 영문과 과사무실이 있었고 입학생들은 주로 학관 3층이나 1층에서 수업하였다. 교양 국어는 학관 1층에서 강의를 들었는데 양명문 선생님이 가르치셨다. 선생님은 수업에 들어오셔서 "다른 과 학생들 수업에 들어가면 시끌벅적 떠드는 소리

가 나지만 이 수업에 들어오면 모두 책을 펴고서 조용히 예습하는
태도가 아주 훌륭하다"며 칭찬을 해 주신 일도 있었다. 학관 414
호는 계단식 좌석이 배치된, 말하자면 소극장 구실을 했다. 제일
처음 관람한 연극은 문리대 연극반이 연출한, 우리보다 몇 년 선배
인 신방과 박정자 씨가 주연을 맡았던 희랍비극《……의 딸들》이
었다. 그래도 최첨단 건물이었기 때문에 조명과 효과 장치가 되어
있었던 소극장이었다.

나는 수유리에서 의정부발 시외버스를 타고 종로 5가에 내려서
홍능-노고산행 버스로 갈아타고 이대 앞 정류장에 내려서 9시 수
업에 늦지 않으려고, 달려서 이화교를 건너고 대강당 계단 수십
개를 숨이 턱에 차도록 올라서 학관까지 계속 달려갔지만 10분이
나 걸렸다. 그 길을 1학년에서 4학년까지 달렸으니 아마도 초보
마라토너의 연습량 정도는 되지 않을까 싶다.

이화교 밑으로는 송추행 교외선 기차가 지나 다녔다. 연대 앞에
서는 높은 다리 위 철교를 지나갔기 때문에 기차가 이대 앞에서는
낮은 자세로, 연대 앞에서는 높은 자세를 취했다는 우스개 소리도
만들어졌다. 이화교를 건너서 운동장으로 들어서면 왼쪽으로 박물
관이 있었고 그 뒤쪽에는 사범대학 부속 유치원이 있었다. 대강당
계단 밑 오른쪽에 있는 2층 돌집이 사범대학이었고, 사범대학 오
른쪽으로 '후유길'이 시작된다. '후유길' 오른쪽 언덕 아래에는 대
운동장이 있었고, 운동장 동쪽에는 돌집과 바로 이어서 체육관이
붙어있었는데, 바로 체육대학 건물이었다.

후유길 끝자락에는 오른쪽에 본관, 왼쪽은 과학관, 그리고 그
가운데 김활란 명예총장 동상이 서 있었다. 본관 서편으로 더 올라
가서 진관, 선관, 기숙사가, 본관 뒤쪽에는 가정실습관인 한옥이
있었다. 그리고 도서관 오른쪽 언덕에 롱뷰(Long View-외국인

교수 숙소)와 영학관(English House)이 있었다. 이 모든 건물 가운데 그래도 학관은 스팀이 들어오는 최신형으로, ㄱ자 모양의 5층 건물이었다. 왼쪽 출입문으로 들어서면 계단으로 위 아래층을 오가게 만들었으며, 건물 가운데 출입구는 비탈길을 만들어 위 아래층을 오르내리게 했다. 이는 장애인을 위한 전용로를 만든 한국 최초의 건물이 아닌가 자부해 본다. 양변기는 아니지만 수세식 화장실 십여 간이 층마다 있었고, 그 바깥에는 네다섯 개의 수도꼭지를 매달았다. 친구 나춘실은 9시 수업에 등교하자마자 수도꼭지로 곧장 달려가서 물을 마시곤 했다.

1학점 짜리 채플(chapel)은 학기마다 월·수·금 12시부터 15분씩 대강강에서 예배를 드렸다. 좌석이 정해져서 누가 결석했는지는 조교들이 쉽게 체크할 수 있었다. 11시 50분에 수업을 마치고 대강당 채플에 참여하려면 잽싸게 달려서 육중한 문이 닫히기 전에 들어가야만 했다. 그런데 학관에서 대강당으로 가는 길은 멀고도 험했다. 당시에는 캠퍼스 길에 포장이 되지 않았기에 3월 신학기가 되면 두텁게 쌓였던 눈이 녹아서 질퍽질퍽한 진흙탕 길로 변했다. 겨우 돌로 징검다리를 놓았는데, 문리대생들이 함께 떼지어 대강당으로 향하기 때문에 그 징검다리는 몇몇 학생들만 밟을 수 있었다. 다른 학생들은 구두에 진흙이 묻거나 말거나 아랑곳하지 않고 채플에 늦을세라 달려가곤 하였다.

나는 4년 동안 그 육중한 대강당 문이 닫혀서 채플을 빼먹은 적이 딱 한 번 있었다. 11시 수업이 좀 늦게 끝나서 허겁지겁 달려갔으나, 대강당 문이 거의 닫히고 있는 것을 5m 앞에서 보았다. 헐떡거리며 당도했을 때는 이미 문은 굳게 닫혔고, 주먹으로 세게 두드렸으나 아무런 응답이 없었다. 마치 천성문을 향하여 달려왔으나 이미 문은 닫히고 들어갈 수 없어 바깥에서 슬피 울며 가슴

치며 통곡하는 자들의 심정이 이런 것이 아니었을까? 졸업하기 전에야 겨우 포장된 길을 달려서 대강당으로 향할 수 있었다.

입학하자마자 영문과 신입생들의 첫 대외 행사는 서울공대 원자력학과와 전자공학과 신입생들과의 단체 미팅이었다. 추첨으로 자리를 정하고 앉아서 옆에 앉은 남학생이 파트너려니 했었는데, 남학생들은 앉은 자리에서 모두 한 칸씩 뒤로 물러나 앉으라고 사회자가 명했다. 그러자 금방 파트너가 바뀌었다. 썩 호감이 가는 파트너를 만난 것은 아니었다. 저녁 식사와 여흥을 끝내고 나오면서 '아프터' 신청이 없었던 것을 보면 나도 남학생에게 좋은 인상을 준 모양은 아니었던 것 같았다. 그 자리에서 만나 서로 마음이 통해서 오래 교제를 했던 친구도 있었으나 이름을 밝히지는 않겠다.

2학년 때였던가? 김옥길 총장 선생님이 전체 이대생과 전체 서울대생들의 쌍쌍파티를 벚꽃이 만개한 창경원에서 열었다. 그날도 기대를 가지고 내 깐에는 돈을 들여 미장원에 가서 머리에 고데도 하고 창경원에 갔으나 그 넓은 곳에서 종이에 적힌 번호의 남학생을 어디에서 찾는단 말인가! 일찍이 포기하고 아름다운 창경원을 거닐며 벚꽃 구경과 주변 경치를 감상하는 것으로 만족해야 했다.

1~2학년에는 제2외국어 과목 하나를 필수로 이수하여야 했다. 시골 여고에서 화학 선생님한테 배운 독일어 알파벳 아 · 베 · 체 · 데 실력으로 나는 전혜린 선생님의 독일어 강독을 신청하려고 수유리 집에서 새벽 일찍 학교로 왔다. 수강 신청은 지금처럼 비대면 인터넷 신청이 아니라 선착순이었기 때문에 수강신청서를 작성해서 직접 학과 조교에게 제출해야만 했다. C관 과사무실이 아닌 운동장에 각 과마다 천막을 치고 마련된 임시 신청 장소에는 이미 신청자가 넘쳐서 몸싸움도 불사하여 겨우 신청할 수 있었다.

전혜린 선생님은 독일에서 귀국하여 루이제 린저의《생의 한 가운데》를 번역하여 막 떠오르는 별과 같이 시중에서 그리고 학생들 사이에서 인기가 많았다. 선생님은 봄이나 여름이나 항상 투명한 까망 사각 스카프를 빈으로 접어 삼각 스카프로 만들어 머리에 쓰고 다녔다. 아마도 턱이 튀어나와 선생님의 얼굴이 사각형에 가까운 것을 감추고 싶어서인 듯 했다. 선생님은 수업 시간에 독일 유학 생활에서 겪었던 재미난 이야기를 많이 들려주었다. 연애하던 이야기, 별자리로 점을 치는 점성술 등. 휴강도 자주 해서 교재인 얇은 책 《카프리 처녀》는 반도 채 읽지 못했었다.

영문과는 신입생들 120명을 60명씩 A와 B반으로 나누었다. 서울에서 입학한 학생들은 친구가 많아서 떼 지어 다니는데 시골 학교에서 '나 홀로' 입학한 학생들은 혼자서 맴맴 돌았다. 군산여고 출신인 이인자a가 나영균 선생님을 찾아가서 호소했는지 선생님은 수업 시간에 "학생들은 서로 배려하는 친구들이 되어라"고 조언했다. 1학년 때 《Short Stories in English Literature》는 A와 B반으로 나누어 김동일 선생님과 김영일 선생님이 각각 맡으셨다. 나는 A반으로 연로한 김동일 여선생님이 강독하셨는데, 젊은 시절 성가대 솔리스트로 활약했던 여주인공이 늙어서 목소리가 둔탁해졌음에도 본인은 이를 쉽사리 인정하지 못하고서, 젊은 시절의 환상에서 벗어나지 못한다는 내용의 이야기가 아직도 기억에 남아있다.

영작문은 제임슨(Miss Jameson)이 맡으셨는데 4반으로 나누어 30명씩 수업하였다. 선생님은 학생들에게 영어 이름을 지어서 부르게 했다. 오필리아처럼 셰익스피어의 여주인공들 이름은 재빠른 친구들이 일찍 차지해서 나는 -lia로 남아 있는 마지막 이름인 '피델리아(Fidelia)'로 정했다. 그런데 이름이 마음에 썩 들지 않아서 2학년 때 낸시 캉(Nancy Kang)으로 바꾸었다. 당시 유명했던 홍콩 여배우 '낸시 콴'과 발음이 비슷했던 이유 때문이었을까? 선생님이 가르쳐 준 영어노래가 생각난다.

Around her neck, She wore a yellow libon: She wore it
in the spring time and in the month of May, Hey, And
if you ask why the neck she wear it, She wore it for
her lover who was far far away....

1~2학년 때 윤정옥 선생님이 영어회화를 가르치셨는데 실습실
(laboratory)에서 헤드폰을 끼고서 배웠다. 그래도 내 영어 회화
실력은 썩 늘지 않았다. 유년시절 미군 지프차를 뒤따르며 했던
"Hello, Give me a chewing gum."에서 "I am glad to meet
you." 단계로 전환기였다. 이대 기숙사는 금남의 집으로 저녁 5시
뒤 수업이 파해야만 남성들의 기숙사 방문이 허용되었다. 수업을
마치고 이화교를 걸어 나오는데 한 미국인 남성이 기숙사가 어디
있느냐고 영어로 물었다. 나는 본능적으로 뒷걸음질 쳤는데 함께
있던 남영채가 앞에 나서서 영어로 잘 가르쳐주었다. '역시 경기여
고 출신이 다르네. 이름도 예쁘잖아. 내 이름은 숙자(도시꼬)가 뭐
꼬?' 나는 괜히 영채가 부러웠다.

내가 처음 서울로 올라왔을 그때는 반도 호텔에만 양변기가 설
치되었던 것으로 기억한다. 학관(class room)도 수세식이지만 양
변기는 아니었다. 이대생들은 2학년에 올라가면 모두들 통과해야
할 과정처럼 일시에 하이힐 구두를 신는다. 나도 2학년 때 하이힐
을 신었다. 그리고 기독교학과 그 여학생은 2학년에 올라 와서 검
정 치마에 흰색 저고리를 입더니 졸업 때까지 입고 다녔다. 나일론
스타킹에 하이힐을 신고서 이대 앞 버스 정류장에서부터 달려서
정문을 지나 이화교를 건너고 대강당 계단을 숨차게 올라서 후문

가까운 C관까지 10분 거리를 9시 수업에 늦지 않으려고 매일 아침 달렸다. 불편한 하이힐을 왜 그렇게 고집했을까!

나는 영어 회화 실력을 높일 목적으로 2학년 때 김길자와 함께 문산에 있는 미군 부대(이름을 잊었음) 일요예배 성가대로 활약했다. 누가 소개를 했는지는 기억에 없다. 용산에 있는 미8군을 출발해서 문산 부대까지 가는 미군 셔틀버스를 시내에서 타고 다녔다. 미군 목사의 영어 설교를 들어도 회화 실력은 크게 좋아진 것 같지 않았다. 그것보다도 예배를 마친 뒤에 먹는 점심 식사가 환상이었다. 티본스테이크(T-bone steak)는 말할 것 없고 소프트 아이스크림이 그처럼 달콤하고 소프트한 줄 그때 처음 깨달았다. 그리고 '일회용 접시가 참으로 깨끗하고 예쁜데, 한 번만 쓰고 그 아까운 미제 접시를 버리다니.' 집에 가져와 쓰고 싶었지만 참았다.

그런데 화장실이 양변기였다. 양변기가 우리 전통 '요강'의 대체품일 줄 어찌 알았으랴. 나는 하이힐을 신고 양변기에 올라가는 기괴한 경험을 했다. '양변기가 왜 이다지 불편한가'라고 속으로 중얼대면서. 내 다음 사용하는 여성 대원이 '쯧쯧' 혀를 차며 무어라고 '구시렁거리는' 소리를 듣고서야 '아차'하는 깨달음을 얻었다. 그해 겨울 크리스마스 예배 때 남성들은 양복에 나비넥타이로, 여성 대원들은 모두 한복을 차려입고 〈The Little Drummer Boy〉와 〈Gloria in Excelsis Deo〉 성가를 합창했다. 어머니는 그때까지도 인조견 한복만 입었기에 본견 모본단 한복을 이웃집에서 빌려 입었다.

…Shall I honor you Pa rum pa pum pum…
On my drum…

일 년 정도 다녔으나 영어 회화 실력은 크게 향상된 것 같지 않았다.

그보다 앞서 1학년 때에 한신대 직원 가족들이 모여서 주일예배를 보는 수유동교회가 첫걸음마를 뗄 때, 교회 유년부 반사를 맡았다. 그때 함께 반사를 했던 신학생 권복자와 친하게 지냈다. 숭실대 철학과를 은퇴하시는 안병욱 선생님의 고별강연 기사가 신문에 난 것을 보고, 함께 수유리에서 그 먼 숭실대까지 찾아가서 노철학자의 동·서양 비교 사상 강연을 들었을 정도로 호기심 많고 실천에 적극적인 때도 있었다. 선생님은 동양화와 서양화를 비교하셨는데, 동양화에는 자연이 주연이고 인간은 그 자연 가운데 한 점으로 그리는 반면, 서양화에는 인물 중심의 화풍이 주류를 이룬다고 하셨다.

2학년부터 이근섭 선생님의 수업을 들으려고 그 무거운 《College Survey in English Literature》 책을 팔에 끼고 다니며 고생하면서도 힘든 줄 몰랐다. 책값도 비싸고 부피가 너무 커서 보통 책가방에는 들어가지 않았다. 노트와 다른 얇은 책들을 넣는 책가방은 따로 한 손에 들고, 이 원서 책은 다른 팔에 끼고 다녔다. 영문학도임을 은연중 과시하려는 마음도 있었을 것이다. John Don, William Wordsworth, John Keats, T.S. Elliot 등 수많은 작품을 읽은 가운데 지금도 가슴에 아로새겨져 있는 시귀는 존 키츠(John Keats)의 "Beauty is truth, truth beauty"이다.

언젠가 《무진기행》의 작가 김승옥은 〈이대학보〉에 이대생들을 싸잡아서 비판하는 냉소 섞인 글을 실었다. "…충치가 32개라도 유학생이라면 껌뻑 넘어간다…"는 내용이었다. 사실이 그러했다. 누군들 '아메리칸 드림'이 없었겠는가! 가난한 60년대 한국 사회를 탈출하려면 (61년 우리나라 1인당 국민소득은 80불 남짓한 수준이었다.) 잘 사는 나라 미국에서 공부하는 한국 유학생을 만나 함께 공부하는 것이 꿈인 것을! 누가 그 꿈을 허영이라고 매도할 수 있는가? 이영애는 일찍이 청운의 뜻을 품고 유학 갈 준비를 차근차근 했다. '국사' 과목을 수강한 것도 그런 이유에서다. 언니가 미국에 살고 있으니 그런 꿈도 꿀만 했지만 나는 미국에 자그만 인연을 가진 그 누구도 없었기에 그 꿈은 일찍부터 포기했다.

1964년 3월부터 박정희 정권이 한일국교정상회담을 빨리 서두르자 각 대학에서 이를 반대하는 데모가 일어났다. 2학년 때 이화여대에서도 비록 적은 숫자이기는 하지만 한일정상회담 반대 시위에 참가했다. 3백여 명도 채 넘지 않는 학생들은, 그때 이화교를 지나서 학교로 들어오면 바로 마주치는 교육관 건물 앞 작은 운동장에서 연좌데모를 하며 '한일정상회담 반대'를 외쳤다. 나도 데모에 참가했다. 4~5월 햇볕에 얼굴을 그을리지 않으려고 여대생들은 챙이 넓은 모자를 쓰고, 구두를 신고 스커트를 입고서였다.

80년대 여학생들처럼 운동화에 청바지 차림이 아닌 것은 말할 것도 없었다. 이화교를 지나 교문을 나가려 하면 어김없이 경찰들이 최루탄을 쏘아대서 다시 운동장으로 되쫓겨오곤 했다. 마침내 이대 총학생회는 3대에(회장 김화자 · 김행자 · 유중근) 걸쳐 이승만 평화라인을 지키기 위해서 경비정을 구입하고자 모금운동을 벌였다. 다시 말해서 '미장원 가지 않기'라는 소박한 운동이었다. 미장원에서 고데 한 번 하는 삯이 30원이었다. 30원을 매번 모아서 경비정 구입하는 일에 보태자고 했다. 이 경비정 모금운동은 졸업때까지 이어졌고 한 척은 샀을 것으로 생각된다. 문교부는 대학생들의 시위를 막기 위해 조기 여름방학을 해마다 실시했고, 9월 개학해서 1학기 말 시험을 쳤기 때문에 나의 여름방학은 즐겁게 놀지도, 제대로 공부하지도 못하고 어영부영 지낸 느낌이 든다.

2학년 때 영문과 학생들로 구성된 합창단원을 모집한다고 해서 나도 가입하였다. 이름은 리틀 코러스(Little Chorus)였다. 기독교학과 이경열 선생님의 여동생이자 한 학년 위인 이덕열 선배가 지휘봉을 잡았다. 수업 마치고 모여서 열심히 연습했다. 중강당에서 합창공연을 했고 성황리에 마쳤다. 강숙자·강윤희·구행자·안재옥·이혜경·홍성욱 등이 참여하였다. 그다음 해 한 번 더 합창 공연을 했었다.

2학년 때 문리과대학 체육대회가 있었다. 수업이 없는 날을 골라 5월 어느 토요일 2학년 문리과대학 전체 학과 대항 체육대회가 열렸다. A반 반장이었던 김숙현은 반장 직권으로 나를 100m 달리기 선수로 호명했다. 나는 너무 놀라서 "체능시험 50점 만점에 기본 점수 25점만 딴, 체육에는 잼병"이라고 극구 설명해서 겨우 선수 명단에서 제외될 수 있었다. 영문과가 반 대항에서 몇 등을 했는지 기억에 없다. 마지막에 가장 행렬이 있었는데, 나는 치마 단을 여러 겹 말아 올려서 짧은 미니스커트 차림의 1960년대 여대생으로 분장하였고, 내 뒤에 선 B반 최영자는 페티코트를 받쳐서 예쁜 드레스를 입고서 서양 젊은 여성으로 분장하여 행렬에 참가하였다. B반의 반장은 이정자였고, 서효자와 유민정도 과대표를 맡았었다.

3학년 때 김옥자 선생님의 미국문학 시간 첫 학기에는 Herman Melville의 《모비딕(Moby Dick)》을 읽었다. 선생님은 주인공 Captain Ahab의 성격을 He-Man으로 설명하였다. 꿈 많던 젊은 시절 주인공에게 매료되었던 기억도 새롭다. 선생님은 항상 재잘거리며 웃음을 잃지 않았던 학생들을 보고 "당신들은 어쩌면 그렇게 고민들이 없수?"하고 질문하신 적이 있었다. 2학기에 선생님은 안식년을 맞아 미국 가시고 대신 서울대 김우창 선생님과 함께

《College Survey in American Literature》를 강독했다. 학점을 후하게 주시지는 않았다.

홍복유 선생님의 영국수필강독 시간에 George Gissing의 수상록《Essays on the Life of Henry Ryocraft》를 읽었다. "Time is Money."를 Gissing으로부터 배웠다. 선생님은 안식년을 영국에서 보내고 막 돌아오셔서 수업시간에 영국 국민과 왕실 이야기도 곧잘 들려주셨다. 영국민들은 엘리자베스 여왕의 사진이 실린 지폐를 구기는 사람이 없으며, 왕실에 대한 신뢰와 자부심이 대단하다고 소개하셨다. 그리고 High-thinking, Simple-living을 강조하셨다.

김세영 선생님은 영·미·유럽 희곡을 3학년 때부터 3학기에 걸쳐 강독하셨다. 선생님 시간에 읽었던 수많은 작품 가운데 테네시 윌리엄스(Tennessee Williams)의《욕망이라는 이름의 전차(A Streetcar Named Desire)》,《세일즈맨의 죽음(Death of a Salesman)》, 사무엘 베케트(Samuel Beckett)의《고도를 기다리며(Waiting for the Godot)》가 기억에 남는다. 그리고 헨릭 입센(Henrik Ibsen)의《인형의 집(A Doll's House)》은 훗날 여성학 공부하는 데 많은 도움이 되었다. 선생님은 학생들이 볼펜을 굴려서 사지선다형 찍기에 능숙한 학생들이기에 글쓰기 훈련을 시키려고, 2주일에 한 편씩 연극 관람하고 연극평론 쓰기 숙제를 내주셨다. 이 때문에 이웃 연대에서 공연했던 쏜톤 와일더(Thornton Wilder)의 〈우리 읍내(Our Town)〉도 보았고 여러 공연에도 부지런히 참관하였다. 물론 소극장 공연도 놓치지 않았다.

졸업한 뒤에도 연극 관람 습관은 그대로 이어져 명동 국립극장에서 공연했던 〈사계절의 사나이(The Man for All Seasons)〉를 보고서는 펑펑 울었던 기억도 난다. 정직과 양심의 표상이던 영국

대법관 토마스 모어(Sir Thomas More)의 일대기를 담았는데, 불의에 항거한 그의 고결한 정신에, 아마도 감복되었던 모양이었다. 그리고 대학 졸업 후 삼일로 창고극장에서 공연한 작품, 〈시소를 타는 두 사람(Two on the See Saw)〉 원작을 직접 내가 번역하였다. 명동에서 남산으로 옮긴 국립극장에서 대 배우들 - 김동원·백성희·장민호의 고별공연도 참관하였다.

　이석곤 선생님은 영문학사를 가르치셨다. 지금 생각하면 가장 흥미진진한 과목이었을 법한데 크게 기억에 남는 게 없는 걸 보면 당시 공부를 열심히 하지 않았던 탓인 듯하다. 조정호 선생님의 영국소설 시간에 찰스 디킨스(Charles Dickens)의 《위대한 유산(Great Expectations)》을 읽으며 물질 만능에 물들어가는 인간의 한 유형을 천착할 수 있었다. 김길자는 여주인공 Miss. Habisham에 대한 리포트를 썼는데, 뽑혀서 영문학과에서 발행하는 《미너바》[1]에 실리기도 했다. 이혜숙 선생님은 언어학(Linguistics)을 담당하셨는데, 겨우 '타가로그' 낱말 하나만 생각난다. 김승숙 선생님은 영어사를 가르치셨는데, 가장 젊은 선생님으로 우리 재학 기간에 두 자녀를 출산하였다. 이영애와 나는 수업시간 가장 앞자리에 앉았는데, 선생님은 스커트 허리 단을 풀고 옷핀 여러 개로 속옷과 스커트를 집어 걸어서 임신복으로 대체하였는데 칠판에 글씨를 쓸 때마다 그 옷핀이 드러나 보여서 신경 쓰느라 강의에 집중할 수 없었다.

　4학년에 올라가서 특별 활동으로 윤정옥 선생님의 〈성서문학〉 강의를 이영애와 함께 들었다. 그때 칼릴 지브란(Kahlil Gibran)의 《예언자》를 읽으며 많은 감명을 받았다. 부모와 자식 사이를

---

1) 미너바는 그리스 지혜의 여신 Minerva 이름을 따 와서 영문학과 발행 책자 제목으로 함.

활과 화살로 비유하였는데, '활이 많이 굽어지면 굽어질수록 화살은 더 멀리 날아간다'던 내용을 지금도 잊을 수 없다. 그렇게 실천하시 못했던 내 삶의 자취가 마냥 부끄러워진다. 그때 샀던 Revised Standard Version 영어성경은 지금도 유용하게 사용하고 있다. 선생님의 여동생 윤정은 선생님에게는 배울 기회가 없었다.

나영균 선생님 시간에 세익스피어의 비극 《맥베스(Macbeth)》를 읽었고, 희극 《한여름 밤의 꿈(A Mid Summer Night's Dream)》을 강독할 때였다. 선생님은 '사랑은 한꺼번에 쏟아붓는 것이 아니라 일평생 동안 한 포션(portion)씩 한 포션 씩 고르게 안배해서 마지막까지 나누어 주라'고 조언하셨다. 아마도 여주인공이 남성에게 엎어져서 너무 매달리는 장면에서 이를 경계하는 뜻에서 학생들에게 교훈을 주신 것이 아닌가 한다. 영국소설 시간에는 조셉 콘라드(Joseph Conrad)의 《어둠의 속(Hearts of Darkness)》를 읽었고, 아일랜드 작가 제임스 조이스(James Joyce)의 《젊은 예술가의 초상(Portrait of the Artist As a Young Man)》을 강독했다. 크리켓을 치는 'tick tok tick tak' 하는 소리와 여운에서 페이소스가 있는 문단이라고 설명하셨다. 나는 감히 소망한다. 내 글을 읽은 누군가로부터 파토스(pathos)가 있는 글이라는 평을 받아 보기를!

영시를 가르치셨던 김선숙 선생님은 호명 받은 학생이 예습을 하지 않아 떠듬거리며 읽으면 대뜸 "당신 어느 고등학교 출신이야?"라고 면박 주기를 서슴지 않으셔서 출신 모교 명예를 위해서라도 예습을 게을리할 수 없었다. 4학년 때는 Journalism과 Speech 반으로 나뉘었다. 김갑순 선생님의 Speech 반에서는 학기 말에 스페인 극작가 가르시아 로르카의 《베르나르다 알바의 집(La casa de Bernarda Alba)》을 학관 414에서 영어연극으로 공

연하였는데, 김경옥·손정호·최영·배영자·원영자·김수경·
구행자·이승자·정혜린·박신혜 등이 출연하여 갈채를 받았다.
나는 김숙현 김선옥 등과 함께 크래인 선생님(Miss Crane)이 담
당하는 저널리즘 과목을 수강했다.

　나는 그때 치통 때문에 서울대 치과대학 병원에서 치료를 받고
있었다. 앉아서 기다리고 있는데, 갑자기 간호사가 '강숙자 환자
님' 호명하는 소리에 놀라며, 내가 환자인가하는 반문을 했다. 외
양은 멀쩡해서 내 자신이 환자라는 생각을 전연 하지 않았는데,
신체의 보이지 않는 일부분만 아파도 환자라는 사실을 인정해야만
하는 가혹한 현실을 깨닫는 과정을 feature story로 써냈다. 제목
은 〈Am I a Patient?〉였고, 선생님의 교열을 거쳐서 〈이화 보이
스〉에 실렸다.

　4학년 2학기에 김옥자 선생님과 Miss Crane의 감독 아래 강숙
자 강윤희 구행자 김광자 김인정 나춘실 박명자 오경님(캡틴) 조혜
자가 한 팀을 이루어 영어로 생활언어를 구사해야 하는 영학관에
입주하였다. 두 선생님과 함께 하는 식탁에서만 간단한 영어를 말
했다. "Pass the sugar, please."등. 그리고 세 끼 식사 때마다
'성 프란체스코의 기도문 모음집'에서 기도문을 하나씩 골라서 모두
들 영어로 낭독하는 것으로 기도를 대신했다. 그 기도문이 내 인생
항로에 등댓불 구실을 해왔음을 지금에서야 깨닫고 감사드린다.

　　주님,
　　제가 변화 시킬 수 없는 것은
　　그것을 받아들일 수 있는 평화로운 마음을 주시고,
　　제가 변화시킬 수 있는 일을 위해서는

그것에 도전하는 용기를 주시며

또한 이 둘을 구분할 수 있는 지혜를 주소서.

그러나 자유 시간에는 무제한 우리말을 사용했다. 우리들은 영학관 뒤 가파른 언덕에 올라가서 노래도 부르고 담소도 하였으며 철조망 너머 동네에 있는 중앙여고도 훤히 내려다보였다. (영학관 뒷동산은 법정대학 건물이 들어섬으로 지금은 사라지고 없다.) 추석이 끼어서 우리들은 하루 외출을 얻어서 집에 갔다 오기도 했다. 잠자기 전에 우리들은 고백(Confession) 시간을 가졌다. 박명자가 자신의 연애 스토리를 아주 그럴듯하게 고백해서 사실이냐고 물으니 지어낸 이야기라고 해서 모두들 한바탕 웃었다.

영학관 생활에서 하이라이트는 단연 Mothers' Party였다. 우리 어머니도 오셨다. 9명의 어머니들은 딸들이 한복을 곱게 차려입고 큰절을 올릴 때 모두 흐뭇해하셨다. 우리 어머니는 입학식과 영학관, 두 번 이화캠퍼스를 방문하셨고, 그 뒤 혈압으로 크게 고생하시다가 일찍 돌아가셨다. 그 어머니들 가운데 강윤희 어머니만 마지막까지 생존해 계시다가 2021년 10월 COVID 19가 이 지구를 강타할 때 노환으로 돌아가셨다.

1학기에 영학관에 들어간 학생들은 Brother's Party를 열었다. 이대는 금남의 집이었기에, 젊은 남성들을 불러서 파티를 연 것은 상상 이상으로 많은 화제를 낳기도 했다. 김선화와 그 친구들이 영학관에 입주했을 때 이야기였다. '오빠들 파티'를 끝내고 며칠 뒤에, 김경해(작고)는 자신의 파트너였던 오빠에게서 '아프터' 신청을 받아서 저녁시간 데이트를 하러 외출했다. 영학관 규율은 저녁 식사 뒤에 외출을 하더라도 9시까지는 돌아와야만 했다. 그런데 경해는 김수경의 빨간색 스커트를 빌려 입고 나가서는 10시가 넘어도 귀관하지 않았다. 친구들은 선생님 두 분을 속이고 모두 숨죽이며 경해를 기다렸는데, 배짱 좋게도 12시가 되어서야 나타 났다. 살그머니 몰래 문을 열어준 친구들의 도움으로 무사했다고 한다. 나는 영학관에 입주해 있을 때, 교회 창립 기념일을 맞아서 헨델의 '메시아' 공연에 성가대원으로 참여하느라 귀관 시간 9시를 넘겨서 10시에 돌아온 적이 있었다. 선생님에게 걱정을 들었고 B 학점을 맞았다.

4학년이 되면 타이핑과 영어 속기를 선택과목으로 지정하여 그 나마 직업에 대비하도록 했다. 결혼 전에 잠시나마 머무를 임시 정거장이긴 하지만 직업에 대한 예비 훈련이었다. 김인정·나춘 실·김길자·이영애·오경님 등은 속기를 선택했고 나는 타이핑 을 선택했다. 정수자는 영어 준교사 자격증을 따려고 16학점의 교 직 과목을 이수하기도 했다. 그때는 최소한 160 학점을 이수해야 만 졸업할 수 있었다.

이화여대는 개교기념일인 5월 31일에 메이데이(May Day) 행 사를 한다. 그 날을 위해 각 과마다 진·선·미를 상징하는 메이 퀸(May Queen)을 뽑고, 그 가운데에서 단 한 명만 '오월의 여왕' 으로 뽑는다. 4학년이 되어서 영문과 퀸이 된 유중근이 전체 이화 의 '오월의 여왕'이 되었다. 그 날 메이 퀸 대관식을 성대하게 치루 는 행사를 한다. 오후에는 4학년들이 남자 친구를 초청해서 '쌍쌍 파티'도 열었다. 1980년대 들어서 여성운동의 압력으로 메이 퀸 선발은 폐지되었다.

내 재학시절에는 학생식당(동창회관)이 없었기 때문에 도시락을 싸 오거나 후문 건너편 분식집에서 점심을 해결해야만 했다. 건너 편 동네 티파니는 빵집 이름이었다. 오드리 햅번 주연의 영화 〈티 파니에서 아침을〉에서 아이디어를 얻어서 〈티파니에서 빵을〉 의미하는 이름을 그 빵집 주인 할아버지가 지었다고 했다. 그리고 그 빵집 한 모퉁이에 젊은 부부가 아이스크림을 팔았다는데, 나는 용돈이 넉넉지 않아서 한 번도 아이스크림과 빵을 사 먹은 적이 없었다. 어머니는 밀가루 반죽에 이스트를 넣고 큼지막한 서양 콩(양대) 예닐곱 개를 박아서 솥에 찐 찐빵과 쑥떡을 종종 만들어 주셨다. 찐 감자·고구마·옥수수 등이 주된 간식거리였다.

후문 건너편 분식집에 한 번은 점심을 사 먹으려고 줄을 서서 수십 분을 허비한 뒤에 겨우 국수 한 그릇을 먹을 수 있었다. 도시락을 싸 오는 것이 시간으로 따지면 훨씬 경제적이었다. 대강당 채플을 마치고 학관으로 오는 길에 과학관 언덕 밑 양지바른 잔디밭에서 아니면 학관 앞 둔덕진 잔디에서 이영애·나춘실·김인정·김광자와 더불어 도시락을 먹으며 이야기꽃을 피웠던 시간이 정말 즐거웠다.

어머니는 도시락 밥 위에 볶은 콩고물을 소복이 얹어 주셨다. 아마도 도시락 반찬이 소략하니까 그나마 식물성 단백질이라도 섭취하게 하려는 뜻에서였을 것이다. 그걸 유심히 보았는지 김광자는 지금도 그때 내 도시락에 콩고물이 덮여 있었던 걸 기억해 냈다. 콩고물에 밥을 비벼 먹으면 마치 인절미를 먹는 듯 아주 맛이 좋았다. 고향 안동에서는 콩가루를 잘 이용한다. 안동국시는 서울 사람들이 알 듯이 잔치국수를 가리키는 것이 아니고, 밀가루와 콩가루를 반반씩 섞어서 반죽해서 만든다.

김인정은 곧잘 로제티(Christina Rossetti)의 시를 암송했다.

When I am dead my dearest,

Sing no sad songs for me:

Plant thou no roses at my head,

No shady cypress tree:
Be the green grass above me,
With showers and dew drops wet:
And if thou wilt,
remember,
And if thou wilt,
Forget,

'60년대에는 놀이 문화가 별로 없었다. 6월 6일이 현충일로서 공휴일이니까, 그 날 친구들과 함께 교외선을 타고 일영의 딸기밭이나, 수원 근교의 딸기밭으로 나들이 가서 즉석에서 딸기 서리를 하는 것이 유행이었다. 지금처럼 사계절 내내 맛 볼 수 있는 하우스 재배 딸기가 없었을 때였으니까. 노지 딸기는 6월 초가 가장 맛있게 무르익는 한철이었다. 그리고 10월에는 공휴일이 많으니까 어느 적당한 날을 선택해서 태능에 있는 배 밭으로 나들이 가서 즉석에서 배 서리도 하였다. 배가 크니까 두 서 너개 먹으면 그만이었다. 더이상 먹을 수 없어서 나머지는 집으로 가져오기도 했다. 한국의 배는 아주 달고 수분(juicy)이 많아서 일품이었다. 다른 오락거리는 2류 상영관 세기극장에서 '조조할인' 영화를 보는 정도였다. 대학 4학년 때 영학관 친구들과 우이동 백운대에 등산했던 기억도 아련하게 떠오른다.

남녀가 유별有別한 때여서 드러내 놓고 이성교제를 하는 친구들은 별로 없었다. 그러나 어쩌다가 친구 한 명이 주말에 데이트를 했다 하면 그다음 월요일 점심시간에 질문이 쏟아졌다. 그러면 친구는 "He said…" "I said…"를 발음하면서 들려주는 이야기에 모두들 흥미진진하게 경청하였다. 그 당시에 소설가 손소희가 어느 일간지에 신문연재소설을 썼다. 제목은 기억나지 않지만 대강의 줄거리는 이러했다. 두 청춘 남녀가 서로 열렬히 사랑했다. 그러다가 남자가 미국으로 유학길에 올라야 했다. 그래서 그 청년은 떠나기 전에 하룻밤을 같이 보내자고 연인에게 청했다. 그런데 그 연인은 상대 청년의 청을 거절했다. 당시만 하더라도 결혼 전에는 결코 몸을 허락하지 않는다는 정절관념이 온존하던 때였다. 그런 상태로 남성은 미국으로 출발했고, 미국에서 그 청년을 쫓아 다니는 다른 여성과 깊은 관계에 빠졌다. 이 사실을 안 서울의 옛 연인은 그 남성에게 이별을 고하는 것으로 결말이 났다.

이런 내용의 통속소설임에도 우리들은 점심시간에 도시락을 먹으면서, 어차피 결혼할 사이인데 여성 주인공이 너무 빡빡하게 굴어서 사랑이 깨어졌다느니, 아니다. 남자 주인공의 책임이 더 크다는 등 갑론을박하며 격렬한 토론을 벌이기도 했다.

영문과에서는 일 년에 하루를 〈영학회의 날〉로 정해서 외부 강사를 초청해 특강을 들었다. 어느 해에 백낙청 선생님을 초대했는데, 선생님은 〈영문학을 하지 말아야 할 몇 가지 이유〉라는 제목으로 강의하셨는데 강의를 듣는 학생들에게 심오하고도 철학적인 고민을 던져 주시기도 했다. 그리고 당시 유명 인사였던 양주동 선생님의 특강도 들었다. 공고문이 붙은 것을 보고 수업을 마치고 특강 장소인 중강당으로 달려갔으나 좌석은 모두 찼고, 출입구에 빽빽이 서 있는 학생들 사이에서 까치발로 서서 겨우 들을 수 있었다. 강연 제목은 〈찬기파랑가〉였다. 역시 명성에 어울리는 달변이었다. 이화인이었기 때문에 누렸던 여러 가지 문화 혜택도 기억난다. 대강당에서 패티 킴의 콘서트도 참관할 수 있었고 〈헨젤과 그레텔〉 뮤지컬 공연도 관람하였다.

입학 기념으로 어머니가 이대 앞 '클로버 양장점'에서 맞추어 주신 스트라이프가 처진 회색 계통의 양복은 재학 4년 동안 입었어도 정말로 폼이 나는 옷이었다. 졸업 사진을 찍기 위해 졸업 기념으로, 그리고 취직해서도 입으라고 이번에는 '이사벨라' 양장점에서 황금빛 색깔의 고급 천으로 원피스를 맞추어 주셨다.

그때는 '기성복'이라는 용어 자체가 없었다. 모두들 양장점에서 몸 치수를 재고 맞추어 입는 '맞춤복(tailer-made)'이 대세였다. 따라서 고등학교를 마친 여성들의 상당수는 양장점을 개업하거나 양장점에 취직하려고 '양재학원'에 다니는 일이 흔했다. 대표적인 사례가 '노라노 양재학원'과 '라사라 양재학원'을 들 수 있다. 그 뒤 기성복이 출시되면서 80년대 초에 각 (초급)대학에 의상학과들이 생겨나기 시작했다. 물론 이화여대 가정관리학과에서는 '복식'이 연구 과목으로 일찍이 포함되어 있었지만.

오경님은 항상 "강윤희와 구행자는 어머니들이 젊고 맏딸이었기 때문에 예쁜 옷을 입고 다녔는데 자신은 맨날 언니 옷만 물려받아 입었다."고 푸념했다. 나는 물려받아 입을 언니 옷도 없어서 동대문 광장시장 구제품 옷가게를 자주 찾았다. 디자인이 독특하고 예쁜 옷을 보석 찾듯이 골라 싼 값에 사서 입었다. 한신대 구내에서 살았기 때문에 한 번은 문동환 박사 부인인 문혜림(Mrs. Harriet Moon) 여사가 처녀 때 입었던 양복을 물려주어 입은 적도 있다. 넥타이가 딸린 빨갛고 푸른 체크무늬 스커트와 같은 패턴의 멋진 상의였다. 내가 대학에 입학한 뒤에 수유리도 서울시로 편입이 되어 시내버스도 다니고 교통이 좀 더 편리해졌으나, 여전히 종로 5가에 내려서 신촌행 노고산동 만원 버스를 타고 고생한 것은 4년 내내 계속되었다. 금화 터널이 뚫려서 이대 후문에 내릴 수 있게 된 것은 1970년대 말이 아닌가 한다.

〈이대학보사〉는 해마다 가을학기가 되면 졸업생들을 대상으로

'여대생들의 결혼관'을 알아보고자 설문지를 돌려서 그 결과를 기사로 싣는다. 우리도 그 설문지에 어김없이 답했다. 그 많은 문항 가운데 지금 기억나는 것들은 '결혼은 언제 할 것인가' '배우자와 나이 차이는' '어떤 직업의 배우자를 고를 것인가' '결혼 방법은 중매, 연애 혹은 중매반 연애반 어느 방법을 선택할 것인가' 등이었다. 우리 동기생들 대부분은 23세에서 25세까지를 결혼적령기로 생각했고, 배우자와 나이 차이는 3세 정도를 선호했으며, 중매 반 연애 반의 절충형 방법을 선택했었다. 응답자 극소수만이 연애결혼에다가 표를 찍었고, 교수·외교관·공무원 등이 배우자의 직업으로 손꼽혔다.

구태여 이 지면에다가 66년도 가을학기에 답했던 설문 내용을 자세하게 소개하는 것은 그 당시에는 여성이 전 생애를 통해서 직업에 종사한다는 '생애직' 개념은 아예 없었다는 것을 말하고자 함이다. 설문 문항에 '졸업 뒤에 어떤 분야의 직업을 선택할 것인가, 결혼하고도 일을 계속할 것인가?' 등의 질문이 없었다는 것이 이 사실을 대변한다. 60년대를 넘어서 70년대 중반기까지 여성의 장래희망은 '현모양처'로 표상되었다.

당시 한국일보사는 해마다 〈미쓰 코리아 선발대회〉를 개최하였다. 이 대회 개최 실황을 TV에서 방영할 때 상당한 시청률을 올렸다. 15명의 결선진출자들이 뽑히고 난 뒤, 당시 유명한, 김동건, 변웅전 등 아나운서가 즉석에서 진행하는 인터뷰 심사가 있었다. 말하자면 외적인 아름다움뿐만 아니라 인품과 교양 테스트에 해당하였다. "장래 희망이 무엇이냐?"라고 아나운서가 물으면 이들 예비 후보들은 '현모양처'라고 대답하는 것이 일반적인 상식에 속했다.

언젠가 나영균 선생님은 학생들이 듣는 앞에서 "수재 학생들을

뽑아서 바보를 만들어서 졸업시킨다"고 한탄하셨다. 나는 의아해
하면서 '이처럼 똑똑한 영문과 학생들을 왜 바보라고 표현하실까'
라며 그때는 그 깊은 뜻을 이해할 수 없었다. 결혼과 동시에 가정
에 안주하는 고급인력의 낭비를 안타까워했다는 사실을 깨달은 것
은 훨씬 뒤의 일이었다.

　김세영 선생님은 마지막 고별강의에서 "비록 학생들은 수박 겉
핥기식 영문학을 섭렵했지만, 소설·희곡·시·수필을 읽는 가운
데 수많은 작중 인물들을 만나고 그들을 이해하는 과정을 거치면
서, 남과 함께 웃을 줄 알고 남과 함께 울 줄 아는 인간미
(humaneness) 있는 인격체로 학생들을 교육하기 위해 노력했다
는 점에서 뿌듯한 자부심을 갖는다"고 소회를 밝히셨다.

　이화여대 학칙에는 '미혼'만이 학생 자격이 있었고 결혼하면 자
퇴하여야 했다. 정순옥은 영문과 1학년을 마치고 결혼하기 위해서
경희대로 편입했다. 4학년 2학기 기말시험을 치르고 난 겨울방학
때인 1966년 12월 교내에 한 사건이 터졌다. 사회학과 OOO 노총
각 교수는 다음 해 봄에 졸업하는 사회학과 제자와 결혼한다는 청
첩장을 학교 교직원들에게 돌렸다. 비록 졸업시험을 끝내고 모든
학사 일정을 마친 뒤였지만 아직은 졸업식을 하지 않은 학생 신분
이었다. 온 학교가 발칵 뒤집혔다. 당시 문리대학장이었던 김갑순
선생님은 학생들이 옆에 서 있는데도 너무 화가 난 나머지 "고 매
친 것이"라며 심하게 그 여학생을 나무라셨다. 결국 그 동기생은
67년 2월 말 졸업식에서 학사모를 쓰지 못했고 최종 학력은 이화
여대 사회학과 수료로 마감하였다.

　노총각 선생님은 12월이 지나 새해가 되면 39세에서 40대가 된
다. 그래도 결혼을 30대에 하고 싶었던 그 선생님의 심정을 이해
못 하는 바는 아니다. 훗날 안 사실이지만 그 사회학과 동기생은

나와 남편의 중매를 선 중신아비인 남편 친구의 여동생이었다. 그 집 아들은 내가 외국어대에서 여성학을 가르칠 때 수강했던 대학생이었다. '왜 여성학을 선택했는가?'의 오리엔테이션 시간에 이대 금혼학칙에 얽힌 에피소드를 이야기하였다. 수업이 끝나자 한 학생이 와서 '그 여학생이 바로 내 어머니다'라고 말해주었다. 뒷날 ○○○교수가 돌아가셨을 때 나도 남편과 함께 조문했었다.

같은 사안이 영문과에도 있었다. 동기생 배영자도 졸업 전 12월에 몰래 결혼하였으나 우리 동기생들이 모두 입을 꾹 다물고 이 사실을 학교에 발설하지 않았기 때문에 무난하게 학사모를 쓸 수 있었다. 이화여대 금혼 학칙은 2003년 폐지되었으니 이제는 공개해도 무방할 터.

나는 162학점을 이수해서 1967년 2월 말 이화여대를 졸업하였다. 요즈음 대학생들은 130학점만 이수해도 졸업이 가능하고, 대학원 이수학점도 30학점이니 지금으로 치면 대학원 수료를 한 셈이다. 물론 학점을 많이 취득했다고 해서 대학생들의 수준을 평면적으로 평가할 수는 없지만, '그때 60년대 대학생들의 실력이 월등했다'고 말한다면 요즈음 젊은이들로부터 "꼰대"라는 별칭을 얻게 될 것인가?

* * * * * *

대학 4년의 등록금 가운데 2학년 두 학기는 한국기독교장로회 장학재단에서 장학금을 받았다. 그때 수유동교회를 맡으셨던 한신대 이장식 목사님 추천을 받아서였다. 1963년 입학 당시 등록금은 12,000원이었고, 2학기 등록금은 8,000원을 냈다. 1964년 등록금은 매 학기 12,000원이었는데, 장학금으로 충당했다. 나머지 3

년 동안 등록금과 책값 등은 아버지 고향 시골 안동 명리에 있는 밤나무 야산을 팔아서 마련했다. 할아버지와 할머니 산소가 있는 선산을 겨우 제외하고서. 그래서 할머니 산소를 찾아 가려면 남의 땅을 밟고 지나야 한다. 아버지께서 판 밤나무 야산을 언젠가는 내 손으로 다시 사야겠다는 결심을 한 지도 오래되었건만, 아직 실천에 옮기지 못하는 것은 혹여 땅 투기꾼으로 몰릴까 걱정이 앞서기 때문이다.

기독교 장학재단에서 받은 장학금은 모교 영문과 후배들에게 돌려주었다. 요즈음 코로나 역병 때문에 교회 예배 참석 대신에 기독교 계통 방송 채널로 예배를 보는 것이 일상이 되었다. 작년 어느 채널에서 감리교계 김병삼 목사님의 설교를 우연히 들었다. 장학금 이야기를 하는 도중에 "Pay it forward."라고 말씀하셨다. 기독교장로회 장학재단이 그때 서대문 어디엔가 있었던 기억은 나지만, 구태여 찾아서 장학금을 기부하려는 일이 번거로울 수 있어서, 모교 영문과의 이름도 얼굴도 모르는 어느 기독교 신자 후배에게 되갚는 것도 뜻있는 일이라 생각되어 그렇게 하였다.

학관에서 보냈던 나의 영문과 재학시절, 그때 갈고 닦으며 단련되었기에 오늘의 내 존재가 있지 않은가 한다. 형편이 넉넉지 못해 졸업여행도 포기하고, 졸업앨범도 사지 못했던 내가 그래도 학관 리모델링 기금 모금에 작은 정성이나마 기부하였고, 기독교 장로회 장학재단에서 받았던 장학금을 모교 후배에게 갚을 수 있도록 인도해주신 하나님 아버지께 감사와 찬양을 드린다.

3. 대한가족계획협회에서 근무하다

대학 졸업을 하면 대개는 22세나 23세가 된다. 1960년대 후반, 그 시절엔 결혼적령기란 단어가 있었다. 결혼적령기를 대략 25세 정도로 잡는다면 졸업한 다음 1~2년 동안 직업을 가지고 사회경험을 하는 것도 나쁘지 않다고 생각하였다. 결혼으로 가는 임시 정거장으로 직업 갖기를 원했으며, 결혼과 동시에 직장은 그만 두고 가정을 지키는 것이 여성들의 자리였다.

나는 무슨 배짱이었는지 졸업 뒤를 염려하지 않았다. 딱히 '내일 일을 위하여 염려하지 말라'는 성경말씀을 따르려던 뜻은 아니었지만. 3학년부터 수강해야 하는 교직과목 이수 16학점도 신청하지 않았을 뿐 아니라 10여 학점을 더 따야하는 영문속기도 배우지 않았다. 160학점 말고도 16학점을 더 따는 일은 주말도 없이 학교에 출석해야 하는 것을 뜻한다.

162학점을 따고 막상 졸업하고 나니 영문속기를 배운 친구들이 일찍 취직했다. 인정이는 김활란 이사장 비서실로, 경님이는 일반

회사에 잠깐 다니다가 곧 미국 대사관 USOM으로 옮겼다. 당시에
는 토요일을 반공일이라고 불렀는데, 공무원과 모든 직장은 토요
일 오후 1시까지 근무했다. 미대사관은 한국 공휴일도 쉬고, 미국
공휴일도 쉬고 토요일도 쉬는 날이어서 경넘이를 무척 부러워했
다. 김길자는 Shell 석유회사에, 광자는 천우사에, 춘실이는 남영
나일론에 취직했다. 행자는 지금 신세계백화점 옆에 위치한 제일
은행에 다녔고, 강윤희는 명동 유네스코 빌딩에 있는 스위스계 외
국회사에 먼저 입사해서 뒤에 조혜자를 소개해서 함께 일했다.

　채영옥, 조상선, 이영자, 김선화. 박윤희 등은 은행계로 진출했
다. 대개 알음알음으로 입행하지만 상선이는 시험 치르고 당당하
게 한국은행에 들어갔다고 자랑을 생략하지 않았다. 채영옥은 처
음 입행해서 일주일 동안 돈 세는 연습만 시켜서 몰래 화장실에
가서 울었다고 했다. 당시에는 돈 세는 기계가 없어서 창구 여직원
들이 많은 돈을 왼손에 부채처럼 펼쳐들고 오른손으로 다섯 장씩
끊어서 정확하게 세었다. 4년 동안 《College Survey of English
Literature》, 그 무거운 책을 들고 존 키츠의 시 'Beauty is
truth, truth beauty'를 읊조렸던 꿈 많은 젊은이들이었으니! 그
시절 은행에 입사할 때 모든 친구들은 '결혼퇴직각서'를 써서 은행
당국에 제출했다. '결혼하면 퇴직하겠습니다.' 하는.

　나는 지인 소개로 미국 가정에 가정부로 취업해서 미국 가기를
원하는 한국 여성들의 영문 문서 수발을 대행하는 자그만 인력 수
출 회사에서 일했다. 영문 편지 쓰기와 미국 대사관 비자 받는 서
류 작성과 타이핑 돕는 일을 하면서 세 달 가량 근무했다. 이곳에
도 '아메리칸 드림'이 있었다. 미국 비자에 필요한 초청장을 쉽게
받고자 가정부 일을 잘 해낼 것 같지 않는 멋쟁이 여성들이 가정부
로라도 취업해서 미국으로 가려는 그들의 꿈 말이다. 계약 기간만

채우고 나면 자유일 테고, 또 무슨 수가 날 테니까. 미군 교회 다닐 때 알던 친구 김호열은 미군 장병과 사귀다가 기어이 오클라호마 시골로 시집갔는데, 잠깐 귀국했을 때 만난 그 친구가 한 말이 귀에 쟁쟁하다. '미국 생활은 매일 밤 드레스를 차려입고 화려한 파티만 열 줄 알았는데 그건 사실이 아니었고. 아내도 돈을 벌어야 하니까 일터에 나가서 온종일 단순노동에 시달리고 오면 피곤하기 이를 데 없다'고.

춘실이가 연대 한국어학당으로 옮기면서 그 빈자리에 내가 남영 나일론 무역부에 들어갔다. 그곳에서 나는 많은 실수를 했다. 갱지가 시험지인줄 모르고 갱지를 가져다 달라는데 알아듣지 못했고, 사장실에 손님이 오셔서 차 대접을 하는데 손님보다 사장님에게 찻잔을 먼저 드려서 꾸지람을 들었다. 특히 6시 넘어 퇴근 시간에 여직원인 나 혼자만 퇴근하고 남직원들은 매일 늦게까지 야근하는 것이 나에게 압박감을 주었다. 그리고 이리떼 같은 미혼 남성들이 5명(1명은 노총각 상무이었음)이나 있어서 매일 신경전 벌이는 일도 달갑지 않았다. 서울대, 고대, 경북대 출신의 미혼 남성들 가운데 누구와도 가깝게 말을 건넬 수 없었다.

그때 야간 고등학교를 다니면서 급사를 했던 정 군(Mr. Chung)이 졸업 후에 급사 꼬리를 떼고, 말단이기는 하지만 어엿한 정식 사원으로 근무하면서 야간 대학에 다니고 있었다. 나는 그 정군하고만 말동무를 했다. 영문 문서 수발하고 타이핑하고 서류 철하기(filing)를 하고 남는 시간에 짬짬이 책을 읽었다. 그것을 보셨는지 하루는 전무님께서 책 읽기보다는 회사 사무에 관한 일을 찾아서 하라고 하셨다. 아~ 그렇구나!

양용희가 결혼해서 캐나다로 이민 가면서 1967년 10월, 나는 대한가족계획협회로 옮겼다. 친구들은 취업한 지 3개월 만에, 또는 6개월 만에 시집가느라 하나 둘 직장을 그만 두기 시작했다. 당시 가족계획협회는 남대문 시장 근처 북창동에 있는 건물에 입주해 있었다. 그때 수유리 장미원 근처에 살았던 남영채가 퇴계로에 있는 석유공사로 막 옮겨온 때였다. 화계사 근처에 살던 나는 석유공사 전용 통근버스를 영채 빽(background)으로 타고 다녔다. 두 사람이 앞 좌석에 앉아서 도착할 때까지 세상 돌아가는 이야기를 하나도 놓치지 않고 했던 것 같다. 순진무구했던 그때 그시절이여! 태양이 우리를 중심으로 도는 줄 짐작했다. 그때 영채는 '1970년에 결혼한다'고 자신의 목표를 이야기했는데 그대로 실천하였다. 북창동에 있던 사무실을 경운동 수운회관으로 옮기면서 영채도 자주 만나지 못했다.

명동 한복판 사무실(남영나일론)에서 길 하나 건너 북창동 사무실로 옮겼지만 퇴근 뒤 매일 저녁 영학관 친구들은 모여서 밥 먹고, 수다 떨고, 명동을 한 바퀴 휩쓸고 난 다음에야 직성이 풀려서집으로 돌아가곤 했다. 윤희와 조혜자 사무실은 명동 유네스코 빌딩이었고, 신연자는 시청, 광자 사무실은 소공동이었다. 영애는 취업 대신 학생 비자로 유학을 떠났다. 신연자는 혜자와 단짝이어서 일찍부터 우리 팀에 합류했었다. 우리는 한 달에 한 번 정기모임을 가졌고, 시집갈 때 3천 원씩 거두어서 구절판과 믹서기를 결혼선물로 주기로 정했다. 지금 친구들은 이 사실을 까맣게 잊고있지만 2016년 9월 말 서울에 온 윤희가 믹서기와 구절판을 받았다고 확인해 주어서 내 체면이 섰다.

강윤희, 김인정, 나춘실, 박명자는 결혼 초에 남편 따라 미국으로 떠났고, 조혜자는 사진 한 장만 들고 미국 워싱턴에 있는 남자에게 시집갔다. 대신 김경옥, 김숙현, 김용재, 김길자, 안재옥, 이용복, 이정자, 황경숙, 정수자, 지은희, 채영옥이 새 회원이 되었다. 결혼한 친구들은 첫 집들이를 했다. 강윤희는 서대문구 역촌동 전셋집에서, 구행자도 서대문 홍제동 근처에 위치한 문화촌 아파트에서 친구들을 초대했다. 문을 열면 부엌이고, 쪽마루를 올라서면 작은 방 둘이 나란히 붙어있는 구조였다. 행자는 카레라이스를 만들어서 친구들을 대접했다. 남영채도 한때는 문화촌 아파트에서 살았다.

지금도 기억에 남는 집들이 초대는 신연자와 김경옥을 꼽을 수 있다. 연자는 화곡동에 방 1칸, 가작 부엌 1칸짜리 방에 세 들어 살았는데, 창문을 통해 음식상이 들어가고 나가고 했고, 부엌에는 나무로 만든 사과 궤짝을 버리기가 아까워서 알뜰하게도 보조 찬장으로 사용하고 있었다. 그날 연자는 콩나물에다 모시조개를 넣은 콩나물국을 맛있게 끓여서 친구들을 대접했다. 훗날 시집가서 나는 신연자식 콩나물국을 즐겨 끓여 먹었다. 김경옥의 최초 살림집은 성산동에서 시작했는데, 주인집 부엌을 통과해야만 경옥의 안방으로 들어갈 수 있었다. 우리 친구들 모두는 이처럼 소박하게 결혼생활을 시작했으나, 5년 이내에 자신의 집들을 장만하였다. 지은희는 좋은 시어머니를 맞이해서 할리우드 극장이 있는 건물인 낙원 아파트에서 신접살림을 시작했다.

새 회원들이 늘어나면서 한 달에 한 번 모여서 약간의 돈을 모아 한 사람에게 몰아주는 친목계를 시작했다. 김숙현의 직장인 코리아 헤럴드 건물 지하 식당에서 모일 때 한 사건이 일어났다. 3만 원 곗돈을 탄 김용재가 미도파 지하도를 건너가다가 쓰리꾼에게 돈을 날치기 당했다. 70년도 초에는 그런 일들이 많았다. 용재 이야기를 하나 더 하자. 봄이 오면 청평 용재네 별장에 부지런히도 놀러 다녔다. 동창회 모임이나, 친구들 모임으로. 그럴 때마다 용재 어머니는 정성껏 마련하신 맛깔스러운 음식을 내놓으셨다. 특

히 유기농 풋고추와 신선한 나물 반찬 무침은 지금도 아련한 그리
움에 젖게 만든다.

은행에 근무했던 친구들도 '퇴직각서'에 따라 결혼을 며칠 앞두
고 은행을 그만두었다. '중매 반 연애 반'인 절충형 결혼방법을 선
호했던 우리 세대라, 나는 맞선 보기'를 게을리 하지 않았다. 상선
이도 나에게 맞선을 한 번 주선했고, 길자는 경기도 일원의 땅 부
자를 소개해 주었는데 결실을 맺지 못했다. 나는 함께 수다 떨 친
구들이 거의 남아 있지 않아서 우리 회사에 입사한 영문과 후배,
연대 도서관학과 후배와 민간단체(NGO)를 도우러 왔던 피스 코
(Peace Corp)의 콥(Mr. Copp) 등과 어울려서 "아직 초저녁이잖
아(Night is still young)."라는 문장을 읊조리며 소공동 포시즌스
(Four Seasons)와 그 주변을 누비며 다녔다. 내가 입사했을 때
협회에는 이대 도서관학과와 사회학과 출신 동기생들이 근무하고
있었다. 그들은 협회에서 지원한 동남아 가족계획사업 견학을 다
녀와서는 둘 다 결혼을 앞두고 퇴직했다.

1970년 10월 초 서울에서 유네스코(UNESCO)가 주관하고 가
족계획협회가 후원하는 국제 세미나가 수유리 〈크리스찬 아카데
미 하우스〉에서 열렸다. 나는 수많은 영어 논문을 타이핑하고 발
표 자료를 만들고 준비하는 사무국장(Executive secretary)으로
서 열심히 일했다. 유네스코 세미나가 끝나면 이어서 일본 동경에
서 〈서태평양지역 가족계획 세미나〉가 개최될 예정이었고 나도 참
가자의 일원으로 포함되었다. 아마도 열심히 일한 덕분에 받는 포
상 성격의 해외 세미나 참관이라고나 할까.

서울 유네스코 세미나에 참가했던 많은 외국인들도 동경세미나
에 참가할 예정이었다. 나는 일본 동경에 가면 전기밥솥을 비롯해
서 일제 가전제품을 결혼 혼수로 많이 장만해 올 심산이었다. 그

당시만 하더라도 외무부 여권과에서 여권 받기가 하늘의 별 따기
보다 더 어려웠다. 10명이 넘는 한국 참가자들 여권을 만드느라
남당직원의 얼굴은 누렇다 못해 새까맣게 탄 검은색으로 변했다.
그 당시에는 자기 돈으로 국외 여행을 할 수 없었고, 공적인 목적
으로 해외에 나가더라도 100불만 가지고 나가도록 허용하였다.
왕복 비행기 표와 체제비 일체를 국제가족계획연맹에서 지원받았
다. 나는 100불을 은행에서 공식적으로 바꾸었다. 환율은 대략 1
달러 당 375원이었다. 그리고 여분으로 100불을 남대문시장 좁다
란 골목에 진 치고 있는 암달러상에게서 바꾸어 브래지어 속에 감
추어서 김포공항을 무사히 빠져나갔다. 그때는 공항 검색대에 투
시기도 없었던 것 같았다.

　4박 5일 세미나 체제 비용—하루에 30불씩 1주일 치를 받아서
200불이 넘는 넉넉한 돈을 받았다. 당시에 받던 급여가 일만 팔천
원 안팎임을 감안하면 상당히 큰 액수였다. 동경에 거주하는 고향
친구 오빠에게서도 150불을 받았으나, 나중에 서울에서 원화로
친구에게 갚았다. 세미나에는 주로 예방의학, 산부인과 의사들,
간호학 전공자들이 주된 참가자들이고 나처럼 행정직 종사자에게
는 긴요한 정보를 주는 회의는 아니었다. 그래도 100여 명이 넘는
참가자들의 앞 단상 테이블에 앉아서 논문을 발표하는 한 파키스
탄 여성이 은근히 부러웠다.

　세미나가 진행되는 어느 날, 나는 행사진행 담당 남성 직원에게
전자제품을 살 수 있는 곳으로 안내해 달라고 개인적으로 부탁했
다. 오후 세미나를 빼먹고 직원의 안내를 받아 아끼하바라 전자상
가를 누비며 일제 산요 제품 전기밥솥·믹서기·토스터기와 소니
제품 TV와 축음기를 샀다. 1969년 7월 미국이 쏘아 올린 아폴로
11호 우주비행사 닐 암스트롱이 달 표면에 착륙하는 광경을 TV로

지켜본 때문에 서울에서도 TV 보유 가구가 증가하던 때였다. 일본은 이미 컬러 TV가 나와서 주택가 골목 쓰레기통 주변에는 버려진 흑백 TV들을 흔히 볼 수 있었다. 그래도 체면이 있지, 세미나 참가자가 버려진 TV를 주워 올 수는 없어서, 5만 원을 치르고 구매했으며 한국 세관에 5만 원 상당의 관세를 물었다.

백화점 문 닫는 시간이 빨라서 세미나 기간에는 백화점 구경을 가 볼 수 없었다. 어떤 팀이 어느 날 저녁 아사쿠사 야시장을 간다기에 나도 따라나섰다. 우리 남대문 의류상가처럼 한 번 들어가면 출구를 찾기 어렵고 꼬불꼬불한 통로를 따라서 늘어선 여러 가게에서 니트 웨어, 원피스, 예쁜 속치마 등 여러 벌과 허리띠 따위를 몇 개 샀다. 그때 우리 돈 가치가 더 높아서 천 원은 만 엔과 맞먹었다. 원화에서 달러로, 달러에서 엔화로 너무 계산이 복잡해서 나는 그만 의류가게에서 거스름돈을(아마 5~6만 엔?) 받지 않고 호텔에 돌아왔다.

계산해 보니 돈이 모자라는지라 나는 다음 날부터 그 돈이 아까워서 견딜 수가 없었다. 동료들에게 다시 아사쿠사 시장을 가자고 졸랐지만, 그들은 대부분 "미스 강, 잊어버려. 그걸 어떻게 되돌려받아? 그 점원이 모른다고 하면 어쩌겠어?"라며 나에게 야시장 가는 것을 포기하라고 종용했다. 나는 그래도 미련을 버리지 못한 채 서울 유네스코 세미나에 참가했고, 이어서 동경에 함께 온 인도네시아 참가자에게 간청했다. 그는 일본에서 석사학위를 받았다고 했다. 동경 지리를 잘 아는 그는 흔쾌히 안내를 맡았고, 마지막 날 저녁 만사를 제치고 아사쿠사 야시장을 다시 방문했다. 꼬불꼬불한 통로를 돌아서 그 옷가게에 도착하자 그 여점원은 나를 얼른 알아보았다. 나도 그녀를 알아보고서 몇 마디 말을 꺼내려고 하자 그녀는 이내 돌아서더니 금고에서 하얀 봉투를 꺼내어 나에게 건네는 것이 아닌가! 하얀 봉투에 거스름돈을 넣어서 이제나저제나 나를 기다렸던 그 여점원의 정직함에 나는 그만 가슴이 뜨거워졌나. 즉시 봉투를 열어서 금액을 확인하는 것은 예의가 아니었고 또 그럴 생각도 없어서 그대로 받은 채 '고맙다'는 인사를 여러 차례 되풀이했다. "Honesty is the best policy."를 지극히 평범한 일본인들이 실천한다는 사실에 큰 감동을 받았다. 세미나에서 얻은 지식정보보다 더 값진 깨달음을 이 작은 사건에서 배웠다.

태어날 무렵 일본에 거주했었던 아버지는 내가 어렸을 때, 일본 기초 행정단위의 공무원들이 얼마나 정직하며, 행정 질서가 얼마나 바른지를 때때로 말하며 칭찬을 아끼지 않으셨다. 임산부에게는 정부에서 '잉어'를 배급해 주었고, 그 전쟁 와중에도 배급 날짜를 한 번도 어긴 적이 없었다고 했다. 나를 임신한 어머니도 잉어를 배급받아서 보양식으로 드셨다. '아버지는 친일파에 가까운가?' 의구심이 가끔 들 때가 있을 정도였다.

물론 아버지는 일본 제국주의가 식민지 조선의 백성들을 갖은 방법으로 착취하고 수탈한 사실1)을 학문으로 자세히 배우지 못했기 때문에 하신 말씀이었으리라. '쌀독에서 인심 난다'고 모진 수탈에 지친 조선 농촌 민심들이 이웃조차 믿지 못하게 되니까 자연스레 심성이 강퍅해진 탓이 아닐까? 그런데도 나는 아사쿠사 야시장 여점원을 만나 아버지에 대한 친일파 의구심을 상당히 해소하였다. 선량하고 양심적인 개인 일본인과, 조선을 강제 병합하고 약탈을 꺼리지 않았던 일본 제국주의 국가 사이에는 도대체 어떤 간극이 있을까? 내 작은 머리로는 아무리 궁리를 해봐도 해답을 찾을 수 없었다.

---

1) 이윤갑(2019)《한국근대 지역사회 변동과 민족운동》, 서울 : 지식산업사 참조

1970년 가을, 일본은 내가 보기엔 서양화(근대화)가 한국보다 10년 앞서가고 있었다. 일행이 묵었던 다이치 호텔에는 서울에 없는 자판기(vending machine)가 있었다. 동전을 넣으면 담배, 캔 음료수, 껌, 과자 등 수많은 물건이 쏟아져 나왔다. 너무도 신기해서 일부러 동전을 넣고 음료수 꺼내 먹기를 즐겨했다. 그리고 물건을 잘 간수하지 못해서 나는 우산을 여러 차례 잃어버렸는데, 그럴 때 마다 잃어버린 물건 보관소에 가면 어김없이 내 물건은 나를 기다리고 있었다.

어느 저녁 한 번은 일행들과 함께 동경에서 유명한 뉴오타니 호텔 스카이 라운지에서 칵테일을 마셨다. 그 라운지는 1시간마다 360도 회전하였다. 동경 야경을 모든 각도에서 천천히 음미할 수 있도록 설계되었다. 서울은 그 뒤에야 남산 어린이회관에 움직이는 스카이라운지가 생겼다. 서울 유네스코 세미나를 지휘했던 이탈리아 사람 로파(Mr. Roppa)가 내 수고에 대한 보답으로 동경 값비싼 어느 레스토랑으로 저녁초대를 한 적이 있었다. 야외와 이어진 자리였는데 유리문 밖 정원에는 분수 쇼가 펼쳐지고 무희들은 무대에서 진짜로 토플리스(topless) 차림으로 춤을 추었다. 나는 쳐다보기가 민망해서 고개를 숙이고 그 비싼 음식을 먹는 둥 마는 둥 했다. 세미나가 끝난 주말에는 주최 측에서 하꼬네와 후지 산 중턱까지 참석자들에게 나들이를 시켜주었다.

공식일정을 마친 뒤에 나는 식민지 시기 일본 동경에서 아버지 어머니의 이웃으로 지냈던 친구 분 댁에서 며칠을 더 묵었다. 도쿄 타워도 구경하고, 미스꼬시 백화점, 마쯔자카야 백화점을 구경하며 옷가지들을 쇼핑했다. 마침 미스꼬시 백화점은 세일기간이어서 스웨이드(쎄무) 7부 코트와 모자, 가을 코트 등 옷 여러 벌을 샀다. 마쯔자카야 백화점에서는 모직 코트를 구입했다. 디자인이 간결하고 무난했다. 이 코트는 내가 입을 만큼 입은 다음, 내 딸에게도 대물림해서 딸이 대학원을 마치고 결혼하기 전까지 족히 40년 넘게 쓰임을 받았다.

동경 여러 백화점에는 에스컬레이터가 설치되어 있었다. 처음 탈 때 머뭇머뭇거리게 되고 움직이는 계단에 발을 옮겨 선뜻 올라타기가 어려웠다. 조금 머뭇거리다 보면 나 때문에 뒤에는 많은 사람이 밀려있는 것을 보고 용기를 내어 탔지만 어질어질한 느낌은 어쩔 수 없었다. 그래도 재미는 있었다. 서울에는 1967년도에 완공한 9층 건물 〈세운상가〉에 에스컬레이터가 처음 설치되었다지만, 나는 가 본 적이 없었고 백화점이라야 옛날 미도파와 신세계 뿐이었으니 신기한 것은 당연하였다. 동경에서 장만해 온 가전제품 혼수품들은 TV 빼고는 일 년이 넘도록 우리 집 안방 다락에 고스란히 보관된 채로 때를 기다렸다.

III 부

아메리칸 드림 vs 브리티시 드림

HER STORY

1. 아메리칸 드림, 산산이 부서지다

1971년이 되었다. 나는 비서직에서 공보 담당으로 자리 이동을 했다. 협회의 활동을 알리는 한글 보고서는 한 달에 한 번 월간으로, 해외에 알리는 영문보고서는 격월간으로 발행했다. 내가 Bi-monthly Activity Report 발간 실무를 맡았다. A4용지 8쪽짜리 영문보고서에는 단순한 협회 활동을 알리는 내용이 다수이지만, 가끔 주장과 전망을 담은 기획 기사(feature story)를 싣기도 했다. 시간이 모자랄 때에 나는 종종 영문과 동기생 최영에게 보고서의 영어번역을 부탁했었다. 최영은 당시 동양통신 기자로 근무하고 있었다. 이때 협회 사무실이 경운동 수운회관으로 옮겨 온 때였으므로 사무실이 서로 가까운 거리에 있었기에 자주 연락하고 지냈다. 실비만 받으면서 시간을 쪼개어 나를 도와준 친구가 참 고마웠다.

그리고 한국 가족계획 사업을 배우려고 제3세계 여러 나라에서 오는 외국인 방문객들과, 외국 원조를 받아서 하는 사업이 제대로

되고 있는지를 시찰하러 오는 제1세계 손님들을 공항에서부터 영
접하며, 이 손님들을 호텔에 투숙시키고, 여러 유관단체를 방문하
는 일정표를 짜고, 안내하고, 다시 손님들이 서울을 안전하게 떠나
도록 공항까지 환송하는 임무도 맡게 되었다. 주로 배우러 오는
손님들은 옛날 광화문 호텔(지금 그 자리에 'Four Seasons'의 새
건물이 들어섰다)에 투숙시켰다. 그 당시 친구 이군자는 KAL 회
사 김포공항 지상 안내원(ground stewardess)으로 근무했다. 그
때 김포공항을 자주 드나들면서 군자가 많이 편의를 봐주었다.

당시 보건사회부(Ministry of Health and Social Affairs)가
미국 정부기관 USAID(Agency for International Development)
후원을 받아 한국 인구 분야에서 일하는 사람들 가운데 몇몇을 선
발하여 1년간 미국에 유학 보내는 프로그램을 관장하였다.
USAID는 미국국제개발처라는 말 그대로 개발도상국을 돕는 미국
정부기관이었다. 우리나라도 당시에는 개발도상국이었기 때문에
미국 정부의 혜택, 즉 피임약을 무상으로 원조받고 레밍톤 타자기
와 같은 미국제 사무기기도 원조받았다. 인구분야 종사자들을 대
상으로 유학생을 뽑는 과정은 공개 시험으로 선발한다는 지침이
내려왔다. 우리 협회에서는 나를 후보자로 추천하였다. 시험과목
은 마침 영어였다.

열다섯 명의 응시자들은 대부분 예방의학, 보건교육 전공자들
그리고 행정부서 직원들이었다. 그리고 나를 제외한 나머지 응시자
들은 남성들이었다. 명색이 그래도 영문과 출신인지라 1차 시험에
는 15명 가운데 1등을 한 모양이었다. 소문이 그렇게 돌았다. 협회
를 출입하는 보건·의학 전문지 여러 기자로부터 미국 유학 전형에
1등으로 뽑혔다는 소식을 들었고, 또한 축하를 미리 받기에 바빴
다. 나는 한 치의 의심도 없이 미국 유학의 꿈에 부풀어 지냈다.

'비록 늦었지만 아메리칸 드림을 드디어 이루어 내는구나' 하며. 이 소문이 대구 외삼촌 귀에도 들렸는지 다락에서 잠자고 있던 내 혼수품 1호인 일제 밥통, 토스티기와 믹서기는 나도 모르는 사이에 외삼촌께서 가져가셨다. 아마도 암묵적인 거래가 있었지 않았을까 짐작된다. 마침 그때 외사촌 여동생의 혼사를 앞두고 있었기에, 딸의 혼수품을 위해 외삼촌께서 어머니를 설득하셨을 것이다. "미국 유학을 코앞에 두고 있는데, 혼수품을 일 년 더 묵히면 무얼하겠는가? 필요하면 그때 또 마련하면 되지 않겠는가?"라고.

나는 원래 커뮤니케이션 전공을 지원하였는데, 보사부 계장이 지원하는 분야와 겹쳤다. 그 계장은 자신의 경쟁자가 될 나를 공중보건 분야 지원으로 바꾸어 놓고 자신은 단독 지원자가 되었다. 공중보건 전공 지원자는 나와 보건대학원 출신의 남성을 예비후보자로 함께 올려서 2명의 후보자가 결재 라인에 올라갔다. 그래도 나는 염려하지 않았다. 예비 후보 남성은 60점을 겨우 넘긴, 시험 성적에서 나와 큰 차이가 났고, 설마 1등을 떨어뜨릴 리가 있겠느냐는 상식을 믿었기 때문이었다. 계장·과장·국장·실장까지 나는 제1후보자로 순탄하게 결재가 났었다.

그런데 차관실에서 순위가 뒤바뀌며 나는 후보에서 미끄러졌고 대신 예비후보였던 그 보건대학원 출신 남성이 최종 후보로 보사부장관 추천을 받게 되었다. 그 일로 너무나 큰 충격을 받았다. 가족계획과 담당 주무관에게 차관 면담을 신청하며 '가만있지 않겠다'며 으름장을 놓았다. 그 으름장이 가소롭다는 사실을 나 자신도 충분히 알고 있었음에도. 담당자는 애써 위로하며 '개인이 정부를 상대로 투쟁해서 이길 수 있겠느냐? 다음을 기다리라'며 나를 달랬다.

내가 너무 속상해하자 협회를 출입하여 나를 잘 아는, 동시에 보사부 출입 전문지 기자단이 나를 돕겠다고 발 벗고 나서서 차관을 면담하고 문제 제기를 했다. 그 자리에서 차관은 "정부가 파견하는 인력은 공부를 마치고 돌아와서 의무적으로 계속 복무해야 하는 조항이 있는데, 혼기가 가득 찬 여성이 돌아와 계속 근무하지 않고 곧바로 결혼해서 가정에 들어앉으면 투자에 대비해서 국가적 손실이 아니냐? 그러나 남성에게 투자하면 평생 국가를 위해서 봉직할 것이 아니겠느냐?"는 답변을 했다. "그래도 1등을 떨어뜨리는 것은 문제가 있는 것 아니냐?"고 재차 질문을 던진 기자에게는 "당신, 미쓰 강과 무슨 특수 관계에 있느냐?"며 면박을 주며 말을 막았다고 전해진다. 그 기자도 더이상 질문을 계속할 수 없었다고 했다.

나는 여성이기 때문에 받는 사회적 차별을 그때 처음으로 뼈저리게 경험했다. 그러나 어느 여성단체에게도 내 억울함을 호소하고 여성 차별에 대한 상담을 할 수 없었다. 그 당시 여성단체의 주된 활동은 '일선장병 위문품 보내기', '크리스마스 씰 판매', '불우이웃 돕기', '꽃꽂이 강습' 등 여가선용 차원을 벗어나지 못했다. 나는 내 문제를 '여성 차별' 문제로 공론화하지 못한 채 내 개인 문제로 묻히는 것이 안타깝지만 지켜볼 수밖에 없었다. 개인 힘으로는 역부족이었다. 그 누구도 '현모양처'의 시대정신에 감히 도전장을 내미는 자가 없었고, 여성의 보금자리는 가정이라는 틀을 깰 용기들이 없었다. 1971년은 나의 '아메리칸 드림'이 산산 조각난, 참으로 우울한 해였다. (결국 그 남성 후보자는 미국대사관 시험을 통과하지 못해서 미국행이 좌절되었다는 소식을 전해 들었다). 그리고 나를 떨어뜨린 H차관은 얼마 뒤에 아들이 대마초 흡입에 연루되어서 사표를 냈다는 소식을 신문에서 읽었다.

1972년이 되어서도 나는 아픈 상처가 말끔히 아물지 못한 나날을 보냈다. 그리고 '맞선보기'를 계속했다. 그렇지만 마음 한구석 에서는 여성차별에 대한 분노의 앙금이 남아 있었다. 그리고 나영 균 선생님이 '바보들을 만들어서 졸업시킨다'고 한탄하셨던 그 말 의 뜻을 늦게나마 이해할 수 있게 되었다.

같은 해 후반기에 국제가족계획연맹(International Planned Parenthood Federation)이 초대 사무총장 오웬(Sir David Owen) 을 기리기 위해 그가 졸업한 웨일즈대학에 인구문제센터를 개소한 다는 소식이 전해졌다. 미국에는 시카고 대학, 하와이 대학, 버클 리 대학 등 유수 대학에 인구문제연구소가 개설되었으나 영국에서 는 웨일즈대학이 처음이었다. 사실 인구문제를 미리 예견하고 경 고한 학자는 영국 출신 맬서스(Thomas Robert Malthus)가 아닌 가. 그는 《인구론》에서 그 유명한 '식량은 산술급수적으로 증가하 지만, 인구는 기하급수적으로 증가해서, 미래에는 기아, 빈곤, 부 도덕에 직면할 것이다'는 예측을 한 경제학자로서 인구문제의 심 각성을 일찍이 깨우쳐 주었다. 그러기에 영국에서 인구문제연구소 를 그때야 개소한다는 것은 늦은 감이 없지 않았다. 역시 개발도상 국 인구분야 종사자들을 뽑아서 1년간 준석사(Post-graduate Diploma) 과정으로 교육하는 프로그램이었다.

협회는 큰 상처를 받았던 나에게 또 한 번의 기회를 주었다. 이 번에는 정부가 아닌 민간단체(Non-Governmental Organization) 가 주관하는 것이니, 심지어는 영국 가서 결혼 기회가 있으면 결혼 하고, 돌아오지 않아도 무방하다고까지 상사들은 입을 모아 배려 해 주셨다. 협회 추천도 받았으나, 국제가족연맹에서는 또 대학 지도교수의 추천장도 요구했다. 나는 영문과 시절 특출하게 공부 를 잘 한 학생이 아니었기에 나영균 선생님께 추천장 받으러 가면 서도 마음을 졸였다. 선생님이 "나는 너를 알지 못한다."고 하시면 어쩔까 하고. 그런데 선생님은 학생부를 찾아서 지금의 나와 비교해 보시고는 아무런 내색도 하지 않고 추천장을 써 주셨다. 학생부에는 숱이 많은 머리를 양 갈래로 땋아 내린 1학년 때 내 사진이 박혀 있었다.

모든 서류를 보냈고 카디프대학에서도 정식 입학허가서가 왔다. 그러나 연구소 개소가 생각만큼 속도감 있게 진행되는 것 같지는 않았다. 자연히 결혼 적령기 문제가 뇌리를 스쳤다. 여성 나이 스물여덟에서 한 해를 더 넘기면 한국 나이로 스물아홉이 된다. 그리고 일 년간 공부하고 오면 30대에 들어선다. 20대와 30대의 사이 십년이 'decade'라는 단어가 말해주듯 큰 차이가 있다. 마음의 갈등과 두려움이 없을 수 없었다. 협회 어느 선배 기혼남성은 본인이 추천받고 싶어서 나에게 '좋은 자리 중매를 설 테니 맞선을 보라'고 종용하기도 했다. 그럼에도 마음을 굳게 다지고 미지의 세계로 항해의 돛을 올리기로 결심을 굳혔다. 나는 '아메리칸 드림'을 접고 '브리티시 드림(British Dream)'을 꾸기로 새롭게 각오를 다졌다.

1972년 IPPF의 사무총장 줄리아 핸더슨(Miss Julia Henderson)이 가족계획사업 시찰차 한국을 방문했다. 그녀는 미국 여성으로서 하버드대학에 입학이 허용된 최초의 여학생이었다. 나는 국내 일간지 선임 여기자들을 초청, 그녀의 방한에 즈음하여 국제가족계획사업과 한국 사업을 홍보하는 기자회견를 마련했다. 그리고 도착 즉시 그녀를 수행하면서 선임 여기자들과 함께 현지답사(field trip)로 전북 임실 어머니회 등을 견학하였다. 핸더슨사무총장과 임실 어머니회 기사는 동행했던 모든 신문사에서 특집기사로 실었다. 동아일보 권영자 선생님, 조선일보 김선주, 서울신문 임영숙, 경향신문 강용자, 한국일보 여기자님 등이 지면을 할애해 기꺼이 기사를 실어주었다.

웨일즈대학의 연구소 개소 준비 과정은 생각보다 길어져 내가 영국 웨일즈의 카디프로 떠난 것은 다음 해인 1973년 9월 말 경이었다. 개학을 4~5일 앞두고 김포공항을 출발했다. 지난번 동경 세미나 참석 때처럼 100불을 공식으로 환전하고, 100불은 남대문 암달러시장에서 바꾸어 브래지어 속에 넣고 김포공항 검색대를 통과했었다.

런던에 본부를 둔 국제가족계획연맹으로부터 받은 서울–런던 행 왕복 비행기표는 일본항공(JAL)이었다. 당시에는 한국 국적기가 영국에 직항하는 노선이 없던 때였다. 동경 하네다 국제공항에 내려서 몇 시간 머무르는 동안 나는 영국에서 사용할 일 년치 분량 화장품을 일본제 시세이도 제품으로 구입했다. 당시 국산 화장품 회사로 태평양 화장품회사가 조금 알려져 있었으나, 한국 여성들은 국산 화장품의 질을 아직 신뢰하지 못했다. 나는 종종 남대문 대도마켓 지하층에 있는 도깨비시장(불법 미제 화장품 판매)에서 미제 레브론 제품을 사서 썼으나, 주로 가짜가 많았다. 대신 젊은 소비자들에게 일제 화장품 시세이도의 인기가 높았다.

동경에 내린 터에 진품 시세이도 일제 화장품 일습을 샀다. 동경에서 비행기를 갈아타고 한잠 자고 났더니 새벽이다. 물수건을 주어 물수건으로 약식 세수를 하였다. 비행기는 알래스카에 내려서 급유중이라고 했다. 나는 공항 바깥으로 나가지도 못하고 공항 대기실에서 해가 떠오르는 알래스카 아침 풍경을 감상하였다.

영국 런던 히드로공항에 내린 것은 서울에서 출발한 지 16시간이 지난 뒤였다. 외국 여행 경험이 일천한 터라 운동화 같은 편한 신발을 신었으면 좋았으련만, 영국 유학 간답시고 새로 맞춘 금강제화 맞춤 구두를 신고 비행기에 탑승했었다. 물론 기내에서 준 슬리퍼로 바꾸어 신었지만 16시간 뒤에 비행기에서 내릴 때 구두를 신으려고 하니 발이 부어서 제대로 신을 수가 없었다. 히드로공항에서 출구를 찾아 나오는 길은 참으로 멀었다. 그때 처음 타 본 평면 에스컬레이터를 몇 번이나 갈아타고서야 출입국장에 도착했고, 어찌어찌해서 공항을 빠져나와 런던 역에서 카디프 행 기차를 무사히 탈 수 있었다. 짐을 들어다 준 제1세계 영국 짐꾼(porter)에게 개발도상국 출신인 나는 황송하게도 1파운드를 팁으로 주었다.

2. '브리티시 드림(British Dream)'을 이루다

영국 국가의 공식 명칭은 'United Kingdom of Great Britain and the Northern Ireland'이다. 영국은 10월 초에 새 학기를 시작한다. 'Commencement'는 졸업을 의미하는 동시에 새 학기의 시작을 말한다. 카디프로 오는 기차 안에서 한 일본 청년을 만났다. 내 남동생 연배쯤 되어 보였다. 그는 내일 토요일 카디프 축구경기장에서 있을 잉글랜드 축구팀과 웨일즈 축구팀의 축구경기를 관람하러 동경에서 왔다고 했다. 그러면서 그는 축구 경기를 함께 보자고 초청을 해서 그러자고 약속했다.

1960년대 말 딱 한 번 효창동 축구장에서 축구 경기를 관람한 적이 있었다. 당시 축구장에는 거의 남성 팬들로 가득했고 여성들에게는 입장료를 받지 않았음에도 축구 경기에 별 관심이 없었다. 나는 그곳에서 잉글랜드와 웨일즈 대표팀 축구 경기를 뜻하지 않게 관람하면서 영국문화의 새로운 측면을 발견하였다. 경기를 시작하기 전 처음에 웨일즈 국가가 울려 퍼졌다. 모르는 곡조였다.

언어도 영어가 아닌 웨일즈어(켈틱어)[1]로 불렀다. 관중들이 모두 일어나 힘차게 불렀다. 스타디움 전체가 웅장한 화음으로 가득 찼다. 다음 영국 국가가 울려 퍼졌다. 관중들은 '우~우~' 야유하는 소리를 지르면서 영국 국가 합창을 방해했다. 나는 큰 충격을 받았다. 그때야 나 자신 무식의 소치를 실감하였다. 학창시절 영문학사나 영어사 강의를 수강했음에도 제대로 된 영국 역사 강의를 듣지 못했다.

웨일즈 축구팀이 경기에서 이겼다. 경기가 끝난 뒤, 관중들은 거리에서 어깨동무로 스크럼을 짜고 노래를 부르며 끝없이 행진했다. 그리고 우리나라 선술집에 해당하는 펍(pub)에서는 사람들로 가득 차서 서로 축배의 잔을 부딪치기에 바빴다. 나는 영국·웨일즈 축구팬들이 누리는 그 흥겨운 축제에 동참했다. 저녁은 랍스터 고급 요리를 대접받았고, 며칠 뒤에 그 청년은 일본으로 돌아간다고 했다. 참으로 '쿨(cool)'한 일본 청년이었다.

한국 나이 서른이었지만 영국에 도착하자마자 내 나이는 영국식 만 나이 스물아홉으로 줄었다. 그러고는 쭈~욱 스물아홉을 고수했다. 달이 바뀌고 해가 바뀌어도. 학생 14명 가운데 미혼 여성은 나와 영국 여학생 자넷(Janet), 미국에서 학부를 마친 콜롬비아 출신의 엘레나(Helena), 그리고 타일랜드에서 온 여성 2명 가운데 1명이었고, 미국 여성 1명, 실론 여성 1명, 모리셔스 여성 1명, 타일랜드 여성 1명은 기혼이었다. 영국 남학생 이안 로버트(Ian Robert)는 미혼이었고, 이집트, 이라크, 방글라데시, 네팔, 인도에서 각 1명씩 남성들이 참가했고, 이들은 모두 기혼이었다. 2명의 타이 여성들은 학기 시작 전 영국에 일찍 와서 런던에 있는 어

---

1) 박영배(2018)《켈트인, 그 종족과 문화》, 서울: 지식산업사 참조

학원에서 3개월 동안 어학연수를 받았고 나머지 학생들은 영국 식민지를 경험한 나라들이 대부분이어서 첫 수업시간부터 영어로 듣기, 말하기에서 별 어려움이 없어 보였다. 그런데 나는 첫 시간부터 빠른 속도로 영어를 말하는 선생님들 강의를 듣고 충격에 빠졌다. 잘 알아들을 수 없었기에. 서울에 있을 때 생활영어는 좀 한다고 생각했었는데… 그게 아니었다. 식민지를 경험할 거였으면 기왕지사旣往之事 영어를 모국어로 사용하는 나라의 식민지였으면 좋았을 것을! 나는 은근히 영연방제국에서 온 그들에게 부러운 마음을 품기까지 했다.

인구문제연구소의 공식 명칭은 'Centre for Population Growth Studies, College Cardiff, University of Wales'이다. 웨일즈 여러 곳에 있는 단과대학들을 모두 합쳐서 웨일즈대학이라 이름 부르고, 연구소는 카디프 도시에 위치한 카디프대학에 속했다. 인구학 연구이다 보니 통계는 필수였다. 손에서 수학책을 놓아버린 지 10여 년이 넘는 나이에 한국어로 해도 알아듣기 어려운 탄젠트, 시그마, 사인, 코사인을 영어 강의로 듣자니 머리에 쥐가 나는 것 같았다.

나는 연구소 소장 리차드(Mr. Richards)에게 불평했다. "왜 나에게는 3개월 전에 미리 와서 영어를 습득할 언어 연수의 기회를 주지 않았는가? 그나마도 연수를 받았더라면 이보다는 나았을텐데…"라며. 나는 입을 열어 질문할 수 없었다. 강의를 소화하기에도 턱없이 부족했다. 영어로 들으면 즉시 이해되는 것이 아니라 머리에서 한국어로 번역해서 그다음에 이해하는 과정을 거쳐야만 했다. 영어가 유창하다고 별것도 아닌 것을 질문하는 영연방제국의 친구들을 보노라면 한심스러울 때도 있었다.

영국식 수업은 보통 강의(lecture)와 토론(tutorial)을 격주로 진행한다. 강의 시간에는 일체 질문을 받지 않았고, 튜토리얼 시간에 질문과 토론을 하도록 했다. 경제학 · 사회학 · 심리학 · 생태학 · 통계학 · 인구학 · 관리학(management)을 그렇게 진행했고, 각 나라에서 온 학생들은 자국의 가족계획사업 현황을 소개 발표하는 별도의 세미나 시간으로 커리큘럼이 짜여졌다. 나는 영어 말하기가 익숙해질 수 있는 시기를 택하려고, 세미나 발표 순번을 가장 마지막인 다음 해 5월로 정했다. 대부분의 학생들이 통계학이 어렵다고 해서 통계학 선생님은 방과 후에 개인 시간을 내어 학생들에게 보충수업을 하실 만큼 열정을 쏟으셨고, 시험을 오픈 북(open book test)으로 치러서 그나마 낙제를 면할 수 있었다.

영국에는 크리스마스와 새해를 낀 4주간의 짧은 방학, 그리고 부활절 기간에 4주의 방학이 있으며, 7 · 8 · 9월, 3개월의 긴 여름 방학을 지나 10월에 새 학기가 시작된다. 즉 sysmester 제가 아닌 term 제로 학사운영을 진행하였다. 나는 크리스마스 방학 4주 동안 런던에 있는 어학원에 등록하고 영어연수를 받으러 출발했다. 여학생들만 수용하는 4층짜리 하숙집에서 기숙했는데 일본 여성들은 특별한 목적도 없이 '꽃꽂이'를 배우러 런던에 온 경우들도 많았다.

어학원의 연로하신 남선생님은 이따금 재미있는 이야기를 해주셨다. 미국 부인들 둘이서 관광차 영국에 와서 케임브리지 대학 캠퍼스를 둘러보았다. 융단처럼 끝없이 펼쳐진 파란 잔디를 보고 감탄하면서 잔디를 깎는 정원사에게 물어보았다.

"어떻게 하면 이처럼 아름답게 잔디가 자랄 수 있나요?"

"7백 년 동안 하루도 빠지지 않고 잔디를 깎으면 이렇게 되지요."

2백 년의 역사를 가진 두 미국부인은 그만 입을 다물고 말았다고 했다. '해가 지지 않는 나라' 영국민들의 자부심은 정원사에게서도 엿볼 수 있었다.

내가 영국에 있을 때 엘리사베스 2세 여왕의 딸, 앤(Anne) 공주의 결혼식이 웨스트민스터 사원에서 치러졌다. 그 날을 임시 공휴일로 정했기에 대학 수업은 하지 않았다. 거의 모든 사람이 TV 중계로 결혼식을 지켜보았다. 내가 런던에 갔을 때 이 웨스트민스터 사원의 외벽은 먼지가 묻어서 시커멓고 우중충해 보였다. 국가적인 결혼식 행사를 앞두고도 건물 외벽 청소를 하지 않는 것을 보고 나는 의아해하며 같은 기숙사의 영국 여학생에게 물어 보았다. "왜 외벽을 청소하지 않느냐?"고. "바깥이 무어가 그리 중요하냐? 사원 안에는 값진 보석과 보물들이 가득한데"라며 외벽의 더러움 따위엔 그리 큰 신경을 쓰지 않았다.

나는 대학원 과정의 여학생들만 입주하는 기숙사 '아버대어 홀(Aberdare Hall) 별관에 기숙했다. 학교와는 5분 거리에 있었고 독방을 썼다. 방은 꽤 넓어서 침대와 책상을 놓고도 큰 공간이 남았다. 심지어는 벽난로도 있었다. 물론 장작이 아닌 전기난로였긴 하지만. 처음에는 침대 생활에 익숙하지 못해서 잠을 잘 자지 못했다. 그럴 때면 모포를 바닥에 깔고 딱딱한 마루 바닥에서 잠을 자면 오히려 편했다. 8명의 석사과정(post-graduate) 학생들은 사감 선생님, 영양사 선생님과 함께 하이테이블(high table)에서 식사했다. 말하자면 단상에 식탁이 차려졌고, 학부 학생들은 단하에 식탁이 차려졌다. 하우 사감 선생(Miss Howe)은 케임브리지 대학 출신이라고 자부심이 아주 대단했다.

기숙사 아침 식사는 대륙(continental) 식이어서 먹을거리가 푸짐했다. 과일(주로 자몽)·수프·빵·달걀·베이컨·푸딩 등 후식과 모닝커피였고 아프리카·지중해 등지에서 오는 풍부한 과일들을 항상 식탁에 마련해두었다. 그 많은 포크와 나이프, 스푼 사용법은 그래도 대학 시절 영학관 기숙생활에서 배웠기에 실수하지 않고 쓸 수 있었다. 기숙사 배식에는 1주일에 2번 양고기가 나왔다. 양고기는 먹어 본 적이 없어서. 그리고 냄새가 지독해서 거의 먹지 못했다.

양고기 배식이 있을 때마다 나는 중국 식품점에서 사 온 일본산 아끼바리 쌀로 밥을 짓고 서울에서 준비해온 소고기볶음 고추장과 함께 비벼 먹었다. 국산 라면은 구할 수 없었고, 대신 일본 라면을 사서 가끔 끓여 먹었다(방에는 간단한 조리할 수 있는 전기곤로가 있었다). 주말에는 주방 직원들이 쉬어야 하므로 기숙사에서는 찬밥을 포함해 cold meal이라고 이름 붙인 찬 음식을 주었다. 반질반질하게 윤이 나는 찰진 일본제 아끼바리 쌀은 오히려 가격이 쌌고, 푸실푸실한 캘리포니아 제품 쌀이 더 비쌌다. 이 쌀을 증기로 쪄놓았다가 주말에 차게 내놓았다. 기숙사 배식이 기름진 음식 탓인지 얼굴에 여드름이 많이 돋아서 피부과에 가서 진찰도 받고 약도 처방받아 먹어 보았지만 별 효과가 없었다.

IPPF 연맹 본부 공보부장인 데니스 여사(Mrs. Dennis)가 한국에 출장 갔다가 나를 위해 특별히 '김치'를 공수해 오셨다. 갈치토막을 양념 배추 포기 사이사이에 박은 포항식 김치였는데 여동생 시집에서 만들었다. 그 김치를 따로 화물로 부치지 않고 캐리어 한 구석에 잘 넣어서 따뜻한 좌석 머리 위 짐칸에 넣었다. 어찌나 고약한 냄새가 기내를 가득 채웠는지 모든 승객이 눈살을 찌푸렸고, 그녀의 표현을 빌자면 비행기 안이 온통 염색공장 같았다고 표현하였다. 이 귀한 김치를 냉장고 보관을 못 하고 창문 밖에 보관해 두었다. 그런데 영국 카디프대학에 '레그 위그 데이'의 특별한 행사가 있었다. 그 날 재학생들은 기숙사 아무 방에나 출입할 수 있었고, 아무 물건이나 마음대로 가져가도 면책이 되는 날이란다. 나는 내 방 창 밖에 보관해 둔 김치를 누가 집어 가지 않을까 전전 긍긍 마음을 졸였는데 김치는 다행히 무사했다.

4주 겨울방학 동안 런던에 있을 때 데니스 여사가 집으로 초대해 주셨다. 정성 들여 삶은 양고기가 나왔는데 나는 기숙사 양고기에 대한 선입견이 있어서, 부적절한 단어 "horrible"이 불쑥 튀어나와 그만 무례를 범하고 말았다. "기숙사에서 급식하는 양고기 맛은 끔찍하지만, 선생님이 직접 요리한 양고기 맛은 다르다"로 표현하고 싶었는데 영어가 짧다 보니 그런 실수를 저질렀다. 아~ 선생님이 나의 속마음을 곡해하시지 말았으면 그때 간절히 소망했었고, 지금은 이미 작고했을지도 모를 선생님께 이 책을 빌려서 무례한 단어 사용에 사과드린다. 나보다 나이 어린 선생님 딸은 대영박물관 관람을 안내했고 성 바울성당 '속삭임의 계단(wispering stairs)'을 체험하게 해주었다.

연구소 학생들은 특별한 날을 맞으면 친구들을 집으로 초대해서 음식도 나누고 서로 친해질 기회를 만들었다. 영문학 공부를 위해 미국 뉴욕에서 영국 카디프대학으로 유학 온 남편을 따라온 토마스 여사(Mrs. Thomas)가 제일 먼저 친구들에게 저녁 초대를 했다. 9살배기 아들 한 명이 있었는데, 저녁 9시가 되자 '잠 잘 시간이야'라며, 침대에 들여보내고선 어른들은 아무런 방해꾼 없이 마냥 즐겁게 담소를 나누었다. 모리셔스에서 온 람도얄 부인(Mrs. Ramdoyal)은 자파티를 만들어 대접했고, 타일랜드에서 온 친구는 죽순(bamboo)을 재료로 음식을 만들어 대접했다. 그리고 흰밥을 곁들였는데, 솥에 눌어붙은 누룽지에 물을 부어서 불게 한 다음 그냥 음식물 쓰레기통에 내다 버렸다. '어머 그 아까운 누룽지를 버리다니…' 속으로 안타까워했다. 타일랜드에서는 솥에 누른 누룽지는 먹지 않고 물을 부어서 불으면 내다버린다고 했다. 아마도 조선에서는 쌀(곡식)이 귀하니까 누룽지까지 먹는 습관을 들였고 타일랜드는 더운 나라이기에 삼모작으로 쌀이 풍부하니까 누룽지를 버리나보다, 생각하니 마음이 편했다. 자넷이 초대했을 때는 토끼고기를 내놓았다.

　나는 한국에서 공수해 온 김치와 중국 식품가게에서 산 김을 구어 냈고, 흰밥과 불고기를 대접했다. 김치를 먹은 토마스 여사는 너무 메워서 얼굴색이 빨갛게 변하며 숨조차 겨우 쉬는 듯했다. 내 기숙사 방에서 밤 2시가 될 때까지 노변정담爐邊情談을 나누었다. 졸음이 밀려오는데 일어설 기미가 보이지 않아 조바심이 나기도 했다. 친구들 모임이 있을 때마다 이안(Ian)은 여자친구 샐리(Sally)를 동반해서 함께 참석했다.

　선생님 가운데 경영(Management) 과목을 담당한 시모어 선생님(Miss Seymore) 이야기를 소개하지 않을 수 없다. 나이 든 미국 출신 독신 선생님으로서 특별히 IPPF에서 파견한 분이다. 나에게 특히 관심을 보이셨고, 한 번은 선생님과 함께 어디를 다녀오다 기숙사로 태워다 주시던 길이었다. 오밤중(새벽 2시경)이었는데, 아무도 다니지 않는 건널목에서 교통신호가 빨간 불로 바뀌자 선생님은 차를 멈추고 정차해서 초록 신호등으로 바뀔 때까지 기다리셨다. 나는 속으로 감탄했다. 제1세계 국민의 높은 도덕심을! 선생님은 당시 재선을 노리던 닉슨 미국 대통령이 민주당 선거본부 사무소에 도청장치를 설치한 워터게이트 사건에 연루되어 자진 사임하는 과정에서 보여준 불의에 대한 미국 국민들의 높은 경각심, 늘 깨어있는 마음을 'vigilant'라는 단어로 표현하였다. 워터게이트 사건은 진실로 '말 없는 다수(silent majority)'가 승리한 미국다운 결론을 도출하였다.

　연구소 수업을 처음 들을 때 영어 소통에 한계를 느끼고 절망한
바 있었다. 그때 내 희망사항은 신문을 보면서도 영어방송 라디오
사회자의 말을 이해할 수 있으며, 꿈도 영어로 꾸고 싶었다. 꿈에
는 여전히 한국어를 쓰는 사람들로만 온통 채워졌다. 3개월이 지
나 크리스마스 방학 동안 런던 어학연수도 마쳤기에 1월 새 학기
(term)부터는 나도 토론 시간에 입을 떼기 시작했다.

　미국 AID는 1968년부터 자국산 피임약 아나보라 100만 달러
어치를 한국 가족계획 사업을 위해 원조하였고, 이를 전국 보건소
를 통해 가임여성들에게 무상으로 제공했다. 나는 이 사안에 문제
를 제기했다. 피임약에 여성호르몬 함량이 적으면 적을수록 여성
건강에 피해가 적다는 것은 주지의 사실이다. 그런데 아나보라의
여성 호르몬 함량은 3.0mg이었고, 같은 시기에 어느 한국 제약회
사에서도 독일 쉐링사와 기술 제휴하여 여성호르몬 함량 2.0mg의
피임약을 개발·생산·판매하고 있었다. IPPF·AID·UNFPA를
비롯한 국제기구들이 제3세계 여성들의 피임 실천을 돕기 위해서
자국에서 생산한 피임약을 대량으로 사서 원조라는 이름으로 무상
공급할 것이 아니라 각 나라 여성들 체질에 맞는 토착
(indegenous)의 피임법을 개발하는 데 원조를 할 용의는 없느냐?

　그 당시에 내가 읽은 《Times》의 표지 기사에는 이런 글이 실렸
다. 중국에서는 전통의 침술로 피임법 개발의 완성단계에 있다고
소개되었다. 여유가 있는 도시 중산층 여성들은 값을 지불하고 약
국(Over the Counter)에서 사서 피임하는 반면, 도시 변두리 지
역과 농촌 여성들은 보건소에서 무상으로 제공하는 3.0mg 함량의
피임약을 복용한다. 이들 후자들은 '구토증이 있다. 배가 아프다.
심하면 하혈을 한다'는 부작용(side effects)을 호소하기도 했다.
이 불공정을 제기한 것이다.

약국과 보건소, 유료와 무료, 2.0mg과 3.0mg의 2원화를 문제 삼았으며, 돈이 없어서 무료로 피임약을 제공 받는 도시 주변과 농촌 여성들에게 더 좋은 피임약의 접근성과 선택권이 제한받는다는 사실을 강조했다. 그리고 제3세계 여성들을 실험용 도구(marmot)로 삼지 말라고 덧붙였다. 당시 한국에서도 피임 주사를 맞으면 3개월 동안 피임이 된다는 '데포-프로베라'를 농촌 여성들을 상대로 임상실험하고 있었다. 교육 수준이 낮은 저소득층의 여성들은 하루에 한 알씩 어느 시기에만 먹어야 하는 피임약 복용법이 까다로워서 피임에 실패하는 수가 많았다.

아니나 다를까! 제1세계를 대표해서 영국 이안이 나의 비판에 반박했다.

"Sook, 내 여자 친구 샐리도 아나보라(3.0mg) 피임약을 복용하는 데 아무런 부작용이 없는데 왜 자꾸 부작용 타령을 하느냐?"

"너의 나라 여성들은 고기 먹지만 우리는 채소 먹으니 체질이나 영양섭취 측면에서 차이가 나지 않겠니? 그러니 부작용의 정도에서도 차이가 날 수 있지. 그런데 참 무엇 때문에 샐리가 피임약을 복용하니……?"

말을 마치자마자 내 질문이 곧 우문愚問이었다는 것을 바로 깨달았다. 나는 영국 사회의 이면을 알아채고 큰 충격을 받았고, 다음부터 찬찬히 그 나라 풍습을 관찰하기 시작했다. 이안은 여자 친구의 피임약 복용 사실을 공식 자리에서 언표하고서도 부끄러워하거나 숨겨야 할 비밀이라는 태도를 갖지 않았다. 그만큼 영국에서 혼전동거는 사회가 관습적으로 용인한 결혼제도에 버금가는 하나의 형태였다.

잊지 못할 일화 한 토막 소개한다. 어느 세미나 시간에 내가 열심히 설명하고 있는데 옆의 학생이 끼어들었다. 나는 내 설명을 방해받고 싶지 않아서 그 학생의 질문은 개인적으로 답을 하겠다는 뜻으로 급하게 "Come to my room."이라고 불쑥 말했다. 모든 학생들이 큰소리로 웃었다. 사회를 맡았던 리차드(Mr. Richards)는 얼굴색이 금세 빨갛게 물들었다. 이 사건을 저녁 식사 시간에 하우 사감 선생님(Miss Howe)께 이야기했다. 그녀도 얼굴이 빨개지면서 그 말에는 좀 성적으로 야한 뜻이 있다고 했다. 그러면서 칠레에서 온 여학생의 실수담을 들려주었다. 그 여학생은 자신이 물건을 잘 잃어버리는 꼼꼼하지 못한 성격이라는 표현을 "I am a loose girl."이라고 해서 주변을 당황하게 만들었다고 한다. 'loose'는 성 도덕적으로 허술하다는 뜻이다.

중동 국가인 이집트에서 온 무샤(Mr. Musha)는 말수가 적고, 조용한 편이었는데 이라크에서 온 후세인(Mr. Hussein)은 좀 성격이 급한 편이었다. 경제학 토론 시간이었다. Mr. Hussein은 선생님께 자신의 의견을 길게 설명한 뒤에 질문을 했다. 그런데 그만 선생님을 'Mr. Brian'으로 호칭했다. 선생님은 작위를 받으신 분이라 'Sir Brian'으로 불러야 하는데 실수한 것이었다. 선생님과 영어를 모국어로 쓰는 학생들은 모두 얼굴색이 새빨갛게 변했다. 아주 큰 실수를 범했다는 반증이었다. 그런데 후세인은 'Mr.(선생님)'로 호칭한 것이 무에 큰 잘못인가 하는 눈치였다. 이런 것들이 모두 문화의 차이에서 오는 실수들이었다.

외국에 나가면 모두 애국자가 된다고 흔히들 말한다. 나도 예외는 아니었다. 영국에 온 지 얼마 지나지 않아서 한 지역사회 모임에서 초청을 받아 한국을 소개하는 짧은 스피치를 한 적이 있었다. 영어 말하기에 익숙지 않아서 물론 원고를 미리 준비해서 발표했다. 영국 사람들은 6.25전쟁의 참화를 입었던 나라로 한국을 아는 정도였다. (나는 그때 '진작 가야금을 배웠더라면, 가야금 산조도

소개할 수 있었을 텐데'라며 아쉬워했다.) 나는 틈틈이 이육사 시
인의 〈청포도〉2)와 노천명의 〈이름 없는 여인이 되어〉를 영시로
번역하여 연구소 동료들에게 소개하기도 했다.

July in my hometown
Is the season in ripening green grapes.
Legend in this village,
Yields fruit rambling, rambling;
The sky in far distance,,
Setting in grapes one by one in a   dream;,
Deep blue sea under the sky,
Opening her heart widely;,
When a white sailboat is tiding softly beside me
From somewhere far away,
The guest whom I wish to meet,
Wearing in a green garment;
Coming to see me,
If I, welcome to meet him
Am picking and eating the green grapes together,
Wishing my two hands immersed deeply in juicy grapes!
Hey, child!
Let's prepare our dinner table:
With a white ramie handkerchiefs
On a silver plate.

---

2) 영어책을 손에서 놓은 지 20여 년이 흘렀다. 번역에 서투른 표현이 있어, 더 좋은
단어를 제시하는 독자에게는 이 책 한 권을 드린다.

그때 이안은 '중국사상'의 영향이 묻어있다고 말했었다. 한국은 그만큼 약소국가요, 개발도상국이었다. 1974년 8월에 한국으로 돌아오기 전 런던에서 중국 어느 왕(진시황?)이 입었다는 금과 옥을 재료로 만든 수의壽衣 전시회가 있었는데 나도 관람하였다.

영국에서도 주일날이 되면 교회 예배에 출석하였다. 사감 선생님께 말하여 기숙사와 가까운 곳의 교회를 추천받았다. 주일 예배에 참석한 교인들은 거의 나이 든 노년층의 할머니와 할아버지들이었고, 나까지 포함해서도 30명을 넘지 않았다. 나는 목사님의 생계가 걱정되었다. 은퇴자들이 내는 약소한 금액의 헌금으로 어떻게 교회를 유지하나 걱정이 앞섰다. 한국 같으면 젊은 목사가 개척 교회를 세우고, 열심히 전도하여 교인 수를 증가시켜서 웬만한 중형 교회 정도로 성장해야만 교인 헌금으로 교회 재정을 감당할 수 있게 된다. 뒤에 안 일이지만, 영국 교회 목사들은 교인 헌금에서 직접 생활비를 받는 것이 아니었다. 국가에서 목회자 생활비를 부담하였다.

교회에서 만난, 아버지 연배 되는 윌리엄스 씨(Mr. Williams)가 하이 티(High Tea, 저녁 티타임)에 나를 초대했다. 4시 반이었나? 기대를 가지고 초대에 응했다. 티와 간단한 샌드위치, 그리고 쿠키 등을 대접받았다. 기대를 크게 가졌던 나는 속으로 실망했다. 그러나 그 실망은 영국 전통을 이해하지 못한 데서 비롯되었다. '하이 티'는 저녁 만찬 초대가 아니었기 때문에 간단한 차와 샌드위치를 나누면서 환담하며, 교제하는 시간이라는 것을! 윌리엄스 씨는 자신을 편하게 'Bill'이라고 부르라고 해서 난감한 적도 있었다.

아버대어 홀 학부 여학생 기숙사에 기숙하면서 카디프 대학으로 유학 온 싱가포르 출신 오드리(Miss Audrey)는 같은 동양 여학생인 나에게 친근감을 표시하며 주말에 학부학생들이 모여서 춤추며 즐기는 disco tech을 가자고 졸랐다. 나는 과제가 많아서 참석할 수 없다고 여러 번 사양했다. 그러나 음력 설날 동양 학생들끼리 모여서 놀자는 간청에는 거절할 수 없어서 처음으로 따라 나섰다. 오드리(Audrey)는 음력설을 'Chinese New Year'라고 주장했다. 막내 남동생 같은 학부생들과 어울리는 것이 무슨 재미가 있었겠는가? 학부 학생들은 시간의 여유가 많은지 주중에는 열심히 공부하고 주말에는 밤새워 노는 것이 전통인 듯했다. 처음으로 이 모임에 참석한 것 말고는 쭈욱 학교 · 도서관 · 기숙사를 규칙적으로 오고 가곤 했다.

한국 가족계획 사업 초창기 10년은 다섯에서 셋으로 이상 자녀 수를 줄이는 데는 성공하였다. 그러나 6.25 전쟁 뒤에 태어난 베이비 붐(Baby Boom) 세대가 곧 결혼으로 진입하는 시기인 1970년대에 들어서서 다시 목표 수정을 해야만 했다. 이 베이비 붐 세대가 모두 자녀 셋을 낳으면 인구는 더이상 줄지 않고 증가한다는 것이 많은 인구학자의 전망이었다. 따라서 1972년부터 홍보를 맡은 가족계획협회는 '셋 낳기'에서 '둘 낳기'로 정책을 수정했다.

그런데 이 'Stop at Two' 슬로건을 내건 '둘 낳기' 사업은 '아들 선호 사상' 때문에 어려움에 직면하였다. 유교 전통으로 말미암아 '대를 이어야 한다'는 관념이 우선하는 것은 사실이다. 가임여성들을 대상으로 "딸만 있는 경우에 가족계획 실천을 하겠느냐?"는 질문에 응답자 70%가 "아들 낳을 때까지 계속 낳겠다"고 대답했다. 이러한 사정을 사회학 시간에 발표했더니, 선생님은 대뜸 "당신네 나라에서는 사회보장제도를 실시하느냐"고 되물어 보셨다. 나는 답변을 못 하고 나 자신이 큰 잘못이라도 한 듯 얼굴을 숙인 채 말을 잇지 못했다.

"요람에서 무덤까지" 사회보장제도가 잘 된 나라 영국에 와서 나는 '별천지'에 온 듯한 느낌을 받을 때가 많았다. 특히 교육이 무료인 것을 보고 무한한 부러움을 가지고 충격을 받았다. 영국 대학생들은 대학 등록금이 무료일 뿐만 아니라 심지어는 생활비까지 받고 있었다. 함께 공부하는 이안(Ian)과 자넷(Janet)은 달마다 대학 재정부에 가서 보조금(Grant)을 받아서 대학원 생활을 유지하였다. 'Grant'를 장학금이라고 해석할 수 없는 것은 누구나 받기 때문이었다. 나는 궁금해서 이안에게 물어보았다. 그는 "경제적으로 상위 10%에 들어가는 부자 아버지를 둔 학생들만 대학 등록금을 내고 나머지는 모두 국가가 부담한다"고 했다.

나는 액수가 얼마인지는 묻지 않았지만, 이 보조금에는 생활비, 교통비, 책값, 용돈까지를 포함한 대학원생으로서 품위 유지를 할 만큼은 받는 모양이었다. 그때 내가 받았던 IPPF 장학금이 월 80 파운드였으니 아마도 그 정도였을 것이다(1파운드는 한국 돈 1000원에 해당한다). 따라서 이안과 자넷은 부모에게 손 벌리지 않고 독립해서 따로 살고 있었다. 서른 나이로 아직도 부모와 함께 동거하는 나를 친구들은 놀려댔었다. 1970년대 초반까지도 한국에서 새 학기가 되면 아들이 대학에 합격했는데 등록금을 마련하지 못한 무능한 아버지가 이를 비관하여 자살했다는 신문 사회면 기사가 이따금씩 실리기도 했었는데, 이에 견주면 영국은 지상낙원처럼 여겨졌다.

집안 형편이 어려운 가정에서도 가난을 다음 세대에 대물림하지 않겠다는 한국 부모들의 결심은 돼지 팔고, 소 팔고 심지어는 논, 밭, 땅까지 팔아서 아들에게만은 대학 교육을 시킨다. 그만큼 투자를 했으니 부모가 늙어서 일을 할 수 없을 때 아들로부터 부양받겠다는 생각은 너무나 당연하였다. 그러나 가난한 집안의 딸들은 의무교육인 초등학교만 졸업하고 일찍부터 공장에 취직해서 소녀 가장으로 남자 형제들의 학비를 댄다. 아들들은 대학교육을 받아서 블루칼라에서 화이트칼라로 신분상승이 용이하지만 교육연한이 짧은 여성들은 단순노동에서 헤어나고 싶은 희망으로 결혼을 하지만 어쩔 수 없이 블루칼라 남성과 결혼해서 생활비를 보태려고 힘든 단순노동직(manual work)을 계속해야만 했다.

이들은 시대정신인 가정을 지키는 "현모양처" 그룹에 속하지 못하는 것에 못내 불만을 갖는다. "가정을 지키는 것이 여성의 본분인데 남편 잘 못 만나 험한 바깥 일터에 나가 돈 벌려고 이런 고생을 한다"며 푸념을 늘어놓는다. 여성의 교육연한 확대야말로 여성 삶의 질을 높이는 관건이라 하겠다. 내가 런던 어학원에 다닐 때 한국대사관에 가서 찾은 자료에는 〈제4차 5개년 경제개발계획이 시작되는 1977년부터 의무교육의 연한을 6년에서 9년으로 연장한다〉는 정부의 청사진이 담겨 있었다. 나는 신이 나서 한국에서도 77년부터 무료 중등교육이 실시된다는 것을 자랑스럽게 내 졸업논문(Diploma)에 썼지만 실제로 중등의무교육이 실현된 것은 이보다 한참 뒤인 1985년이 되어서였다.

여자 기숙사에서 주는 양고기 때문에 6개월의 아버대어 기숙사 생활을 마감하고, 나는 대학 근처에 학생들만 입주할 수 있는 여학생 아파트로 이사했다. 3명의 여학생들이 독방에서 공부하며 잠자고(bed room), 응접실(common room), 키친, 샤워실은 공용이었다. 그런데 문제가 많았다. 아버대어 홀에서는 그래도 사감 선생님이 있어서 여학생 방에서 남학생들이 밤을 지새우고 가는 일은 없었다. 그런데 학생 아파트는 달랐다. 내가 아침에 일어나서 밥을 하려고 부엌에 나가면 키가 큰, 긴 노랑머리의 진바지를 입은 사람이 부엌에서 설거지를 하고 있었다. 뒤에서 인기척이 나니까 뒤돌아보는데 아~아 글쎄 남학생이 아닌가!

영국에는 여자 친구(girl friend)가 생기면 결혼식을 올리지 않고 동거에 들어가는 것이 흔한 일인지 궁금했다. 내가 아버대어홀에 기숙할 때 하우 사감 선생님에게 물어본 적이 있었다. "영국에는 젊은 남녀가 결혼 전에 동거하는 것이 평범한 일이냐?" "70% 정도는 그렇게 한다. 그러나 모든 가정에서 다 그러지는 않는다."고 답하셨다.

"내 여자친구 샐리도 피임약 아나보라를 먹는다"고 공언한 이안에게 그다음 짬이 나는 시간에 개인적으로 질문했다. "혼인신고도 하지 않고 살다가 아이를 임신하면 어떻게 하느냐?" "그러면 구청에 가서 혼인·출생신고를 한꺼번에 하면 된다." "만약 동거하다가 서로 마음이 변해서 싫어지면 어떻게 하느냐?" "그땐 헤어지면 그만이지 무슨 문제가 되느냐?" "결혼식이라고 하는 의식(ritual)이 중요하지 않느냐?" "의식이 무언데 그렇게 중요하냐? 중요하지 않다"는 대답이었다. 나와 이안의 설전은 팽팽하게 맞섰다. 혼인은 '인륜지대사人倫之大事'라고 여기며 육례六禮3)를 갖추어야 한다는 전통주의가 많이 희석되었다고는 하나 아직도 결혼은 한 개인과 개인의 결합이라고 보기보다는 한 집안과 집안의 결합이라고 생각하는 한국사회, 이와는 달리 한 개인과 개인의 결합으로 보는 영국사회, 결국에는 '문화의 차이'라는 결론에 도달했다.

당시 한국 상황은 달랐다. 남녀가 동거하다가 헤어지면 여성은 '내 인생 물러내라' 울고불고하며 도망가는 남성을 인정사정없이 '혼인빙자간음죄'로 법에 고발하는 일이 다반사였다. 그때 나는 영국의 이 혼전동거를 후기 산업사회의 한 현상이라고 이해하였다. 그런데 훨씬 뒤에 대학원에서 여성사를 공부하면서 이는 영국의

---

3) 《주자가례朱子家禮》에 따르면 납채·문명·납길·납폐·청기·친영의 여섯가지 례를 말한다.

오래된 전통에서 유래한 것임을 알게 되었다.

영국 여권운동가 메리 월스톤크래프트(Mary ollstonecraft, 1759~1797)는 동거하다가 임신을 하자 남성이 떠나가 버려 미혼모가 된 적이 있었고, 그 뒤에 무정부주의자 윌리암 고드윈과 만나서 동거하다가 임신하자 영국 관습에 따라 결혼식을 먼저 올리고 출산했다. 이 아이가 바로 《프랑켄슈타인》을 쓴 메리 셸리였다[4].

나는 영국 젊은이들의 혼전동거 현상을 사회학 시간에 선생님께 질문했다. 혼전동거가 사회적 일탈행위인지 아닌지를. 선생님은 이를 영국의 '관습법 결혼(common law marriage)'이라고 답하셨다.

이러한 혼전 동거가 유행한 데에는 특이한 구혼 풍습이 한 몫한 것이 아닌가 한다. 17, 18, 19세기 초반까지 북·서 유럽 여러 지방에는 'Bundling'이라는 구혼 관습이 유행하였다. 구혼자가 처녀의 집을 방문하여 속옷을 입은 채 잠자리를 함께하며 밤을 지새우는 것인데, '그날 밤 무슨 일이 있었는지는 하나님만 아신다'고 하였다.[5] 동거하다 여성이 임신하면 남자(미혼부)들은 종종 짐 싸들고 도망치는 사례들이 많았다. 따라서 사생아(illegitimate) 문제가 사회 골칫거리로 부상하였다. 미혼모와 사생아에 대한 부양을 국가가 책임지는 상황에서 국고의 부담이 컸다. 따라서 영국 정부는 1733년에 〈사생아 방지법〉을 제정하기에 이르렀다. 다음 조건 셋 가운데 하나를 선택하도록 법제화했다.

1. 미혼부는 미혼모와 결혼할 것
2. 미혼부는 사생아가 7세 될 때까지 부양비를 부담할 것

---

4) 강숙자 (1998) 《한국여성학연구서설》, 서울: 지식산업사, 70 쪽, 각주 10 참조
5) 강숙자 (1998) 앞 책, 85쪽

3. 위 두 가지 권고사항을 지키지 않을 때는 감옥에 보낼 것[6]

영화 〈수잔 브링크의 아리랑〉을 기억하는 사람들이 많을 것이다. 4세의 한국 소녀가 가정형편이 어려워서 스웨덴 어느 가정의 입양아가 되었다. 18세에 한 남성과 동거하다가 임신하자 그 남성은 짐을 싸들고 집을 나가버려 미혼모가 된다. 갖은 고생 끝에 사생아를 키우며 대학 공부도 마치고, 드디어 한국의 친어머니와 형제들을 만난다는 이야기이다. 최진실 주연의 이 영화는 실화를 바탕으로 만들어졌다. 여기서도 수잔이 대학 공부를 마치고, 아이를 잘 키울 수 있었던 것은 미혼모와 사생아에 대한 국가의 경제적 지원이 있었기 때문에 가능했다.

자넷은 혼전동거(성 개방)가 곧 성문란(promiscuity)을 뜻하는 것은 아니라고 강력하게 주장(반발)하였다. 그런데 학생 아파트 내 옆방에 사는 프랑스에서 유학 온 비비안은 남자 친구를 종종 바꾸는 것으로 보였다.

1974년 5월 말이 되자 선생님들은 대개 종강을 하고 학생들은 각자 논문 준비에 바빠서 캠퍼스에서 서로 얼굴을 자주 볼 수 없었다. 나도 논문과 세미나 시간에 발표할 자료 준비를 하느라 도서관에서 주로 시간을 보냈다. 웨일즈대학교 카디프대학의 도서관 시설은 아주 훌륭하였다. 개가식開架式이었다. 관심 분야의 책이 꽂혀 있는 서가에 가서 마음대로 책을 꺼내 볼 수 있었다.

내가 대학생이었을 때 이대도서관과 견주어 보면 천양지차天壤之差를 느꼈다. 그 시절에는 주말에 마음껏 공부할 마땅한 공간이 부족했다. 미도파백화점 옆에 자리한 국립도서관(현 롯데백화점

---

6) 앞 책, 85쪽

자리)이 아마도 공부가 가능한 유일한 곳이었다. 그러나 열람실에 들어가려면 줄을 서서 입장료를 내야 했으며 관외 도서 대출은 어림도 없었다. 어느 토요일 국립도서관에 가서 공부하겠다고 하자, 어머니는 "무엇 때문에 교통비 없애며 멀리까지 가서 공부하려 하느냐? 집에서 공부하라"면서 입장료를 아끼려 했던 속내를 드러내 보이셨다.

카디프 시내 학생 아파트 가까이에 있는 자그만 동네 도서관에서 학생증 하나로 책을 10권 정도 빌렸다. 무엇을 믿고 나에게 그 많은 책을 선뜻 빌려 줄까! 신용사회란 바로 이런 것이구나 하는 것을 깨달으며 가슴이 울컥했었다. (1980년대 대학원 석사과정 재학 때 서울에서도 각 구청마다 운영하는 (종로)도서관이 있어서 대출증으로 책을 빌릴 수 있었다.)

나는 인구학 분야가 아닌 영문학 코너에 가서 대학 시절에 구하기 어려웠던 원서들을 뒤적이며 황홀한 마음으로 감격에 젖은 채 시간을 많이 보냈다. 내가 찾는 책이 카디프대학에 없으면 다른 대학에서 빌려다가 대출해 주는, 도서관 사이에 도서대출 시스템이 아주 잘 되어 있었다. 아직 우리나라에서는 전공 학과가 없었던 'City Planning' 전공 서가도 있어서, '아, 참 멋있다'라고 감탄하며 부러워하기도 했다.

연구소는 두어 달에 한 번씩 외부 인사들을 초청해서 가족계획 사업에 대한 특강을 들었다. 마지막 달에 런던 IPPF 본부 사무부총장 루빈 씨(Mr. Rubin)가 카디프대학 인구연구소에 오셨다. 소장 리차드(Mr. Richards)가 학생들 한 명 한 명을 그에게 소개했다. 내 차례가 되자 리차드는 "She's Miss P.P.F.K."라며 그다음 말을 꺼내려 했다. 나는 얼른 가로막으며 "No, I am not. I am Miss Korea."라고 항의했다. 모두 큰 소리로 웃음보를 터뜨렸다.

나는 세미나 시간에 루빈 부총장에게 제안했다. "내가 공부한 여러 논문과 현지조사 결과를 보면, 교육을 많이 받은 여성일수록, 부엌으로부터 해방되어 바깥 일터에서 일하는 여성일수록, 저임금 보다 고임금 전문직에 종사하는 여성일수록, 교육 연한이 짧은 여성, 전업주부, 그리고 수手작업에 종사하는 생산직 여성들보다 평균 자녀 수가 적은 것으로 나타난다. 따라서 국제가족계획연맹 (IPPF)을 포함한 국제연합인구기금(UNFPA), 미국국제개발처 (USAID) 등 여러 국제기구들은 회전의자 전문가(arm-chair expert)들의 권고를 따르기보다는 직접 현장의 목소리를 듣는 것이 중요하다. 현재 국제기구들은 개발도상국 여성들에게 피임약을 제공하고, 그리고 몇 %가 당장 가족계획 실천을 하느냐 하는 근시안적인 목표에 집착해서 전전긍긍할 것이 아니라, 이들 여성의 교육 질을 높이고 교육 연한을 늘리는 데에 직접 자금을 지원하는 방향으로 정책을 전환할 용의는 없는가?"라고. 부총장은 처음엔 좀 당황한 듯했으나 곧이어 큰 소리로 웃으며 "She is divine!" 짤막한 표현으로 즉답을 피해 가셨다.

결국 나는 세미나 발표 제목을 어네스트 헤밍웨이의 소설 제목을 차용해서 〈For Whom the Bell Tolls〉로 정했다. 논문 준비에 바쁜 동료 학생들도 마지막 내 발표 시간에 한 사람도 빠짐없이 참석했다. 선생님과 학생들은 발표 제목이 생소한 것에 조금 의아해하는 눈치였다. 나는 유창한 영어로(그때는 내가 생각해도 유창한 영어를 구사했었다.) 영국에 유학 온 목적을 솔직하게 설명했다. 첫째, 결혼 적령기를 넘긴 나이에 더 넓은 세상에서 마땅한 결혼상대자를 만날 수 있을까 해서, 둘째, 영어를 모국어로 쓰는 나라에서 언어를 유창하게 습득하기 위해서, 셋째, 인구분야에 관한 최신 정보가 있다면 좀 더 나은 여건에서 공부에 전념하는 것이라고. 좌중은 일제히 탄성을 지르며 '아하, 그렇게 깊은 뜻이…'라는 표정들을 지었다. 엉뚱한 제목 때문에 학생들은 내 발표 내용이 어디로 향할지 흥미진진한 모습으로 귀를 기울였다.

그런데 첫째 목표 달성은 1974년 5월 현재 이루지 못했고 그리고 앞으로도 희망이 보이지 않는다고 고백했다. 이 발표가 있은 뒤에 동료 학생들은 나의 첫 번째 목표 달성을 위해 함께 애를 썼으며, 특히 미국 토마스 부인은 진심으로 도와주려고 노력했다. 주변에 미혼의 젊은 청년이 있는지 나도 유심히 살펴보았다. 인구학연구소의 교수들 가운데에 로버트 레드포드를 닮은 젊은 사회학자가 눈에 띄었다. 그의 이름은 데릭 카터(Derik Carter), 박사학위를 받은 신예(lecturer)였다. 영국에서는 '박사(Doctor)'보다는 '교수(professor)' 호칭에 더 애정을 가지고 존경을 표한다.

학생 아파트로 이사한 뒤, 나는 중동에서 온 남학생 2명을 빼고서(식탁 자리가 모자라서) 사회학 선생님과 이안을 포함한 동남아시아 친구들을 내 아파트 응접실로 초대했다. 카터는 병을 들고 왔다. 영국에서는 손님으로 초대받으면 술병을 들고 방문하는 풍습이 있었다. 한국인들이 친지를 방문할 때, 과일바구니를 들고 가는 것처럼. 그 술병에 든 것이 샴페인이었는지 포도주였는지는 기억나지 않는다. 나는 한국에서 가져온 깻잎 캔을 따고, 일본인 마트에서 산 김을 구웠고, 한국식 불고기와 일본산 아끼바리 쌀로 밥을 지어 대접했다.

카터는 당시 집을 새로 짓고 있었다. 남학생들은 주말이면 돌을 날라 건물을 올리면서 선생님을 돕는다고 했다. 그의 여자친구가 선생님 집에 상주한다는 이야기를 네팔의 물(Mr. Mool)이 조심스레 나에게 알려주었다. '아~ 그렇구나'라며 애써 대범한 척했지만, 살짝 밀려드는 실망감은 어쩔 수 없었다. 영국에서 '호적 서류에 적힌 미혼은 진짜 미혼이 아니다'는 결론에 도달했다.

두 번째 '영어 유창하게 말하기' 목표는 영국 체류 하반기에는 어느 정도 달성했다. 아무 어려움 없이 발표자로서 배석자들과 소통을 했었으니까. (그로부터 5~6년이 흐른 뒤 어느 해 5월, 카디 프대학을 졸업한 오드리가 고향 싱가포르에서 관광차 서울을 방문했다. 3살 4살의 두 자녀 엄마인 내가 떠듬떠듬 영어로 말하자, 오드리는 "Sook, 그동안 영어를 사용하지 않았구나!"라며 반응했다. 영어를 공용어로 사용하는 그녀로서는 나를 이해하지 못했다. 나는 더듬거리는 영어를 구사하며 그녀를 딸기밭으로, 덕수궁으로 안내했었다. 그때는 세종대왕 동상이 덕수궁에 있어서 그 앞에서 기념사진을 찍기도 했었다.)

마지막 목표인 인구학 연구가 저절로 앞쪽으로 자리바꿈했다. 한국 서울에서는 '둘 낳기 운동'을 성공시키고자 대가족제도에서 핵가족제도로 전환해야 한다는 목소리가 들려왔다. 그런데 당시 영국에서는 독거노인들의 '고독사孤獨死가 사회 문제로 대두되었다. 홀로 사는 노인이 사망한 지 며칠 만에 가정방문하는 사회사업 요원에게 발견되었다는 소식들이 신문 지면에 가끔 나왔다. 그래서 어느 방송국은 어린 자녀들을 가진 젊은 부부들에게 〈의손주(granny) 맺어주기 운동〉을 벌이기도 하였다. 핵가족의 어린아이들과 혼자 사는 할머니, 할아버지들이 서로 인연을 맺고 오순도순 교류하기를 바라는 마음에서였다.

여성들의 평균 교육 연한이 높고, 부엌으로부터 해방되어서 바깥 경제활동에 참여하는 비율이 높고, 손끝 놀려서 일하는 생산직에 종사하는 여성들보다 사무직·전문직 여성들의 수가 많은 나라일수록 여성들의 평균 자녀 수가 적다는 결론은 여러 논문과 많은 현지조사에서 나타났다. 그렇다면 해답은 단순 명료하다. 여성들의 교육연한을 높이고, 경제적 자립을 가능하게 하면 여성들은 저절로 자녀 수를 조절하여 적은 수의 자녀를 가질 것이다. 그런데 경제활동에 참여하는 여성들이 평생 커리어를 추구하지 못하고 경력 단절을 맞는 것은 결혼으로 이어지는 임신 · 출산 · 양육 때문이었다. 따라서 초창기 서구 여성들은 출산휴가를 충분히 보장받았고, 양육은 모유수유(breast nursing) 대신에 인공우유(bottle feeding)로 대체하였다.

1974년 스웨덴의 한 남성은 아내가 출산휴가를 끝내고 직장에 복귀하자, 자신이 1년 육아휴직을 받아서 아내 대신 양육을 전담한 세계 최초의 아버지로 해외토픽 란에 소개되었다. 그 문제를 세미나 시간에 토론할 때도 이안은 "자신은 아이들을 좋아하니까 집에서 아기를 돌보며 아내 대신 육아휴직을 받을 수 있다"고 당당하게 주장했다. 그 당시 한국 출신의 나는 이안의 주장을 전적으로 동의하거나 이해할 수 없었다. 그렇다 하더라도 여성이 육아로부터 해방되려면 최소 1년 동안의 탄력적인 육아휴직제도를 마련하거나, 국가가 육아를 책임지는 제도적 장치가 절대적으로 시급하였다. 그럼에도 이러한 희망 사항은 1970년대 한국 사회에서는 먼 나라 이야기로만 생각되었다.

나의 졸업논문 제목은 〈한국 가족계획사업에 영향을 미치는 사회문화적 요인(Socio-Cultural Factors Influencing Family Planning Program in Korea)〉이었다. 서구 선진 제1세계 여러 나라는 200여 년에 걸친 자본주의화의 길을 걸으면서 많은 시행착오(trial and error transition)를 거쳤다. 한국은 1960년대의 농경사회[7]에서 자본주의 사회로 들어서면서 급격한 도시화가 이루

---

7) 60년대 초 한국의 인구분포는 80%가 농촌 즉 읍·면·리·동 단위에 거주하였고, 시·군·구 인구는 20%에 지나지 않았다.

어졌다. 후발 자본주의 국가인 우리는 선진국을 뒤따라가면서 그들이 겪었던 시행착오의 폐해를 피해가거나 완화할 수 있는 유리한 상황에 있었다. 그런데도 그들이 겪었던 노동자들의 폐해를 고스란히 답습하였다. 저임금과 열악한 노동환경에 시달리던 YH 여공들의 신민당 당사 점거 농성은 이를 단적으로 말해주었다.

여성의 지위가 향상되면, 즉 고등교육까지 무료교육을 받고 여성들이 부엌으로부터 해방되어 일터에 나가서 일하는 경제활동 인구가 늘어나면, 그리고 사무직, 전문직에 도전하는 여성들 숫자가 증가하면, 인구문제는 저절로 해결되리라는 전망에 도달한다. 당시 영국을 포함한 제1세계 유럽 여러 나라에서는 출산율이 낮아서 오히려 여성들에게 출산을 장려하였다. 첫 아이를 출산하면, 상당액의 장려금을, 둘째 아이 출산 때도 출산장려금을 정부가 지원하였다. UN이 1974년을 〈세계 인구의 해〉로 정하였고 이어서 1975년을 〈세계 여성의 해〉로 정한 것은 바로 여성의 지위향상과 인구문제 해결은 불가분의 관계에 있음을 말해준다. 서울에 돌아가면 인구문제보다는 여성문제에 더 관심을 가지겠다고 마음을 바꾸었다. 나는 리차드 선생님의 영문 교정과 도움으로 논문을 완성해서 7월 말 안에 무난하게 제출했다. 졸업증서는 입학식과 졸업식을 함께 하는 10월 초에 서울로 우송될 예정이었다.

함께 공부했던 동기생들과 졸업파티 겸 이별파티를 7월 초에 열었다. 그 자리에는 젊은 카터도 함께 했다. 실론, 모리셔스의 두 부인과, 이집트, 방글라데시, 이라크에서 온 남학생들은 불참했다. 타이랜드에서 온 2명의 여성은 영국에 일찍 도착했기 때문에 졸업 파티를 할 때는 이미 귀국하였다. 이라크의 후세인은 임신한 아내와 어린 딸을 동반자로 데리고 와서 함께 아파트에서 생활했다. 중동은 너무 더워서 - 바깥은 40도이고 실내에 들어오면 에어

컨 시설이 되어서 시원하지만 - 임산부에겐 그리 좋은 환경이 되지 못하기 때문에 결국 영국에서 출산하였다. 그가 평시에 왜 그렇게 당당했는지 지금 돌이켜 생각해보니 이해가 된다. 그는 옛날 찬란한 문명을 꽃피웠던 바빌론의 후예가 아닌가!

우리들은 저녁을 먹고 디스코텍으로 몰려갔다. 내 양쪽 옆에는 네팔의 물과 인디언 남학생이 앉았다. 나는 그들 가운데 어느 누가 먼저 춤을 추자고 할까 봐 미리 연막을 쳤다. '나는 춤을 출 줄 모른다고.' 사실 나는 왈츠 말고는 서양 춤을 잘 추지 못했다. 대학 시절 체육시간에 배운 고전무용과 포크댄스는 그런대로 추었지만. 그런데 이게 웬일인가! 카터가 제일 먼저 나에게 손을 내밀어 춤을 청하는 것이 아닌가! 나는 나가서 춤추고 싶었다. 그런데 인디언 보이(이름을 잊었음)가 먼저 "Sook은 춤을 출 줄 모른다"고 대신 나서서 거절해 버렸다. '아~ 이런 일이 일어나다니…. 카터는 예외인 것을!' 영국에서 춤을 거절하는 것은 무례한 짓이었다. 나는 그만 카터에게 내 본심과는 다르게 무례를 범하고 말았다.

카터는 미국에서 학부를 마친 컬럼비아의 엘레나(Helena)에게 춤을 청해서 두 사람은 탭댄스를 추었다. 엘레나는 탭댄스를 아주 능숙하게 잘 추었다. 그다음 자넷(Janet)도 그런대로 추었다. 다른 친구들이 춤추는 것을 보니까 나도 따라할 수 있을 것 같았는데, 춤추고 싶은 마음이 굴뚝같았는데, 나는 끝까지 춤 한 번 추지 못한 채로, 꾸어다 놓은 보릿자루처럼, 바보 맹추처럼 가만히 앉아서 남들 구경만하고 졸업파티를 끝내야 했다. 아~ 그때 춤을 청할 때, 춤출 것을! (언젠가 TV 드라마 〈사랑과 야망〉에서 남자 주인공이 탭댄스를 추는 걸 보고 참 부러워했다. '언젠가는 꼭 배우고 말 거야.' 나는 노년이 되어 동네 복지회관에서 '라인 댄스'를 배우면서도 이 나이에 '탭댄스'에 도전해보고 싶은 꿈을 여전히 간직하고 있다.)

막상 서울로 돌아올 짐을 꾸리자니 앞이 막막했다. 옷가지들은 서울에서 가져온 큰 트렁크에 넣으면 되겠지만, 그동안 사용했던 작은 밥통, 시계, 그릇 과일바구니 등 자질구레한 세간들을 버리기에는 아까워서 작은 가방을 사서 모든 잡동사니를 집어넣었다. 그때는 한 사람이 30kg의 짐을 부칠 수 있었다. 런던에 와서 여성 게스트하우스에서 일주일을 머물렀다.

며칠 동안 IPPF 본부 견학을 했다. 당연히 핸더슨 사무총장과도 반갑게 재회했다. 사무총장은 기쁜 소식을 전한다면서 "대한가족협회에서 지난 봄에 신입 직원을 선발하였는데 3명 모두를 여성직원으로 뽑았다"고 하셨다. 나는 무심코 대답했다. "총장님, 그것이 여성지위 향상과 꼭 직결되는 것은 아닙니다. 여성 신입직원들은 2, 3년 동안 상급 남성들을 도와주는 보조 업무를 담당하다가 결혼을 앞두고 그만두지요. 그러면 그 자리는 또 신입 여성들로 채워지는 악순환(vicious cycle)이 반복되는 것입니다. 여성이 결혼하고도 계속 근무할 수 있으며, 진급에서도 남성과 농등한 기회가 주어질 때, 여성 지위 향상의 척도가 된다고 할 수 있습니다." 이 대답이 날개를 달고 한국까지 빨리 날아갈 줄은 미처 알지 못했다. 국제가족계획연맹 사무실에서는 오후 3시 30분이 되면 티 타임이 있는데 한 여직원이 밀차에 차와 쿠키를 담아 끌면서 열심히 일하는 직원들 책상에 일일이 가져다 놓았다. 이 여직원 덕택에 다른 이들은 일하면서 차를 마셨다.

＊   ＊   ＊   ＊   ＊   ＊

10년 동안 가족계획협회에 근무하면서 인구조절을 위해 일했던 한 사람으로서 현 한국사회에 닥친 인구절벽의 중차대한 위기 앞에 한마디 하지 않을 수 없다. 현재 한국기독교계에서 인구 절벽을 해소하고자 발 벗고 나서서 캠페인을 벌이는 등의 노력에 박수를 보낸다. 지난 2022년 5월 8일 주일에 새문안교회 이상학 담임목사는 인구절벽의 심각성을 본 예배 설교시간에 강론했다. 2021년 한국 출산율이 0.81명으로 OECD 국가 가운데 가장 낮다. 이런 추세로 가면 50년 뒤에는 3,700만 명대로 인구 감소가 이루어지고, 100년 뒤에는 이 대한민국 땅에 사람이 살지 않거나, 여타 민족이 이 땅을 차지하고 다스리게 될 수도 있다는 〈세계인구총회〉의 경고를 소개했다. 한국 정부도 이 위기 앞에 지난 10년 동안 225조 원의 예산을 쏟아부었지만, 결과는 참담하게도 0.81명의 출산율로 나타났다.

우리보다 50년 앞서 인구절벽을 경험했던 유럽 국가들 가운데, 특히 스웨덴은 사회적 합의를 끌어내어 이 위기 해소에 진전을 보인 나라이다. 근로자들과 노년층이 복지비용 일부를 양보해서, 청년층의 고용·결혼·육아 등에 쓰일 수 있도록 했다. 한국도 이제 육아휴직을 남편이 함께 받을 수 있도록 하고, 국가가 육아를 책임지기 위해 영유아 어린이집을 많이 개설해야 하며, 여성의 경력단절을 없애기 위해 돌보아야 할 어린 자녀가 있을 때에는 재택 근무제를 활용할 수 있게 해야 한다. 육아를 위한 복지제도를 시행하는 기업에게는 정부가 세제 혜택을 주는 방법도 강구할 수 있을 것이다.

또한 '한부모 가정'에 대한 정부의 적극적인 지원도 필요한 시점이다. 아주 오래 전, 미혼모들을 돌보는 쉼터를 방문해서 강의한 적이 있었다. 당시 한국에서 미혼모들은 떳떳하지 못한 상태에서 정부의 지원을 제대로 받지 못했다. 이런 사각지대에도 혜택이 골고루 스며들기를 희망한다.

3. 넓은 세상을 구경하다

　본부 견학을 마치고도 런던에 며칠 더 묵으며, 구경도 하고 쇼핑
도 했다. 우리 숙소 다음 블록인 글로스터(Glocester) 거리에는
남성들에게만 출입이 허용된 게이 바(bar)가 있다고 주변에서 일
러주었다. 한번 견학 삼아 기웃거려 보고 싶었으나 용기가 없어서
그러질 못했다. 리젠트 스트리트와 옥스포드 스트리트 사이에 있
는 해로드(Harrods) 백화점은 런던 중심부에 있었는데, 그곳에서
빨간색 겨울 코트와 스코틀랜드 울(Scottish wool)을 포함한 예쁜
옷감(fabrics)들을 샀다. 숫자 없이 시침, 분침만 있는 멋진 스위
스제 손목시계도 샀다. 넬슨제독 동상이 우뚝 서 있는 트라팔가르
광장과 피카딜리 서커스 등 도심 거리를 걸으며, 이방인의 감성에
젖어보기도 했다.
　수많은 극장이 연중무휴 연극 공연을 하는 도시 런던에서 연극
공연도 관람했다. 잉그리드 버그먼이 출연한, 서머셋 모옴
(Somerset Maugham)의 희곡 작품 《영원한 아내(The Constant

Wife)》였다. 1층 앞 좌석 표라서 '좋은 자리구나' 반기면서 찾아가
니 실제로는 2층 앞 좌석이었다. 영국에서는 1층을 'ground
floor', 2층을 '1st floor'로 셈하는 것을 깜빡 잊은 탓이었다. 잉그
리드 버그먼은 〈누구를 위하여 좋은 울리나〉에서처럼 젊고 아름다
웠고 영어 발음도 알아듣기 쉬웠다. 그리고 셰익스피어의 생가는
아니지만, 그의 부인 생가인 앤 헤서웨이의 초가(Anne Hathaway's
Cottage)도 탐방하였다.

　런던의 7~8월 날씨는 매우 화창하고 주변 경관은 아름다웠다.
런던 스모그로 유명한 음산하고 비가 많이 오는, 그래서 Burberry
coat가 필수 품목이 된 날씨는 7월이 되면 거짓말처럼 사라지고
따뜻한 햇볕이 내리쬐는 상쾌한 기온으로 바뀐다. 사람들은 소매
가 없는 짧은 여름옷과 핫팬츠를 입고서 장미와 수선화가 만발한
하이드　파크(Hyde　Park)나　여러　작은　공원에서　일광욕
(sun-tan)을 즐기기에 바빴다. 도심 주변 빌딩 사무실에 근무하
는 직장인들은 점심시간에 샌드위치 같은 간단한 식사거리를 가지
고 가까운 공원에 가서 식사하며 햇볕도 쬔다.

　영국에는 자가용 운전자들에게 도심통과 교통세를 부과해서 대
부분의 통근자(commuter)들은 자신의 차를 집과 가까운 지하철
역(tube station)에 세워두고 지하철로 런던 중심부로 출근한다.
국제가족계획연맹 본부 데니스 부인(Mrs. Dennis)도 그런 방식으
로 출퇴근한다고 했다. 따라서 런던 도심의 교통체증이 그렇게 심
하지는 않았다. 8월 17일까지 런던에 체류했었는데, 8.15 광복절
기념식 자리에서 육영수 여사가 총탄에 맞아 목숨을 잃었다는 한
국발 기사가 영국 TV 뉴스에 올랐다. 그런데 사진은 육 여사가
아닌 김종필 전 총리 부인 박영옥 여사의 것이었다. 그다음 시간
뉴스에 제대로 된 사진이 나왔으나, 당시만 하더라도 한국과 영국

은 그런 실수를 저지를 만큼 그리 친한 사이가 아니었다.

비행기 마일리지도 넉넉해서 영국을 떠나기 전에 여러 나라를 둘러볼 계획을 세우고 숙박할 장소와 비행기 시간표를 짜서 예약해 두었다. 2주 동안 여행을 하고 8월 말에 서울에 도착하는 일정이었다. 프랑스 파리가 그 첫 방문지였다. 파리에서는 먼저 루브르 박물관을 찾았다. 관광객들이 많이 몰려서 이동하는 데에 꽤 어려움이 많았다. 초등학교 시절부터 미술 시간과 그림 그리기에는 재능이 없어서 그저 유명한 레오나르도 다빈치의 '모나리자' 그림만 보는 것으로 만족하려고 했다. 마침 모나리자 그림은 초입에 걸려 있어서 박물관 견학은 일찍 마무리하였다. (지금은 퐁피두 대통령이 루브르박물관 입구에 유리 피라미드를 세워 놓아서 그때와는 다른 매우 생소한 분위기를 자아낸다.)

에스메랄다와 바보 종지기 콰지모도의 슬픈 사랑을 담은 빅토르 위고의 소설 《노트르담의 꼽추》의 배경이 된 노트르담 성당 (Nortre-Dame Cathedral)을 둘러보았다. 이 사원은 마리 앙투아네트 왕비가 첫 왕녀를 출산하고 금기기간(Confinement)을 지낸 다음 전통에 따라 교회를 방문했던(Churching)1) 유서 깊은 건축물이기도 하였다. 세느 강변과 미라보 다리 등도 거닐어보았고, 지금의 홍대 앞 거리처럼 젊은이들로 넘실대는 '라틴 쿼터 (Latin Quarter)'도 용기 내어 모험해 보았다. 얼굴이 까무잡잡한 청년이 말을 걸어왔지만 일행이 있는 것처럼 가장하고 얼른 자리를 피했다.

내가 묵었던 파리의 호텔 이름은 지금 기억나지 않지만, 작은

---

1) 근대 이전 서양 여성들은 출산을 한 다음에 상당 기간 바깥 출입을 삼가야 하며 (comfinement), 외출을 하면서 첫 번째로 교회를 방문해야한다(churching). 이는 출산으로 말미암은 부정에 대한 정결의식을 의미한다.

일화 하나를 소개할까 한다. 1974년 당시 여행하면서 묵었던 호텔 가운데 나에게는 가장 호사스러운 객실이 아니었나 싶다. 체조를 하고도 남을 만큼 넉넉하게 넓은 목욕실에 양변기 말고 그 옆에 따로 물이 담긴 큰 통이 있었다. '이것은 무엇에 쓰는 물건인고?' 아무리 생각을 해도 답이 나오지 않았다. 나는 작은 의자를 가지고 와서 그 통 옆에 앉아서 두 발을 담그고 피로를 푸는 족욕기로 사용했다. 1989년 해외여행 자유화 조치 뒤에 유럽을 여행했던 여행객들 가운데는 그 통을 과일 씻는 그릇으로 사용했다는 웃지 못할 이야기도 전해진다. 그것이 서양 사람들의 용변 뒤처리를 하는 비데(bidet)였다는 것을 일반인들이 깨닫게 된 것은 여행 자유화 조치 한참 뒤의 일이었다.

2박 3일의 파리 일정을 끝내고 드골공항으로 출발하던 날 아침 갑자기 다리를 움직여 걸을 수가 없었다. 통증이 심하게 왔다. 아마도 런던의 마지막 이틀 밤을 방이 없어서 햇볕이 전혀 들어오지 않아 사용하지 않았던 북향 방 눅눅한 침대에서 잠을 잔 탓에 이제야 통증이 오나보다고 생각했다. 하는 수 없어서 앰뷸런스를 불러서 타고 찔끔찔끔 눈물을 흘리면서 병원 응급실로 갔다. 알랑 드롱을 닮은 젊은 남자 의사는 프랑스어로 내게 질문했다. 나는 프랑스 말을 할 줄 모른다고 "I can not speak French."라고 영어로 대답했다. 그는 "I can not speak English."를 영어로 말하면서, 몸 상태에 대한 질문만은 굳세게 프랑스어로 연속 외쳤다.

많이 배운 젊은 의사가 아무리 자신의 모국어가 아니라 하더라도 바로 이웃나라 언어인 영어를 말할 줄 모를까마는, 영·불 두 나라의 자존심 싸움으로 해석할 수밖에 없었다. 트라팔가르 해전에서, 워털루 전투에서 나폴레옹이 영국군에게 패배했던 앙금이 아직도 젊은 의사의 마음속 깊이 남아 있었던 것이 아니었을까?

나는 손짓 발짓으로 걸을 수 없다는 뜻을 전달해서 응급조치를 받고, 다시 앰뷸런스와 휠체어로 옮겨 타서 제시간에 기내 탑승을 할 수 있었다. 아마도 신경통이 아니었나 싶다. 기내에서는 좀 절룩거렸지만 화장실 출입은 할 수 있었다. (서울에 도착한 뒤에 파리 병원에서 발급한 응급 치료비 청구서가 날아왔으나, 이 청구서를 IPPF 본부로 우송하였다.)

다음은 윌리엄 와일러 감독, 오드리 헵번이 주연한 영화 《로마의 휴일》에 나오는 명소를 찾아 여행의 즐거움을 만끽할 수 있는 로마에 내렸다. 비행기 트랩을 밟고 나오는 순간, '저 밝은 태양'이 반겨주어 몸서리치게 아팠던 다리의 통증은 언제 그랬냐는 듯 말끔히 사라졌다. 천년의 도시 로마는 헵번 영화를 여러 차례 봐서인지 매우 정겹게 다가왔다. 헵번이 긴 머리를 짧게 잘라서 당대에 이른바 '헵번 스타일'을 유행시킨 그 미용실 골목도 그대로 있었다.

로마에는 12시부터 3시까지(혹은 1시부터 4시까지) 긴 시에스타(낮잠 시간)가 있어서 그 시간이 되면 가게와 상점들은 거의 문을 닫는다. 나는 한가한 시간을 에스파냐 광장 계단에 앉아서 헵번처럼 젤라또를 사먹으며 에트랑제의 정감을 그런대로 누려보았다. 그 유명한 성 베드로 성당은 위용이 당당하고 웅장해서 자세히 살펴볼 시간 여유도 없었거니와 미술과는 거리가 먼 나였기에 시스티나 성당 미켈란젤로의 천지창조 천정화도 지나치고 그저 주마간산 격으로 구경하였다.

원형경기장 콜로세움은 옛날 옛적 그 부귀영화는 모두 어디로 가고 앙상한 잔해만 남았지만 관광객들은 그 잔해 너머 옛 고도와 로마인들이 즐겼던 사치스러운 생활을 유추해 보려고 부산한 발걸음을 옮겼다. 영화 〈쿼바디스〉에서 본 굶주린 사자들이 우리에 갇혔다가 문을 열어주자 뛰쳐나와서 기독교인들을 물어뜯어 죽이는

끔찍한 광경들이 내 눈앞에 어른거렸다. 그리고 〈글레디에이터〉
에서 본 검투사들과 사자들의 생사를 넘나드는 한판 싸움도 떠올
랐다. 그렇지만 로마인들의 예술 안목을 가늠할, 음악회와 연주회
그리고 연극 공연장으로 사용되었을 원형극장의 흔적은 로마 시내
어디에서도 찾아볼 수 없었다. 아쉬웠다. 이 점이 바로 로마와 아
테네의 차이가 아닌가 한다.

트레비 분수도 그 자리에 있었다. 나도 남들처럼 동전을 분수에
던졌다. 또다시 로마를 찾아올 수 있기를 바라면서. 동전의 효험인
지 그 희망은 이루어져 2016년 로마 재방문이 실현되었다. 출판인
가족들과 이탈리아 일주를 할 때 42년 만에 로마를 다시 들른 것이
다. 옛 고도 로마의 거리는 옛적 그대로였다. '산천은 의구依舊한데
인걸은 간데 없다'던 옛 시인의 시 한 구절처럼 미용실 골목, 에스
파냐 광장, 트레비 분수, 콜로세움, 개선문 등 모든 거리는 그대로
였고 거짓말을 하면 손이 없어진다는 '진실의 입' 명소도 그 모습
그대로였다. 그런데 그리스와 견주어서 원형극장을 찾아볼 수 없
었던 것은 여전히 아쉬움으로 남았다. 개선문은 오직 로마와 파리
에만 있는 건축물이다.

주변의 작은 집들을 사들여서 거리를 넓히는 그런 일을 로마인
들은 하지 않았다. 대학을 같이 졸업하고 서울에서 얼마 동안 직
장생활도 하고, 그리고 아주 가끔 미국에서 서울을 방문하기도 했
던 친구 이영애와 나춘실이 2013년 서울에 다시 와서 프레스 센
터 건물 뒤 서울호텔에 머물렀다. 영애와 춘실이는 그곳에서 광화
문 세종회관을 찾아오지 못해 택시 기사에게 세종회관에 잘 데려
다 달라고 신신당부했었단다. 옛 시인은 서울보다 천년 고도 로마
를 염두에 두고 시를 읊은 것이 아니었을까? 1960년대에 광화문
네거리 남서편 지금 감리교회관이 우뚝 서 있는 자리에 국제극장

과 세기극장이 있었다. 대학시절 영애와 나는 '조조할인' 영화를 보러 가끔 극장에 들렀었는데 지금 그 건물은 간데 온 데 없이 사라졌다.

다음 목적지는 신화와 연극의 나라이자 서양철학과 서양문명의 원류인 그리스 수도 아테네였다. 비행기가 아테네 공항에 착륙해서 기내 밖으로 나오자마자 지중해, 에게해의 열풍과 훈풍이 나를 휘감았다. 이처럼 아름다운 기후와 풍토에서 옛날 고대 그리스 철학자들은 우주의 근원이 무엇인지를 밝히려고 연구하고 고뇌하였기에 형이상학이 더 발전했으리라. 시내 여기저기에 온통 대리석으로 조각한 작품들이 많이 설치되어 있어서 시내 전체가 박물관처럼 느껴졌다. 지금 돌이켜보면 산타그마 광장이 아니었나 싶다. 도착한 날 저녁, 수많은 사람이 아크로폴리스 언덕으로 몰려갔다. 아마도 여름날 열리는 무슨 축제가 있는 모양이었다.

다음 날은 제일 먼저 파르테논 신전을 탐방하기로 마음먹었다. 컨티넨털식 아침을 먹고 일찍 호텔을 나섰다. 묻고 물어서 관광객처럼 보이는 사람들을 따라서 나도 아크로폴리스 언덕에 올랐다. 태양은 머리 위에 따갑게 비춰서 날씨는 더웠다. 그때 일회용 카메라로 찍은 사진을 보면 나는 소매 없는 원피스를 입었었다. 여행자로서 준비도 갖추지 못한 옷차림에다 운동화도 신지 않고서 경사진 언덕을 오르자니 여간 힘든 일이 아니었다.

여행에 대비해 많은 준비를 했더라면, 그리고 일찍이 성경공부에 통달했던들, 사도 바울이 아레오바고 광장에서 아테네 시민들에게 전도했던(행17:16-34) 그 장소도 찾아가 보았을 터인데… 파르테논 신전은 지붕의 잔해들과 기둥들만 서 있었음에도 그 위용은 관광객을 압도했다. 고등학교 미술 시간에 배운 도리아 양식 건축이었다. 파르테논 신전 앞에서 기념사진 한 장을 찍었다.

이것만으로도 그리스에 들른 소기의 목적을 달성한 셈이었다. 1974년에는 외국 여행이란 상상조차 할 수 없었던 시절이었으니까, 파르테논 신전과 산타그마 광장 등 아테네 시가지를 둘러본 것으로 만족해야 했다. 다음 기회가 오면 연극공연을 했던 원형극장 터와 아레오바고 광장을 꼭 둘러보고 싶다.

한국 가는 길에 꼭 들러야 한다고 오드리(Audrey)가 신신당부했기 때문에 나는 도시국가 싱가포르에 들렀다. 오후에 도착해서 호텔에서 오드리에게 전화를 걸었다.

"여기 어느 동네에 있는 ○○호텔인데, 이곳에 묵고 있어."

"어머나! 거긴 'SOHO'야. 으스스한 곳이야."

소호는 'China town'을 의미했다. 금방 무서움이 몰려왔다.

"그럼 어떡하니? 네가 YWCA 호텔이나 유스호스텔(youth hostel) 같은 데 좀 알아봐 줘."

조금 전 체크인을 할 때 본 중국인 지배인이 나를 훑어보던 눈길이 무언가 좀 찜찜했다는 생각이 들자 나는 짐을 풀지도 않은 채 밤을 지새웠다. 영국에서 떠나기 전 호텔 이름만 보고 비용이 적당한 곳을 골라 예약했으니 차이나타운에 있는 호텔인 줄 어찌 알았겠는가. 그래도 아침은 든든하게 먹고 오드리가 데리러 와서 나는 YWCA hostel로 다시 짐을 옮겼다.

오드리는 나를 Tiger Balm Garden, 식물원과 민속공연을 보여주었다. 민속공연은 말레이시아 민속, 인디언의 코브라 공연과 민속춤 그리고 중국 민속춤으로 짜여졌다. 싱가포르는 말레이시아 · 중국 · 인도의 세 인종으로 구성되었다. 볼거리가 별로 없다는 생각을 속으로 했다. 그러나 도시는 깨끗했다. 싱가포르에서는 길바닥에 함부로 침을 뱉거나 담배꽁초를 버리면 벌금을 물린다고 했다. 그래서 그처럼 깨끗한 것일까? 당시에는 지금과 같은 으리으리한 '마리나 베이 호텔'은 있지도 않았다.

다음 날은 런던 헤로드(Harrods) 백화점에서 산 옷감(fabrics) 들을 틀로 박아서 꼬리치마와 통치마를 만드는 작업을 했다. YWCA 호스텔 사무실 재봉틀을 빌려서 네댓 가지 옷감을 모두 만들기 쉬운 치마로 만들었다. 어린 시절 어머니가 재봉틀로 옷을 만드는 양복점을 열었을 때, 여러 종류의 옷 만드는 일을 어깨너머로 보아왔기에 손재봉틀이든 발재봉틀이든 사용할 줄 알았다. 카디프 아버대어 홀 기숙사에 있었을 때도, 겨울용 치맛감을 끊어다가 패턴에 맞추어서 주름치마를 만들어서 입은 적도 있었다(이 주름치마를 쭉 간직하고 있다가 너무 작아 쓸모가 없어서 최근 2019년에 재활용 의류 부스에 넣었다). 체크무늬의 Scottish wool 옷감은 싱가포르 양장점에서 주름 스커트와 상의의 양복으로 맞추었다. 뒤에 오드리가 서울로 양복을 부쳐 주기로 했다.

1970년대 한국 사회에서는 우리나라 섬유산업을 보호하고자 외국 옷감을 들여오지 못하게 했다. 옷감은 김포공항 검색대에서 무조건 압수당했다. 내가 굳이 재봉틀을 빌려서 옷감들을 치마로 만든 것은 옷감을 압수당하지 않기 위해서였다. 그때는 적외선 투시기도 없어서 입국자마다 여행 가방을 열게 하고 세관원이 직접 손으로 짐들을 일일이 뒤져서 조사했다. 오드리와 나는 훗날 서울에서 만날 것을 약속하고 그렇게 우리는 헤어졌다.

2주 여행의 다섯 번째 나라 태국 방콕에 들렀다. 불교 사원 두어 곳을 둘러보고 사진도 찍었다. 과일 시장에 들러서 남방지역 과일을 사서 요기로 대신했다. 날씨가 항상 더운 동남아지역 여러 나라에서는 음식을 보존하고자 특유의 향이 나는 향신료를 사용한다. 그 향신료 때문에 내 비위가 거슬려서 동남아 음식을 제대로 먹을 수 없었다. 호텔에서 관광객을 안내하는 택시 기사를 소개받아서 그의 안내로 액세서리 상점을 찾았다. 작은 연수정 알이 포도알처럼 박힌 14K 반지를 하나 샀다. 뒷날 알이 떨어지고 14K도 녹이 슬고 말았는데 아마도 그 운전기사를 너무 믿은 탓이 아니었는지. 방콕은 이제 막 산업화 시기로 진입하여 개발붐이 한창이었다. 기중기가 이곳저곳 눈에 띄었고, 도로 확장과 고층 건물들을 짓는 광경들을 곳곳에서 볼 수 있었다.

마지막으로 홍콩을 경유했다. Aberedare Hall 기숙사 동기생인 홍콩의 Yuk Chan을 만나기 위해서였다. 육 찬(Yuk Chan)과 함께 점심도 먹고 2층 버스도 타 보고 쇼핑도 같이 가서 여름 샌들을 사서 신었다. 다음 날은 혼자서 아이쇼핑도 하고 여름 슈트 한 벌을 샀다. 유럽 각국의 정찰제에 익숙해 있던 내가 동남아 태국과 홍콩에서 갑자기 값을 에누리하자니 흥정에 서툴러서 바가지를 쓰지는 않았는지 찜찜한 마음이 들었다.

저녁에 호텔로 돌아와 보니 내가 침대 머리 옆 전화기 받침대 위에 두었던 목걸이 시계가 없어졌다. 영국으로 가는 길에 들렸던 도쿄에서 산 특별한 애장품이었다. 나는 안내에 즉시 신고했고, 내 방 청소를 담당했던 여성이 불려왔다. 그녀는 한사코 모른다고만 손을 내저으며 도리질을 했고, 영어를 할 줄 모른다고 우겼다. 나는 그녀와 더이상 실랑이로 시간을 소모하고 싶지 않아서 그만 포기했다. 내일 떠나야 하니까. 잠자리에 누워 이런저런 생각을 해 보았다.

당시 홍콩은 19세기 초에 아편전쟁에서 두 번씩이나 진 청나라가 승전국인 영국에게 주권을 포기하고 조차해 준 영국 식민지가 아닌가? 그런데 홍콩의 호텔 객실 요원이 영어를 말 할 줄 모른다는 것은 억지 주장이라 생각했다. 문득 1970년 10월 동경 아사쿠사 야시장에서 만났던 그 여점원에 대한 애틋함이 마음속에 뭉글 뭉글 피어올랐다. 그때 맛보았던 감동과 푸근함을 어찌 잊어버릴 수 있겠는가. 아~ 한 나라의 민도를 가늠하는 품격이란 이런 것을 말하는구나! '목걸이 시계'는 서울에 없는 새로운 유행 품목이어서 자랑 좀 하려고 했었는데 그걸 잃어버렸으니 실망이 이만저만이 아니었다. 나는 홍콩을 다시 찾지 않으리라 다짐했다.

다음날 김포공항에 내렸다. 세관원들이 입국자들 짐 가방을 검색대 위에 올려놓고 열어 밀수품목이 있는지 손으로 하나하나 들추며 검색했다. 영국에서 산 시침·분침만 있는 스위스제 시계에 5만 원의 관세를 물었다. 그러나 옷감들은 모두 한복 통치마 또는 꼬리치마를 만들어 두었기에 영국 갈 때 가져갔던 두어 벌의 한복과 함께 무난히 세관을 통과했다. 서울의 하늘은 나를 반겨주었다. 보름 동안의 여행 기간에 호텔 조식을 배불리 먹고 점심과 저녁은 바깥에서 간단한 과일로 때운 탓인지 서울에 도착했을 때 만나는 지인들마다 못 먹어서 많이 야위었다고 혀를 쯧쯧 찼다.

IV 부
결혼과 직업은 양립할 수 없는가

HER STORY

1. 1975년 '세계 여성의 해'를 맞다

나는 1974년 9월 초부터 경운동에 있는 대한가족계획협회 사무실로 출근했다. 서울은 바야흐로 다음 해 1975년 '세계 여성의 해'를 맞이하여 행사 준비에 바빴다. 신세계 백화점과 중앙우체국 앞 거리를 잇는 육교 난간에 한 여성단체는 '세계 여성의 해'를 맞이하는 축하 현수막을 걸기도 했었다. 홍보부장은 신문기자 출신 여성으로 바뀌었고 신입 여직원 3명은 도서실에, 사업부서에 그리고 내가 맡았던 공보 업무에 배치되어서 내가 돌아갈 자리가 없었다. 런던에서 핸더슨 사무총장과 대화할 때, "여성 3명을 신입 직원으로 채용했다고 해서 여성지위 향상의 지표가 되는 것이 아니라 결혼을 하고도 직업을 계속 유지하는 것, 즉 가정과 직업의 양립과 승진에서도 남녀평등이 실현될 때 여성지위 향상의 단초가 된다"고 했던 말이 협회 상사들에게 전해졌다. 협회에 피해를 주는 말을 했다고 은근히 나를 배신자로 여기는 듯했다.

우선 여성단체와 협회를 잇는 조정관(coordinator) 업무를 맡았다. 처음 한 일은 〈여성단체편람〉을 만들었는데, 당시 이름만 내걸고 활동을 전혀 하지 않는 단체들도 많았다. 그 가운데서 한국 주부클럽연합회, YWCA, 한국여성단체협의회 같은 아주 적은 숫자의 단체만이 여성관련 활동을 해서 그나마 명맥을 이어가고 있었다. 문제는 재정이었다. 여성들이 회비를 내어 단체 운영과 활동을 펴나가기에는 역부족이었다.

한국 가족계획사업은 여성의 지위향상에 시선을 돌리기 시작했다. 한 나라의 여성 지위를 가늠하는 척도는 여성의 평균 교육연한, 경제활동 참가율, 평균 수입과 더불어 여성의 법적 지위를 살펴야 한다. 협회는 여러 학자들 – 인구분야, 경제분야, 사회분야 –을 초빙하여 크리스천 아카데미 하우스에서 한국사회의 가까운 미래 전망을 묻는 세미나를 개최했다. 이때 사회학자 이효재 교수는 "딸도 친정 부모님을 모셔야 한다"고 당시로는 파격에 가까운 선언을 하여 한국 사회에 큰 울림을 던졌다.

10월 어느 날이었던가. 협회는 여인극장을 지원하여 여성의 차별문제를 제기하는 연극공연을 명동 국립극장에서 공연했다. 여인극장 대표가 나와 이름이 같은 강숙자였기에 기억에 남는다. 임동진 배우가 남자 주인공을 맡았고, 여주인공은 누구인지, 연극 제목도 생각나지 않는다. 줄거리는 여교수가 대학사회에서 여성이기 때문에 차별받는다는 내용이었다. 공연이 끝나고 관객들과 배우들과 제작사 관계자들이 여성문제 제기에 대한 즉석 '특별 토론회'를 열었다. 여러 관람객들은 여성차별을 잘 부각하였다, 극 구성에 짜임새가 있다는 등 칭찬 일변도였다. 나는 뒷전에 앉아 있다가 참을 수 없어서 발언에 끼어들었다.

"대한민국에서 대학교 강단에 서는 여교수가 전체 한국 여성의 얼마나 되느냐? 소수에 해당되는 여성의 차별문제를 제기하는 것이 한국 전체 여성문제를 대표하는 보편성을 가질 수 있느냐?"

갑자기 어인 돌출발언이냐는 듯이 모든 사람들이 뒤를 돌아 질 문자인 나를 바라보았다. 옆에 앉았던 총무부장은 "미쓰 강, 우리 들이 벌인 잔치에 비판하면 되느냐?"며 나를 만류했다. 나는 더 이상 발언하지 않았다. 당시 한국사회에서 여성문제에 대한 인식 수준을 나타내는 한 단면도였다고 하겠다. 그 연극공연에 협회가 재정 지원을 했다는 것은 알고 있었지만, 극본 내용을 여성 홍보부 장이 지도했다는 사실을 나는 몰랐다. 대본가를 선정하고 대본 내용을 여성부장이 특별히 신경 써서 지도했다는 사실을 안 것은 공연 바로 뒤였다. 서울을 11개월 떠나 있다가 돌아와 분위기를 잘 파악하지 못해서 나온 실수라고 치부해두자. 이 일이 있었던 뒤로 나와 여성부장 사이는 거리감이 있을 수밖에 없었다. (이 여 성부장 뒤에 부임한 박동은 홍보부장—뒤에 유니세프 사무총장 역 임—과는 좋은 관계를 유지했으나 곧 결혼으로 헤어졌다.)

1975년 UN이 정한 〈세계 여성의 해〉 기념 세계여성대회는 루 마니아 부쿠레슈티 시에서 열렸다. 한국에서도 한국여성단체협의 회 홍숙자 회장과 이연숙(당시 미대사관 공보관) 씨 등 여러 명을 대표단으로 파견하였다. 이화여대 이효재 교수도 한국 대표단 일 원으로 세계여성대회에 참석하였다. 돌아와서 이 교수는〈세계 여 성의식의 동향〉이라는 제목의 논문을 기고하였다.[1] 그리고 이화 여대가 제일 먼저 세계 여성운동의 흐름에 발맞추어 1977년 2학 기에 학부 커리큘럼에 교양과목으로 '여성학'을 개설하였다.

인구문제를 전담하는 가족계획협회가 일선에 나서서 여성문제 를 제기할 수 없어서 여성단체들의 여성지위향상을 위한 사업을

---

[1] 한국여성연구협의회(1976) 〈세계 여성의식의 동향〉《한국여성의 어제와 내일》, 서울: 이대출판부

측면 지원하였다. "남편 밥은 누어서 먹고 아들 밥은 앉아서 먹고 사위 밥은 서서 먹는다"는 옛말에서 유추할 수 있듯이 사회보장제도가 되어 있지 않았던 한국사회에서 부모들의 노후 부양은 당연히 자식들 몫이었다. 그 가운데서도 특히 맏아들에게 부양 책임을 떠맡겼다. 아들이 없어서 딸네 집에 얹혀 사는 부모는 가족이 아니라 동거인이었다. 딸이 친정 부모를 떳떳하게 모시려면 친정 부모로부터 재산도 동등하게 상속받는 것이 당연하였다.

당시 한국 가족법은 재산상속에서 맏아들이 1.5를 받고(상속에서 특권이 있음), 중자는 1을, 어머니와 미혼의 딸은 아들의 1/2을, 시집간 딸은 1/4을 받았다. 이 재산상속법은 광복을 맞은 뒤 1960년에 새로 만들어져 식민지 구민법(1922년)의 법적 무능력자였던 여성에 견주어 진일보된 조항이기는 하였다. 그러나 재산상속에서 엄연한 여성차별이 있었다. 따라서 대한주부클럽연합회(김천주)와 한국가정법률상담소(이태영) 등이 가족법개정 운동을 펼치면서 1976년부터는 여러 여성단체가 연합하여 한국가족법개정촉진회를 결성하고 가족법 개정운동, 특히 남녀평등 재산상속에 초점을 맞추었다.

1970년대는 제3차 경제개발계획이 이루어짐에 따라 농촌의 젊은 인구들이 도시로 몰려 공장에 취직해서 돈을 벌려는 임금노동자가 늘어나는 도시화·자본주의화가 빠르게 진행되었다. 이른바 서울의 구로공단, 대구의 구미공단 같은 대규모 산업단지가 형성되면서 농촌 젊은이들이 일자리를 찾아 도시로 몰려들었다. 이들은 도시 변두리 지역에 거주하면서 도시(urban)도 농촌(rural)도 아닌 교외(ruban) 지역을 형성하였다. 돈을 벌고자 무작정 상경한 젊은 농촌 여성이 도시에서 겪는 강퍅한 삶을 그린 영화 〈영자의 전성시대〉가 이 시대를 고발하였고, 소설가 이호철은 《서울은 만

원이다》에서 산업화 시대의 빛과 그림자를 고스란히 담았다.

열악한 노동 환경에서 장시간 노동에 내몰리는 YH 여공들이 신민당 당사를 점거하고 노동투쟁을 했던 일은 산업화 초기 단계에 흔히 있을 수 있는 예측가능한 일이었다. 이들은 여성단체협의회를 그들의 보호막으로 여기지 않았고 정치권에 기대었다. 여성단체들은 중산층 여성들을 위한 균분 재산상속 법적투쟁을 벌이는, 여성운동의 이원화가 이루어졌다. 1977년 12월 수출 100억 달러 달성은 한국 경제발전사에 하나의 획을 그은 사건이지만, 그것은 뒤에 가려진 여성 노동자들의 땀과 헌신의 산물임을 기억해야 할 것이다.

가정과 직업을 양립하겠다는 나의 굳은 결심은 협회 여직원들을 설득하는 일로부터 시작했다. 점심을 함께 먹으면서 '여직원들도 결혼하더라도 사표를 내지 말고 일을 계속해야한다'고 강조했다. 협회에서는 수년 전 나보다 먼저 들어온 '미스 차' 언니가 결혼하고 임신 기간에도 근무했으나, 출산과 동시에 그만둔 딱 한 건의 사례가 있었다. 남자 직원들은 내가 여직원들을 추동하여 무슨 동맹이라도 결성할까 봐서인지 싫어하는 눈치가 역력하였다. 어떤 남성 직원은 직장 다니는 소수 기혼여성들의 행태를 꼬집으며 이를 일반화하여 흉을 늘어놓기도 했다. "아줌마 여직원들은 점심시간에 저녁거리 시장을 봐와서 사무실에 몰래 갖다 놓는데, 사무실이 무슨 시장바닥이냐?"라면서 열을 올렸다.

어쨌거나 한국사회에서도 여성은 결혼과 직업을 양립해야 한다는 화두가 서서히 고개를 들기 시작했다. 그러나 여성단체들은 가족법개정운동에 집중하면서 전열을 분산시킬 수 없어서인지 대학을 졸업한 여성들의 노동시장 진출에 대한 장벽 없애기와 직장에서의 여성차별 철폐에 대해서는 문제 제기를 할 여력이 없었다.

신입직원 공개 채용 신문 공고에 보면, 꼭 〈대학을 졸업하고 병역을 필한 남자〉라는 단서 조항을 붙이는 것이 일상적이었다. 여성들은 여전히 친족이나 지인의 소개, 즉 알음알음 연결망을 통하여 취직하는 것이 대부분이었다. 아직 취업에서 남녀 동등한 기회균등이나 임금차별철폐, 또는 직종에서 남녀평등을 주창할 수 있는 지식 획득이나 정보를 교류할만한 시간적 여유가 없었기 때문인지는 몰라도 1970년대 후반 여성단체들은 오로지 가족법 개정운동에만 몰두하였다. 학문으로서 여성학이 출발했지만 앞으로 여성운동의 방향제시와 성격을 규정하는 단계로까지 도약하기에는 좀 더 많은 시간이 요구되었다.

2. 어머니의 소천所天

　　결혼을 'Matter of chance', 기회의 문제로 해석했던 것에서 '시점(timing)'의 문제로 전환된 계기가 있었다. "정자 좋고 물 좋은 데가 어디 있느냐?"를 입버릇처럼 말하시던 어머니가 내 나이 서른셋 2월 22일에 돌아가셨다. 어머니는 고혈압 지병이 있었는데, 딸을 노처녀로 묵히는 것에 신경을 많이 쓴 탓인가 그만 뇌출혈로 쓰러지셨다. 쓰러진 다음 날은 막내 남동생이 군대에 입대하는 날이었다. 입대 영장을 받은 것도 어머니에게는 충격으로 다가왔다.

　　그 날 저녁 나는 미군교회 성가대원을 함께 했던 연지동 친구 호열이네 집에서 저녁 먹고 수다 떨고 놀다가 9시쯤 수유리 집에 도착했다. 어머니는 저녁 때 마당 빨랫줄에 널린 빨래를 걷어서 다 개켜놓았고, 쟁반에 컵과 마실 물을 주전자에 담아서 머리맡에 두고 베개를 꺼내어 베고 옆으로 누운채 약간 토한 상태에서 정신을 잃으셨다고 했다. 초등학교 4학년 조카가 안방에 들어갔다가,

부엌에서 저녁 짓는 올케언니에게 급하게 소리쳤다고 했다.

"엄마, 할머니가 이상해. 토를 하고 흔들어도 대답을 안 하셔."

그때부터 어머니는 말을 못 하고 눈을 감은 채 누워계셨다. 늦은 밤에 동네 내과의사의 왕진을 청했다. 링거라도 맞게 해드리는 것이 어떠냐고 의사의 의향을 물었다. 의사 선생님은 환자에게 더 괴로움을 줄뿐이라고 딱 잘라 말하곤 다시 오겠다며 자리를 떴다.

어머니는 그날 밤 11시를 넘겨서 말없이 조용히 숨을 거두셨다. 이튿날 막내 남동생은 눈물을 머금고 군대에 입대했다. 어머니의 어린 시절 고향 친구였던 새문안교회 강 전도사님이 직접 어머니를 염殮하셨다. 장례식에 남동생 친구들 여덟 명이 어머니 관을 들었다. 어머니 영혼은 하늘나라로, 육신은 포천 너머 기독교 금주 공원묘역에 안식처를 잡았다.

어머니 배순희裵順姬 여사(1914~1976)의 고향은 안동역에서 서울 방향으로 가는 중앙선 기차를 타고 평은역에 내려서 20리 길을 걸어야 닿는 '내명'이라는 곳이었다. 어린 시절 초등학교 4학년 때부터 대구 외삼촌과 외사촌 여동생 은실이, 명순이, 여동생 은자와 함께 여름방학이면 외가를 찾았다. 초등학교 고학년이라 하더라도 걸어서 20리 길은 멀고도 멀었다. 산 넘고 들판을 지나 강물을 건너는 산촌이었다.

외할아버지께서는 경북 의성에 사셨는데, 노름으로 집안을 거덜냈다. 그 뒤 회개하고 기독교인으로 전향했다. 기독교인이 된 할아버지는 친척들로부터 배척을 당해 고향에서 살지 못하고 쫓겨났다고 했다. 고향을 떠나 이리저리 옮겨 다니다가 정착한 곳이 내명이었다. 그곳에서 교회도 세우시고 독실한 기독교 신자로서 장로까지 지내셨다. 외할머니와 사이에 5남매를 두셨는데, 외할머니는 일찍 돌아가시고 큰 언니와 큰 오빠는 시집 장가들어 내명을 떠났고, 둘째 딸인 어머니가 아버지, 둘째 오빠, 막내 남동생을 돌보며, 집안 살림도 하면서 4년제 내명보통소학교를 졸업하였다. 살림을 하느라 소학교에 늦게 들어가 막내 남동생(대구 외삼촌)과 같은 학년 반이었다. 열 명 남짓한 동기생들 가운데 어머니가 반에서 1등을 했고, 외삼촌은 2등을 했다. 졸업하자 남동생은 일본으로 유학을 떠났지만, 어머니는 농사꾼 집안 살림을 도맡아 하시다가 둘째 오빠가 결혼해서 올케언니가 들어온 뒤에 어머니도 중신어미를 통해 안동의 아버지와 결혼할 수 있었다고 했다.

외가 가는 길은 멀고도 험했다. 여름 장마가 져 강물이 넘쳐서 통나무 둘로 엮은 외나무다리가 떠내려가면 치마를 걷어붙이고 강물을 건너야 했다. 지금은 그 외나무다리 대신에 서울 새문안교회 담임목사를 역임한 강신명 목사님께서 생전에 고향을 위해 철근이 들어간 튼튼하고도 번듯한 다리를 놓아주셨다고 한다(지금은 수몰되어 볼 수 없다). 나는 여름방학 숙제인 곤충채집·식물채집을 외갓집에 가서 했다. 집 뒤로 작은 동산이 있었는데, 손가락 끝으로 건드리면 잎을 오므리는 미모사를 비롯해 명아주와 이름 모를 풀들을 모았고, 잠자리채를 들고 호랑나비·노랑나비·태극선무늬의 나비와 여러 모양의 잠자리들을 잡아서 방학숙제를 했다.

외갓집에서 10m쯤 나가면 넓은 운동장이 있는 소학교 건물이 있고, 그 옆에는 너른 바위가 있어서 놀이장소로 안성맞춤이었다. 때때로 마른 땅에 소나기가 툭툭 떨어지면, 밀가루처럼 알갱이가 고운 보들보들한 흙이 물기를 머금어갈 때 발하는 그 풋풋한 흙냄새를 나는 아직도 잊지 못한다. 안마당 평상에 누워서 밤하늘에 영롱한 별들을 세다가 잠들기도 했다. 모깃불에 감자를 넣고서 구워지면 껍질을 까느라 온통 손이 새까매져도 파삭파삭한 하얀 감자 속살을 맛있게 먹었던 일, 샛노란 옥수수를 쪄먹던 일들이 외갓집 정경과 함께 주마등처럼 스쳐 지나간다. 외할아버지는 처음 도착해서 인사드릴 때, "오냐, 잘 왔다." 한마디 하시고는 거의 말씀을 안 하신다. 친손녀·외손녀들이 마당에서 뛰어다니며 소리치고 노느라 소동을 벌여도 댓돌을 딛고 올라가야 디딜 수 있는 마루를 통해 들어가는 사랑채에서 문을 열고서 내려다 보시기만 했다. 어떤 표정도 나타내신 적이 없었다. 요즈음 할아버지들과는 너무 대조적이었다.

어릴 적 외갓집 잔치날 광경이 생각난다. 외사촌 오빠의 결혼식이 있던 날이었다. 산등성이를 돌아서 오는 상객들 앞에 새끼 밴 암소 한 마리를 앞세우고서 외사촌 올케언니는 가마를 타고 시집 왔다. 암소는 시아버지께 드리는 예물이었다. 동네 이웃들은 참으로 경사났다고 모두들 칭찬이 자자하였다.

외갓집 나들이는 중1을 마지막으로 끝을 맺었다. 농부들에게는 여름 한 철이 무척 바쁜 시기였는데, 물론 손님은 아니지만 그래도 막내 외삼촌과 아이들 넷을 합친 다섯 명의 객식구가 늘어나게 되니 큰 외숙모님에게는 반갑기만한 존재는 아니었을 것이다. 이른 아침을 먹고, 큰외삼촌, 외숙모, 외사촌 언니와 오빠는 들로 논으로 일찍 일하러 나가시면서 나에게 가마솥에 불을 지피라는 일감을 주었다. 나보다 어린 세 명의 여동생들은 놀고 있는데. 작은 외삼촌은 사랑방에서 외할아버지와 세상 돌아가는 이런저런 이야기를 나누고 계셨다. 잔 나뭇가지를 연신 넣어도 중간 중간에 불이 자꾸만 사그라졌다. 계속 불을 꺼트리지 않는 것이 얼마나 어려운 일인지, 점심을 위해 잠깐 들리신 외숙모님은 "다 큰 처녀가 불도 하나 지필 줄 모르냐?"며 나무라셨다.

집으로 돌아올 때는 감자와 고구마를 가득 넣은 자루를 주셨다.

그 무거운 자루를 머리에 이고 강을 건너면서 목덜미가 얼마나 아프던지 자루를 강물에 내동댕이치고 싶었다. 6.25 전쟁으로 피난 갈 때도 겪지 않았던 그 고생을 꾹 참고 견뎌냈다. 집에 도착해 감자·고구마 한 자루를 어머니께 드렸더니 어머니는 친정 밭에서 캔 것들이라서 그런지 무척 기뻐하셨다.

그뒤 큰외숙모님이 안동 화성동 우리 집에 오셨다. 어머니와 부엌에서 두 분이 음식을 차리며 두런두런 나누는 소리가 들렸다.

"자네는 중학교에 다니는 다 큰 딸에게 어떻게 불 때는 법도 안 가르쳤는가?"

"…"

어머니는 아무 대답도 하시지 못했다.

어머니는 소학교 졸업이 최종 학력인데 들리는 소문으로는 내명 교회에서 예배시간에 풍금 반주를 하셨다고 했다. 나는 그 사실을 반신반의했으나 생전에 한 번도 직접 물은 적은 없었다. 지금의 반주자들처럼 물론 4부 화음으로 치지는 못했을 것이며, 단음을 양손으로 치는 수준이 아니었을까 짐작해 본다. 고향을 지키던 둘째 외삼촌이 돌아가시자, 외사촌 오빠는 내명의 논밭을 팔고, 강원도 신림으로 옮겨서 과수원을 경영하였다. 그 뒤 내명을 다시 찾지 않아서 강신명 목사님이 놓았다던 그 멋지고 튼튼한 다리를 건너 본 적은 없다.

서울로 이사 와서도 어머니에게는 일거리가 많았다. 수유리 한신대 캠퍼스에는 넓은 밭이 있었다. 교직원 가정마다 밭을 공평하게 분배해서 농사를 지을 수 있게 했다. 어머니는 농촌 출신답게 봄·여름·가을 동안 맥고모자를 쓰고 밭에서 살다시피 하면서 고구마·감자·옥수수·땅콩 등을 심어 가꾸어서 수확의 기쁨을 맛보았다. 가을걷이를 할 때 나도 어머니를 도와서 고구마·감자·

땅콩의 줄기를 잡아당겨서 줄줄이 뽑혀 나오는 뿌리 열매를 만져 보고 농부가 어떤 마음으로 땀 흘려 일하는지를 알게 되었다.

어머니의 노래 실력을 평시에 알 턱이 없었다. 자녀들 앞에서 크게 노래 부른 적이 별로 없었고, 아주 가끔 작은 목소리로 "푸른 잔디 풀 위로…"를 흥얼거리는 정도를 들어 보았다. 그런데 어머니 노래 실력이 대단하다는 소문이 주변에 자자하게 퍼진 것은 송암 교회 여신도회 구역 예배에서였다. 예배 마친 뒤에 구역 식구들이 노래 부르는 차례가 되었다. 어머니는 평시 좋아하는 "푸른 잔디…"를 불렀다. 거기에 모였던 여신도들이 이구동성으로 "배 집사님이 그처럼 노래를 잘 부르는 줄 몰랐어요."라며 칭찬이 자자했다고 한다.

> 푸른 잔디 풀 위로 봄바람은 불고
> 아지랑이 잔잔히 피인 어떤 날
> 나물 캐는 처녀는 언덕으로 다니며
> 좋은 나물 찾나니~ 어여쁘다 그 처녀
>
> 소먹이는 목동이 손목 잡았네
> 새빨개진 얼굴로 뿌리치며 가오나
> 그의 굳은 마음 변함없다네~
> 어여쁘다 그 총각

대부분의 한국 어머니들은 이렇게 말한다. "내가 살아온 이야기를 글로 엮으면 책 네다섯 권은 될 것이다." 우리 어머니도 생전에 그 비슷한 이야기를 하신 적이 있었다. 일제 강점기에 태어나서 자라고 시집와서 자녀들 키우며 겪었던 시집살이, 식민지 모국 일

본으로 건너가서 생활했던 삶, 그리고 해방 뒤에 이어지는 6.25
전쟁과 4.19의거, 그리고 5.16으로 가장의 생업을 잃었던 경험과
자녀들 양육에 헌신하며 가정경제를 돕기 위해 애쓰셨던 어머니의
삶을 돌아볼 때, 혹여 노랫말 가운데 나오는 '소먹이는 목동이'와는
무슨 사연이 있었을까 눈을 감고 상상해 본다. 책 네다섯 권은 족
히 되었을 법한 분량을 단 몇 쪽으로 줄인 글로 어머니의 삶을 추
모하였다. 외가의 막내 외삼촌도 60대 초반에 돌아가셨다. 그 외
숙모 혼자서 97세까지 수壽를 누리셨다. 외숙모 손은애 권사는 대
구 신명여고를 1등으로 졸업하신 재원이었다.

목화 꽃 노래는 누구에게서 배웠는지 기억에 없지만 아주 어릴
때 흥얼거린 가사이기에 잊어버리기 전에 이 지면에 기록한다. 목
화 꽃의 씨를 발라내고 물레로 실을 잣던 할머니의 모습을 아삼아
삼한 기억 속에서 꺼내어 본다.

> 목화를 따세 목화를 따
> 목화꽃송일세
> 서산에 해가 진다
> 어머니 돌아 오네
> 목화 따러 가는 아가씨
> 목화 따러 가는 새악씨
> 고개 넘어 간다 고개 넘어 간다 바구니도
> 모두 함께 넘어 간다.
> 목화를 따세 목화를 따

어린 시절 아버지가 흥얼거리시던 노랫말을 여기 함께 기록한다.

이랴 이랴 젊은 농부
마음씨 나빠,
밀밭 갈고 돌아올 때
소타고 오지
말 탄 놈도 꺼떡
소 탄 놈도 꺼떡

3. 결혼은 이상과 현실의 타협이다

결혼은 필수가 아닌 선택이라는 요즈음 세대와는 달리 우리 세대는 결혼은 꼭 해야만 하는 필수였기 때문에 나는 맞선보는 일을 게을리 하지 않았다. '결혼은 필수'라는 사고는 전통사회에서 유래한 것이다. 성종 16년에 완간한 《경국대전》〈예전〉'혼례조'에 보면 '나이 서른이 되도록 혼인을 못 했으면 호주에게 그 책임을 묻는다'는 내용이 있다. 그리고 집안 사정이 어려워서 혼인을 못 할 때는 나라에서 혼사 비용을 주고 혼인시킨 사례도 영조·정조때 사료에 종종 보인다. 따라서 자식들의 혼인은 부모의 책임이며 결혼은 꼭 해야 하는 것이었다. 이것은 농경사회인 전통사회를 지배했던 음양론陰陽論에 그 근거를 찾을 수 있다. 음과 양은 독립해서는 아무런 기능을 할 수 없으며, 반드시 화합해야만 존재의 의의가 있다는 것이다. 이에 반하여 서구문명의 근간이 되는 성경에는 결혼보다는 독신을 더 높게 평가한다. 고린도 전서 7장의 구절이다.

남자가 여자를 가까이 아니함이 좋으나(고전 7:1)…나는 모든
사람이 나와 같기를 원하노라(7:7)… 내가 결혼하지 아니한 자
들과 과부들에게 이르노니 나와 같이 그냥 지내는 것이 좋으니
라(7:8) 만일 절제할 수 없거든 결혼하라 정욕이 불같이 타는
것보다 결혼하는 것이 나으니라(7:9)

저자 사도 바울은 독신이었다. 자신처럼 독신으로 지내는 것이
더 바람직하지만 정욕을 이기지 못해서 죄를 짓는 것보다는 그런
사람들은 결혼하는 것이 낫다는 결론이었다.

70년대 초반까지도 한국 천주교 교단에서는 결혼식뿐만 아니라
예배 의식에서도 라틴어를 사용하였다. 개신교 신자인 내가 천주교
예배에 참석하면 알아듣기 어려운 말로 신부와 신도들 사이에 문답
이 있었고, 결혼예식에도 마찬가지였다. 동기생 정홍자가 명동 성당
에서 결혼미사를 올렸을 때와 고향 친구 배영자의 결혼미사에서도
온통 라틴어를 사용해서 입도 벙긋 열지 못했던 기억이 난다.

아주 오래 전에 미용실에서 한 월간 여성잡지에서 읽은 노총각
교수의 결혼 이야기가 생각난다. 그는 신학자로서 독신주의를 고
집했기 때문에 마흔다섯이 되도록 독신을 고수하여왔다. 그런데
병상에 누워서 이 세상을 오늘내일 언제 하직할지도 모를 어머니
가 유언을 하셨다. "아들아, 내가 너를 장가보내지 못하고 하늘나
라로 가려니 도저히 눈을 감을 수가 없구나. 내가 떠난 다음이라도
꼭 결혼해야 한다." 그 신학자는 어머니의 유언을 차마 거역할 수
없어서 눈을 크게 뜨고 주변을 둘러보곤 38세 되는 여성과 결혼하
였다고 했다. 그러자 어머니가 건강을 회복하여 손자를 보고도 장
성할 때까지 건강하게 사셨다고 했다. 이처럼 우리 사회에서 부모
는 자녀의 결혼을 성사시킬 책임이 있었다.

직장생활을 한 지 8년이 넘다 보니 나와 맞선보는 상대 남성이 빼놓지 않고 질문하는 내용이 있었다. "결혼을 하면 직장 그만두고 집안에 들어앉을 것이냐?" 그럴 때마다 확신에 찬 어조로 "나는 결혼하고도 직장생활을 계속할 것이다"라고 대답하곤 했다. 그러면 맞선 상대 남성들의 십중팔구는 기혼여성이 가정을 지키지 않고 바깥일을 한다는 것에 거부감을 드러냈다. 결혼의 기회는 점점 더 좁혀지고 있었다. 그런데도 나는 초지일관 가정과 직업을 양립하겠다는 결심을 버리지 않았다.

스무 살 중반에 처음 맞선을 볼 때 1960년대 후반, 나와 어머니, 상대 남성과 그 어머니와 중신어미 다섯 사람이 찻집에서 만났다. 어른들은 슬그머니 자리를 비켜주며 두 사람이 남아서 이야기를 나누어보라고 하였다. 이런 양식의 맞선을 세 번쯤 보았고 그다음은 중신어미만 나왔고, 또 그다음 단계는 중신어미가 지시한 대로 약속장소에 혼자 나가서 상대 남성을 만났다. 그때는 공식적인 직업으로 결혼정보회사는 생겨나지 않을 때였다. 맞선보고 집에 들어가면 어머니는 그 하회를 궁금해하셨다. 나는 "납삭 구두 신고 드레스 입기 싫다"며 상대방 키가 작다는 것을 우회적으로 표현하기도 했다. 어떨 때는 전공이 마음에 들지 않는다고 불평을 하기도 했다. 그럴 때마다 어머니는 늘 "물 좋고 정자 좋은 데가 어디 있느냐?"며 나의 기를 꺾으려 하셨다.

대학 시절 영국소설 강독시간에 읽은 제인 오스틴(Jane Austin)의 《오만과 편견(Pride and Prejudice)》에서 저자가 말한 결혼의 정의가 생각난다. 결혼은 'matter of chance'라고 했다. 이 말을 순 우리 식으로 '인연因緣'이라고 번역해도 좋을 듯하다. 글자 그대로의 뜻은 '기회의 문제'이지만. 그 소설에서 다섯 딸을 가진 어머니는 딸들의 혼기를 놓치지 않고 제때 제때 결혼시키려고 동분서주한다. 격에 어울리는 집안이 근교로 이사를 오면, 재빨리 그 집안과 교제도 트고, 명망 있는 가문과 끊임없이 교류를 이어간다. 19세기 영국 중산층(Upper middle class) 가정에서 딸들은 아버지로부터, 아내는 남편으로부터 부양을 받는 존재이다. 그 여성들은 일생을 통하여 일하지 않는다. 가정과 일터가 분리되는 근대화·자본주의화가 진전되기 전인 가내수공업(manufacture) 단계에서 가정은 곧 일터였기 때문에 일하던 대다수 여성이 공장제 기계화 대량생산 체제(factory system)로 바뀌면서 일하지 않는 중산층 여성들이 탄생했다. 일하지 않는 여성들은 남성(아버지, 혹은 남편)에게 경제적으로 의존해야만 했다. 따라서 딸들은 제때에 결혼하는 것이 경제적으로 친정을 돕는 것이 된다. 둘째 딸 엘리자벳은 별로 사랑하지도 않는 남성 다-시와 결혼을 결심했을 때 여동생이 물었다.

"언니는 사랑하지도 않는 사람과 어떻게 결혼을 결심할 수 있어?"

"그럼 늙어서 가난하게 살면서 이웃 사람들의 입방아에 오르내리는 것보다 낫지 않겠니?"

그녀의 설명에서 결혼은 곧 경제적 부양을 담보 받기 위함임을 알 수 있었다. 영어에 독신녀를 지칭하는 'spinster'는 'spinning(물레 잣는)' 하는 여성, 즉 일하는 여성을 가리킨다. 일하는 여성은 자신의 생계를 자신이 책임지기 때문에 《오만과 편견》에 나오는 딸들처럼 결혼에 급급해할 필요는 없었을 것이다.

갑작스럽게 어머니가 돌아가시자 '불효녀'였던 나에게도 '후회'라는 단어가 찾아왔다. '왜 어머니 마음을 아프게 했을까? "정자 좋고 물 좋은 데"는 사실 찾기 어렵건만…' He-man 따위는 내 머릿속에서 지웠다. '그래, 물이 나빠도 정자만 좋으면,' 혹은 '정자가 좋으면 물이 나빠도' 하나만 보기로 했다. 문득 김세영 선생님의 당부가 머리에 떠올랐다. "…결혼은 현실과의 타협이라던." 그렇다. 결혼은 이상과 현실의 타협(compromise)이 아닌가? 그렇게 방향을 정하고 보니 마음이 편했다.

당시 숙대 강사로 나가던 여고 동창생 류점숙이 자신의 남편 친구가 숙대 교수였는데, 우연히 통근 버스를 함께 타면서 서로 중매쟁이가 되기로 약속했단다(남성측 중신애비가 바로 66년 이화여대 금혼학칙을 어겨서 졸업장을 받지 못한 사회학과 여학생의 오빠였다). 맞선을 보기로 한 두 남녀가 모두 혼기를 놓친 사람들이라 일은 쉽사리 풀려나갔다. 첫 만남에서 식사를 하는 것은 아니라는 속설에 따라 나는 협회 여직원들과 싸온 도시락을 먹고 약속장소에 나갔다. 여러 말이 오가는 가운데 나는 분명히 "결혼을 하고도 직장에 계속 다니겠다."고 말했다. 이 부분에 동의가 있었기 때문에 그 해를 넘기지 않기로 하고, 결혼 날짜를 12월 초로 잡았다. 책을 가까이 해 온 탓에 신랑 후보의 직업이 출판인이라는 것에 토를 달 이유는 없었다.

날짜를 받고 나서 마음의 동요가 왔다. '이 사람을 선택한 것이 잘한 일인가? 혹 잘못한 일은 아닐까? 누가 이 결혼이 온전하리라고 담보해 줄 것인가?' 차라리 결혼 약속을 무르고 싶은 심정이 들 때도 있었다. 그때 수유동교회 유년주일학교 반사를 같이했던 신학 전공의 친구들이 있었다. 권복자와 그 후배 김칠례였다. 칠례가 먼저 결혼 날짜를 받았기에 그녀에게 물었다.

"칠례야, 어떻게 그 많은 사람들 가운데 한 사람을 선택해서 평생 함께할 동반자라는 확신을 가지고 결혼을 결심할 수 있었니?"

"그냥 미친 척하고 가는 거지 뭐."

너무나 예상 밖의 대답을 듣고서 당시에는 그녀를 이해할 수 없었다. 어떻게 미친 척하고 결혼을 할 결심이 설까? 그런데 막상 내 자신이 결혼을 결단해야 할 순간을 앞에 두었을 때 친구의 그 말이 참으로 명언이었다는 사실을 뼈저리게 깨달았다. 그래 미친 척하고 결단하지 않고서야 어떻게 온전한 정신으로 잘 모르는 사람과 평생을 함께하겠다고 약속할 수 있을까!

나는 결혼 날짜를 받았다고 친구들 모임에서 발표했다. 채영옥이 한마디 조언했다.

"애, 네가 마지막이니까 (결혼식을) 화려하게 해라. 미국에서 갓 귀국한 그레이스 킴이 운영하는 명동에 있는 그 미용실이 좋다더라."

나는 친구가 추천한 그레이스 킴 미용실에 등록하고 마사지도 받고 결혼예복 드레스도 그곳에서 맞추었다. 진짜 새 옷감으로 맞추면 몇 백만 원 든다고 해서 드레스 기본 라인은 있는 것으로 하고 팔만 새 옷감으로 만드는 것으로 정했다. 그런데 남편의 키가 작아서 결국 나는 납작 구두 신고 드레스를 입고 결혼식을 올렸다. 남편이 기독교인이 아니어서 교회가 아닌 신라호텔 영빈관을 예식장으로 잡았다. 그때는 호텔 결혼식이 없었고, 대부분 교회, 명동 성당, YWCA 강당, YMCA 강당, 옛날 서울신문사 지하 강당, 아서원 등에서 예식을 올렸다. 친구들은 '노처녀' 티가 나지 않을까 걱정했으나, "신부는 역시 신부다웠다"는 구행자의 평을 들었으니 아마도 그레이스 킴의 유명세가 낭설만은 아니었던 듯했다.

아버지는 '상주'라는 이유로 막내 외삼촌께서 내손을 잡고 예식에 입장하였다. 당시에는 '가정의례준칙'에 따라 1년 탈상이 기준이었다. 주례는 남편의 은사인 당시 서울대 총장 고병익 선생님이 맡으셨다. "두 사람 모두 에고이스트"라던 선생님의 주례사가 지금도 기억난다고 친구 강윤희는 종종 이야기했다.

4. 육아育兒는 하찮은 일인가?

가정과 직업을 양립하겠다던 나의 굳은 결심은 결혼식을 올리고서도 흔들림이 없었다. 시집은 친정과 거리가 가까운 쌍문동이었다. 가족계획협회는 경운동에서 영등포에 회관을 지어 이사했기 때문에 나는 쌍문동에서 영등포까지 출퇴근을 했다. 첫 아이를 임신하고도 직장생활을 열심히 했다. '결혼하더니 일에 태만하다'는 뒷담화를 듣지 않기 위해서였다. 임신 중에는 자주 배가 고파서 출근하자마자 여자 화장실에서 포도나 복숭아 캔을 따서 먹었다. 점심시간에는 도시락을 빨리 먹고 이웃 미장원에서 30분간 수면을 취했다. 그때 직장여성들은 1주일에 한 번 이상 미장원에서 '고대'를 했기 때문에 미용실 원장이 임신한 고객을 배려해 주었다. 배가 점점 불러와도 '내 몸이 보기 흉할 것'이라는 생각은 들지 않았다. 온종일 의자에 앉아서 일하다 보니 저녁 퇴근 무렵에는 발이 좀 부어서 편한 운동화를 신고 다녔다. 임산부에게 흔히 있는 기미도 얼굴에 끼었다.

출산 예정일 며칠 전에 출산휴가를 받기 위해 총무부에 문의했다. 출산 전 한 달을 쉬지 않고 근무했으니, 출산 전 한 달을 보태서 60일 출산휴가를 신청할 셈이었다. 그런데 문제가 발생했다. 〈근로기준법〉 규정대로라면 산전 30일, 산후 30일을 쓸 수 있었다. 산전 30일은 쉬지 않았으니까 무효가 되었고, 산후 30일만 출산휴가를 쓸 수 있다고 했다. 하는 수 없이 산후 30일과 여름휴가를 미리 당겨서 40일의 출산휴가를 맡았다.

임신 마지막 달에는 배가 불러서 바로 누워 잠을 잘 수 없었다. 옆으로 누우면 겨우 잠들 수 있을 만큼 힘들었다. 배가 갑자기 아픈 기미를 보이자 옷가지를 꾸려서 강북 고려(삼성)병원에 입원했다. 당시에는 태어날 아이가 아들인지 딸인지 미리 알지 못했다. 초음파 사진을 찍는 그런 기계가 없었기 때문이다. 가끔 바늘귀에 실을 꿰어 실을 늘어뜨려서 바늘귀가 가리키는 방향에 따라 아들일 것이다, 딸일 것이다 하는, 비과학적이지만 예측하는 재미도 있었다.

진통이 규칙적으로 3시간 만에 오다가 점점 시간을 단축하며, 1시간 만에, 그리고 30분, 10분으로 줄어든다. 정말 '출산하는 고통이 이런 것이구나'를 실감했다. 소리를 크게 지르고 악을 써야만 고통이 밖으로 배출되는 것 같았다. 침대에 누워서 힘들 때는 침대 머리 손잡이를 잡고서 소릴 지른다. 입술이 타들어 간다. 그러면 간호사들이 와서 젖은 거즈를 입에 대 주고는 "이 아줌마는 별나기도 하다"며 면박을 주고는 돌아서서 레지던트들이랑 간호사들은 자기들끼리 잡담에 골몰한다. 지금처럼 보호자가 대기실에 들어와서 진통의 고통을 함께 분담하는 것이 아니었다. 분만대기실은 외부인 출입금지를 표시하는 빨간색 X자를 둥근 원으로 감싼 표지가 그려져 있었다.

전통사회에서 자가 분만은 친정어머니, 시어머니, 그리고 친척 아주머니들과 산파가 임산부를 정서적으로 따뜻하게 격려하며, '힘내라'고 함께 소리 내어 힘을 북돋아 주는 정경과는 사뭇 달랐다. 임산부는 정서적 소외를 느끼며 출산의 주인공이 아니라 의사의 지도를 받는 환자처럼 느껴졌다.

당시 무통분만의 사례는 극소수였고 대부분 자연분만을 했다. 지금처럼 분만 때 하는 라네즈 호흡법도 가르쳐주는 곳이 없었다. 1분마다 진통이 올 때야 겨우 분만실로 옮겨서 담당 의사 선생님 지도로 16시간 넘는 진통 끝에 첫아들을 출산했다.

배가 홀쭉해지니 날아갈 듯 몸이 가벼웠다. 즉시 미역국을 먹을 수 있어서 참으로 좋았다. 무언가 해냈다는 성취감으로 마음이 참 편안했다. 건너편 방의 산모는 둘째 아이로 또 딸을 출산해서 큰 소리로 엉엉 우는 소리가 입원실 복도에 가득 울렸다. '딸·아들 구별 말고 둘만 낳아 잘 기르자'는 구호는 첫째·둘째 모두 딸을 낳은 부모에게는 쓸모없었다. 제왕절개로 분만한 옆방의 산모가 일주일 동안 음식을 먹지 못하고 링거를 맞아야 한다고 해서 딱하다는 생각을 했다.

나흘째 되는 날에 퇴원해서 집에서 한 달 동안 전통적인 산후조리를 했다. 더운 날씨에도 문을 닫고 바람을 쐬지 않았고, 연탄을 넣어서 방의 온도를 높이고 하루에 다섯 번 미역국을 먹고 땀을 흘렸다. 땀을 계속해서 수건으로 닦아냈다. 기미 낀 것이 말끔하게 없어졌다. 산후조리를 전통 방법에 따라 한 것은 참으로 잘한 일이었다. 그동안 방문을 삼갔던 외부 손님들에게도 삼칠일 때에 아이를 선보였다. 큰 시누님 친정 올케언니 등 친척들도 신생아를 보러 미역을 사 들고 오셨다. 이 삼칠일 금기는 일연이 《삼국유사》에 기록한 〈단군신화〉에서 그 근거를 찾을 수 있다. 호랑이와 곰이

마늘과 쑥을 먹고 삼칠일을 금기하고 100일 동안 굴에서 햇빛을
보지 않은 기록에서 유래한다. 갓난아이 백일잔치는 세계에서 유
일하게 우리나라에만 있는 풍습이다.

출산휴가 40일을 마치고 직장에 복귀했다. 산후조리 동안에는
모유수유(breast-nursing) 원칙을 지켰다. 그러나 출근하면서부
터는 우유(bottle-feeding)로 대체하였다. 70년대 한국사회에서
중산층 여성들은 모유수유 대신에 우유로 양육하는 것을 유행으로
삼았다. 스포크 박사의 '육아 일기' 한 권쯤 읽지 않은 엄마들이
없었을 터이다. 많은 아동학자가 아기가 운다고 아무 때나 우유를
먹이지 말고 시간에 맞추어 일정하게 먹이라는 조언을 했다.

나는 일하는 속도나 능력에서 출산 전보다 더디어진 것을 느낄
수 있었다. 깜빡 깜빡하는 건망증이 생겼다. 아마도 출산 뒤에 충분
한 휴식이 없었기에 오는 부작용 같았다. 그래도 전보다 일 못 한다
는 소릴 듣지 않기 위해서 열심히 일했다. 임신 후반기부터 나는
도서실 업무를 맡았다. 좋게 이야기하면 임산부를 배려하는 차원일
수도 있었고, 나쁘게 해석하자면 한직으로 밀려난 셈이었다. 도서
관학과 후배가 하와이 동서문화센터(East-West Center)에 단기
훈련에 참가하러 떠났기 때문이었다. 책을 좋아했던 나에게는 오히
려 잘된 일이었다. 내 전공이 아니어서 배우는 자세로 임했다.

당시에는 산모에게 오전·오후 각 30분 씩 수유시간이 근로 기
준법에 보장되어 있었으나, 직장 안에 수유실을 갖춘 회사는 거의
없었다. 더구나 직장과 집이 거리가 멀기 때문에 많은 시간을 소요
하며 갓난아이를 누군가는 업고서 수유실로 오가야 하기 때문에
현실적으로 무리였다. 따라서 이런 조항은 있으나 마나 한 것이었
다. 차라리 출산휴가를 30일에서 최소한 90일로 늘리는 것이 타당
한 일이었지만, 그 누구도 90일 출산휴가가 보장되어야 한다고 주

장하지 못했다.

80년대 들어서서 세계보건기구(WHO)가 신생아에게 인공 우유보다 모유수유가 훨씬 이롭다는 이론을 내어놓았다. 모유 특히 초유에는 신생아가 질병에 잘 노출되지 않게 하는 면역력이 있으며 최소한 3개월 모유수유는 필수적이라고 권장하였다. 그렇다면 최소한 3개월 출산휴가를 법적으로 보장해야 하지만, 그 당시에는 그러한 제도가 없었고 그 누구도 3개월 출산휴가가 정당하다고 요구한 사례조차 없었기 때문에 나는 그런 혜택을 누릴 수 없었다.

산모의 후유증은 대개 얼굴과 몸이 붓는 것으로 나타난다. 자연분만은 태아가 세상에 나오는 산도産道를 만들려고 여성의 골반이 자연적으로 넓혀진다. 그 이완된 골반이 제자리로 돌아가는 데에 1년이 걸린다고 산부인과 전문의들은 말한다. 그런 논리대로라면 산모에게 최소한 1년 육아휴직을 주는 것이 바람직할 것이다. 옛날 어머니들은 누구나가 다 모유수유를 했기 때문에 그 기간에는 저절로 피임이 되었다. 피임약이 없었던 그 옛날에도 자녀의 터울이 보통 3년으로 자연스럽게 조절되었던 것은 바로 늦게까지 모유수유를 했던 때문이었다.

얼굴에 부운 기운이 완전히 빠진 때는 첫 아이 '백일잔치' 쯤이 아니었나 싶다. 나도 백일잔치를 성대하게 치렀다. 백일잔치에는 백설기와 수수 팥 경단을 많이 준비해서 100집이 골고루 나누어 먹으면 신생아의 수명이 길어진다는 속설이 있었다. 나는 음식과 떡을 넉넉하게 장만해서 친척들을 초대해서 대접했고 이웃들에게도 백일 떡을 나누었다. 초대받은 손님들은 산모와 아기의 건강을 축복하고 아기에게 예쁜 옷이나 작은 금반지를 선물했다.

우유로 아기를 키우다 보니 내 건강은 빠르게 회복되었다. 건강에 좋은 영양식도 한몫 하였다. 백일을 넘기고 얼마 지나서 생리가 돌아왔다. 둘째 아이를 임신하면서 내 굳건했던 소신, 가정과 직업을 양립하겠다던 그 결심을 접었다. 사표를 제출하고 나자 만감이 교차했다. 서양처럼 3개월 출산휴가와 1년 육아휴직이 보장된다면 내가 왜 사표를 냈을 것인가! 달랑 30일 출산휴가만 있고, 1년 육아휴직은 먼 나라의 일처럼 여겨졌던 당시를 야속하다고, 시대를 탓할 수밖에 없었다. 둘째 아이는 딸이었다.

연년생의 두 자녀를 양육하는 것은 쌍둥이를 기르는 것만큼 힘들었다. 초기에는 두 아이를 돌보는 가사도우미 언니가 상주해 있었지만 아이들이 네 살, 세 살일 때 그 언니가 고향집으로 내려갔다. 양육은 집중과 주의를 요구하는 일이었다. 한 번은 아들아이가 대문에서 노는 것을 보고 집안에 잠깐 (5분 정도) 들어갔다가 나오니까 눈에 보이지 않았다. 문밖을 나와서 이름을 부르며 동네를 찾아다녔다. 열 집쯤 지나서 남의 집 대문 앞에서 '엄마'를 부르며 울고 있는 아이를 발견하였다. 또 한 번은 노량진 수산시장에 아들을 데리고 갔다가 잃어버린 적도 있었다. 시장 관리실에서 보호자 없는 아이를 데리고 있으니 빨리 찾으러 오라는 방송을 듣고서 찾았다.

또 한 번은 동네 수유동 시장에서 두 아이를 한꺼번에 잃어버린 일도 있었다. 시장 건물 바깥 공터에서 5분만 기다리면 엄마가 생선만 사 가지고 금방 나오겠다고 손가락 걸고 약속했다. 바깥에 나오니 아이들이 모두 보이지 않았다. 시장 주변을 찾아보고서 집으로 가는 언덕길에서 아들은 찾았는데 딸은 보이지 않았다. 아마도 둘 사이에 견해 차이가 있었던 모양이다. 그래도 아들은 동생보다 한 살이 많았기에 집으로 가는 방향을 어렴풋이 알고 있었기에 집 방향으로 가자고 했을 것이다. 그런데 딸 아이는 막무가내로 엄마를 찾겠다며 다른 길로 내달았던 모양이다

해는 뉘엿뉘엿 서산 고개를 넘어가서 어둠이 밀려오기 시작했다. 다급한 마음에 나는 딸아이 이름을 부르며 아들 손을 잡고 파출소로 달려갔다. 그때 풀빵 장수 할머니가 우는 우리 딸을 업고서 파출소로 향하던 길에 우리를 만났다. 어린 여식이 엉엉 울면서 길을 막 달려가는 것을 달래서 업으셨단다. 딸애는 어둠이 무서워서, 엄마를 찾지 못할까 봐 무서워서 할머니 등에 업힌 채 오줌을 쌌다고 했다. 그 할머니가 너무 고마워서 사례를 하려 해도 한사코 마다하여 그 가게에 가서 풀빵을 한 아름 사 왔었다. 아이 돌보는 일은 하찮은 것이 아니라 주의와 집중을 필요로 하는 아주 중요한 일이라는 것을 절절히 깨달았다.

어린아이들을 가리켜 '철이 없다' 혹은 '철이 덜 들었다'라고 말한다. 철은 순우리말로 국어사전에 '일 년을 봄·여름·가을·겨울의 네 시절로 구분했을 때의 한 시기'라고 정의한다.[1] 즉 4계절을 알지 못하는, 봄철, 겨울철을 구분하지 못하는, 즉 시간 개념이 없다는 뜻일 터이다. 어린아이에게 '딱 5분만 이 자리에서 기다리라'고 신신당부했건만, 아이들은 시간 개념이 없으니까 엄마가 눈에 보이지 않으면 곧 엄마를 잃어버린 지 한참 되었다고 판단한다. 그리고선 자기 나름대로 엄마를 찾아 나설 결심을 하고 모르는 길을 마냥 찾아 헤매며 무조건 달리는 것이었다. 서로 길이 어긋나면서. 집 앞에서 잃어버린 아이를 몇 년 뒤에 먼 시골 어느 보육원에서 찾게 되는 일이 생기는 것도 이런 이유에서다.

80대 초반 들어서서 친정아버지는 치매 초기 증세를 보이셨다. 가끔 우리 집에 오시면, "아이들은 방학했지야?" 엉뚱하게 물으셨다. 학기 중이어서 등교한 아이들인데. 얼마 뒤에는 증세가 심해져

---

1) 이 철이 주역의 영향으로 지각, 지혜, 인간의 도리를 아는 힘의 뜻으로 쓰임. 경북일보 굿데이 굿뉴스 참조

강북 한일병원에 입원하셨다. 병문안하러 간 딸에게 아버지는 5분마다 똑같은 질문을 하셨다. "너의 집에서 병원까지 전철로 몇 분 걸리더냐?" "30분 걸려요."의 대답을 수없이 했다. 나이 들어 노인이 되면, 어린아이와 같아진다고 한 뜻은 둘 다 시간 개념을 모른다는 공통점에서 유래한다. 30분 전에 저녁 식사를 한 치매 할머니가 "이 년이 밥을 주지 않아 나를 굶어죽게 한다"고 며느리를 욕하는 것을 종종 보게 되는 것도 시간 개념, 즉 철이 없어서이다.

직장 상사가 부하 직원의 무능을 질책할 때, 흔히들 하는 말이 있다. "일을 이렇게 하려면 차라리 집에 가서 아기나 보시오." 이 말 속에는 '아기보기는 하찮다'는 것을 은연중에 전제하고 있다. 정말 육아는 하찮은 일인가? 결코 그렇지 않다. 다만 당시에는 육아가 경제적 가치로 환산되지 않았기 때문에 하찮은 일로 생각되었던 것이다.

육아를 했던 수년 동안 아이 양육이 귀찮다거나 지루하다거나 하는 생각을 할 겨를조차 없었다. 너무 바빠서 신문 한쪽 들여다볼 틈도 없었다. 바깥세상이 어떻게 돌아가고 있는지 알 바 없었다. 아이들은 매일 매일 다른 모습으로 변화를 보이며 어른들에게 기쁨을 주었다. 허공을 바라보던 시선이 엄마와 눈을 마주치고, 웃고, 옹알이하고, 뒤집고, 기고, 책상 모서리를 잡고 일어서고, '바로바로' 서고, 걸음마를 떼고, 걷고 달린다. 쥐엄쥐엄, 도리도리, 짝짜꿍, 음마음마 말을 배우기 시작한다. 하루하루가 변화의 연속이었다.

내가 육아에 몰두해 있을 때, 실력파 친구들은 모두 결혼 적령기를 넘기지 않고 제때에 시집가서 자녀들이 장성하여 대부분 중학생 학부모가 되었다. 한 달에 한 번씩 갖는 친구들 모임은 지속되었다. 수유리 전망 좋은 집에서 살 때, 우리 집에서 모임을 가졌다.

그때 친구 대부분은 아파트에 거주했다. 우리 집은 연탄보일러로 난방을 할 때였다. 지은희가 뜨뜻한 방에 등을 대고 누우며 이런 말을 했다.

"한국 사람들은 등을 지지는 것이 최고야."

그 뒤로 모임 규칙을 바꾸었다. 한 명씩 순서대로 돌아가며 집으로 초대모임을 갖던 것에서 광화문에 있는 음식점 〈복청〉에서 한 달에 한 번 모이기로 했다. 여성들의 모임은 단순히 수다만 떠는 것이 아니라 서로 유용한 정보를 교환하는 역할도 톡톡히 한다. 이문자가 가르쳐 준 '달래양념간장' 레시피는 안동 잔치국수를 만들어 먹을 때에 아낌없이 쓰였다. 한강 강변 둑에서 늙으신 어머니 요실금에 좋다는 질경이를 직접 뜯어서 달여 드린 전계희의 효심도 친구들의 마음을 따뜻하게 만들었다. 늦은 나이에 결혼한 내가 세 살과 네 살, 연년생 두 자녀를 한 손에 한 명씩 잡고, 모임 장소에 나타났을 때 김길자가 핀잔을 주었다.

"얘. 너는 가족계획협회를 십 년씩이나 다녔다면서 어떻게 연년생으로 자녀를 출산하여 골몰에서 벗어나지 못하니?"

지당하신 말씀이다. 그러나 이론과 실천 사이에는 항상 괴리가 있게 마련인 것을!!!

V 부

애플컴퓨터 별자리 점괘와 역마살

1. 여성학과에 입학하다

두 아이가 각기 일곱 살, 여섯 살 되던 10월 하순 즈음 고된 육아의 짐을 약간 덜게 된 때에 세상이 어떻게 돌아가는지 신문을 읽을 짬이 생겼다. 마침 신문 광고란에 이화여대 대학원 신입생 모집 공고가 실렸다. 대학원 과정에 여성학과가 신설된 것이 눈에 띄었다. "아, 참 내가 여성문제에 집중하겠다고 다짐했었지." 숙제를 끝맺지 못한 찜찜한 마음이 들어 불현듯 다급함이 밀려왔다. 입학원서를 내겠다는 결심이 서자 일사천리로 서류를 준비했다.

지원 서류에 지도교수 추천서가 들어 있었다. 우리 동기생들 가운데 모교 영문과 교수로 있는 최영을 찾아가 자문을 구하기로 했다. 최영은 동양통신 근무를 그만두고 1972년 미국으로 건너가 오클라호마 대학에서 영문학을 전공하고 모교에서 후배들을 가르치고 있었다. "나영균 선생님께 추천서를 받고 싶은데 어떻게 하면 되겠니?"하고 물었다. "인사드리러 갈 때 참스(charms) 사탕 한 통 사면 충분해. 책 읽을 때, 심심풀이로 요긴해."라고 알려 주었다. 나 선생님께는 영문과 졸업하고 두 번째 찾아가는 셈이었다. 지난번 영국 카디프대학에 갈 때 빈손으로 찾아가서 추천서를 받았던 일이 생각나면서 부끄러운 마음이 들었다. 공자도 남을 방문할 때는 소략한 선물을 가지고 가는 것이 좋다고 하였거늘. 선생님은 이번에도 흔쾌히 추천서를 써 주셨다. 내가 준비해 간 카디프대학 졸업논문 사본을 몇 장 들춰보시더니 아무 말씀 없이 곧장 쓰셨다.

뒷날 총동창회에서 선생님을 뵙기는 하였으나, 재학생 때 특출한 학생도 아니었고, 추천서를 써주신 기억도 못 하실 텐데, 선뜻 앞에 나서서 인사드리기가 머뭇거려져서 그냥 뒷전에 가만히 서 있기만 했다. 이 말을 전해 들은 김경옥은 "그렇지 않아. 선생님은 모든 걸 다 기억하고 계셔." 그런데 그 뒤로는 총동창회에 선생님이 나오시지 않았고 코로나 때문에 모임도 사라졌으니 난감할 따름이다.

또 필요한 서류는 '연구계획서'를 써내야 했다. 관심을 가지고 공부할 연구 주제들을 차근차근 써서 제출했다. 필기시험이 없었고 면접시험만 치렀다. 따라서 연구계획서가 당락을 가름할 주요 서류일 것이었다. 평시 소신대로 1. 한국여성사 바로 쓰기 2. 서양급진주의 여성해방이론의 수용에 따른 문제점 고찰 3. 한국 여성운동 이념정립 등을 써냈다. 면접시험 보는 날, 면접관은 김영정·조형 선생님과 또 다른 한 분이 있었던 것으로 기억한다. 13명이 지원해서 7명이 선발되었다.

83년 봄 학기부터 3기생으로 수업을 시작했다. 첫 학기인 우리들은 상급 학생들과 수업을 같이 들었다. 생경한 외국 여성들 – '줄리엣 미첼'이나 '오랭쁘 드 구쥬–'의 이름들이 거명될 때마다 처음 듣는 이름들이라 주눅이 들었다. 2기 학생들은 대부분 운동권 출신들이 들어왔다. 2기생들 6명 모두는 3월 말 대학원이 직접 관리하는 첫 영어시험을 통과한 사람이 한 명도 없었다고 했다. 당시 김영정 선생님이 학과장을 맡으셨는데, 우리 기수부터 입학생들을 선발할 때 운동 경력이 아니라 학부 성적을 많이 참조했다고 한다.

대학원 입학 전형에 필기시험이 없는 대신 입학한 뒤 3월 말에 대학원에서 주관하는 영어 필기시험을 보아야 했다. '영문과 출신이 영어시험에 낙방하면 무슨 창피일까' 생각했다. 영어시험에 대비해 신입생들 대부분이 수강하는, 대학원에서 개설한 영어특강을 나도 신청했다. 강의자는 영문과 동기생 최영 교수였다. 우린 서로 모른척했다. 시험 범위는 강독한 책 한 권이었고, 친구이지만 시험에 관해 물어보는 것은 정당한 일이 아니었기에 묻지 않았다. 극성 수험생들은 최영 선생이 강독할 때, 턱 밑에 녹음기를 가져다 대놓고 녹음했다. 채점자가 답안지 채점을 할 때 공정을 기하고자 이름을 막고 채점했다. 그 결과 시험에 무사히 통과했으니 전적으로 내 실력이었다고 말할 수 있겠다. 합격 점수는 70점 이상이었다.

우리 기 학생들 가운데 1명은 당시 아버지가 유명한 정치인이어서 학과 분위기에 적응을 잘 할 수 없었는지 1학기를 끝내고 나서 휴학했기에 6명으로 줄어들었다. 강숙자 · 김홍숙 · 김혜경 · 이춘호 · 한혜경 · 허향이었다. 수업시간에 과제 발표를 할 때 당시에는 컴퓨터가 없어서, 페이퍼 발표 내용을 수기로 작성했다. 원본을 여러 번 복사해 선생님과 학생들에게 나누어 주고 발표를 했다. 복사할 때 주로 도서관 복사기를 이용했었다. 김영정 선생님 시간에 《Women in Western Thought》책을 강독했다. 서양 철학자들의 여성에 대한 견해가 어떠했는지를 살펴보았고, 다음 토론으로 이어지는 시간에 김영정 선생님은 "… 뭐 좀 조화調和와 같은

이런 것(사상)으로 (평등문제를) 해결할 수 없을까?"라고 토론 의
제를 던지셨다. 그랬더니 2기생 한 명이 "십자가의 정신도 대결이
아닙니까? 대결이 답이지요."라고 응수했다. '아니, 십자가 정신이
대결이라고 누가 말했나?' 매우 낯선 느낌을 받았다. (연동교회 원
로 목사님은 십자가의 정신은 화해라고 설교하셨다.)운동권 출신
의 2기생들은 모두 전의戰意에 불타는 듯 했다.

　1983년 5월에 여성문제를 전담하는 국책 연구기관인 한국여성
개발원이 발족하면서 김영정 선생님은 개발원 초대 원장으로 가시
고 교육학 전공의 정세화 선생님이 과장으로 부임하셨다. 김영정
선생님은 김대중 정부 때에, 제2정무장관, 즉 초대 여성문제 담당
장관을 역임하셨다.

　'여성학'을 'Women's Studies'로 이름 부른다. 여성에 대한(On
women), 여성에 의한(By Women), 여성을 위한(For women)
학문으로 정의하는데 모든 여성학자가 동의한다. 그러나 여성을
위한 학문의 구체적 지향점, 즉 여성을 해방하기 위한 대안對案 제
시에서 다양한 견해들이 있다. 즉 기존의 남성 중심적인 학문 연구
방법론을 해체하여 여성의 시각(Women's Perspective)으로 재
조명해야 한다는 데에는 다른 의견이 있을 수 없다. 그런데 여성들
도 나이에 따라 노老와 소少로 갈리고 결혼 여부에 따라 기혼과
미혼, 계층에 따라 노동자와 중산층으로 나뉜다. 따라서 여러 갈래
의 여성해방이론이 있다. 이른바 자유주의 여성해방론(Liberal
Feminism), 마르크스주의 여성해방론(Marxist Feminism), 급
진주의 여성해방론(Radical Feminism), 생태주의 여성해방론
(Eco-Feminism),탈근대여성해방론(Post-modern Feminism)
등이다. 생태주의와 탈근대 여성해방론은 내가 여성학과를 막 졸
업하자마자 새로이 등장한 학문의 갈래들이다.

우리 동기생들은 나와 나이 차이가 너무 나서 처음엔 까마득한 후배가 '아줌마'라고 불러서 너무 충격을 받았다. 친해진 다음엔 언니라는 호칭을 썼다. 나보다 띠동갑 아래인 김홍숙·김혜경과는 수업이 끝나고서도 서로 모여서 이념에 대해 각자 찬성과 반대 토론을 끊임없이 이어갔다.

여성학은 '여성이 역사시대 이래로 차별받아 왔다'는 전제에서 출발하기 때문에 어떻게 차별받아 왔는지를 서양여성사에서 밝히는 작업이 우선되어야 한다. '역사'를 영어로 'History'로 번역한다. 즉 역사는 남성들 이야기(His story)만 기록되어 있다. 그것도 지배계층의 남성들 이야기로만. 따라서 서양 여성학자들은 여성 역사(Her Story)를 다시 써야 한다고 주장했다. 서양 여성사학자들은 15세기에서 17세기에 이르는 200년 동안 유럽에서 '혼자 사는 늙은 여성들'을 마녀로 낙인찍어서 화형에 처했던 기록들을 찾아내고 분노했다.[1] 이 마녀사냥은 남성들 중심의 역사에서는 누락되었던 역사였다. 그리고 자유와 평등의 이념을 바탕으로 대의代議 민주주의의의 시작을 연 근대近代가 과연 여성에게도 자유와 평등을 보장했는가에 대해서도 의문을 제기했다.

외래 초빙교수로 손덕수 선생님이 여성해방 갈래 이론을 강의하였다. 나는 대학을 졸업한지 10년이 넘었기에 교칙에 따라 학부 강의 3과목을 추가로 수강해야 했다. 기독교학과가 개설한 기독교 윤리와 사학과의 수업 2과목을 택해서 들었다.

83년도 가을 2학기에는 성신여대 박용옥 선생님을 초빙하여 〈한국근대 여성운동사〉를, 과장 선생님의 강의 한 과목을, 그리고 사학과에 개설된 고려대 강진철 선생님의 〈고려토지제도사〉를,

---

1) 전기 급진주의 이론가인 파이어스톤은 200년 동안 100만 명에 달하는 여성들이 화형에 처해졌다고 했다.. 과장된 숫자라는 비판이 뒤따랐다.

장상 선생님의 〈여성과 신학〉 그리고 학부 사학과 이배용 선생님의 한국근대사 강의를 청강했다. 한국근대 여성운동사 강의를 들으면서 한국 여성사에 대한 새로운 시각을 가지게 되었다. 박 선생님은 한국 여성운동을 추동하는 사상인 '평등'을 서양 근대 계몽주의 사상에서 영향을 받은 것이 아닌, 한국 사상에서 그 연원을 찾았다. 즉 동학사상에서 남녀평등관을 찾아내었다.

여성신학자들은 일반 교회에서 흔히들 "하나님 아버지"로 호칭하는 것은 가부장제의 산물이며, 하나님은 원래 남성도, 여성도 아닌 영靈이시기 때문에 "하나님 어버이"로 불러야 마땅하다고 주장했다.

2. 남편 사업 부도와 주부 대학원생의 삶

    중간 시험기간도 끝나고 11월 하순으로 접어들면서 남편 사업이 위태위태하더니 12월 중순에 기어이 부도가 나고 말았다. 내가 남편 사업을 위해 끌어들인 돈은 친구 2명과 여동생에게서 약간의 돈을 빌려서 회사에 맡긴 것이 전부였다. 내가 직접 빌린 돈은 직장 다니면서 모아 둔, 결혼비용을 빼고 남은 돈으로 친구와 여동생에게 진 빚을 갚았다. 그러한 와중에 학부 수강 과목 시험을 치렀고, 기말 리포트도 써서 제출했다. 다만 강진철 선생님의 〈고려토지제도사〉 과목 기말 리포트는 책을 읽으며, 준비하고 있었다. 선생님께 전화를 드려서 집안 사정을 이야기하고 제출 기한을 닷새만 늦춰 달라고 요청했다. 선생님은 결석도 없었고, 중간 중간 발표도 했으니, 사정이 어려운데 굳이 기말 리포트 제출을 하지 않아도 점수를 주겠다고 하셨다. 그러나 나는 시간의 여유만 주시면 꼭 제출하겠다고 약속드렸다. 정확하지는 않지만, 한량閑良에 지급한 전시과田柴科 제도에 관한 리포트를 썼던 것으로 기억한다. 한

량은 고려 말기에 직첩, 직함은 있으나 직사職事가 없는 무직 사관과 직역이 없는 사족의 자제를 말한다. 선생님은 A 점수를 주셨다. 지금은 고인이 되신 선생님께 감사의 말씀을 드린다.

12월과 이듬해 1, 2월, 3개월 동안 집 생활비를 받지 못했다. 내게 있던 얼마의 돈으로 간신히 끼니를 해결했다. 식비를 아끼려고 밥은 전기밥솥에 아침에 한 번 해서 아침과 저녁 두 번 나누어 먹었다. 점심은 밀가루 부침개를 만들어서 때웠다. 그리고 여성학과 후배 윤양헌이 가르쳐 준 레시피로 밀가루 수제비를 종종 만들어 먹었다. 수제비에 감자도 썰어 넣고, 미역도 함께 넣어서 끓이면 구수한 맛을 내며 그런대로 맛이 있었다. 저녁이 되면 아이들은 아침에 한 찬밥(당시 전기밥솥은 보온 기능이 없었다)이라도 자신의 밥그릇에 더 많이 퍼 달라고 서로 다투었다. 그런 아이들을 보면서 배불리 먹는 일이야말로 인간에게 얼마나 중요한지를 깨닫게 됐다. 평시에는 몰랐었는데, TV 드라마 화면에 식구들이 모여 앉아 맛있는 음식이나 과일 먹는 장면이 왜 그리도 많은지. 그럴 때마다 아이들은 "저것 먹고 싶어. 저것 좀 만들어 주세요."라고 보챘다. 나도 침을 꿀꺽 삼킬 정도였으니, 아이들은 오죽 먹고 싶었을까! 먹는 것에 대한 인간의 기본 욕구를 채우지 못한 자들의 비참하고도 야속한 심사를 늦게나마 체험할 수 있었다.

크리스마스와 새해가 지나는데도 우리 집에는 아이들에게 과자 한 봉지를 사 들고 찾아오는 친지가 한 사람도 없었다. 혹시나 경제적 도움을 우리 측에서 요청할까 봐 두려워서였을까? 사람들의 인심이 참으로 야박하다는 것을 깨달았다. 단 하나 예외가 있었다. 크리스마스 무렵 아이들 외숙모, 즉 내 올케언니가 송암교회 구역장과 함께 위로차 방문했다. 작은 케이크 상자를 하나 들고서, 아이들이 그 케이크 상자를 보고 어찌나 기뻐하던지 그때 아이들 표정을 지금도 잊을 수가 없다. 결혼한 뒤로는 교회도 제대로 나가지 않았었는데 구역장 방문은 콧등을 시큰하게 했다. 세 사람은 함께 머리 숙여 기도드렸다. 구역장의 기도는 간절함을 담았고 응답받을 수 있다는 믿음을 안겨주었다.

부도가 나면 제일 먼저 의식주衣食住 문제에 직면해야 한다. 주거는 반지하 방 둘 딸린 셋방으로 이사했고, 음식은 간소한 먹거리로 대체했다. 의복 문제도 그런대로 큰 어려움을 겪지 않았다. 한 번은 김광자가 논현동 살 때 집으로 놀러 갔었다. 점심도 대접받고 이런저런 세상 이야기하면서 재미있게 환담하고 놀았다. 돌아올 때 광자가 둘째 딸 오령이가 입던 옷인데 이젠 작아서 못 입으니 연주에게 입히라며 원피스를 포함한 옷가지 서너 벌을 내놓았다. 오령이가 싫어하니까 얼른 종이 가방에 넣고서 아이들이 학교에서 돌아오기 전에 집으로 출발했다.

연주는 제 이종 언니 옷도 많이 물려받아 입었다. 한 번은 박경리 선생님이 통인동 한옥 셋집을 방문하셔서 초등학생이었던 아들과 딸에게 예쁜 겨울 점퍼를 선물해 주셨다. 나는 주로 여동생이 입던 옷을 물려받아 입었다. 지금 뒤돌아보면 매일 1시간씩 빠지지 않고 3개월 넘게 하나님 아버지께 간절한 마음으로 매달리며 기도드렸던 적은 그때가 유일하지 않았나 싶다.

1984년 3월 개학을 앞두고 공부는 계속해야겠다고 다짐했다. 그럴라치면 학비가 문제였다. 나는 정세화 과장 선생님 댁을 빈손으로 찾아가서 사정을 말씀드렸다. 남편의 사업 부도로 학비 마련이 어려우니 과 조교를 맡겠다고 했다. A급 조교는 학비 전액을 지원받지만, 주 5일을 조교로 근무해야 한다. 물론 수업 듣는 시간은 제외되지만. 어린아이들 때문에 결국 A급 조교는 포기하고 B급 조교를 맡기로 했다. B급 조교는 일주일에 이틀 반을 학과 사무실에서 자리를 지키고 근무하면 되었다. 그 대신 등록금 반액만 지원받는다. 당시 대학원 등록금은 300만 원 정도였는데 나머지 150만 원은 여동생에게 맡겨 두었던 돈을 받아 마련해서 84학년도 1학기 등록을 마쳤다. 남편의 사업 부도가 때로는 가정의 해체까지 몰고 오는 사례도 빈번하였기 때문에, 과장 선생님은 공부에 전념할 수 있을지를 염려하셨다.

사실 부도낸 집의 사정들을 보면, 빚쟁이들이 떼 지어 몰려와서 안주인 머리채를 잡아 흔들고 패대기치며, 자신들의 피땀 어린 돈 내놓으라고 난리를 치는 일들이 다반사였다. 나는 내가 책임질 일은 내가 책임졌기 때문에 그런 일은 일어나지 않았다. 은행 빚은 담보로 잡힌, 살던 집을 비우면 해결할 수 있었다. 그런데 어느 일요일 아침 회사에 사채를 넣은 은퇴 영업 여직원의 남편이 불쑥 찾아와서는 다짜고짜로 남편의 뺨을 후려갈기며 분풀이를 해댔다. 이를 본 아들은 어린 마음에 큰 상처를 받았을 것이다.

3월이 되어 가까운 주변 여러분들의 도움으로 회사 일도 수습되었다. 빚은 사장 개인이 떠맡았고, 법인 회사로 새롭게 출발했다. 새 학기 시작하기 전에 은행에서 경매에 넘긴 살던 집을 명시한 날보다 먼저 비워주고 우리는 수유동 반지하 방 두 칸짜리 전셋집으로 이사했다. 그때 두 아이 돌잔치 날 받은 금반지와 금팔찌를 팔아서 겨우 750만 원의 전세금을 마련하였다.

옛날 도덕군자들이 지향했던 단표누항單瓢陋巷의 삶을 뜻하지 않게 경험했건만 안빈낙도安貧樂道의 경지에 이르지 못한, 속세에 때 묻은 한 인생의 처량한 속사정을 어찌 다 필설로 표현할 수 있겠는가?

3월 학기가 시작되면서 바쁜 나날을 보냈다. B급 조교로 이틀 반을 과사무실에서 근무하며 3학점 3과목을 수강해서 공부하랴 아이들 돌보랴 눈코 뜰 새 없이 바빴다. 3월 학기에 아들은 초등학교에 입학하여 1학년이 되었고, 딸은 유치원에 보내야 했지만, 유치원 학비가 비싸 보낼 처지가 못 되어 집에서 놀게 했다. 집에는 진작부터 와있던 시골 친척 언니가 아이들을 돌보며 살림을 도와주었다. 내 어린 시절 초등학교 과정은 한국 전쟁 바로 뒤여서 마음껏 놀면서 학교생활을 한 것 같았다. 내 경험에 비추어서 1학년은 놀면서 다녀도 되는 줄 알았다. 그런데 1학년 아동들에게 부과하는 과제물과 준비물이 그렇게 많은 줄 몰랐다. 이를 안 것은 거의 학기가 마무리될 때였다. 아들에게 늘 마안한 마음을 갖는다. 준비물을 가져가지 못해서 날마다 선생님에게 주의를 들었을 아들의 처지를 지금 생각해보면 말이다.

또 딸은 유치원에서 친구들과 떠들고 놀고 노래 배우고 율동하며 지내야 할 시기에 집에서 혼자 도우미 언니와 지내야 하니, 심심하기 이를 데 없었을 것이다. 저녁에 학교에서 돌아와 보면, 딸의 내복 무릎이 다른 곳과 달리 조금 때가 묻어있었다. 왜 그러냐고 언니에게 물으면, "연주(딸 이름)가 막무가내로 자신이 방을 걸레질하겠다고 해서 하게 두었다"고 했다. 심지어는 빨래할 때 깔고 앉는 앉은뱅이 의자에 올라서서 싱크대에서 설거지까지 했다고 한다. 그만큼 혼자 노는 일이 심심해서 무슨 일이라도 해야만 직성이 풀리던 때가 아니었나 싶다.

2학기에도 B급 조교를 하고 등록금의 반은 동생에게 맡겨 놓았던 나머지를 찾아 보태서 등록을 마쳤다. 2.5일을 과 조교 일을 보아야 하고, 수업도 들어야 하니까 여전히 바쁜 나날을 보냈다. 딸 연주는 2학기에 유치원에 등록했다. 친구들 사귀랴 학령전교육을 받으랴 나름대로 바쁜 시간을 보냈다. 도우미 언니는 반지하 전셋집이라도 자그마한 자신의 방이 있었는데, 보아하니 대단한

월급을 받을 가망이 없어서인지 '단봇짐'조차 싸지도 않고서 어느
밤에 야반도주하고 말았다. '가진 돈도 없이 어디 가서 무얼 할까'
꽤나 걱정을 했다. 한참 뒤에 결혼 때 받은 금반지 한 쌍이 없어진
것을 알았다. 오히려 마음이 놓였다. 그걸 팔아서 차비라도 챙겼겠
지 하고서.

여름이 지나고 나서 당시 주택공사가 지은 방 셋, 부엌, 화장실
이 있는 국민주택으로 전셋집을 옮겼다. 마당은 꽤나 넓어서 아이
들이 뛰어놀기에 아주 좋았다. 아이들에게 대문 열쇠를 아예 주었
고, 학교에서 돌아오면 자신들이 대문을 열고 집을 지키라고 했다.
아이들은 도우미 언니도 없으니 마음대로 뛰고 놀았다. 말하자면
아이들을 방목放牧한 셈이었다. 학교에서 집으로 귀가해 보면 아들
양헌은 학교 마치고 친구들을 데리고 와서 한바탕 놀고 저지레 한
흔적이 여기저기에서 드러났다. 하루는 집안 일거리가 많아서 연
주에게 설거지를 좀 해주라고 부탁했더니 금방 거절당했다. 이유
인즉슨 자기도 '할 일이 많아서 무척 바쁘다'고.

학교에서 수업 듣고 조교 사무를 볼 때는 아이들 생각이 전혀
나지 않았다. 나이 어린 동기생들과 여성학 관점에 대해서 서로
치열하게 비판하고 토론했다. 그런데 저녁때 집에 갈 시간이 되면
갑자기 아이들 걱정이 한꺼번에 몰려왔다. 학교생활을 잘했을까
염려도 되었다. 미혼의 동기생들이 학생식당에서 저녁을 먹고 다
시 중앙도서관(이때는 이미 훌륭한 중앙도서관이 건립되었다.)을
향해 걸어 올라가는 뒷모습을 바라보고 부러워하며 나는 집으로
부지런히 발걸음을 옮겼다. 아이들 생각에 온통 마음이 급했다.
철부지 아이들은 곧잘 이런 말을 했다. "어머니가 낙제해서 학교를
그만두었으면 좋겠다"라고.

84학년도 1년 동안 B급 조교를 하면서 과대표를 함께 맡았다.

4학기를 끝내면 대부분 5학기에는 논문 준비에 들어간다. 그리고 졸업한 뒤에 무엇을 할까 고민이 시작된다. 당시 이화여대에 강사가 될 수 있는 자격은 타 대학에서 2년의 강사 경력이 있어야만 했다. 학생들 사이에서는 이 조항이 불합리하다는 의견들이 제기되었다. 대학원에 여성학과가 설치된 곳은 이화여대 밖에 없는데, 그리고 학부에서 여성학을 교양과목으로 가르치는 대학이 아직은 한국에서 많지 않은데 어디 가서 2년의 강사 경력을 쌓아야 하는지 도무지 앞일이 막막하다는 의견들이었다. 학생들은 여성학과 졸업생들이 먼저 본교에서 강의 경력을 쌓을 수 있도록 해달라는 건의를 과장 선생님께 전달하자고 하였다. 물론 과대표를 맡은 내가 선생님께 직접 건의하였다.

과장 선생님은 학생들이 학사규칙에 대해 수정을 요구한다는 자체를 놀랍게 받아들이셨다. "교육학과 학생들은 하고 싶은 말이 목에까지 차올라도 감히 입을 열지 못하는데 여성학과 학생들은 참 용기가 많다."라고 하셨다. 그런 다음 조교 경력을 강의 경력으로 쳐주는 규칙이 있다며 선생님이 일보 양보하셨다. 따라서 우리 기수 학생들부터는 조교 보직을 원하는 학생들에게 공평하게 기회를 주도록 학과 규칙에 규정하였다.

제때에 학부를 졸업한 젊은 동기생들은 4학기(2년)가 끝나서 5학기부터는 대부분 논문 학기로 들어갔다 나는 학부를 졸업한 지 10년이 넘은 늦깎이 대학원생으로 입학했기 때문에 학부 과목 9학점을 더 따느라 4학기 안에 이수과목 모두를 마치지 못했다. 5학기에도 한 과목을 더 수강해야 했다. 등록금은 내지 않아도 되었고, 1과목 수강에 수강료 12만 원 정도를 납부한 것으로 기억한다.

수강과목은 이효재 선생님의 〈제3세계 여성〉이었다. 하루는 수업시간에 들어오셔서 큰 손가방을 한참 동안 이리 뒤지고 저리 뒤지고 하시다가 선생님은 결국엔 한탄하셨다. "늙으면 모두 죽어야 돼." 선생님은 어제 저녁 늦게까지 오늘 강의 자료를 잘 정리해 놓으셨는데, 그만 그 노트를 빠트리고 오셨다는 것이었다.

당시 중강당 건물을 대학원관으로 사용했기 때문에 수업은 주로 중강당 세미나실에서 진행되었다. 김호순 선생님의 〈여성과 문학〉, 신옥희 선생님의 〈여성과 철학〉 정대현 · 조형 선생님의 〈여성학연구 방법론〉 장필화 선생님의 〈산업사회와 여성〉 조옥라 선생님의 〈여성과 인류학〉, 정세화 선생님의 〈여성과 교육〉, 장상 선생님의 〈기독교와 여성〉, 기독교학과에서 조직신학을 담당하신 박순경 선생님의 〈여성 신학〉 등의 과목을 수강하였다.

80년대 초반 내가 대학원생이었을 때, 이화여대 캠퍼스에는 오전 11시 50분이 되면, 100여 명 되는 여학생들이 '졸업정원제 철폐'와 '직선제 개헌'을 요구하는 구호들을 외치며 운동장에서 시위를 벌였다. 청바지에 운동화를 신은 간편한 복장으로. 당시 교내에 배치된 사복 경찰들에게 잡히지 않으려고 떼를 지어 달리면서 구호를 외쳤다. "졸정제 폐지", "직선제 개헌."

전두환 정권 때 대학 입학 정원을 늘이는 대신 졸업 때에 일정한 수준에 이르지 못하면 수료는 되지만 졸업을 못하게 하는 '졸업정원제'를 실시했기 때문에 이를 폐지하라는 구호, "졸정제 폐지"가 등장한 것이다. 어느 때는 과격한 학생들이 옛날 낡은 학생관 건물 5층 창틀에 올라서서 구호를 외치기도 했다. 그러면 재빨리 수위 아저씨들이 창문 밑 길바닥에 푹신한 매트리스를 깔고 그 위에 그물망 네 귀퉁이를 들고 서서 혹시 학생이 뛰어내리더라도 다치지 않게 만반의 준비를 했다. 마치 일제 강점기 시기 평양에서 여성노동운동을 이끌었던 강주룡[1]을 연상시켰다. 오후 세네 시가 되면 연세대와 이대의 시위대를 진압하느라 마구잡이로 전경이 쏘아댄

최루탄 냄새가 이대 교정을 가득 메웠다. 당시 중강당 5층에 있던 대학원 도서실에서 공부하다가 매캐한 냄새 때문에 더이상 견딜 수 없어 책가방을 싸서 후문에서 버스를 타고 집으로 올라치면 온 신촌 일대가 최루탄 냄새로 가득했던 기억이 떠오른다.

　당시 한 학기에 18주 수업이 규정이었다. 7월 중순까지 냉방 시설이 없는 중강당 세미나실에서 무더운 날씨, 나른한 분위기에서 수업을 받았던 기억이 생생하다. 4.19 의거 기념일을 맞이할 때면 대학마다 강력한 시위가 빗발쳐 전두환 정권은 18주에서 16주로 수업일수를 단축했다. 그렇게 되면 4.19 의거 기념일이 학기 중간시험 기간과 맞물리기에 따라서 학생들 시위 참가가 소극적일 것이라는 판단 때문이었다. 정치 상황 때문에 애꿎은 학생들 수업 일수만 줄어들었다. 이러한 시위는 1987년 노태우 대통령 후보자의 '직선제 수용 6.29 선언'으로 수그러들었다.

---

1) 강주룡은 평양고무공장 여성노동운동가로서 을밀대에 올라가 시위를 한 최초의 고공농성자였다. "이 지붕에 사다리를 놓으면 뛰어내리겠다"고 하였으나, 8시간 만에 끌려 내려왔고, 옥중단식으로 몸이 쇠약해져 1932년 평양 빈민굴에서 32세의 나이로 숨을 거두었다.

3. 애플컴퓨터 별자리 점괘와 역마살

 1984년 봄 학기 내가 B급 조교로 근무하던 시절에 이화여자대학교는 최초로 '애플(Apple) 컴퓨터'를 사무기기로 도입했다. 여성연구소에도 애플 컴퓨터 1대가 설치되었다. 여성학과는 여성연구소와 함께 같은 사무실을 나누어 썼다. 옛날 영문과 학생들의 생활관이었던 영학관 건물을 여성연구소가 사용했는데, 여성학과는 거기에 더부살이를 한 셈이었다. 영학관 뒤에 있는 롱뷰(Long View)는 사법고시 합격을 위한 법대생들의 기숙사로 쓰였다. 처녀시절 직장에 근무할 때 IBM 레밍턴(Remington) 전동 타자기를 사용하여 1분에 340자를 너끈히 치던 실력이었건만 나는 컴퓨터 옆에 가는 것조차 두려웠다. 학부 가정학과를 갓 졸업하고 석사과정에 들어 온 까마득하게 젊은 후배 허순희 조교는 컴퓨터를 잘 다루어서 과장 선생님께 예쁨을 받았다.

 그 당시 동기생 김홍숙도 같은 시기에 조교를 함께 했는데, 나는 큰 도시락 통에 밥을 가득, 집에서 먹던 반찬도 가득 담아 와서 홍숙과 함께 나누어 먹었다. 홍숙은 혼자서 자취를 하니까 도시락을 잘 싸오지 않았다. 어느 날 점심시간 도시락을 먹고 난 뒤 한가한 시간에 후배 조교들이 컴퓨터 별자리 점을 보면서 나도 함께 보라며 내 생년월일을 물었다.

"언니, 여기 컴퓨터에 별자리 점보는 프로그램이 있는데 언니도 한번 해봐요."

"그래? 나는 음력 생년월일을 모르는데."

"음력은 필요 없고 양력이면 돼요."

나는 기독교인이라 점집 근처에는 한 번도 가본 적이 없었지만 '컴퓨터 별자리 점이야 어떠랴' 싶어 양력 생년월일을 대고 동참했다. 점괘 결과는 '발을 많이 움직인다'는 것이다. 쉬운 말로 풀이하자면 '발품을 판다'에서 '역마살이 끼었다'라는 해석도 가능했다. 그리고 다른 하나는 50대 중반에 직조로 돈을 많이 벌어서 인생 후반기에는 돈 걱정 없이 여생을 보낸다는 것과, 이름이 알려져서 멀리서 손님이 찾아온다는 내용도 있었다. 나는 '흥'하고 코웃음을 쳤다. 집이 은행에 넘어가서 방 2칸과 부엌 딸린 반지하 진세에 살면서, 학비 벌자고, B급 조교를 맡아 하느라 두 자녀를 도우미 언니에게 맡기고 거의 방치하다시피 한 나 자신을 곰곰이 헤아려 볼 때 점괘 결과는 너무 터무니없는 것으로 여겨졌다.

"아니, 내가 직조로 돈을 벌게 된다면, 그럼 동대문 시장에서 포목상을 해야 되는 것 아닌가?"

"언니, 꼭 그런 말이 아니라 펄프도 나무에서 나오니까 책 만드는 장사도 포함되는 걸 거야."

후배 홍숙은 내게 그럴듯한 설명을 했다. 펄프 이야기는 남편의 출판업을 가리키는 말이었다. 그때 40대 초반이었으니 십몇 년 뒤면 집 형편이 달라진다는 데도, 반가움보다는 현실과 너무 동떨어

진 듯해서 선뜻 믿기지 않았다. 그러고는 잊어버렸다. 대학 사회에
서 애플 컴퓨터 기기 도입은 아날로그(analogue) 시대에서 디지
털(digital) 시대로 전환을 의미했다.

*   *   *   *   *   *

이름이 알려져서 멀리서 손님이 찾아온다는 점괘가 먼저 이루어
졌다. 1987년 여름방학이었다. 나는 1987년 5월 말에 겨우 석사
논문심사가 통과되어서[1] 8월 말 졸업식을 앞두고 있었다. 그 전에
관례적으로 여성학과 졸업생들 논문을 요약하여 발표하는 세미나에
내가 발표할 예정이었다. 그 장소에 멀고도 먼 미국 땅 하와이대학교
에서 인류학을 가르치는 윤영구 선생님이 찾아오셨다. 선생님은
"강숙자가 누구냐?"며 나를 찾았다. 《여성연구》에 실린 내 논문[2]을
읽어 보았다고 했다. 마침 그 세미나에는 나와 견해를 달리하는
주류 여성학자들이 가득 몰려와서 내 발표에 대한 공격에 만전을
기하고 있던 때였다. 내가 발표를 끝내자마자 아니나 다를까 비판적
질문들이 벌떼처럼 날아들었다. 마침 윤 선생님이 계셔서 내 편을
들어주어 나는 기죽지 않고 발표를 마칠 수 있었다.

윤영구 선생님은 윤보선 전 대통령의 5촌 조카이자 전 서울대
총장을 역임한 윤일선 박사의 따님이었다. 또한 미국 하와이대학
에서 여성인류학을 가르치는 현역 교수였고, 연배로 따져도 훨씬
선배였기 때문에 한국에서 내로라하는 주류 여성학자들도 만만하
게 여길 상대가 아니었다.

---

1) 석사논문 심사 과정은 다음 장에 자세히 후술할 것이다.
2) 강숙자(1987) 〈한국 여성운동 이념정립을 위한 시론〉《여성연구》봄호, 서울: 한
   국여성개발원

　두 번째 점괘인 발을 많이 움직인다, 역마살에 대해 살펴보겠다. 1970년 가을에 열흘의 일본 도쿄 · 하코네 방문과 1973-74년 영국 카디프 · 런던 체류를 마치고 여행지로 들렀던 파리 · 로마 · 아테네 · 싱가폴 · 방콕 · 홍콩도 엄밀하게 따지면 역마살의 내력이 배어있었다. 1970년대 해외여행은 사실상 허가되지 않았던 국내 상황을 감안해 본다면 여러 나라를 자유로 여행할 수 있었다는 사실만으로도 정말 사회적 특혜를 많이 받았다고 하겠다.

　그 뒤 멈추었던 역마살은 결국 윤영구 선생님으로부터 다시 잇게 되었다. 선생님은 서울에 오셔서 다음 해 1988년이 미국여성학회 창립 10주년이 되는 해라고 했다. 이 10주년 기념 여성대회가 미국 미주리주 미네소타대학교에서 열린다고 소개하시면서, 한국 여성문제에 관해 주제 발표할 희망자들을 추천해 주시겠다고 했다. 강숙자 · 김홍숙 · 조성숙은 윤 선생님과 한 팀이 되어 〈한국여성운동의 과거 · 현재 · 미래〉의 주제를 공동으로 발표하기로 했다. 선생님이 모든 신청 절차와 초청장 받는 과정을 대신해 주셨다. 우리들은 각기 나누어서 논문 발표 준비를 하고 함께 모여서 토론을 하고 마침내 발표문을 준비해서 미네소타 대학에서 개최된 제10회 미국여성학대회에 참석할 수 있었다(김홍숙 불참석).

　내 역마살은 이듬해에도 계속되어 1989년 방글라데시 다카시에서 열렸던 독일 녹색당 여성들이 주도한 〈여성의 몸-인공수정에 반대한다〉 대회에 참석했다. 동남아 음식에 익숙하지 않은 나는 매일 날生 오이(cucumber)로만 일주일을 버텨내고 돌아와서 치과 치료를 받아야만 했다. 그리고 1990년에는 뉴욕 헌터대학에서 열린 〈세계여성학대회〉에 참석하고자 뉴욕에 가서 컬럼비아대학 기숙사에 묵었다. 그때는 김홍숙, 문경란 후배와 함께 참석했다. 뉴욕 5번가(Fifth Avenue), 센트럴 파크(Central Park), 엠파이어

스테이트 빌딩(Empire State). 자연사박물관을 관람한 것은 대회에 참석한 덤으로 얻었다. 이어서 뉴저지 Rutgers Univ.에서 열린 〈세계여성역사학자대회〉에 참석해서 그 대학 기숙사에서 지냈다. 마치고 난 뒤 강윤희가 데리러 와 윤희네 집에서 며칠 놀면서 박윤희와 그때 뉴욕에 살았던 김성희와 함께 맨해튼 어느 식당에서 저녁을 함께 먹으며 이야기꽃을 피웠다. 내 역마살은 그 뒤에도 이어져 가족과 함께, 친구들과 함께 아프리카와 중동지역. 북유럽을 뺀 여러 중요 도시들에 발을 들여 놓았다. 특히 출판인들과 함께 갔던 중남미—멕시코, 칠레, 페루, 아르헨티나—여행은 기억에 오래 남아 있다. 지금도 손꼽아 기다린다. 아직 발을 딛지 못한 미지의 도시를 향한 내 역마살 운명이 성취되기를!

　발품을 파는 일은 석사학위를 받자마자 1987년 가을학기부터 시작되었다. 한국외국어대학교 용인캠퍼스에서 여성학 강의를 처음 시작해서, 이문동 본교와 야간대학을 포함해서 성신여대, 남서울대학과 온양에 있는 순천향대학까지 출강을 나갔다. 어느 해에는 일주일에 22시간 강의를 한 적도 있었다. 1990년대에는 열심히 발품을 판 덕분에 한 달에 200만 원의 강사료를 받을 수 있었다. 나는 IMF 시기를 앞뒤로 돈을 많이 저축할 수 있었다. 그때 은행은 24%의 높은 이자율로 고객들을 유치했다. 은행에 돈을 맡겨서 돈이 불어나는 것을 보는 일이 즐거웠다.

　컴퓨터 점이 예언한 50대 중반이던 1998년, 나에게는 2억 5천만 원의 보통 예금이 있었고 6개월 뒤에는 5천만 원의 적금을 탈 예정이었다. 나는 3억 원으로 은행 대출을 안고 집 하나를 장만해 볼까 이리저리 머리를 굴리던 때였다. 하루는 거래은행인 국민은행 청운동지점에 갔더니 커다란 경매 벽보가 가운데 벽에 붙어 있었다. 은행 빚 3억 원만 갚으면 되는 공개 경매에 나온 물건으로서 서울지방법원 ○부에서 한 달 뒤 낙찰이니 관심이 있으면 10%인 3천만 원의 공탁금을 준비해 낙찰을 받으라고 은행차장이 나에게 권유했다.

나는 3천만 원을 수표 한 장으로 끊어서 지갑에 넣고 가서 공탁금으로 납부하고 지정한 경매 법정 방에서 입찰을 기다렸다. 그날 수십 건의 입찰이 있어서 방 하나를 가득 메울 만큼 사람들이 모였다. 대부분 경매 전문가들을 대동하고 왔으나, 나는 혼자였다. 한 전문가가 옆에서 경매 물건들을 소개하는 책자에서 내가 응찰하려는 건물을 살펴보더니 "이렇게 복잡한 물건을 사면 골치 아프다"고 조언했다. 이 건물은 효자동에 있는 다가구 주택이었는데 지상 3층과 반지하 작은 2가구를 합쳐서 모두 다섯 가구가 살 수 있었다. 1층에 방 둘과 지하 한 가구는 은행 후순위로 각각 소액 저당이 잡혀 있었다.

그러나 내 생각은 달랐다. 복잡하게 된 집일수록 상대적으로 응찰자가 적을 것으로 예상했다. 내 예상은 들어맞았다. 나를 포함해서 단 2명만 응찰했다. 나는 최저가격 3억에 1천 1백 2십 오만 원을 더 보탠 311,250,000원을 써냈고, 다른 이는 간단하게 3억 5백만 원을 적어 내서 내가 낙찰을 받았다. 아마도 후순위 낙찰자는 집 주인 측에서 내세운 사람이 아닌가 짐작한다. 낙찰을 받았으나 그 집은 곧바로 내 소유가 되지 못했다.

효선재孝善齋로 이름을 붙인 그 건물 1층에는 맏아들 가족, 2층은 둘째 아들 가족, 3층에는 부모가 살며, 반지하 2가구 가운데 하나는 전세를 주고, 다른 하나는 주인 할아버지가 알음알음으로 찾아오는 손님들에게 침을 놓아주는 장소로 사용하였다. 가족들이 한 장소에 모여 살기 위해 정성들여 지어서 입주한 지 얼마 되지 않는 주택이었는데(소유주는 아버지), 맏아들이 사업자금으로 집을 담보로 은행융자를 받았고, 이어 IMF를 맞아 경제사정이 나빠져 은행 돈을 갚지 못해 경매로 넘어간 것이다. 그런데 2층의 둘째 며느리가 은행을 상대로 소송을 벌였다. 어떤 내용으로 재판을 걸었는지 모르겠으나, 그 집 지을 때 둘째 며느리가 1억 5천만을 건축비에 보탰다는 소문이 동네에 퍼져있었다. 소송은 1년여를 끌다가 결국 은행이 승소해서 1999년에야 낙찰자인 내가 나머지 대금을 모두 지불하고 정식 건물 소유주가 되었다.

내 나이 만 55세가 되던 해였다. 나는 천여만 원을 들여서 1층과 지하에 후순위로 저당 잡힌 방들을 해지했다. 1층에는 멀리 안산에서 종로구 통의동 회사로 출퇴근하는 장인숙 편집장에게 8천만 원에 전세를 주고, 반지하 한 가구도 전세를 주었고, 방 둘이 있는 반지하 다른 한 가구로 나와 아들·딸이 이사해 들어왔다. 남편은 반지하는 싫다면서 통의동 전셋집에서 그대로 지내며 왕래했다. 3층에는 할아버지 내외가 이사 나가지 않고 계속 살도록 전세로 전환해 주었다. 그 집 맏딸이 전세금을 대신 내주었다. 2층에 사는 그 둘째 아들 내외는 꿈쩍도 않고 집을 비우지 않았다. 1984년 수유리 우리 집이 은행경매로 넘어갔을 때 나는 퇴거 기한 전에 집을 비워주고 반지하 전세로 이사를 나갔건만.

나는 명도소송을 하고 싶지 않아서 2층 둘째 아들 내외와 타협하려고 내용증명을 보냈다. '나도 은행경매로 집이 넘어간 경험이 있어서 당신 가족들의 심정을 십분 이해한다. 법적 해결인 명도소송은 가급적 피했으면 한다. 2층을 비워 줄 경우 기독교 정신으로 전세금에 상응하는 8천만 원을 주겠다.' 편집장에게서 받은 8천만 원을 둘째 며느리에게 지불하고 4억 원에 집을 산 셈 치려고 했다. 그런데 답이 없었다. 그 당시 방 3에 화장실이 둘 딸린 연립주택 전세금으로 8천만 원이면 자하문 밖 동네에서는 충분히 구할 수 있는 액수였다. 그래도 기다렸다. 맏아들을 통해 들은 둘째 며느리의 주장은 1억5천만 원을 주지 않으면 집을 비울 수 없다고 했단다. 자신이 이 집 지을 때 투자한 돈이 그만큼 된다고 주장했다. 물론 둘째 며느리도 돈을 보탰을 것이고 억울할 수도 있을 것이다. 그러나 그녀는 법적 권리를 주장할 아무런 증빙자료도 없으면서 그저 고집만 피운다는 생각이 들었다.

별다른 방도가 없어서 나는 명도소송을 제기했다. 그러자 그녀는 시아버지 집에 전세로 입주했다고 말을 바꾸었다. 둘째 며느리는 변호사를 샀기에 법정에서는 직접 마주치지 않았다. 그러면서 전세입주자들이 제일 먼저 하는 '확정일자'를 은행에 집이 넘어가느냐 마느냐 하는 시점에서 받았다. 첫 번째 재판이 열리던 날 법정에서 판사가 나에게 물었다.

"8천만 원을 주겠다고 했는데, 지금도 그 마음은 변함이 없느냐?"

아마도 내가 보낸 내용증명을 둘째 며느리가 증빙자료로 법원에 제출했는지 판사가 8천만 원 주겠다는 내용을 이미 알고 있었다.

"아니지요. 법적 소송을 하지 않는 조건으로 그런 제의를 한 것입니다. 지금은 이미 법적 소송이 진행되고 있으니 그 제의는 무효입니다. 법정에 드나들기를 좋아하는 사람이 이 세상 천지에 어디 있겠습니까? 나도 오늘 청심환 먹고 왔습니다."

판사가 흥정을 부쳐왔다. 만약 여기서 끝을 내면 얼마를 줄 용의가 있느냐고 물었다. 나는 흥정이란 것을 직감하고 3천만 원으로 대답했다. 그랬더니 판사가 5천만 원으로 조정하자고 해서 그러마고 했다. 5천만 원을 주면 깨끗하게 집을 비우라는 법원의 조정 판결문이 집으로 날아왔다. 어느 대학 국문과를 나와서 서울 어느 여학교에서 국어선생을 한다는 둘째 며느리는 1심 판결에 불복해서 항소했다.

둘째 며느리는 항소심에서 변호사 두 사람을 붙였다. 나는 항소에 반박하는 이유서를 자세하게 써냈다. '진정한 전세 입주자라면 이사와 동시에 확정일자를 받아야 하는 것은 삼척동자도 다 아는 사실인데, 이른바 대학을 마친 상식인임에도 이를 간과하였고, 집이 은행에 넘어가기 바로 전에 확정일자를 받은 것은 시아버지와 며느리 사이가 진정한 '소유주'와 '세입자' 관계가 아님을 보여 주는 반증이며, 둘째 며느리도 곧 소유주의 일원이라고 했다. 그리고 1심 판사가 5천만 원에 조정했음에도 이를 받아들이지 않고 1억5천만 원을 고집하는 것은 이 지역 전세금 시세와 맞지 않을 뿐 아니라 과도한 요구는 곧 며느리가 공동주인이라는 것을 은연중에 시사해 주는 것이고, 법이 보호하는 진정한 전세 세입자가 아니라는 사실을 말해 준다〉고 조목조목 지적했다.

항소심 판사는 나와 둘째 며느리를 법정이 아닌 법원 판사 사무실로 불러서 직접 조정을 시도했다. 그 날 처음 둘째 며느리와 대면했다. 물론 판사와 나, 그리고 판사와 둘째 며느리 이렇게 따로 따로 나누어 만나면서 합의를 이끌어 내려고 노력했다. 나는 3천만 원을 주겠다고 했고 그녀는 '삼척동자'와 비교당한 것에 자존심이 상했는지 앵무새처럼 1억 5천 만 원을 받겠다고 계속 되풀이해서 말했다. 조정에 실패한 판사는 항소심에서도 결국 패소 판결문을 그녀에게 발송했다.

그녀는 변호사를 2명씩이나 샀으나 항소심에서 패했다. 둘째 며느리는 대법원까지 상고를 했으나 상고심에서도 패했다. 이 패한 결과는 8천만 원이 결코 법이 보장하는 둘째 며느리의 권리가 아니며, 새로운 주인의 사적인 배려라는 사실을 여실히 보여주는 처사라고 하겠다. 이사 나갈 때 첫째 아들이 이사비용 2백만 원을 보태 달라고 요청해서 그렇게 하였다.

내가 2층으로 이사한 것은 2002년 12월 대통령 선거일 임시 휴일이었다. 1984년 2월 반지하 2칸 방 전세에서 시작해 일곱 번째로 가는 마지막 이사였다. 18년 만에 다시 '내 집 마련'을 하였다. 효자동 집 지하 주차장은 3층 할아버지가 스스로 비워줄 때까지 인내했다. 구리 동판으로 만든 옛 소유자 명패가 건물 벽에 박혀있는 것도 그들 스스로 떼어낼 때까지 수년 동안 기다렸다. 그리고 3층 옥상에 올라가면 수려한 북악산과 광화문의 아름다운 야경을 보며 사색에 잠기는 여유와 멋을 부릴 수 있었는데도 나는 할아버지 부부가 3층 옥상을 쓰도록 양보했다. 할머니는 옥상에서 햇볕에 빨래를 말리며, 상추와 쑥갓 따위의 야채도 손수 길러 나물거리를 시장에서 사지 않는 호사를 담뿍 누렸다. 할아버지 내외가 노년에 다리가 아파서 3층 계단을 오르내리지 못할 때, 나는 12년 동안 살던 효자동 집을 팔았다.

새 구매자는 집을 한번 휘익 둘러보더니 "뷰(view)가 좋구만" 한 마디 하더니 매매가 성사되었다. 할아버지 부부는 엘리베이터가 설치된 은평구 뉴타운 아파트로 이사를 했다. 우리 회사 편집장도 5년 동안 광화문 중심부에 살면서 두 자녀(딸과 아들)를 배화유치원에 보냈고 초등학생 시절에는 가까운 영국문화원이 주관하는 어린이 교육 프로그램에 자녀들을 참여시켰다. 교보문고에도 자주 아이들과 함께 들러서 책과 친해지는 좋은 습관을 가지도록 한 것도 모두 효자동에 산 덕분이라고 말한다.

50대 중반에 재물을 모은다고 한 점괘는 맞았으나, 애플 컴퓨터가 직조로 돈을 모은다고 한 내용은 틀렸다고 하겠다. 발품을 팔아서 모은 돈이었다. (사실 효자동 집을 판 돈은 현재 통의동 집을 살 수 있었던 종자돈이 되었다.) 언젠가는 펄프(직조)로 돈을 모을 수 있는 날을 손꼽아 기다려본다.

VI 부

여성사 · 여성학이론과 씨름하다

HER STORY

1. 여성학은 학문인가 도그마(dogma)인가

　김영정 선생님이 여성학과 과장으로 재임할 당시에 선생님은 토론 수업 시간에 남녀평등 문제를 가정에까지 끌어들이지 말자고 손을 내저었다. 여성의 사회적 법적 제도적 평등에 주안점을 두겠다는 뜻이었다. 그런데 1984년부터 여성학과 면학 분위기가 달라졌다. 외국에서 공부한 선생님 한 분이 전임으로 부임하면서였다. 서양 급진주의 여성해방론을 자세히 소개하자 학생들 사이에서도 서로 견해의 차이를 보였고 의견이 분분하였다. 당시 이대 학보사에서도 급진주의 여성해방론이 한국사회에 수용 가능한가에 대한 여성학과의 공식 견해가 무엇인지 정리해 달라는 요청이 있었다. 나는 5학기로 수업 한 과목을 듣던 때였다.

　아래 학기 후배 김명선(뒤에 여성신문 대표 역임)이 과대표로서 자유토론회를 주재하였다. 후배 김정희도 '서양 급진주의 이론은 우리나라에서는 발도 못 부친다'고 논평했다. 이러한 여성학과 분위기가 그 뒤 스멀스멀 분해되기 시작했다. 서양에서 학위를 받고 주로 사회학이나 인류학 전공자로서 각 대학에서 여성학 과목을 담당하는 젊은 여성학자들이 급진주의 이론을 중심에 놓으면서 여성학계 학풍을 주도하기 시작했다. 서양 급진주의 이론을 비판하면 반反여성학적 관점이라고 낙인을 찍었다.

3학기 여성학 연구방법론 수업 시간이었다. 가르치는 선생님과 처음으로 견해를 달리하였다. 나는 항변조의 발언을 했다. "여성이 역사시대부터 차별받아 왔다는 대전제에는 동의한다. 그러나 시대와 문화권에 따라 여성 차별에서 정도의 차이가 있다. 우리나라 역사에서 나이 많은 독신 여성에게 마녀라는 이름을 붙여서 화형에 처한 역사적 기록은 없지 않은가? 이론이 경험에서 도출된다면 한국 여성의 경험은 서양 여성 경험과는 다름이 있을 수 있다. 서양여성 경험을 바탕으로 이루어진 여성해방이론이 한국 여성에게도 무조건 적실성이 있다고 할 수는 없다. 여성학이 도그마(dogma)가 아닐진대 다른 견해를 가진 사람들도 얼마든지 의견을 발표할 수 있어야 한다. 학문으로서 여성학이 출발한 시기는 미국도, 한국도 매우 짧아서 지금 이론을 형성해가는 시기이기 때문이다." "억울하면 교수하세요." 돌아온 답이었다.

그러나 유익한 배움도 있었다. 최한기崔漢綺(1803-1879)의 개과천선적 공학改過遷善的 工學이 그것이었다. 여러 해방이론을 한 바구니에 담아서 서로 충돌하지 않고 친화적이면 담을 수 있고, 한 바구니에 담아서 서로 밀어내고 충돌하면 한 바구니에 담을 수 없다고 하였다. 개과천선이 무슨 뜻인가? 허물을 고쳐서 선한 데로 옮기는 것이 아닌가? 버릴 것은 버리고 취할 것은 취해서 더 나은 하나의 이론으로 종합하는 것으로 이해했다. 나에게는 매우 큰 시사점을 주는 연구방법론이었다. 그러나 어느 선생님과는 시각 차이가 있어서 학점을 고려하여 8주까지 수업을 듣고 기한 안에 그 과목 수강을 철회했다.

3학기 〈여성과 문학〉을 국문과 김호순 선생님이 강의하셨다. 선생님은 이남덕 선생님의 논문, 〈전통사회 여성의 힘〉을 소개 · 강의하셨다. 전통사회 여성은 일반적으로 남성에 견주어 지위가 낮으나 가족사회에서 여성은 주도권을 가지고 가족 구성원을 통제하였다고 했다. 나도 공감하였다. 수업 시간 발표 제목을 박경리 작가의 《《토지》에 나타난 윤씨 부인의 지위〉로 하고 열심히 자료를 찾았다. 소설 《토지》는 이미 오래 전에 3부까지 읽었기에 발표 준비는 순조롭게 진행되었다. 정해진 날, 수업시간에 윤씨 부인의 지위를 소설에 나타난 대로 높게 평가한 발표를 마쳤다. 윤씨 부인은 단순한 가사 노동을 감독 지휘하는 위치가 아니라 농경사회에서 한 해 농사의 수확과 지출 그리고 소작인들을 관리 통제하는 농업 경제의 처분권을 행사하는 지위에 있었다.

나의 발표에 선생님은 매우 기뻐하면서, 토론에 제기된 문제들을 수렴해 다듬으면, 1년에 한 번 발간하는 대학원 연구논문집에 수록하도록 추천하겠다고 하셨다. 그러자 주위 몇몇 학생들은 벌떼처럼 달려들며 한목소리로 '삼종지도三從之道', '칠거지악七去之惡'을 큰 목소리로 외치며 조선조 여성들의 지위가 열악했다고 반발하였다.

우리나라 사람들이라면 누구나 한 번쯤 삼종지도, 칠거지악을 들어보았을 것이다. 그렇다면 전통사회 여성들은 칠거지악 때문에 모두 내침을 받았단 말인가? 그리고 남편과 아들 말에 대꾸 한마디 없이 죽어지냈단 말인가? 실체적 진실을 밝히는 것이 학문하는 사람들의 소임일 것이다. 언제까지나 삼종지도 · 칠거지악 · 남존여비의 수준에서 머물러 있어야 한단 말인가?

학기가 끝나고 기말 페이퍼를 잘 다듬어 정리해서 김호순 선생님께 제출했으나, 선생님으로부터는 아무런 소식이 없었다. 7월 초 어느 날 후문에 내려서 중앙 도서관을 가려고 학관 언덕길 계단을 올라서서 과학관 건물을 막 돌아서니 저만치서 김호순 선생님이 걸어오고 있었다. 방학이 시작되어 캠퍼스에는 학생들이 드물었다. 나는 반갑게 달려가서 인사드리고, "선생님, 제 기말 논문을 대학원 연구논문집에 추천해 주신다더니 잘 진행되고 있나요?"라고 물었다. 선생님은 '빨리 추천하겠다'고 약속하셨고, 〈《토지》에 나타난 윤씨 부인의 지위〉의 기말 논문은 결국 대학원《연구논집》제13집에 실렸다. 선생님인들 학생들의 상당한 반발을 보고 어찌 주저하는 마음이 없었겠는가! 나는 한적한 캠퍼스에서 김호순 선생님과 우연히 마주치게 계획하신 전능자의 존재를 믿는다.

대학을 졸업하고 곧장 대학원에 입학하거나, 대학 졸업 10년 미만의 후배들은 4학기를 끝내고 5학기부터는 논문학기로 들어간다. 그런데 6학기(1985년 가을학기)가 되어서야 나는 온전한 논문학기를 시작할 수 있었다. 여성학과 입학할 때 제출했던 연구계획서의 주제들을 떠올렸다. 서양 급진주의 여성해방이론의 수용에 따른 문제점 고찰과 한국여성운동 이념 정립, 그리고 한국여성사 연구를 하겠다던 결심은 변하지 않았다. 이론이 경험에서 도출되는 것이라면 한국 여성들의 경험을 바탕으로 한 한국여성해방이론을 구축하는 것이 궁극적인 목표가 되어야 한다.

그렇게 하려면 현대 한국 여성들의 경험은 설문지를 돌려서, 참여 관찰로, 그리고 심층 인터뷰로 알아낼 수 있다. 그러나 오늘날 여성들의 의식이나 경험 가운데에는 전통에서 이어져 온 부분도 있을 것이다. 따라서 한국 전통사회 여성들의 경험 연구도 매우 중요한 부분이라는 당위성을 갖는다. 특히 〈여성과 문학〉 수업 토론시간에서 경험한 바, 여필종부女必從夫, 삼종지도三從之義, 칠거지악七去之惡, 남존여비男尊女卑의 단어로 전통사회 여성의 삶을

100여 년 넘게 재단하여 온 분위기가 학문의 전당인 대학사회에서 도 그대로 답습되고 있음에 적잖이 놀라지 않을 수 없었다. 그러기 에 한국 전통사회 여성들의 실존적 삶을 밝히는 연구가 우선되어 야 함은 당연하였다.

〈한국 전통사회 여성의 삶에 대한 연구〉1)를 논문제목으로 정하 고 지도교수를 물색하기 시작했다. 이대에 있는 여선생님들은 지 도하기를 꺼리실 것 같아서 83년도 가을학기 여성학과에 개설된 〈한국 근대 여성운동사〉 과목을 강의하셨던 성신여대 박용옥 선생 님께 찾아가서 부탁드렸더니 흔쾌히 지도교수를 맡아 주셨다. 선 생님은 서울대 사학과 학부를 졸업하고 고려대에서 석사, 박사학 위를 받았다. 박사 논문 제목은 〈한국근대여성운동사연구〉였다.

서양 여성사학자들은 '근대가 과연 여성들에게 발전이었는가?' 에 대한 문제제기를 한다. 계몽주의 사상에 힘입어 '인간은 태어날 때부터 평등하다'고 천명한 프랑스 혁명에서 채택한 〈인권선언〉은 일부 남성들에게만 허용되고 여성은 평등에서 제외되었기 때문에 오랫삐 두 구쥬가 따로 〈여권선언〉을 발표한 것이다. 전근대 전통 사회는 가정과 일터가 분리되지 않았던 가내수공업家內手工業 생산 이 주류를 이루었던 시기였다. 가정을 지키던 여성들도 당연히 노 동에 참여한 생산자(producer)였다. 전통사회 조선 여성들을 생 산자라는 관점에서 그들의 실존적 삶을 조명하기로 마음먹었다.

조선사회에는 내외법內外法이 있어서 남편과 아내의 직임을 규 정했다. 내외법은 거처의 구분과 직임職任의 구분으로 나뉜다. 남 편은 사랑채, 아내는 안채로 거처를 달리한다. 그리고 직임의 구분 으로 양반 남성은 외업外業, 즉 학문과 정치(관직)에 참여하였고

---

1) 이 졸업논문은 강숙자(1998)《한국여성학연구서설》서울: 지식산업사, 201-288 참조

여성은 내업內業 즉, 방적紡績을 포함한 농업경제와 전반적인 가사
家事를 포함한다. 또한 내외법의 불문율은 남편은 아내 일에 대해
서, 아내는 남편 일에 대해서 서로 간섭을 하지 않아야 한다. 전근
대사회 동양과 서양 어디에서나 학문(제도 교육)과 정치 참여에서
여성을 배제한 것은 전세계사적인 보편의 여성문제였다.

고구려 시대 태학(372년), 고려시대 국자감과 조선시대 성균관
등은 모두 양반 남성들에게 교육한 기관이었다. 서양 이탈리아의
볼로냐 대학(1088년), 영국의 옥스퍼드 대학(1100년) 등 공교육
기관도 특권층 남성들의 전유물이었다. 그러나 여성이 생산자였기
때문에 재산상속에서 배제되지 않았다. 조선조 중기까지도 남녀균
분 상속제가 규범이었다. 18세기 뒤부터 "세간에는 균분상속이 이
루어지나 우리 집은 농토가 적어서 한 아들에게 몰아준다."[2]는 어
느 가문 분재기分財記에서 보이듯이 한 아들에게 집중되는 것은 농
토(재산)의 영세화를 막기 위한 방책이었으며, 법적으로는 일제 강
점기 1921년까지 여성은 상속에서 제외되지 않았다. 남편이 사망
하고 없는 경우에 호주 난 기입에 아들이 아닌 어머니 이름이 적힌
사료들도 꾸준히 발굴되고 있다.[3]

삼종지도는《예기》〈의례儀禮〉〈상복전喪服傳〉에 나오며, 칠거지
악은《공자가어孔子家語》에 처음 보인다. 유교를 지배 이념으로 내
걸고 신진사대부들이 새로운 나라 조선을 건국하였기에 유교를 숭
상한 것은 맞다. 옛날 공자 시대의 말씀을 성종의 어머니 인수대비
가 왕실 여성들, 특히 중전이나 후궁들의 교육을 위해 새롭게 찬집

---

2) 최재석 (1972), 〈조선시대의 상속제에 관한 연구〉《역사학보》제53·54 합집, 서울:
  역사학회
3) 최재석 (1979), 〈조선시대의 족보와 동족조직〉《역사학보》제81집, 서울: 역사학
  쇠

한《내훈內訓》에 실려서 전해진다. 당시에 인쇄술이 발달하지 않았고, 필사본을 만들어야 사대부가士大夫家에서 교재로 쓰일 수 있었을 터이고, 한문으로 쓰인《내훈》을 언문으로 번역하여 필사해야만 일반 상민가의 부녀들도 책을 접할 수 있었을 것이다. 그런데 이런 필사본이 많은 분량으로 전해진다는 사료는 어디에서도 찾을 수 없었다. 교육서에서 '… 이러 이러 해야 한다'는 당위(prescription)와 실제 행위(behavior) 사이에는 괴리가 있음을 간과해서는 안 된다. 학문의 궁극적인 목표는 실존적, 실체적 진실에 한 걸음 더 다가서는 일이라 하겠다.

남존여비는《주역周易》〈계사상전繫辭上傳〉에서 유래한다.

天尊地卑 乾坤定矣 卑高以陳 貴賤位矣
천존지비 건곤정의 비고이진 귀천위의

하늘은 높고 땅은 낮으니 건과 곤이 정해진다. 낮고 높은 것이 배열되니 귀와 천이 자리한다. 이 천존지비를 김정설은 존엄하고 비천하다는 뜻이 아닌 단지 물리적으로 위치를 가리키는 '높다와 낮다'라고 해석[4]하였고, 나도 선생님 의견에 절대적으로 공감했다. 다만 부창부수는 '양陽이 움직일 때 음陰은 머물러야 하고, 양陽이 머무르면, 음陰은 그다음 움직인다는 음양陰陽의 운동법칙'으로서, 음이 양보다 먼저 움직인다는 것은 성립하지 않았다. 따라서 다음과 같은 결론을 내렸다. **한국 전통사회 여성은 '합법적인 권위(authority)는 부여받지 못했으나 가족사회에서는 실질적인 권한(power)을 행사했다'라고.**

---

4) 김정설 (1983),《풍류정신》, 서울: 정음사,

석사논문 심사위원으로 이대 사회생활과 최숙경 교수, 외국어대 사학과 이은순 교수님과 정세화 과장 선생님 세 분이 맡으셨다. 세 선생님은 논문에 대한 구체적인 보완점은 지적하지 않으면서, 심사받는 학생에게 제각기 꾸지람 주시기에 바빴다. 여성의 경제 활동을 부각하기 위해 제주도 거상巨商 김만덕을 소개했는데, 어느 선생님은 "김만덕 이야기는 이제 신물이 난다"고 했고, 어느 선생님은 "구슬이 서 말이라도 꿰어야 보배"라고 하시기에, "선생님, 제가 미처 꿰지 못한 부분이 있으면, 지적해 주시면 구슬을 꿰고 보완하겠습니다."라고 간청했으나 손사래를 치셨다. 다른 선생님은 "석사 논문은 손 하나만 그려도 되는데, 왜 몸 전체를 그렸느냐"며 타박하셨다. 나는 갈피를 잡을 수 없었다. 지적받은 부분을 보완해서 재심사를 받겠다는 나의 간청에도 선생님들은 모두 재심사로 모일 일은 없을 것이라며 단호하게 거절하셨다.

통상적으로 심사위원들이 지적한 부분을 보완 수정해서 3주일 안으로 수정된 논문을 다시 제출하면, 심사위원들이 재심사하여 논문을 통과시키는 것이 관례였다. 그런데 나에게는 재심사로 모일 기회는 아예 없다고 못 박으셨다. 여성학과에서 논문 심사에 떨어진 제1호 학생이 되었다.

나는 집에 돌아와서 울고불고하면서 누군지도 모를 인물을 허공에다 대고 모든 분풀이를 해댔다. 식구들에게 화풀이를 했으나, 화가 풀리지도 않았고 잠조차 잘 수 없었다. 이튿날 얼굴은 푸석푸석한 데다 밥인들 제대로 넘길 수 없었다. 11시쯤 되어서 전화 한 통이 걸려왔다. 가족계획협회에서 내가 퇴직할 무렵 들어와 함께 근무한 이대 사회사업학과 출신 미쓰 윤에게서였다. 뜻밖이었다. 미쓰 윤은 어떻게 알았는지 석사논문 심사에 통과되었는지를 물었다. 나는 미쓰 윤에게 선생님들 흉을 주저함도 없이 마음껏 떠들어댔다. 그제야 속이 후련해졌다. 나중에 안 사실이지만 미쓰 윤은 이은순 선생님의 시댁 조카였다. 아마도 이 선생님은 내 소식이 궁금해서 미쓰 윤을 통해 간접적으로 물어보신 모양이었다.

나는 중견 주류 여성학자들로부터는 급진주의 여성이론에 대한 비판적 시각을 가졌다고 해서 백안시당하고, 전통사회 조선조 사회는 암흑기이며, 여성들은 남편의 압제와 핍박의 질곡에서 벗어나지 못했다가 구한말 개화기에 근대제도교육의 시작으로 여성이 해방되었다고 주장하는 제1세대 여성연구자들로부터도 그들 이론을 비판한다는 이유로 배척받았다. 사실 1세대 여성연구자들은 일제 강점기 시기에 여학교를 다녔던 세대이다. 이들은 여학교에서 국어는 일본어, 역사는 일본사를 배웠다.[5] 학교에서 우리말을 쓰는 학생들을 체벌하였고, 우리말과 글을 쓰지 못했고, 우리 역사(한국사)를 배우지 못했던 불행한 세대였다.

1세대 여성연구자들은 또한 일본인들이 심어 놓은 식민사관에 학습된 세대였다. 일본의 조선 지배를 합리화했던 일본 관학자들은 조선이 정체되어서 스스로 근대화할 수 없었기 때문에 일본이 조선과 병합하여 조선을 근대화시키고 발전의 길로 인도했다[6]는 논리이다. 그리고 조선을 망하게 한 것은 바로 붕당정치이며, 이 토대가 바로 유교 이념이라는 것이다. 그런데 내가 유교의 여성관을 긍정적으로 재조명했으니 일제 강점기에 여학교를 다녔던 이들 1세대가 반발한 것은 당연지사라 하겠다. **나는 감히 주장한다. 1세대 여성연구자들이여, 식민사관에서 하루 속히 탈피하라!**

---

5) 이만규(1947),《조선교육사 上》, 서울: 한국진흥원
6) 김용섭(1977),〈일제 관학자들의 한국사관〉《한국근대사론》1권, 서울: 지식산업사
    하지연(2015),《식민사학과 한국근대사》, 서울: 지식산업사

일본관학자나 일본 관료들의 유교 망국론 말고도 유교 이념이 여성억압의 원인이라고 지적한 이들은 구한말 조선 땅에 온 선교사들이다.

> … 이처럼 한반도(조선)에서 여성에 대한 차별과 학대가 오랫동안 지속될 수 있었던 근본적인 이유는 당시 한반도가 유교 이데올로기에 장악되어 있었기 때문이다. 이러한 견해는 구한말 조선에 온 선교사들의 생각과도 틀리지 않았다. 선교사들의 눈에 비친 조선 여성은 이름도 없고, 배움도 없고, 가정에서 구타당하는 여성으로 보았다.[7]

선교사들은 기독교를 전파하려는 목적이었으므로 유교의 조상숭배나 여타의 관습들을 모두 타파해야 할 미신으로 보았을 것이다. 조선 여성에 대한 서양 선교사들의 관찰은 일견 타당한 것처럼 보일수도 있지만, 당시 서양 여성과 조선 여성의 단순하고도 평면적인 비교는 무의미하다고 하겠다. 서양에서, 특히 미국에서 여성 제도교육 기관이 출범한지 반세기가 넘어서 교육받은 여성들이 사회에 나와서 일하는 여성으로 자리매김하는 시점과, 아직 근대 교육을 받지 못한 당시 조선 여성들과 직접 비교하면, 그 비교는 올바른 것이 아니다. 그리고 전통사회에는 보이지 않던 가정폭력이 식민지를 경험하면서 가정폭력이 일어남을 관찰한 한 인류학자의 연구보고도 있다.[8] 선교사들이 조선 땅을 밟기 시작한 구한말은 이미 1895년 을미사변을 겪은, 식민지화의 길로 들어선 시기와

---

7) 홍인표 (2019), 《여성과 한국교회》, 서울:기독교문서선교회, 20~27쪽
8) Eleanor Leacock(ed. 1980), *Women and Colonization*, New York: Bergin Publishers, Inc.

맞물려있다.

만일 조선조 사회가 암흑기였다면, 그것은 남녀차별에 앞서 신분제 차별과 연령의 위계질서가 우선했기 때문이었을 것이다. 칠거지악 첫째 조항도 부모에게 불순종하는 것이기에, 남편이 아내를 내치는 것이 아니라 시어머니가 며느리를 내치는 사례가 있었다. 그러나 삼불거三不去의 보완의 장치가 있었다는 사실도 잊어서는 안 될 것이다.

석사 논문에서 낙방하여 우울한 나날을 보내며 방황하던 가운데 하루는 어느 신문에 실린 한 광고를 보았다. 한국여성개발원이 개원 3주년을 맞이해서 여성문제에 관한 논문을 현상공모 한다는 내용이었다. 아무런 자격제한이 없었다. 대한민국 국민은 누구나 다 응모자격이 있었다. '아~ 바로 이거야.' 나는 길을 돌아가서 목적지에 도착할 계획을 마음속 깊이 굳혔다.

2. 한국여성개발원 현상논문 공모에
연이어 당선되다

　다음날부터 이대 중앙도서관에 가서 책을 읽으며 현상 논문 공모를 위한 자료를 모으기 시작했다. 대학원 입학 원서를 낼 때부터 쓰고 싶었던 논문 제목을 마음에 떠 올렸다. 그리고 제목을 정했다. 〈한국 여성운동이념 정립을 위한 시론〉[1]으로. 원고 마감일이 1986년 여름방학을 지나고 난 어느 날로 기억한다. 마당이 넓은 국민주택에 살던 때였다. 주택 앞쪽 마당이 있는 방향에 햇빛을 막아주는 차양(포치: porch)이 있었다. 거기에 책상과 의자를 내다 놓고서 글을 썼다. 바람이 불면 시원하고, 방안이 아닌 탁 트인 공간에서 글을 쓰니 슬슬 잘 풀려나갔다.

　어느 날 김홍숙 후배가 집으로 찾아왔다. 동기생이지만 나보다 어린 후배였다. 아마도 내가 현상공모에 응할 논문을 쓰는지 아닌지를 탐색하러 온 것 같았다. 그 후배는 내가 서양 여성해방이론의

---

1) 이 논문은 강숙자(1998)《한국 여성학 연구 서설》서울: 지식산업사, 146-200 쪽 참조

급진 부분을 비판해서 주류 여성학자들로부터 미움을 사고 있다는
것도, 그러기에 내가 그 제목으로 논문을 더더욱 쓰고 싶어 한다는
사실도 잘 알고 있었다. 책상 위에 쓰다가 둔 원고지와 책들이 널
부러져 있는 걸 보고 아마 홍숙은 현상 공모 논문을 준비하고 있다
는 것을 바로 직감했을 것이다. 1984년 봄에 애플 컴퓨터 1대가
여성연구소에는 보급되었지만, 일반인들에게까지 컴퓨터가 널리
공급되지는 않았다.

탈고한 원고를 여성개발원에 제출해야 할 때 약간의 망설임이
있어서 시간을 지체했다. 여성학과 선생님 가운데 어느 한 분은
심사위원으로 참가할 것이 쉽게 예상되는 일이었다. 그리고 나의
주장을 모르는 이들이 없지만, 이에 동의하기는커녕 반대하는 선
생님들이 대다수였기 때문이었다. 내 주장을 뭉개고 석사논문 심
사 때처럼 떨어뜨릴 수도 있다는 염려가 들었다. 글씨를 정자로
써서 최대한으로 나의 글씨임을 숨기려고 했고 제출자의 주소는
남편 회사 주소인 종로구 관철동으로, 남편의 한글 이름이 여성이
름처럼 발음되기에 김경희로 제출했다. 연락처 전화도 역시 회사
번호로 적어냈다. 내 딴에는 신분을 완벽하게 감출 수 있었다고
생각했다.

발표일 전에 나는 물 꿈을 꾸었다. 아마도 내 고향 안동의 낙동
강이었을 것이다. 허리에까지 찰랑찰랑 차는 물에서 내가 커다란
물고기를 서너 마리 잡았다. 잡힌 물고기들은 모래톱에서 팔딱팔
딱 뛰었다. 결코 나쁜 꿈이 아니라 기분 좋은 꿈을 꾸었다. 얼마
뒤에 남편 회사 전화로 연락이 왔다. 당선작 없는 가작 3편을 뽑았
는데 그 가운데 제1석이었다. 내가 직접 전화를 걸어서 내 이름이
강숙자임을 밝히고 연락처도 바로 잡았다. 1986년 10월 어느 날
여성개발원 강당에서 시상식이 있었다. 상금 50만 원과 상패를 받

았다. 뒤풀이 자리에서 수상소감을 밝혔다. "상을 받는다는 것은 언제나 기분 좋은 일이다. 사회에 나와서 처음 받는 상이라 더욱 기쁘고 감사하다"고.

개발원에서 현상 논문 공모를 담당한 장성자 과장은 영문과 1년 선배였다. 장 과장은 나에게 납득이 되지 않는다는 어투로 둘만 있는 자리에서 이런 말을 했다. "심사위원으로 참석한 여성학과 선생님은 가작 1석인 내 논문을 개발원 논문집에 게재하는 것을 반대했다. 이유는 물론 석사학위가 없다"는 것이었다. 나는 여성학과나 여성학계 내부의 얽힌 사정을 고스란히 옮길 수 없어서 침묵했다. 장 과장은 대한민국 국민이면 누구나 응모할 기회를 주었기 때문에, 석사가 아니라서 논문집에 싣지 못한다는 것은 이유가 되지 않는다며, 내 논문을 더 다듬어서 제출하라고 했다.

다음 해인 1987년에 여성개발원 발간 계간지 《여성 연구》봄 호에 〈한국 여성운동 이념 정립을 위한 시론〉이 실렸다. (이 논문을 읽고 그 해 여름방학에 미국 윤영구 선생님이 서울로 찾아 오셨다.) 내가 상을 받을 때는 김영정 원장은 정부 부처에서 여성문제를 담당하는 제2정무장관으로 옮겼고, 김후란 선생님이 2대 개발원 원장에 재임하고 있었다. 장 과장은 뒤에 김대중 정부 초대 여성부로 옮겨서 실장의 직책을 역임하였다.

나는 졸업논문을 쓰는 대신 현상 공모 논문 준비하느라 6개월을 보냈기에 졸업을 하지 못한 여성학과 재학생이었다. 학생들 사이에서도 개발원 논문 공모에 가작 1석으로 당선된 사실이 알려졌다. 후배 안연선이 과대표를 맡고 있었다. 상금으로 받은 50만원 가운데 과 신입생 M.T. 회식에 보태라고 금일봉(5만원)을 희사했다. 당시에 몇 만 원이면 과 식구들 모두 저녁 한 끼는 해결할 수 있는 금액이었다. 이대 정문 앞에 있는 실비집 식당 2층 다락방에

서 말이다. 그리고 조교 모두와 함께 아르헨티나 이과수폭포를 배
경으로 찍은 영화 〈미션〉도 보았고 저녁도 한 턱 냈다. 현상 논문
당선 덕분에 석사 논문은 무난하게(?) 통과할 수 있었다(이 부분은
다음 장에서 자세히 쓰겠다).

1988년 9월에 수유리 국민주택에서 효자동 낡은 주택으로 이사
했다. 물론 전세였다. 그때 한국여성개발원은 개원 5주년 기념 제2
회 여성관련 현상 논문 공고를 신문에 냈다. 마음이 또 움직였다.
이번에야말로 가작이 아닌 당선작으로 뽑히고 싶었다. 당시 한국
사회는 제2차 한국가족법 개정운동이 활발히 전개되던 시기였다.
나는 현안인 가족법에 대한 글을 쓰기로 마음먹었다. 〈한국 가족법
개정운동의 쟁점 분석과 개선 방향〉[2]이란 제목을 정했다. 이 논문
에서야말로 한국여성사 서술에서 여성이 가장 억압받았던 시기가
조선조 사회가 아닌 일제 강점기였음을 명쾌하게 밝히고자 했다.

여성계에서 요구한 호주제 철폐에서 호주戶主는 조선조 시대
《경국대전》〈고존장조(告尊長條)〉에 보인다. 자손 · 처첩 · 노비를
가장에 존속시켰으나, 로마법처럼 생사여탈권을 쥔 강력한 조항은
아니었다. 아주 느슨한 한 가정의 어른으로서 상징성을 가진 것이
었다. 구체적인 사안에 따라 호주의 책임이 조문 여기 저기 흩어져
기록되어 있었다. 예컨대 《경국대전》〈예전〉 '혼례조'에 보면, 자
녀가 나이 서른이 넘도록 시집, 장가가지 못하면 그 책임을 가장에
게 묻는다는 조항도 보이며, 노비가 산림(나무)을 훼손했을 경우
그 책임을 가장에게 묻는다는 조항도 있었다. 전근대사회 가정이
곧 일터였던 가내수공업 체제에서 여성도 생산자였기 때문에 현대
적 개념의 배타적이고 독점적인 재산처분권 행사는 아니었을망정,

2) 이 논문은 강숙자(1998) 《한국여성학연구서설》, 서울: 지식산업사 pp.106-145
참조

여성도 고유의 재산권 행사를 하였다.

식민지 초기 1911년 조신 민사령 시기에 아내의 고유 재산을 인정한 판례가 있었다. 가내수공업이 공장제 기계공업 체제로 전환되면서 가정과 일터의 분리를 가져왔고, 일터에 나가서 일하는 가장에게는 가족에 대한 부양 의무라는 무거운 책임이 맡겨진다. 법의 형평(Equity)의 원칙은 책임이 막중하면 막중할수록 권한 또한 비대해지는 것이 당연지사이다. 따라서 근대화·자본주의화가 진전되면서 가장은 아내가 친정에서 가져온 아내 특유의 재산에 대한 처분권도 가지는 막강한 법적 책임자가 되었다. 그리고 일제 강점기 조선의 자본주의화는 강제된 측면도 있었다. 집에서 개인 여성이 베틀로 베를 짜거나 길쌈을 하면, 공권력이 개입하여 즉 순사가 집안에 있는 베틀을 끌어내다가 불태우거나 파괴하였다.[3]

자본주의화의 고전적인 경로를 밟은 영국 여성의 경험을 살펴보자. 중세시대 《캔터베리 이야기(Tales of Canterbury)》를 쓴 지오프리 초서(Geoffrey Chaucer)의 아내는 남편 뺨을 치고 책을 찢기도 했다는 증거를 들어 중세 여성들은 당당한 삶을 살았으나 1765년 로마법 전공자인 윌리엄 블랙스톤 경(Sir William Blackstone)이 쓴 《영국법 주석서(Commentaries on the Laws of Englald)》의 영향을 받아 여성은 법적 무실체(legal non-entity)가 되었다고 메리 비어드는 주장했다.[4] 영국은 원래 성문법이 아닌 관습법이 통용되던 나라였는데, 이 관습법에 대한 주석서가 여성의 법적 지위를 하락시켰다. 그가 쓴 주석서에 남편과 아내의 법적 의무와 권한을 다음과 같이 기술하였다.[5]

---

3) 안연선(1988) 〈한국식민지 자본주의화 과정에서 여성노동의 성격에 관한 연구〉, 이화여대 대학원 석사학위 논문, 미간행
4) 강숙자(1998), 《한국여성학연구서설》, 115 쪽

아 내	남 편
• 부양을 받을 권리가 있다 • 남편의 대리인으로서 생활필수품 외에는 계약할 수 없다 • 본인의 이름으로 소송을 제기하거나 피소될 수 없다 • 남편의 동의 없이는 유언할 수 없다 • 남편의 동의 없이 그녀의 부동산을 매각할 수 없다	• 아내의 동의 없이도 아내를 대신하여 소송할 수 있다 • 아내의 동산은 즉시 소유한다 • 아내의 무체재산을 축소하여 자신의 유체재산으로 할 수 있다. • 아내의 부동산을 관리 통제한다 • 아내의 부동산을 책임지나 마음대로 유증하지는 못한다 • 아내의 생필품에 대한 책임을 진다 • 자녀 양육비의 책임을 진다 • 결혼 전에 진 아내의 빚에 대한 책임을 진다 • 아내의 동의없이 유처 몫의 상속분(dower)을 유증할 수 없다

즉 부부는 한 몸이기 때문에 법률상으로 한 사람(one person)이다. 아내는 남편으로부터 법적 보호를 받으며, 남편은 아내의 법적 질못에 대해 책임을 진다는 뜻이다. 이와 궤를 같이하여 가정과 일터의 분리로 남편은 부양자(bread winner)라는 막중한 책임을 두 어깨에 지게 되고 아내는 소비자로서 남편으로부터 부양을 받을 권리가 있으나, 대신 친정에서 물려받은 개인 재산마저도 남편 동의 없이는 처분할 수 없는 법적 무실체가 되었다.

영국 사례와는 다른 자본주의화의 길을 걸었으나, 프랑스에서도 여성의 법적 지위 하락은 같은 길을 걸었다. 1789년 프랑스 혁명에서 내세운 인권선언문에는 여성의 인권을 담아내지 못했다. 그

---

5) 앞 책, 117 쪽

리고 자유 · 평등 · 박애 정신으로 승리한 혁명 뒤에 귀족 여성들은
삼부회의 시절 투표권을 행사했으나 오히려 국민의회에서 투표권
을 행사하지 못했고 부르주아 남성들에게 투표권이 확대되었다.
초기에 투표권 행사를 했던 남성들은 재산을 가진 부르주아 남성
들에게 국한되었다.

　1804년에 집대성된 프랑스 근대민법전에서 아내는 영국 여성들
과 마찬가지로 법적 무인격체가 되었다 혁명 뒤 10여 년에 걸쳐
만들어진 이 법전은 나폴레옹 집권 때에 완성, 그에게 헌정되어
일명 《나폴레옹 민법전》으로 불린다. 따라서 여성이 재산권 행사
에서 배제되었기 때문에 투표권에서 제외되는 것은 당연한 이야기
가 된다. 이 법전은 세계 최초의 민법전이므로 프랑스뿐만 아니라
세계 여러 나라가 이 민법전을 기초로 법을 제정했기 때문에 프랑
스 여성은 말할 것도 없고 세계 여러 나라 여성들의 법적 지위 하
락에도 영향을 끼쳤다.

　일본은 1911년 조선민사령을 반포하여 조선의 법체계는 조선
풍습을 따른다고 했다. 그러나 1922년부터 일본 민법이 완전히
조선 여성을 지배했다. 일본은 명치유신 뒤에 근대화 · 서구화를
동양 3국 가운데에서 가장 먼저 수용하였다. 이등박문을 구라파에
파견하여 근대 민법전의 자료를 수집해오게 할 만큼 근대화 수용
에 적극적이었다. 따라서 1922년 일본 민법이 프랑스 근대 민법전
의 영향을 얼마나 받았는지 둘을 비교해 보면 잘 알 수 있다.[6]
일본의 민법 초안은 프랑스 민법전의 영향을, 그다음은 독일 바이
마르 공화국 민법에 영향을 받았다고는 하나, 여성의 법적 무능력
은 프랑스나 독일이나 별반 차이가 없었다.

---

6) 앞책, 125쪽

프랑스 민법전(가장권)	일본 민법(호주권)
• 남편은 아내의 인격과 재산을 지배 감독할 권한	• 가족의 거소 지정권
• 아내의 교제를 금지할 권한(아내의 서신을 검열할 수 있는 권한)	• 가족의 교육 · 감호 · 징계권
	• 가족의 혼인 · 입양에 대한 동의권
• 거처의 결정권(거소 지정권)	• 가족의 서자 입적에 대한 동의권
• 아내 개인 재산 처분에도 남편의 동의권	• 가족의 거가居家에 대한 동의권
	• 가족의 재산관리권 · 처분승락권
• 부양의 의무	• 가족의 금치산 · 준금치산 선고의 청구권
• 아내가 오페라 하우스에 가는 데에도 법적으로는 남편의 동의가 필요하였다	• 가족의 후견인 · 보좌인이 될 권리
	• 친족회에 관한 권리
	• 가족에 대한 부양 의무
	• 상속에서의 특권

《경국대전》 어디에서도 호주는 가족에 대한 부양의 의무가 있다고 명기한 조항은 없었다. 전 산업사회인 조선조 사회는 여성도 생산자였기 때문에 특정 가장 한 사람에게 가족 전체에 대한 부양의 의무를 부과하지 않았다. 가정과 일터가 분리되는 식민지 자본주의 시기인 일제 강점기에 부양의 의무라는 막중한 책임을 가장에게 부과하면서 또한 아내의 개인재산에도 남편이 처분권을 행사하는 막강한 권한을 부여받았다. 책임이 클수록 그만큼 권한이 따르는 것이 법의 형평의 원칙이라 하겠다. 따라서 조선여성들은 1922년 일본민법에 따라 완전한 법적 무능력자(legal non-entity)가 되었다.

일제 강점기에 공장에 취직하려는 어린 여공들은 법적 무능력자이기 때문에 고용계약은 여공 자신이 아닌 호주인 아버지와 공장

주가 계약을 체결하였다. 선대금이라는 이름으로 상당 액수를 계약체결과 동시에 가장에게 지불했기 때문에 미혼의 딸은 약간의 용돈을 받으며 열악한 노동환경에서 노예처럼 일만 해야 했다. 어린 여공들에게 기숙사 입사는 이들을 위한 복지 시설이 아니라 가두어 놓고 감시하기 위한 감시 체계로 이해해야 한다. 고된 노동에 여공들이 야반도주하는 사례가 종종 있었다. 도주는 했으나 이들은 어디로 갈지 향방을 잡지 못해서 종로 거리를 배회하다 공장주에게 잡혀 다시 공장으로 되돌아와서 린치를 당한다. 이러한 사례들은 일제 강점기 발행되었던 《개벽》이나 다른 잡지 기사들에서 많이 보인다. 도망치지 못하게 기숙사 주변에 높은 철조망을 쳐놓거나, 심지어는 잠자는 시간에 방문 바깥을 자물쇠로 채우는 사례도 있었다[7) 한다.

아내가 독자적으로 체결한 계약은 남편이 마음대로 취소할 수 있었다. 이렇듯 일제 강점기인 1922년부터 조선여성은 일본 민법에 따라 법적 무능력자가 되었다. **나는 다시금 강조한다. 한국 여성사에서 여성의 암흑기, 즉 여성이 억압받고 차별받았던 시기는 농경사회인 조선조 사회가 아니라 일제 강점기 식민지 자본주의화가 강제 진척되었던 1922년 일본 민법에서 비롯되었다.** 일본 민법에서 여성의 재산 상속은 기혼이든 미혼이든 아예 배제되었고, 미혼인 딸은 아버지에게, 아내는 남편에게 법적으로 예속되었다.

광복 이후 1960년 새로 만든 신민법에서 여성은 법적 인격체가 되었다. 그러나 재산상속에서 호주 승계권자인 맏아들은 1.5, 차남부터는 1을, 아내와 미혼의 딸은 차남의 1/2을, 출가한 딸은 1/4을 받게 되었다. 이에 1973년부터 여성단체들이 여성차별적

---

7) 긱주 3번 안연선(1988), 석사논문 참조

가족법 개정운동을 펼친 결과 1979년 민법에는 맏아들과 어머니는 1.5, 차남과 미혼 딸은 1을, 출가한 딸은 그대로 1/4을 받게 되었다. 1980년대 제2차 가족법개정운동을 펼쳐서 1990년에 어머니가 1.5, 아들이든, 딸이든, 기혼이든, 미혼이든 자녀들은 모두 1을 받는 균분상속제가 시행되었다.

그런데 균분상속제에도 한계점은 있게 마련이다. 내가 웨일즈 카디프대학 여자기숙사 아버대어 홀에 기숙할 때였다. 하루 저녁에는 하우 사감 선생님(Miss Howe)이 식사를 일찍 끝내고 〈전국 독신녀 연합회〉 모임에 참석하러 간다고 했다. 영국에서는 결혼하지 않은 딸이 주로 노년에 어머니를 모시는데, 마지막에 병상을 지키려고 직업마저 포기하고 어머니 곁에서 병 수발을 한다. 그러다가 돌아가시면 균분상속을 해야 하니 어머니와 함께 살던 집마저 팔아서 형제들과 함께 나누어야 한다. 살 집도 없어진 독신녀들은 균분상속이 무척 불공평한 제도라고 비판했다. 따라서 부모를 모시는 자녀에게 인센티브로 세제혜택을 주었다. 그러다 보니 웃지 못할 일도 종종 벌어진다. 언젠가 친척 장례식장에서 내가 목격한 일이다. 우리 옆 상가喪家에서 일어난 일이었다. 둘째 아들이 어머니를 모시다가 돌아가셨는데, 어머니 시신이 담긴 관을 맏아들이 훔쳐갔다고 소동이 벌어진 것을 보았다.

호주의 권리와 의무 가운데 부양의 의무를 빼고 불합리한 권리를 모두 삭제해서 유명무실하게 만들어야 한다고 결론지었다.

나는 현상논문 원고를 여성개발원으로 우송하기 전에 또 고민에 빠졌다. 나를 싫어하는 1세대 여성연구자들과 중견 여성연구자들이 혹여 심사위원으로 참여하면 또 어떤 방해를 할지 장담할 수 없었다. 그래서 이번에는 이사한 효자동 주소와 딸 이름 김연주를 필자로 논문 원고를 제출했다. 발표일 즈음해서 효자동 집전화로 여성개발원 담당자가 전화를 해왔다. 그때는 손전화가 없었다. 김연주씨를 찾기에 내 딸이라고 말했더니, 현상논문을 제출했느냐고 물었다. 딸은 초등학생이고, 내가 딸 이름으로 제출했고 내 이름 강숙자를 밝혔다. 최우수상 없는 우수상 2명 가운데 한 명으로 당선되었다는 소식이었다. 그런데 작은 해프닝이 있었다. 개발원은 미리 우수상 상패를 만들었는데, 수상자 이름에 김연주를 새겼던 것이다. 부랴부랴 새 상패를 만들었다고 했다. 미안한 마음이 들었다.

상금 일백만 원은 훗날 성폭력상담소를 만들 때 기금으로 희사했다. 연이어 상을 받았다는 소문이 나자 여성잡지 《우먼 센스》에서 인터뷰 요청이 와서 응했다. 상을 받는다는 것은 나이에 상관없이 기분 좋은 일이었다. 여성정치인이었던 김윤덕씨가 3대 원장으로 재임하던 때였다. 그 뒤 현상 논문 공고 자체가 없어진 듯 했다.

(호주제는 유명무실해져서 2005년에 완전 폐지되었다. 대신 2008년 가족관계 증명서로 대체되었다.)

3. 여성학 강사로 발품을 팔다

　제1회 여성개발원 현상논문에 당선된 것이 석사논문 통과에 큰 도움이 되리라는 기대가 있었다. 가작 1석으로 당선된 뒤에 논문 쓰기를 다시 시작했다. '구슬 서 말'을 제대로 꿰어지지 않은 부분을 찾아서 잘 꿰었다. 그러나 석사 논문은 한쪽 손만 그리면 되는데 몸 전체를 그렸다고 타박받았던 지적은 상관하지 않고 내 뜻대로 밀고 나갔다. 몸 전체를 더욱 세밀하게 그렸다. 문제는 박용옥 선생님이 더는 지도교수를 맡지 않겠다고 하셨다. 다른 선생님들도 고개를 내 저었다.

　하루는 〈제3세계 여성〉 수업을 강의하셨던 이효재 선생님을 지도교수로 청해보려고 사회학과 과사무실을 찾아갔다. '그래도 열린 마음의 소유자이시니까 내 청을 들어주시겠지' 생각하며. 이효재 선생님 면담 신청을 하겠다고 말하고 '선생님이 편한 시간이 언제냐?'고 문의했더니, 과사무실을 지키고 있던 이○○ 조교(뒤에 19대까지 더민주당 국회의원 지냄)가 심하게 거부감을 드러냈다. 선생님과 만남 자체를 가지지 못하도록 막았다. 이른바 운동권 학생들이 선생님을 에워싸고 일반 학생들 접근을 아예 막아섰다. 일본 학자 히로나카 헤이스케가 《학문의 즐거움》이란 책을 냈지만 나는 '학문의 길이 왜 이리 고달플까' 한탄이 앞섰다.

결국 박용옥 선생님께 다시 간청해서 결국 지도교수를 맡아 주셨다. 이번에는 지도교수도 심사위원 명단에 올렸고, 과장 선생님과 정외과의 진덕규 선생님 모두 세 분이었다. 87년 5월 말에 석사 논문 심사를 결국 통과했다. 심사를 받기 위해서는 논문 사본 3편을 제출해야 하는데 동기생과 후배를 논문필사에 동원했다. 그 당시에도 컴퓨터 보급이 생활화되지 않았기 때문이다. 김혜경과 김홍숙, 그리고 한참 후배인 황은자가 각기 내 논문 1편씩을 맡아서 필사해 주었다. 서로서로 논문 필사 품앗이를 하는 것이 여성학과 학생들의 전통이었다.

세분 지도교수로부터 논문심사 통과 서류 도장을 받으러 진 선생님을 찾아갔더니, 선생님은 '한 해에 논문 2편을 발표하면 이화여대 전임 교원에 뽑힐 자격이 있다'면서, 전임교원이 되었느냐고 물으셨다. 전임은커녕 시간강사 한 자리도 여성학과 선생님들은 나에게 줄 생각이 없었다. 제1세대 여성연구자들은 그들의 견해와 달리 전통사회 여성들은 '실질적 권한이 있었다'고 재조명했기 때문에 나를 눈엣가시로 여겼고, 주류 여성학자들은 서양 여성해방이론은 서양 여성들의 경험에 기초한 것이고, 한국 여성들의 경험을 바탕으로 한 한국여성해방이론을 새롭게 정립해야 한다는 나의 주장을 묵살하고 싶었기에 양측 모두 나를 이단아처럼 백안시하는 상황이었다. 나는 솔직히 모교 강단에 설 꿈을 아예 꾸지도 않았다.

석사학위 졸업식장에는 참석하지 않았다. 그다음을 기약해서였다. 학위를 받자 한국일보 문화부 최성자 기자가 '전통사회 여성의 삶'을 재조명한 내 학위 논문 내용을 신문에 대서특필했다. 87년 9월 학기에 처음으로 한국외국어대학교 용인 캠퍼스에 여성학 2학점 강의 두 강좌를 맡아서 출강했다. 2반 수업을 하루에 몰아 시간표를 짜서 일주일에 한 번 외대 통근 버스를 타고 출퇴근했다. 처음 받은 강사료는 8만 원이었다. 한 수업 당 1만 원이었다. 그다음부터 외대 이문동 캠퍼스 강의도 맡았고, 3학점 강의로 승격하였다. 성신여대 여성학 강사로도 출강했다. 앞서 말했지만 90년대에는 남서울대학교, 온양의 순천향대학교까지 출강하였다. 당시 강사료를 많이 지급하는 대학은 서강대학이었고, 연세대 원주 캠퍼스 출강에도 강사료가 높았다. 외대와 이화여대 강사료는 비슷했다. 애플컴퓨터 별자리 점괘에서 예견한 '발을 많이 움직인다'는 표현이 '강사로 발품을 많이 판다'는 의미가 아니었을까?

외대 용인캠퍼스 출강은 대학 통근버스를 이용했다. 이문동 캠퍼스를 출발해서 잠실 롯데백화점 앞에 정차하면, 서울에 거주하는 선생님들은 대부분 잠실에서 승차한다. 교양인류학을 가르치는 백귀순 선생님과는 나란히 앉아서 일하는 여성들의 살림살이 이야기를 많이 나누었다. 특히 김장철이 되면 힘든 노동력이 들어가는 김장을 어떻게, 몇 포기를 담아야 할지 서로 고민을 털어놓았다. 당시에는 집에서 배추김치만 담그는 것이 아니라, 동치미, 갓김치, 파김치, 깍두기 심지어는 미나리김치도 담근 적이 있었다. 1990년대 초반 국방부는 군 장병들의 김치를 민간업자에게 맡기면서 한국에서 김치공장이 생겨나면서 식생활 문화에 일대 변혁이 일어났다. 내가 안동여고 시절 3년 내내 김장철이 되면 가까운 36사단에 가서 장병들의 김치를 담갔단 기억이 떠오른다. 나는 강사생활 말년에야 김치를 사서 먹었다.

개발원 현상 논문 당선 기사를 보았는지, 한국일보 기사를 보았는지 알 수는 없지만 학위를 받은 뒤 얼마의 시간이 흐른 뒤 어느 날이었다. 〈창작과 비평사〉 담당자로부터 '또 하나의 문화(the Other Culture)'에서 발간한 논문집(몇 호인지는 기억나지 않음) 서평을 써 달라는 서면 원고청탁서를 받았다. 〈또문〉으로 줄여서 말하는 '또 하나의 문화'는 80년대 중반, 즉 내 여성학과 재학시절에 발족했으며, 나이 많은 기혼여성(나와 조성숙 선생님)들은 회원으로 받아들이지 않았다. 여성단체 이름에서 시사하듯이 다른 여성운동 단체와는 구별된다. 중산층 운동을 이끄는 '한국여성단체협의회'가 있고, 여성노동자 운동을 대변하는 '여성평우회'가 발족하였으나 4년 만에 해체되었다. 곧이어 한국여성민우회가 출범하였다. 이보다 앞서 1983년 가정에서 매 맞는 아내들 전화 상담을 하는 〈여성의 전화〉가 발족하였다. 1987년 출범한 여성민우회와 한국여성단체연합이 연대했다.

1989년에 성폭력상담소가 여성학과 졸업생들을 주축으로 문을 열었다. 김길자 여사(전 경인여대 이사장)가 자신의 집을 통째로 개방해서 초창기 성폭력상담소 개소에 상당한 물질적인 도움을 주었다. 발기인들은 정기적으로 모임을 가지고 토론했다. 성폭력 상담 범위에 아내강간도 포함해야 하는지 격렬한 토론 끝에 범위에 넣게 되었다. 여성의 전화 상담과도 겹치는 부분을 피할 수 없었다. 초기에 모금운동을 벌일 때 앞서 언급했지만 제2회 현상논문 당선 상금으로 탄 1백만 원을 성폭력상담소에 기부했다. 출강하는 학교와 강의시간 수가 많아지면서 나는 상담소 일에서 손을 뗐다.

회원 가입에서 결혼 유무와 나이 제한에 걸려 제외되었던 내가 〈또문〉이 발간한 책에 대해 서평을 쓰자니 만감이 교차했다. 우선 왜 나에게 이런 부탁이 왔을까 생각하다가 고민할 필요가 없다고 결론 내렸다. 담당자가 나를 개인적으로 아는 사람도 아닐뿐더러

구태여 인간관계를 염두에 두고 쓰는 글은 정직하지 못하기에 펜가는 대로 논문 그 자체 내용에 대한 서평을 쓰면 된다고 마음먹었다. 여러 편의 논문 가운데 한 편이 급진주의 레즈비언 이론을 교묘하게 사이사이에 집어넣어서 상당히 현학적인 글로 탈바꿈한 것을 발견했다. 여성의 삶을 묘사하는데 무슨 그런 거창하고도 현학적인 문구를 써야만 되는지 도무지 알 수 없었다. 일반 사람들이 읽으면 '아 여성학은 어렵고 참 난해한 학문이다'라는 인식을 줄 것이고, 따라서 이 이론에 반박할 더욱 난해한 문구를 찾지 못해 헤맬 것을 기대하는 것 같았다. 나는 조목조목 급진주의 이론을 그 논문에서 분리해 내어 원고지 9장에 써서 밝혔다.

내 서평이 실린《창작과 비평》잡지가 발간되자 〈또문〉 관련 일부 주류 여성학자들이 이대 여성연구소에 몰려와서 소동을 벌였다는 소식을 뒤늦게 연구소의 한 관계자로부터 들었다. 〈창작과 비평사〉에 한 사람, 한 사람 돌아가면서 전화를 걸어서 담당자에게 목청을 높여 심한 반발의 말을 쏟아냈다고 했다. 졸지에 봉변을 당한 담당자는 〈따로 지면을 줄 테니 반박 글을 게재하라〉고 했으나 이들은 반박 글은 쓰지도 않았다. 반박 글을 쓰지 않는 것은 무슨 이유인가? 이들은 자신을 드러내어(coming out) 레즈비언 이론을 옹호하는 급진주의자들이라는 평을 받기를 싫어한다. 왜 그들은 당당하게 커밍 아웃해서 그들이 옹호하는 이론을 떳떳하게 밝히지 못할까? 자신의 주장을 당당하게 밝히고 상대방의 주장을 논리적으로 비판함으로써 학문의 발전이 있는 것이 아닌가! 나는 분명히 밝힌다. 본인들이 레즈비언임을 천명(coming out)하고 자신들의 주장을 펴는 이들에게는 인간적으로 비판할 생각이 없다는 것을!

비슷한 시기에 한 여성철학자가 레즈비언 이론을 옹호하는 논문을 여성학회 월례회에서 발표했을 때 그 논문을 비판적으로 논평한 적이 있었다. 이 논쟁을 중앙일보 홍은희 기자가 문화면에 기사화하기도 했다.

한국 외국어대학교 이문 캠퍼스나 용인 캠퍼스에 출강하면서 나 자신이 시간 강사임을 잊어버리는 일이 종종 있었다. 어느 스승의 날에 강의가 있을 때 이름 모를 여학생이 책상 위에다 꽃다발을 가져다 놓았던 일에도 잔잔한 기쁨을 느꼈다. 외대 학생 비율은 남학생의 숫자가 여학생보다 조금 더 높았다. 이 비율만큼 여성학 수업에도 남학생 수가 조금 더 많았다. 나는 수업시간에 '여성우월주의'가 아니라 '성 평등'을 지향하는 관점에서 강의를 했다. 중간시험 전반부까지 이론 강의를 했고, 중간시험은 주관식 필기시험을 실시했다. 학기 후반부에는 학생들이 4~5명씩 조를 짜서 여성 관련 주제를 선택해서 공동 발표를 하도록 했다. 학생들은 서로 모여서 토의하고 낸 결론을 리포트로 작성하고 발표한 다음 토론으로 이어간다. 나는 구식이라 OHP(Over Head Projector)나 슬라이드 프로젝터(slide projector)를 기기로 써서 서양 지모신地母神 신앙의 여러 형태를 보여주는 시청각 교육을 일부 실시하기도 했다.

90년대 넘어서서 컴퓨터에 쉽게 접근할 수 있을 때에 학생들은 주로 파워포인트(power point)를 활용해서 발표했다. 전임과 시간 강사 차이가 극명하게 드러나는 것이 바로 시험지 채점하는 일이다. 조교를 활용할 수 없으니 모든 것을 혼자서 해야 한다. 가르치는 일은 재미있는데 시험지와 리포트 채점과 이 결과를 등급화하는 일이 제일 고된 일이었다.

남학생들은 토론 시간에 군가산점제가 없어진 것에 가장 큰 불만을 털어 놓았다. 군복무에 따른 병영생활이 힘든 일이라는 사실을 어느 학생이 써낸 리포트 일부에서 살펴볼 수 있다.

> … 내 위에 고참이 한 명 있었다…. 어느 눈이 내리는 추운 겨울, 내가 보는 앞에서 1/4톤 트럭이 뒤집어지면서 그만 그 고참과 몇 명이 죽은 사건이 발생하였다. 피를 흘리지는 않았지만 뇌에 큰 손상을 입어서 의식을 잃고 쓰러져 있는 그 고참의 얼굴을 보았을 때, 인생에 대한 허무와 군복무에 대한 회의 속에 "어느 누가 이 사람의 죽음에 대해서 알아줄까?" 하는 생각과 함께 절망감에 빠졌다. 마지막 장례식 날 그 고참의 아버지께서 "우리 아들의 죽음은 헛되지 않았고, 제2의 우리 아들이 되지 말고 몸 건강히 군 생활을 하기 바란다."는 격려를 오히려 우리들에게 해 주셨다. 지금도 눈이 내리는 추운 겨울이 되면, 그때 그 상황이 머리에 떠오르곤 한다.[1]

남학생과 여학생들은 견해 차이에 따라 종종 서로 의견 충돌을 일으키기도 한다. 그럴 때 나는 여학생들 편에만 전적으로 서는 것이 아니라 중재자 역할도 해야 했다.

1995년 외국어대 이은순 선생님이 한국여성학회 회장을 맡으셨다. 봄철 학술대회에 선생님은 나에게 논문 발표 기회를 주셨다. 나는 〈전기 급진주의 여성이론의 비판적 고찰〉이라는 제목으로 열심히 준비에 임했다. 급진주의 이론가로 불리는 파이어스톤(S. Firestone)은 출산을 천벌의 대가로 간주하면서, 여성이 해방되려면 출산을 여성의 자궁으로부터 분리하여 기계로 대체해야 한다고 주장하였다. 그녀는 《구약 성경》〈창세기 2장 4절〉 하반절로부터

---

1) 2000년 한국외국어대 이란어과 박대훈 학생이 제출한 군가산점제 찬성 리포트에서 발췌했다.

시작하는 아담과 이브가 하나님 명령을 어기고 금단의 열매를 따 먹고 죄를 짓고 난 다음, 하나님으로부터 이브는 출산의 고통이 따르리라는 벌을 받는 이야기를 차용하였다.

천지창조 마지막 날 하나님은 인간—남자와 여자를 지으시고 이들에게 이 동산 가운데 모든 열매는 따서 먹을 수 있되, 동산 한가운데 있는, 선과 악을 구분할 수 있는 나무 열매만은 따 먹지 말 것을 명했다. "만약 이 열매를 따 먹는 날에는 정녕 죽으리라"는 경고까지 했다. 역사에 가정법 과거는 존재할 수 없지만, "만약 하남님의 말씀을 순종하여 그 열매를 따 먹지 않았다면, 아담과 이브는 영생했을 것이고 따로 출산이 필요하지 않았을 것이다.

그런데 이 경고를 무시하고 아담과 이브는 이 선악과를 따서 먹었다. 이들이 정녕 죽게 되면 하나님의 창조 질서는 손상을 입게 된다. 마지막 날 인간을 지으시고 모든 창조를 마무리하셨다. 따라서 일곱째 날을 안식일로 정해서 축복하고 휴식을 취하신 하나님은 죄를 지은 아담과 이브가 죽게 되면, 이 두 사람을 대체할 또다른 인간들을 창조해야하기 때문이다. 인간은 연약하여 하나님의 경고를 또다시 어길 수 있다. 그럴 때마다 하나님은 팔을 걷어 부치고 거듭거듭 남녀 인간을 계속해서 흙으로 빚어야만 한다. 그럴 수는 없는 일이다. 따라서 출산은 죽음에 대한 대체 기제로 등장할 수밖에 없게 된다.[2] 그러기에 하나님의 창조 질서 원안(original plan)에는 출산이 포함되어 있지 않았다.

이에 견주어 한국 신화에서 출산 기록이 제일 먼저 나오는 것은 〈단군신화〉이다. 3·7일을 금기하고 100일 동안 굴에서 햇볕을

---

2) 물론 창세기 2장 4절에는 '하늘의 별처럼 땅의 모래처럼 번성하라'는 축복도 있다. 구약 학자들은 인간 타락 이야기를 J문서, 인간의 번성 이야기를 P문서로 구분한다.

쪼이지 않고 견뎌낸 곰은 최초의 여성 웅녀로 태어났다. 그러나 호랑이는 인간으로 변화하는데 실패했다. 따라서 결혼할 상대가 없음에도 웅녀는 신단수神檀樹 아래에서 "잉태하기를 원하나이다"고 빌었다. 이에 하늘나라의 신神 환인桓因의 아들 환웅桓雄이 지상으로 내려와 인간 남성으로 육화(incarnation)하여 웅녀와 결혼했다. 그리고 잉태하여 출산한 아들이 단군왕검檀君王儉이다. 여기에서 주목할 것은 신성神性을 가진 환웅이 웅녀가 기원하는 바를 들어주려면, 자신의 신성을 이용하여 웅녀로 하여금 처녀 잉태를 하게 할 수도 있었음에도, 자신이 정식 인간의 몸으로 변화하여 제도결혼으로 웅녀와 결합한 점이다. 이는 제도결혼의 중요성을 시사한 것으로 해석된다. 따라서 출산에 대한 태도에서 한국 여성들과 서양 여성들은 다른 경험을 했다고 하겠다.

출산에 대한 서양 여성과 한국 여성의 경험이 다르다는 것을 사료를 들어서 설명하였다. 따라서 파이어스톤의 이론은 서양 여성들의 경험에 바탕한 서양여성해방 이론일 수는 있어도, 한국 여성들의 출산에 대한 경험은 아니기에, 한국 여성들에게도 적용 가능한 보편의 이론이 아님을 강조하였다. 150여 명의 여성연구자들 앞에서 속 시원하게 전기 급진주의 이론을 비판할 수 있는 기회를 갖게 된 것은 순전히 이은순 회장님 배려 덕분이었다.

한국외국어대학교에서 나의 여성학 강의는 학생들 사이에 인기가 있었다. 교양과목으로 개설된 다른 과목 담당 선생님들 가운데 어떤 이들은 학생들이 모두 여성학 수강으로 몰려가서 다른 강의가 폐강 위기에 몰렸다고 하소연하기도 했다. 교양 수업은 120명 수강이 최대 인원이었으나 어느 때는 180명 학생에게 강의한 적도 있었다. 1994년 5월 봄이었던 것 같다. 수유리에서 처음 효자동으로, 그다음 통인동, 그다음 또 효자동 그리고 다음 다시 통의동으로 이사해서 거주할 때였다. 어느 날 누군가가 당시 주간으로 발간되던 주간지 《뉴스메이커》의 〈명교수−명강의〉 기사에 내 이름이 올랐다고 전해주었다.

전국 유수 대학 학생회에서 추천한 샛별 같이 빛나는 명교수·명강의 명단에 내 이름도 포함되었다는 것이다. 이름 날리는 쟁쟁한 교수들 틈바구니에 시간 강사로는 내 이름이 유일하게 올라 있었다. 한국외국어대학교에서는 나와 박성래 부총장 선생님이 명교수·명강의자로 선택받았다. 학생들에게 남녀평등 사상을 강의로 잘 전달했다는 사실에 뿌듯한 자부심을 가질만 했다. 나를 추천해 준 학생들에게 고마운 마음을 전한다.

그리고 아무 예고도 없이 KBS 방송사 기자와 촬영팀이 어느 날 갑자기 수업시간에 들이닥쳤다. 그리고 선생과 학생들 사이의 질문과 답변의 자연스러운 상호 작용의 분위기를 촬영해 갔다. 그 결과 외국어대 여성학 강의 수업이 9시 뉴스 시간에 2회나 방영된 적이 있었다. 87년 2학기부터 2012년까지 외대에 25년 동안 강사로 출강할 수 있었던 것은 전적으로 이은순 선생님의 배려 덕분이었다.

4. 국제 여성학대회에 참가하다

가. 88년 미네소타대학 제10회 미국여성학대회

87년 6월 여름방학 때 미국에서 서울을 방문한 윤영구 선생님 소개로 88년 6월 초 미국 미주리주 미네소타대학교에서 열리는 제10회 미국여성학대회에 참석하기로 했다. 이 대회에 한 세션을 맡아서 한국 여성운동을 소개 발표하려고 조성숙·강숙자·김홍숙은 서로 의견 일치를 보았다. 제목은 〈한국여성운동의 과거·현재·미래〉로 정했다. 일제 강점기 여성운동은 김홍숙이, 60년대부터 여성운동 소개는 조성숙이, 앞으로의 방향은 강숙자가 분담해서 발표하기로 했다. 전체 서론과 영문 번역은 윤 선생님이 맡았다. 각자는 초고를 써서 정릉동에 있는 조선생님(동아투위 출신으로 나보다 10년 선배이므로 선생님 호칭을 붙임)댁에서 밤새워 토론하고 그 결과를 반영했다. 이를 영어로 번역했고, 이를 미국 윤 선생님께 보내서 영문 교열까지 받았다. 미국 여성학회로부터 세미나 발표자로 초청장도 받았다.

14년 전 영국에서 돌아올 때 여러 나라를 구경하며 외국 여행을 했던 때가 까마득한 옛날 일로 여겨졌다. 그리고 미국 여행은 처음이었다. 가슴 설레며 큰 기대를 했다. 더욱이 72년 '아메리칸 드림'이 산산조각났기 때문에 미국행에 대한 기대가 더욱 애틋했다. 초청장·남편의 봉급 증명서 등 미국대사관에서 요구하는 서류들을 제출하고 미국 비자 신청을 했다. 그리고 대면 인터뷰가 있던 날, 광화문 미국 대사관 건물 바깥 도로에 다른 사람들과 함께 줄을 서서 기다렸다. 면접은 까다롭지 않았는데 결과는 의외였다. 미국 대사관 비자 발급을 받지 못했다. 가정이 있는 기혼여성이니까 회의 끝나면 반드시 돌아올 텐데 말이다.

나는 미국대사관에 근무하는 친구 오경님을 만나서 무슨 이유인지 물어보았다. 경님이는 잘 모른다면서도 부동산이 없는 것도 한 원인이지 않을까 조심스레 말했다. 그랬다. 남편 출판사업 부도로 내 집도 없었고 회사가 어려울 때인지라 급여 액수도 높지 않았던 것은 사실이었다. 서른이 넘은 미혼의 김홍숙도 미국 비자 발급을 받지 못했다. 미혼은 한 번 입국한 뒤에 돌아가지 않고 불법체류자로 남을까 미국 정부가 걱정하는 이유였다. 나는 한 번 더 비자 신청을 했다. 그리고 면접 때, 세미나 발표자이니까 꼭 참석해야 하며 반드시 돌아온다고 강조했다. 그러자 두 번째에야 미국 입국 비자 발급을 받았다. 조성숙 선생님은 아무런 장애 없이 비자를 발급받았다. 김홍숙은 끝내 미국 입국이 허용되지 않아서 나와 조성숙 두 사람만 미네소타 대학에서 열린 제10회 미국여성학대회에 참석할 수 있었다.

미국 여성학대회 본부에서는 참가자들에게 초청장을 발급하고 미네소타 시에서 자원 봉사자들을 뽑아 제3세계에서 오는 참가자들을 민박으로 체류하게 해서 체재비가 들지 않도록 편의를 제공했다. 그런데 왕복 비행기 표는 각자 부담이었다. 나는 미국 왕복 비행기 삯 80여만 원을 아끼려고 궁리를 했다. 당시 홀트아동복지회는 한국 아기들을 외국에 입양 보내는 사업을 하고 있었다. 미국 가는 아기들을 김포공항에서 만나 인계받아 미국 양부모에게 에스코트를 해주면 왕복 비행기 표를 무료로 제공받았다. 대신 홀트아동복지회 회원가입비 20만 원을 냈다.

김포공항에서 홀트아동복지회 직원을 만났다. 아기 3명을 한 미국부인과 나, 두 사람에게 에스코트하도록 할당했다. 나는 한 사람이 한 명의 아기만 데리고 가면 되는 줄 짐작했는데 예상이 빗나갔다. 미국 부인과 함께 3명을 데리고 비행기 앞 좌석 공간이 넓은 자리에 앉았다. 앞 벽에는 아기 바구니를 매달아서 아기를 재울 수 있었다. 비행기가 이륙하는 동안 아기 3명이 동시에 악을 쓰고 울었다. 창공에 진입하자 울음을 그쳤다.

그 가운데 한 명은 세 살배기여서 눈치가 빨랐다. 잠을 잘 자지 않고 칭얼대기만 했다. 미국 부인이 안아서 달래려고 했으나 눈이 파란 미국 부인에게 가지 않으려고 발버둥 쳤다. 하는 수 없이 세 살배기를 나 혼자서 도맡아 돌보았다. 미국 부인은 두 어린 아기를 우유만 시간 맞추어 먹이고서 애기 바구니에 담아서 잠만 재우면 그만이었다. 나는 무거운 아이를 안고, 또 등에 업고 돌보자니 여간 중노동이 아니었다. 큰 아이를 업고서 좁은 통로를 왔다 갔다 하며 잠도 못 자며 혼자서 애쓰는 것이 안쓰러워 보였던지 기내 한국 어머니들이 다투어 돌봐주겠다고 했다. 그동안 잠시 눈을 붙이고 쉬었다. 아이도 눈치가 빨라서 자신의 신변에 큰 변화가 있음을 예감하고 불안한 마음으로 칭얼대는 것 같았다.

열 몇 시간을 날아서 아이들 양부모들이 마중 나온 디트로이트 공항에 내렸다. 공항 대기실에서 기다리던 양부모들은 아이들 이름을 보고 찾아와서 갓난아기 둘을 모두 인계해 갔다. 미국 부인은 홀가분하게 공항 대기실을 떠나갔다. 많은 가족들이 나와서 아기와 함께 사진도 찍고 분위기가 화기애애했다. 문제는 세 살배기 큰 아이였다. 이 아이는 어느 순간부터 나를 엄마로 여기기 시작하더니, 눈이 파란 양부모들에게 가지 않으려고 발버둥 쳤다. 양부모가 아이를 억지로 뺏어가서 안고 있는데, 아이는 몸을 뒤로 뻗쳐서 얼굴을 돌려 나를 뒤돌아보며 몸부림치면서 앙앙 울어댔다. 양부모들은 나를 보고 손사래를 치며, 빨리 이 자리를 떠나라고 재촉했다. 나는 아이를 꼬옥 껴안고 뺨을 부비며 마지막 작별 인사를 하고 안녕을 빌어 주고 싶었는데 그마저도 할 수 없었다. 울어대는 아이 울음소리를 뒤로하고 도망치듯 대기실을 빠져나왔다. 미네소타 도시로 가는 국내선 비행기로 갈아탔다. 그 아이의 울어대는 얼굴이 오래도록 뇌리에서 사라지지 않았다.

내가 머물 미네소타 시의 한 중산층 가정의 부인이 공항에 마중 나와서 미리 도착해 있던 조성숙씨와 그 집에 함께 머무르게 되었다. 매일 아침 미네소타대학교 교정에 차로 데려다주고 저녁에 데리러 오곤 하였다. 이름을 지금 기억하지 못해서 미안한 마음이 든다. 아침은 토스트와 과일, 커피로 간단하게, 점심은 학교 학생 식당에서 사서 먹었고, 저녁은 그 가정에서 식사를 했다. 그런데 미국 가정에서는 저녁 식사 뒤에 과일을 먹지 않았다. 나와 조성숙씨는 과일에 허기를 약간 느꼈다.

미네소타 대학 강당은 시(city)가 건물을 지어서 대학에 기증했다. 따라서 시민과 대학 당국 누구나가 강당을 자유롭게 이용할 수 있었다. 캠퍼스는 아름다웠다. 오래된 나무들 사이사이로 다람

쥐가 사람들 시선을 아랑곳하지 않고 마음대로 뛰어다녔다. 운동
장 밑에 큰 지하 건물이 있었다. 대학 서점이었다. 서점 여기저기
그리고 서가를 둘러보며 책을 고르는 일도 재미있었다.

대학 캠퍼스 건물 이곳저곳 50여 개의 세미나실에서 아침 9시부
터 90분간 분과 세미나 발표가 진행되었고, 11시에는 모든 참가자
들이 하루에 한 번 대강당에 함께 모여 전체 회의를 했다. 오후에
도 한 차례 50여개의 주제들이 각 세미나실에서 발표되었다. 3박
4일의 미국여성학대회 참가자는 1천여 명이 넘었고, 발표된 분과
별 세미나 주제들은 400여 개에 달했다.

한국의 여러 분야 학회들도 학술대회를 1년에 2회 개최한다. 그
러나 그 규모나 참석 회원 면에서 미국 여성학 대회 규모에 견줄
바가 못 되었다. 많은 주제가 다루어지기 때문에 자신들의 발표주
제를 알리고자 어떤 이들은 11시에 대강당으로 가는 길목에 서서
프린트한 전단지를 나누어 주며 많이 참석해 달라는 선전을 했다.
어느 날 대강당으로 가는 길에 전단지 하나를 받았다.

한국 경기도 수원시에 위치한 공장에 취업한 여공 12명이 지하
방에서 잠을 잤다. 밤에 화재가 났는데 방 바깥에 자물쇠를 채웠기
때문에 피신할 수 없어서 모두 불에 타 죽음을 맞았다는 내용을
쓴 전단지였다. 비슷한 사례가 안양 어느 지역에서도 있었는데 불
에 타서 죽은 여공은 7명이었던 것으로 기억한다. 이 들 두 사례는
88년 미국여성학대회에 참석하기 몇 개월 전에 일어났던 일이다.
미국의 한 여성단체가 해외 토픽에 난 기사를 보고 울분을 참지
못해 이 사실을 여성학대회 참석자들에게 고발하고 있었다. 한국
에서 온 참가자로서 얼굴이 화끈거렸다.

여공들의 이탈을 막고자 기숙사 방문 바깥에 자물쇠를 채웠다는
기록은 일제 강점기 사료에서 찾을 수 있었다.[1] 또한 사회에 경종

을 울렸던 1986년 부천서 성고문 사건도 따지고 보면 일제 강점기 시기에 있었던 악습의 잔재로 볼 수 있다. 3·1만세 사건으로 붙잡혀 온 여성가운데 일경이 성폭행했다는 사료도 있었다.[2] 현대 한국사회에서 일어나는 여성문제의 악습과 폐해는 전통 조선조 농경사회로부터 비롯된 것이 아니라 법적 무능력자로서 여성의 지위가 가장 열악했던 식민지 자본주의 시기의 잔재가 남아 있기 때문이다. 농경사회에서 이웃 간에 농사일 품앗이를 한 뒤 집에 가서 잠자는 것은 당연하다. 어느 누가 집에 보내지 않고, 자신의 집에 강제로 잠을 재우며, 방 바깥에 자물쇠를 채운단 말인가!

우리들이 준비한 〈한국 여성운동의 과거·현재·미래〉는 윤영구 선생님이 먼저 발표 요약과 서론을 설명하고 난 다음 조성숙이 과거와 현재 여성운동의 현황까지 발표했다. 나는 마지막에 한국 분단 상황과 여성운동의 과제와 방향을 제시했다. 한국의 분단 상황은 남·북 정부 모두 국방비에 천문학적인 예산을 지불한다. 이 예산을 줄여서 가난한 여성들의 교육과 건강·환경 개선에 쓰였으면 한다. 그러자면 여성운동가들은 세계평화운동에도 앞장서야 한다. 당사국 남·북 여성 지도자들과 여성단체들뿐만 아니라 세계 여성 지도자들도 함께 연대하여 세계 평화를 위한 군비 축소를 세계인들에게도 호소해야 한다.

한국에 관심이 있는 여성들이 비록 많은 숫자는 아니지만 발표를 듣고 동조하는 목소리를 냈다. "그렇다면 당장 어떻게 하면 되겠느냐?"는 성급한 질문도 있었다. 궁극적으로 여성들이 실력과 힘을 길러서 정치영역에도 많이 진출하여 국가 장래 비전과 의사

---

1) 안연선(1988), 〈한국식민지 자본주의화 과정에서 여성노동의 성격에 관한 연구〉참조

2) 박용옥 (1984), 《한국근대여성운동사 연구》성남 : 한국정신문화연구원

결정권에 많이 참여하여 영향력을 발휘해야 한다. 현재 각 나라의 여성단체들이 이웃나라, 더 나아가서는 세계 여성단체들과 연대를 결성하는 일이 중요하다고 강조했다. 천리 길도 한 걸음부터 시작하면 되지 않을까? '시작이 반'이라는 말도 있다.

내가 미국여성학대회에 참석한 두 번째 이유는 레즈비언 이론에 대한 미국 여성학계의 분위기를 살펴보려 함이었다. '백문 불여일견百聞不如一見' 즉 'Seeing is Believing'이 아닌가. 한국여성문제 발표를 마치고 난 다음 편안한 마음으로 레즈비언 참가자들이 발표하는 세미나에 참석하려고, 전날 저녁에 두꺼운 책 분량의 대회 진행 책자를 자세히 읽었다. 다음 날 일찍 어느 건물 몇 호실에서 레즈비언 삶에 대한 발표와 토의가 있다는 것을 확인하고, 낯선 건물을 물어 물어서 찾아 갔다. 막상 도착해보니 세미나실 문에는 '어느 건물 몇 호 실로 장소를 옮긴다'는 짤막한 메모를 붙여놓고 그들은 없었다. 그래도 포기하지 않고 다시 물어서 찾아갔다.

세미나 발표는 한 10분 정도 진행된 상황이었다. 낯선, 머리 색깔이 까만 동양 여성 한 명이 들어서자 잠시 발표가 중단되었나. 진행자가 자기소개를 하라고 했다. 나는 여성학을 전공한 한국에서 온 참가자인데, 한국에서는 레즈비언 이론에 대해 아직 수용하는 분위기가 아니다. 그래서 미국 여성학계 상황을 살펴보고, 당신들은 무엇을 요구하는지를 알고 싶어서 찾아왔다고 했다. 그랬더니 나의 참관에 아무런 이의 제기가 없었다.

그들은 실제 레즈비언 부부로 사는 사람들이었다. 입양하는데 따른 문제점을 토로했다. 입양하기도 어렵고 또 입양된 아이들이 부모에 대해 심한 열등감을 느낀다고 했다. 제도권 바깥에서 법의 보호를 받지 못하니 세제나 각종 혜택을 받지 못했다. 이들은 레즈비언들의 결혼을 법적으로 인정해 달라고 요구했다.

하루는 11시에 대강당 전체 회의에서 한 여성이 자신의 친부로부터 성폭력 당한 사실을 고발하는 내용을 무용으로 표현한 공연이 있었다. 그 공연을 보면서 "참으로 윤리도덕이 땅에 떨어진 인면수심人面獸心의 파렴치한 일도 있구나!" 한탄하며 큰 충격을 받았다. 그런데 한 10년 뒤 홀아비 친부가 친딸을 성폭행한 사건이 한국 시골 어느 지방에서 있었고, 의붓아버지가 어린 의붓딸을 성폭행한 사건이 한국에서도 일어났다. 나쁜 일은 국경을 초월해 빠른 속도로 전파되는 모양이었다.

미네소타 대회에서 만난 한 한국 여성을 잠깐 떠올려 본다. 그녀는 여성문제로 박사학위를 미국 대학에서 받았는데 지도교수는 유명한 레즈비언 교수였다. 그녀의 논문을 받아서 읽어본 적은 없으나, 그녀도 아마 레즈비언 이론이 한국 사회에서 보편성을 띤 이론이라고 강조할 수도 있기에 염려하는 마음이 들었다. "아하 이렇게 해서 학문의 제국주의가 형성되는구나"라는 생각이 들었다.

미네소타대학 대강당 앞에는 미국 각 출판사들이 출간한 여성 관련 서적들이 즐비하게 전시되어서 참가자들 눈길을 사로잡았다. 유명한 여성학자가 쓴 책들이 바로 눈앞에 있으니 사고 싶은 충동이 일었다. 한국에서도 학술대회가 열리는 대학 강당 앞에 관련 서적들을 진열하여 판매하는 사례들이 있다. 적어도 20%의 할인 행사를 한다. 그런데 미국에서는 할인 판매가 없었다. 40불, 50불 하는 양장본을 사자니 책값이 너무 비쌌다. 그래도 한국에서 사는 것보다는 경제적이다 싶어서 한 박스 분량의 책을 원 없이 샀다.

미국 출판계는 초쇄의 책은 양장본(hard bound)으로 출간하고, 2쇄부터는 무선(paper back)으로 출간하고 책값을 내린다. 윤영구 선생님은 새 책이 나오면, 도서관이나 지인들로부터 책을 빌려 보고서 2쇄 페이퍼백이 출간되면 싼값에 책을 구입한다고 했다.

책을 한국으로 미리 부치는 일도 홈스테이(home stay) 집 부인이 도와주셨다. 그 집에는 서른이 넘은 아들이 한 명 있는데 독립해 나가지 않고 부모 집에 눌러 살아서 성가시다고 불평했다. 그 집 차고는 멀리서 리모컨으로 버튼을 누르면 자동으로 문이 열렸다. 그때는 그 광경을 보고 참 신기하다고 느꼈다. 학회가 끝나고 하루는 주인집 부인이 조성숙씨와 나를 둘레 호수로 데려갔다. 아마도 휴양지인 모양이었다. 나들이 온 사람들이 많았다. 오리 모양의 2인용 보트를 발로 자전거 타듯 운전하면서 탔는데, 재미있었다. 그때 베풀어 준 그들 후의厚意에 지금 답례할 수 없는 형편이어서 참으로 미안한 마음을 금할 길 없다.

돌아오는 길에 로스앤젤레스(Los Angeles)에 들렀다. 친구 이영애 · 나춘실 · 김경옥을 만나서 회포를 풀었다. 나춘실 남편 추 목사님이 공항에 마중 나왔고 다음 날 하루를 '디즈니랜드' 구경하라고 입구까지 차로 데려다주고 저녁에 데리러 왔다. 유니버설 스튜디오, 잠수함 타고 바다 속 구경하기, 팔팔열차 비슷한 것도 타 보았다. 어른이 혼자 타려니 집에 있는 아이들 생각이 났다. '이런 구경을 함께 했으면 아이들이 참 좋아할 터인데'라고. 춘실이는 그때 일하는 여성, 현역이어서 추 목사님이 대신 안내를 맡았다. 그때 시어머님도 계셨는데 후한 대접에 감사한 마음 금할 길 없다.

이영애는 L.A. 도심에서 만나 어느 식당에서 점심을 함께했다. 영애도 한동안 하와이에 가서 생활한 적이 있었고, 그곳 친구들―박명자, 정기자와 함께 삼총사로 불렸다고 했다. 영애가 L.A.에 살 때, 뉴욕을 방문했던 에피소드 하나를 들려주었다. 브로드웨이 연극 공연을 보려고 길게 늘어선 줄 뒤쪽에 서 있었는데, 한 젊은 남자가 다가와서 자신이 빨리 표를 구해 주겠다고 해 표 값을 주었더니 영영 돌아오지 않았다고 했다. 그러면서 영애 말이 "뉴욕은 눈뜨고 코 베어 가는 곳"이라고 해서 같이 한참을 웃었다.

그다음 김경옥을 만나서 시내 이곳저곳을 차를 타고 구경했다. 시내 어느 곳에서는 절대 내려서 걸으면 안 된다며 자신도 무서워했다. 경옥이 집에서 하룻밤 자면서 그동안 쌓였던 이야기보따리를 풀었다. 첫째 아들이 중학교 일학년이 되었는데, 학생들이 벌써 콘돔(남성 피임기구)을 학교에 가지고 와서 장난치며 논다고 했다. 미국에서는 학생들이 책가방을 학교에 두고 다니는데, 자신은 집으로 가져오게 해서 뒤처진 공부를 시킨다는 이야기도 했다. 경옥이가 L.A. 공항까지 배웅해 주었다.

다음은 하와이에 들러서 지인을 만나 안내를 받았다. 호놀룰루 해변에서 수영복 입고서 물장구도 쳐 보았다. 마지막으로 도쿄에 들러서 그곳 주재원 가족으로 있는 초등학교 친구도 만나보고 서울로 귀환했다.

*　　　*　　　*　　　*　　　*　　　*

2005년 청계천 복원이 이루어진 뒤, 춘실이는 한 번 서울 고향을 찾았다. 미국 L.A. 한국 교포사회에서는 복원된 청계천 모습을 꼭 탐방해야 할 서울의 명소로 꼽았던 모양이다. 춘실이는 만나자마자 청계천 광장에 가서 사진을 찍어야한다면서 가기를 재촉했다. 안내를 맡았던 광자와 나, 셋이서 청계천 광장 떨어지는 물폭포 앞에서 사진도 찍고, 어스름 저녁에 경복궁 근정전 앞뜰도 거닐고, 을지로 4가에 있는 우래옥에서 저녁으로 냉면을 맛있게 먹었다.

나. 89년 방글라데시 여성대회 - 여성의 몸

89년 6월 방글라데시 다카시에서 독일 녹색당 여성회원들이 주축이 된 국제회의가 열렸다. 여성학과 후배 이미경(성폭력상담소 소장)과 한겨레 기자로 취업한 김미경과 함께 3명이 참석하였다. 나는 선배로서 통역하는 역할도 맡았다. 숙소는 아마도 다카시에서 좀 떨어진 어느 대학 기숙사였다. 때는 여름 초입이라 기숙사 방에 한국처럼 모기장을 치고 잠을 잤다. 이른 아침에 꽥꽥하는 소리가 바로 창밖에서 났다. 마치 새벽에 '꼬끼오'하고 닭이 울 듯이. 무슨 소린가 궁금했는데 방글라데시 사람들은 작은 도마뱀이 우는 소리라고 했다. 갑자기 무서웠다. 그런데 현지인들은 애완동물처럼 귀엽다고 했다.

이 회의 발표자들은 인공 출산이 여성 건강에 해를 끼치기 때문에 특히 파이어스톤의 이론을 비판했다. 어떤 종류의 인공 출산 (artificial reproduction)도 반대한다고 했다. 인공 출산이 여성을 해방하는 것이 아니라 오히려 여성 건강에 해를 끼친다며, 그 폐해의 심각성도 일일이 고발했다. 사실 파이어스톤은 미래 과학에 기대를 걸고 출산 과정의 완전 기계화를 꿈꾸었는데 현 단계 과학 수준에서 보면 출산의 반은 과학으로 반은 여성의 자궁을 빌리는 수준에 와 있다. 당시 미국에서는 시험관으로 출산한 아기들이 많았고, 시험관 시술을 경험했던 산모들이 실제로 건강에 적신호가 온 사례들이 많음을 발표했다. 제1세계 여성들이 시험관 아기 시술을 경험해 보고 그것이 여성 건강에 해를 끼친다는 사실을 깨닫고 나서 제3세계 여성들에게 사전에 경고하고자 특히 방글라데시 같은 제3세계 국가를 택해서 여성대회를 열었다. 제3세계 여성

참가자들은 체재비와 비행기 표를 대회 당국으로부터 지원받았다.

당시 한국 사회는 시험관 아기 시술이 잘 알려지지 않았던 때여서 이를 반대한다 아니다를 발표할 수준이 아니었다. 제1세계 먼 나라 이야기로만 들렸다. 그런데 오늘날 한국 사회에서 상당한 숫자가 시험관 아기 시술을 원하고 있다. 자연 임신이 여성의 건강에 좋지만, 출산을 간절히 바라는 여성들 본인이 자처하여 시험관 시술을 원한다면 이를 적극 도와줄 의무가 정부 당국에 있다. 저출산 문제와 관련하여 산모 건강을 우선하는 시험관 아기 지원책과 시험관 시술을 더욱 안전하고 부작용을 없애는 조사 개발(R&D) 연구에도 정부의 적극적인 지원이 있어야 할 것이다. 특히 난임과 불임 치료에 정부의 물질적 뒷받침이 있어야만 정부의 저출산 문제 해결에 답이 나올 것이다.

마지막 날 다카시 근교의 농촌 마을을 현지답사(field-trip)했다. 그 나라에는 아직도 조혼早婚이 성행했다. 14~5세 된 여성은 이미 결혼한 기혼여성이었다. 그녀는 교육을 받지 못해서 자신의 생년·월일을 제대로 알지 못했고, 함께 간 여성 통역사가 그렇게 되어 보인다고 부연했다. 여기에서도 여성의 삶의 질을 높이는 데에 무엇보다 무상 의무교육이 필요하다는 것을 다시금 절감했다.

마지막 밤은 다카시 어느 넓은 회의실 방에서 여러 명이 여러 개의 모기장을 친 침대에서 잠을 잤다. 천정에 작은 도마뱀들이 붙어 있었다. 내가 무서워하니까 후배 이미경이 일어나더니 긴 빗자루를 잡고서 천정에 대고 휘휘 쓸었다. 천정에 붙은 도마뱀들이 빗자루에 쓸리지 않으려고 도망갔다. 이미경이 참으로 위대해 보였다. 후배 둘은 향신료가 듬뿍 들어간 방글라데시 음식도 뚝딱 잘 먹었다. 나는 전혀 음식을 먹을 수 없어서 거의 굶다시피 했다. 겨우 날 오이만 먹을 수 있었다. 가는 곳마다 내가 먹지 않은 음식

을 버스 창밖으로 내밀면, 바깥에서 무엇을 주기만을 바라던, 어린
이들은 손을 내밀고 몸싸움을 벌이기 일쑤였다. 이 가난을 누가
벗어나게 할 것인지. 방글라데시는 6.25 전쟁 뒤 한국 경제 상황
과 너무나 흡사해서 과거 내 어린 시절을 보는 것 같아서 매우 마
음이 아팠다. 다카시에서 그 유명한 자전거 인력거도 타 보았다.
거의 날 오이로만 연명하다시피 했었기에 서울에 돌아와서는 잇몸
이 흔들려서 치과 치료를 받았다.

다. 90년 뉴욕 헌터대학 세계여성학대회

1990년 6월 세계여성학대회가 뉴욕 헌터 대학에서 열렸다. 후
배 문경란과 김홍숙 그리고 나 세 명이 참가하러 김포공항을 출발
했다. 김홍숙은 2년 전 미국 비자를 받지 못해 미네소타 대학 미국
여성학대회에 참가하지 못했던 한恨을 풀 수 있었다. 정부가 1989
년에 시행한 해외여행 자유화 덕분에, 미국 비자 받기도 수월해졌
다. 문경란은 중앙일보 기자였고 김홍숙은 여성개발원에 취직했고
나도 여러 대학 시간 강사로, 셋 다 돈이 좀 있는지라 모두 자기
부담으로 일정액의 참가비를 대회 사무처에 내고 참가하였다. 한
국은 1980년대 중반부터 개발도상국이라는 호칭을 벗어나서 중진
국 대열에 가담하였다. 개발도상국을 돕는 미국 정부 기구인 미국
국제개발처(USAID)는 이미 1970년대 중반 한국 땅에서 철수하고
없었다.

오래전 카디프대학 친구인 뉴욕 출신 토마스 부인(Mrs. Thomas)이 뉴욕에 오려거든 밤에 도착하는 비행기는 피하라고 조언해 주었던 생각이 나서 낮에 도착하도록 비행기 시간을 잡아서 뉴욕 케네디 국제공항에 도착했다. 케네디 공항은 규모에서 김포공항에 견줄 바가 아니었다. 그런데 예기치 못한 문제가 하나 발생했다. 문경란의 짐 가운데 하나가 뉴욕 공항에 도착하지 않았다. 짐 찾는 일에 함께 매달렸으나 허사였다. 직원들이 전화를 여러 통 걸더니, 만약 짐이 늦게라도 도착하면 헌터 대학 대회사무처로 알려주겠다고 했다. 짐 때문에 대회 사무처에 함께 오가느라 여가의 시간을 누리는데 약간의 손해를 보았다.

뉴욕은 땅값이 비싸서인지 헌터 대학의 캠퍼스는 교정이라고 불릴만한 특별한 여유 공간도 없었고 운동장도 보이지 않았다. 대학 건물과 건물 사이를 공중 다리로 이어지게 했고, 그 밑으로는 시내버스가 다녔다. 에스컬레이터도 삐걱거리며 빠르게 작동해서 얼른 탑승하기가 겁이 났다. 아침 식사는 빵과 커피 한 잔이었다. 빵도 시커먼 보리로 만든 빵이어서 목이 메었다. 그런데 세미나실에는 88년도 대회와는 사뭇 다른 분위기가 감지되었다. 처음 들어보는 포스트모던 페미니즘(Post-modern Feminism) 담론이 봇물 터지듯 이 시간 저 시간마다 다루어졌다. 귀를 열고 집중해서 들어도 무엇을 말하는지 방향은 알겠는데 도무지 어려워서 꿰뚫어 이해하기는 쉽지 않았다. '아~ 해체(deconstruction)라는 새로운 이론의 물결이 밀려오는구나'라고 이해했다.

마지막 날은 현지답사가 있었다. 문경란의 짐은 L.A. 친지 집으로 배달되었다고 알려왔다. 문 후배는 뉴욕 학회 일정을 마치면 친지를 방문하러 L.A.로 갈 작정이었다. 문 후배는 하루 먼저 떠났고, 김홍숙과 나는 현지답사 일정 가운데 흑인들 밀집 주거지역인 할렘가 견학 프로그램을 신청하려고 이리저리 뛰었으나 허탕을 쳤다. 실무 직원이 이미 리무진 2대의 좌석이 모두 만석이기 때문에 더 이상 신청을 받을 수 없다고 했다. 하는 수 없이 뉴욕 자연사 박물관 견학을 했다. 그래도 궁금해서 할렘가를 방문했던 한 참가자에게 소감을 물었다. 그랬더니 그녀는 리무진 2대의 버스가 천천히 할렘가를 돌면서 '이곳이 할렘가다'라고만 했다는 것이다. 버스에서 내려 길거리를 걷지도 않았고, 전형적인 어느 흑인 가정을 방문하여 부엌과 거실, 식구는 몇 명이나 사는지, 자녀 교육은 어떻게 시키는지 등 질문조차 할 수 없는 그냥 거리구경이었다고 했다. 그런 현지답사도 있는지 참으로 의아했다.

그날 저녁에 레즈비언 모임이 바비존 호텔 라운지에서 있다는 광고를 보고 홍숙과 나는 참관인(observer) 자격으로 참가하기로 결정했다. 미국에서는 여성들끼리 팔짱을 끼고 다니면 일반인들이 레즈비언으로 간주한다는 사실을 알았지만 홍숙과 나는 개의치 않고 한국식으로 서로 팔짱을 끼고 찾아갔다. 바비존 호텔 라운지에는 겉으로 보기에 그냥 평범한 여성들이 상당수 모였다. 그 자리에서 뉴욕대학에서 미국문학을 가르치는 레즈비언 교수를 만나 서로 이야기를 나누며 친해졌다. 그 교수는 남성처럼 짧게 머리를 커트한 모습이었다. 레즈비언들끼리 팔짱을 끼는 것 말고 서로 친밀함을 나누기 위해 어떻게 하느냐고 물었더니, 그 교수는 서로 키스도 한다고 말해주었다.

이들은 레즈비언 전용 바(bar)로 자리를 옮겨서 간단한 식사를 한 뒤 춤을 추기 시작했다. 나도 홀에 나가 여럿이서 추는 춤꾼들 사이에서 함께 춤을 추었다. 16년 전 카디프대학 졸업 파티에서 춤추지 못했던 한恨을 풀어보겠다는 심산으로. 그런데 약간 긴 머리를 한 어느 여성이 나에게 자꾸만 접근해서 함께 춤추자는 신호를 보냈다. 그러자 남성이 여성에게 추근거리는 그런 느낌이 들어서 갑자기 싫은 감정이 들었다. 내가 홀에서 나와 자리로 오려하는데 그 여성은 내 팔을 잡고 홀로 끌어가고자 했다. 이 때 뉴욕대 교수가 나서서 그러지 말라며 제지하고 나를 데리고 자리로 왔다. 아주 묘한 기분이 들었다. 숙소로 갈 때, 뉴욕에서 밤에 택시(yellow cap)타는 것을 너무 무서워하자 그 교수는 택시 번호를 수첩에 적고 난 뒤 우리들을 안심시키고 태워 보내는 친절을 배풀었다.

그다음 날 하루는 뉴욕 tlo 관광을 했다. 사무처에서 1일 관광 코스를 추천해 주어서 패키지 투어에 합류했다. 지금은 아니지만 세계에서 제일 높다던 엠파이어 스테이트 빌딩 전망대도 올라갔고, 뉴욕 5번가(fifth avenue)도 걸었고, 센트럴 파크 일부도 구경했다. 센트럴 파크(Central Park)는 영국 런던에 있는 하이드 파크(Hyde Park)를 모델로 삼아서 조성되었다. 하이드 파크는 런던 중심부에 있으며 얼마나 넓은지 지하철역(tube station) 5개 구간에 걸쳐있다. 헨리 8세의 사냥터였는데, 너무 넓어서 런던에 체류할 때 나는 겨우 한쪽 귀퉁이만 들어가 보았을 뿐이었다. 19세기 말 여성참정권 투쟁을 위해 페티코트에 드레스를 받쳐 입고 긴 채양 달린 모자를 쓴 여성들이 20만 명이나 하이드 파크에 모여서 시위했다는 기록을 연상해 보면 웃음이 절로 피어난다. 센트럴 파크도 한쪽 부분만 겨우 둘러보았다. 그리고 맨해튼 지하철 통풍구에 세워진 마릴린 먼로의 실물 모형 옆에서 사진도 찍었다. 뉴욕 지하철은 낡았고 탑승 구역은 지저분했다.

라. 뉴저지 럿거스대학 세계여성역사학자 대회

다음 날 홍숙 후배는 서울로 돌아갔고, 나는 뉴저지 주(New Jersey State) 럿거스대학(Rutgers University)에서 열리는 여성역사학자대회에 참가하였다. 럿거스 대학 캠퍼스는 정말 아름다웠다. "야~ 이런 곳이야말로 미국 대학 캠퍼스답구나!" 탄성이 저절로 흘러나왔다. 파란 잔디가 끝없이 펼쳐진 캠퍼스 교정은 아름답고도 넓어서 이 건물에서 저 건물로 교내 셔틀 버스가 다니고 있었다. 초여름의 아름다운 잔디밭에서 레즈비언 여성 둘이 다정하게 서로 입맞추는 광경을 보고 '정말 그렇구나' 속으로 적잖이 놀랐다. 2년 전 미네소타대회에서는 볼 수 없었던 광경이었다.

학생식당의 음식도 너무 훌륭했고 과일도 풍부했다. 그런데 어느 날 불현듯 식당 부엌을 들여다보고 싶은 충동이 일었다. 문을 살짝 열고 들여다보니 그곳에는 설거지하는 사람들, 청소하고 쓰레기 치우는 인부들이 일하고 있었는데 모두 나이든 흑인 남성과 여성들이었다. 외부에서는 잘 보이지 않던 이들이 보이지 않는 곳에서 열심히 일하고 있었다. 1955년 몽고메리 시에서 로자 파크스 여사로부터 촉발되어,[3] 그 뒤 마틴 루터 킹 목사가 주도한 흑인민권운동의 결과 1968년 흑인들의 인권이 법적으로 향상되었다. 그런데도 이들의 사회 경제적 지위가 저절로 높아지지는 않았다는 현실을 직접 목도했다.

여성역사학자들은 역사가 발전해왔다는 헤겔의 견해와 같은 발

---

3) 로자 파크스는 공장에서 고된 노동을 마치고 집으로 돌아가는 버스를 타고 백인들 좌석인 앞 좌석에 앉았다. 백인 3~4명이 다음 정류장에서 타자 운전사가 백인에게 자리를 내어 주라고 그녀에게 명했으나 이를 거절하자 법 위반으로 체포된 사건에서 흑인 민권운동이 촉발되었다.

전사관에 이의異意를 제기했다.

> 세계사는 자유의 의식 속에서 진보이며―바로 이 진보를 우리는
> 그의 필연성 속에서 인식해야만 한다.[4]

이들 여성사학자들은 특히 근대가 여성에게 발전만을 가져 왔는
가라는 물음에 '그렇지 않다'는 부정적 답변을 내놓았다. 따라서
남성들의 역사(History)가 아닌 여성의 역사(Her Story)를 다시
써야 한다고 한목소리로 대응하였다.

인간이 중세 신의 예속에서 벗어나 근대에 이르러 행위의 주체
자로 발전하였으나 여성은 오히려 남성의 성적 대상(sex object)
으로 격하되었고, 가정과 일터의 분리로 여성은 생산자에서 소비
자로 역할이 축소되었다. 따라서 일하지 않는 중산층 여성 군群이
생겨났다. 역할 축소는 법적 지위 하락을 가져와 근대에 와서 여성
은 법적 무실체가 되었다.

흔히들 노르웨이 극작가 헨릭 입센의《인형의 집》(1879년 출간)
의 여주인공 노라를 여성해방의 선구자로 이해한다. 그녀는 남편
에게 인형 취급을 받았던 삶을 과감히 청산하려고 그녀의 보금자
리였던 남편의 집을 박차고 가출했지만, 그녀가 대항해야 할 것은
남편이 아니라 사회 제도였다. 먼저 여성의 법적 차별 철폐를 위한
여성연대를 결성했어야 마땅하다. 노라는 남편의 요양비 마련을
위해 사채업자에게 친정아버지의 도장(혹은 싸인)을 도용해서 돈
을 빌린다. 돈을 갚지 못하자 사채업자는 이를 알리는 최고장을
집으로 보낸다. 보통 집안에서 포치를 거쳐 마당에 나가 대문에

---

4) 헤겔 저《이성》, 임석진(역) (1994),《역사속의 이성》, 서울: 지식산업사. 이 내용
   을 문성화의 미간행 원고《역사란 무엇인가》에서 재인용.

걸린 편지함에서 그 최고장을 꺼내 남편 모르게 없애 버리면 될 터인데, 노라는 그렇게 할 수 없었다. 그저 겁에 질려 떨기만 했다. 왜냐하면 남편은 아내의 편지를 검열할 수 있는 권한이 있기 때문에 편지함의 열쇠는 남편이 가지고 있었다.

남편이 외출에서 돌아와 비서에게 편지함 열쇠를 주어 편지를 가져오게 하고 이를 읽은 남편은 노발대발 화를 냈다. 여기에서 중요한 사실은 아내는 남편의 동의 없이는 돈을 빌릴 수 없는, 계약체결을 할 수 없는, 법적 무실체라는 점이다. 그러기에 노라는 친정아버지 도장을 도용해서 돈을 빌렸다. 이것은 사문서 위조이다. 또한 노라는 중산층(Upper Middle Class) 여성으로서 일하지 않는 것이 여성의 표상(symbol)이었기 때문에 돈을 벌어서 빚을 갚을 능력도 없었다. 노라가 용감히 집을 박차고 나왔지만 노동자 계급의 여성으로 탈바꿈하거나, 아니면 다시 남편의 집으로 되돌아갔을 것이다. 그러기보다 노라는 같은 처지의 여성들을 규합, 조직해서 불합리한 여성의 법적 차별 철폐를 위한 여성운동의 선봉에 섰어야 마땅하다 하겠다.

학회를 마치고 뉴저지 시에 사는 강윤희에게 전화를 걸었다. 채플 시간에 바로 옆에 앉았던 친구였다. 같은 도시인데 집이 멀면 얼마나 멀랴 하는 마음이었다. 짐을 꾸려놓고 떠날 채비를 마치고 기다리고 있는데 윤희가 차를 몰고 먼 길을 달려왔다. 같은 뉴저지 시에 있다 하더라도 서울과 대전만큼의 거리, 2시간 걸렸다고 했다. 미국이 얼마나 드넓은 나라인가. 우물 안 개구리처럼 나는 그 사실을 깨닫지 못하고 데리러 오라고 한 것이 너무 미안했다.

윤희네 집은 2층으로 된 전형적인 미국 가정집 같았다. 손님 방(guest room)도 갖추고 있어 잠자리도 편했고 주위 환경도 아늑했다. 집 앞은 탁 트인 잔디밭이었고 큰 노송老松도 정원에 버티고 있어서 운치가 그만이었다. 살림도 깔끔하게 정리 정돈이 잘 되어 있었다. 남편 김영만씨는 외환은행 주재원으로 근무하다가 그만두고 한국 교포들이 중심이 되어 은행을 하나 설립해서 회장직을 맡고 있다고 했다. 윤희 남편은 "한국 여성들은 가정 경제권을 가지고 있어서 미국 여성들이 얼마나 부러워하는지 모른다"고 했다. 내가 여성학대회 참석하러 미국에 왔다니까 한마디 거든 것이다.

윤희는 서울 역촌동에서 첫 딸을 출산하고 곧장 미국으로 갔다. 미국에서 아들을 출산했는데, 두 자녀는 모두 커서 독립해 나가고 집에 없었다. 그 큰 집에 부부만 살고 있었다. 윤희는 대학 친구들 박윤희와 김성희를 불러 모아 뉴욕 맨해튼 어느 한국 식당에서 근사한 저녁 만찬을 함께 했다. 박윤희 아들은 연극 전공으로 브로드웨이 진출을 꿈꾸고 있었다. 김성희의 남편은 정부 경제 관료로 뉴욕에 파견 근무 중이었다. 성희는 그때 친정어머니와 시어머니를 한 집에서 모시고 산다고 했다. 기발하지만 참 좋은 방안이라고 생각했다. 우리들은 자녀 이야기, 대학 시절 이야기로 시간 가는 줄 몰랐다.

강윤희는 그다음 날도 뉴저지와 뉴욕을 잇는 조지 워싱턴 브릿지를 차를 몰고 건너서 뉴욕 거리를 구경시켜주었다. 그 유명한 뉴욕 타임즈 신문사 건물도 들어가 보았고, 신발 가게에서 예쁜 검정색 구두도 샀다. 편한 신발을 고르느라 굽이 없는 구두를 골랐는데, 뒤에 안 사실이지만 그 구두가 무용화라고 해서 실소를 금치 못했다. 럿거스 대학에서도 책을 많이 샀는데 책 부치는 일도 윤희가 도와주었다. 물론 케네디 공항까지 배웅해 주었다. 뉴욕에서 산 그 검정 무용화를 실내가 아닌 실외에서 신고는 오래도록 아꼈다.

VII 부
정치학과 여성학을 잇다

1. '67 영학회(영문과 동창회) 활동

 67년도 졸업 영문과 동창회는 졸업한지 20년이 되어서 1987년에 정식으로 창립했다. 창립일은 67년에 졸업했기에 6월 7일로 정하고 이날 모였다. 초대 회장은 이정자가 맡았고, 임원들은 유민정·안재옥·정홍자·손정호였다. 창립모임 장소는 이대 선관이었고, 미국에서 이영애가 서울에 왔고, 대전에서 온 배영자도 함께 참석하였다.

 첫 동창회에서 김옥길 전 총장선생님이 계신 충북 괴산군 고사리에 있는 이대 수련관으로 나들이를 갔다. 선생님은 기뻐하시며 이런저런 도움이 되는 말씀을 들려주셨다. 그때 고사리 수련관에서 B반이었던, 그래서 A반이었던 나와는 한 번도 수업을 같이 듣지 못해서 잘 알지 못했던, 정령자를 가까이에서 처음 마주하였다. 령자가 들려주는 이야기에 그만 정신이 혼미할 지경이었다. "여성이 늙어서 머리카락이 다 빠지고 세 올이 남으면, 머리 세 갈래 땋기를 하면 되고, 머리카락 두 올이 남으면 양 갈래로 묶으면 되고, 한 올만 남으면, 올백 머리를 하면 된다." 그리고 김세영 선생님 강의 내용을 흉내 냈다. 제임스 베리(James Berry)의 피터 팬(Peter Pan)을 설명하는 대목이었다. "physically weak 하고, mentally strong 한…" 너무나도 귀에 익숙한 어법과 어투에 모두들 참았던 웃음을 터트렸다.

이정자 회장 때 두 번째 나들이는 강원도 설악산이었는데, 나는 시간의 여유가 없어서 불참하였다. 돌아오는 길에 강원도 고랭지 배추를 사 오기도 했다는 이경자a의 이야기를 뒤에 전해 들었다.

2대는 홍성욱 회장에 임원진은 지은희·김용재·정령자·한수미였다. 동창회 회원 주소록을 처음 만들어서 미국 동창들에게도 부쳤다. 3대는 김숙현 회장에 임원진은 김혜령·구행자·이문자·채영옥이었다. 4대 김경옥 회장에 임원진은 신연자·진영숙·정수자·김광자였다. 5대 남영채 회장과 임원진은 엄은옥·권애자·이영자·이영지였다. 6대 회장 신희원과 임원진은 이경자a·이군자·김영희·이율의였다. 7대 회장 전계희와 임원진은 박정희·박찬미·박달원·김기혜였다. 8대 회장 김용재와 임원진은 정원재·손경님·오영애·강숙자였다. 9대 회장 황경숙과 임원진은 정령자·오경님·이화자였다. 10대 회장 최영과 임원진은 이율의·박정희·이경자a였다. 11대 이율의 회장과 임원진은 강숙자·구헹자·채영옥이었다. 11대회장 지은희와 임원진은 오경님·이영자·이문자였다. 12대 회장 강숙자와 임원진은 안재옥·박찬미·김광자·김기혜·김선화였다. 2019년부터 코로나19 역병이 전 세계를 강타하여 이 기간에 아무런 모임이나 야회활동을 하지 못한채 오늘에 이르렀다.

그동안 동창회는 동문들의 친목과 경조사에 기쁨과 슬픔을 함께해 왔다. 그리고 모교에 큰 행사가 있을 때 모금 운동에도 앞장서

왔다. 김경옥 회장 때는 중앙도서관 건립을 위해 동문들이 일금 1백 만 원을 갹출했었다. 당시 동문들은 젊었고, 또 현역에서 활약했던 동문들도 많아, 경제력도 든든한 시기였다. 전계희 회장 때에 ECC(Ewha Campus Complex)건물을 신축했는데, 그때는 40만 원 씩 모아서 4천 만 원의 기부금을 보탰다. 2017년 이율의 회장 때는 졸업 50주년이 되는 해였다. 그 전 해인 2016년 4월 초에 임원진들은 50주년 기념 여행을 주선하여 3박 4일로 일본 요나고 · 돗토리 · 다이콘시마 · 마츠예 · 다마츠쿠리를 관광하는 해외 나들이를 갔었다. 이 때에 광주에 거주하는 김수경과 유혜자 그리고 권애자와 이군자도 일본 여행에 동참하여 친목을 다졌다.

2017년 5월에 졸업50주년 기념 회고록 - 《한국현대사의 어떤 증인들》을 한정판으로 간행하였다. 최영이 간행위원장을 맡았고, 유민정 · 김선옥 · 유정순 · 이율의 · 강숙자가 위원으로 활동했다. 그해 5월 총동창회가 서초구에 있는 L타워 대회의실에서 개최되었을 때 Home Coming Year의 주역인 우리 기수 동기생들은 무대에 올라서 합창곡 3곡 - 어여쁜 장미 · 희망의 속삭임, 그리고 멕시코 민요 시엘리토 린도를 화음으로 불렀다. 안재옥이 반주를 맡고, 그의 조카를 지휘자로 초빙하여 일주일에 한 번 모여서 열심히 연습했다. 권애자 · 김선화 · 손경님 · 이영지도 함께 합창연습에 동참하여 학창시절 젊은 날로 되돌아간 것처럼 화기애애했다.

동창회는 50주년 기념행사를 위해 특별 모금한 돈에서 동남아시아 미얀마에 1000불을 기증하여 깨끗한 물을 먹을 수 있도록 우물 하나를 파서 기증하는 사업에 동참했다. 그리고 영문과 장학금으로 5백만 원을 총동창회에 기탁하였다. 학창시절 우리들을 가르치셨던 은사님들께 300불 상당의 선물을 드렸다.

50주년 기념식에 미국에서 서울로 날아온 이용복과 장정희도 참석하였고, 모처럼 유민정 · 한경자 · 박달원과 대전에서 올라온 배영자 · 김혜자도 함께해 자리를 빛냈다. 유중근은 50주년 기념 예배에 기도를 했다. 50주년 기념행사 진행을 처음부터 끝까지 비디오로 찍어서 기록으로 남겼다. 이 기록을 작은 usb에 담아서, 50주년 회고록 책자와 새로 만든 주소록과 함께 한국에 있는 동문들은 물론 미국에 있는 모든 동문들에게도 우송하였다.

2021년 강숙자 회장 때 모교 〈학관 리모델링 사업〉기금 모금에 38,200,000원을 모아 67동창회의 성의를 모교에 전달했다. 이미 은퇴자들인 동문들이 그래도 십시일반 모금에 동참해 준데 대해 고마움을 전한다. 특히 미국에 있는 강윤희가 흔쾌히 모금에 동참했고, 고인이 된 이인자 유족이 모금에 동참한 일에도 감사드린다. 김길자는 해외에 거주해왔기에 모교 기금 모금에 한 번도 동참하지 못했다면서, 이번 서울에 있을 때 학관 리모델링 기금 모금 행사에 기꺼이 참여한다면서 적극 지지해준 일을 고맙게 생각한다. 현판에 이름이 새겨지는 3백만 원 기부자들이 정문자를 포함해 8명에 이르는 것도 감사히 여긴다.

이번 임원진들은 COVID19 때문에 연례행사처럼 가졌던 야외 나들이를 못 나간 대신에, 모교 학관 리모델링 사업 기금 모금에 동참한 일로 자그마한 업적이나마 남긴 것에 의미를 두려 한다. 그리고 이제 노년에 접어들어 동문들과 그 남편들이 이 세상과 작별을 고하는 일에 대비해서 새 규약을 만들었다. 동문과 남편에 한하여 상喪을 당하면 '67 영문과 동창회 이름으로 조화를 보내기로 결정하였다. 하루속히 이 지구상에 코로나 역병이 물러나서 친구들과 만나서 담소를 나누는 일상의 삶으로 돌아가기를 희망한다.

역대 동창회 야외 나들이 행사 가운데 기억에 남는 것을 꼽자면 졸업 30주년 기념이 걸쳐있는(1995-1997) 시기였던, 단연코 남

영채 · 엄은옥 · 권애자 · 이영자 · 이영지 임원들이 진행했던 행사
였다. 울산 현대조선소와 중공업 단지를 견학했고, 경주 남산 등반
과 경주 현대호텔에서 1박을 했었다. 권애자가 당시 현대그룹 임
원으로 재직했기에, 울산 조선소에서 거대한 선박에 승선해보는
체험도 했고, 선박 그림이 그려진 예쁜 스카프까지 선물로 받았고
영빈관에서 현대중공업 사장님 만찬에도 초청받아 입 호강을 하였
다. 그리고 경주 현대 호텔에도 공짜로 숙박했다.

경주 남산에 올라 삼존마애불三尊磨崖佛을 새롭게 되새겨보기도
했다. 한창 남산 등산을 하는 가운데 다른 일행과 함께 온 동기생
박달원을 그곳에서 만났다. 그날 한 사건이 있었다. 친구들은 무리
에서 벗어나지 않게 삼삼오오 열을 지어 무사히 도착지에 하산했
는데, 김기혜와 손경님이 보이지 않았다. 두 사람은 그들만의 이야
기에 너무 열중한 나머지 일행과 떨어져서 다른 길로 내려가서 한
바탕 소동이 벌어졌다. 1995년 가을의 일이었다.

1996년 6월 초 동창회는 손정호가 법무연수원장 사택에 거주할
때, 법무연수원장 사택에서 모임을 가졌다. 그때 처음으로 조상선
이 참석하였고, 미국에 있는 최영자a가 사고로 타계했다는 소식을
듣고는 친구들이 모두 안타까워했다. 97년 6월은 강원도 오대산
월정사를 탐방했고 성우 리조트에서 1박 했다. 이 30주년에 미국
에서 강윤희 · 송원호 · 장정희 회원도 참석하여 재회의 기쁨을 나
누었다.

김숙현 회장 때 김용재의 청평 별장에서 모임을 가졌다. 그때
오랜만에 박승자 · 김성희도 참석해서 반갑게 인사를 나누었다. 박
승자는 그때 기氣 체조 시범을 보여주었다. 한 번은 승자가 동창회
저녁 모임이 끝나고 자신의 차에 태워서 내가 살던 효자동 일본식
누추한 집까지 바래다주었다. 학창시절에는 예뻐서 새침데기로 보

였는데 아주 친절하고 상냥하였다. 지금은 아무도 소식을 몰라 궁금해 한다. 청평 모임에서 구행자가 노사연의 〈만남〉과 몇 가지 노래 가사와 악보를 프린트해 왔다. 친구들은 소나무 그늘 너른 바위에 앉아서 새 노래를 익히며 모두 목청껏 노래를 합창했다.

"우리 만남은 우연이 아니야, 그것은 우리의 바람이었어."

신희원 회장 때에 광주를 방문했다. 광주로 시집간 김수경과 그곳에 사는 유혜자를 만났다. 수경의 안내로 광주 5.18 묘역도 둘러보고 광주 비엔날레 전시회도 관람했다. 서울로 귀경할 때 유혜자가 떡을 맞추어 와 버스 안에서 맛있는 떡도 나누어 먹었다. 그리고 초대부터 당시까지 동창회 소식지를 2회 발간하여 기록을 남겼다.

김용재 회장 때에 강원도 춘천의 청평사를 둘러보았다. 산 중턱에 있는 청평사를 향해 친구들은 등산 기분으로 걸었는데, 진영숙은 무릎이 아프다며 아래 동네 가게 앞에서 쉬며 일행이 내려오기를 기다렸다. 뒤에 진영숙은 무릎이 나아서 아프리카까지 다녀왔다는 이야기를 들었다. 점심은 소양강 호수 가에 있는 식당에서 강원대학교에 재직 중인 회장 남편의 후원으로 춘천막국수와 수육을 맛있게 먹었다. 오후에는 김유정 생가를 둘러보았다. 김유정은 국어 교과서에도 그의 소설이 실린, 1908년에 태어나 일제강점기에 살았던 소설가로서 29세에 요절하기까지 〈동백꽃〉, 〈봄·봄〉, 〈금 따는 콩밭〉 등 단편에서 농촌의 피폐한 삶을 묘사하였다. 서울로 오는 길에 강변 카페에서 맛있는 차를 마시며 아름다운 저녁노을을 감상하느라 시간 가는 줄 몰랐다.

김경옥 회장 때에 정수자 시댁 평창동 농원 아름다운 자연 속에서 맑은 공기를 마시고 즐겁게 환담하며, 야외에서 식사를 했던 추억도 새록새록 피어난다. 그 날에 김경옥의 아들 2명과 정수자의 예쁜 딸도 참가하여 가족적인 분위기를 만들어 주었다. 그 날 모임에서 여성학 강사로 발품을 팔던 불초소생不肖小生이 여성학이란 무엇인가를 소개하였다. 전계희 회장 때 여주 신륵사로 나들이를 갔다. 신륵사는 신라 진평왕 때 원효가 창건했다는 설이 있을 만큼 오래된 사찰이다. 신륵사神勒寺라는 이름은 그 건넛마을에 사나운 말이 나타나 붙잡을 수가 없었는데, 이때 인당대사가 말 고삐를 잡자 말이 순해졌다는 이야기에서 유래한다. 우리들은 강변 정자에 올라서 자연을 감상하였다. 마치 산과 강이 어우러져 한 폭의 산수화를 보는 듯 했다. 어느 해에는 미국에서 온 이민자(작고)와 장정희도 참가하였다. 장정희는 세계은행에 재직 중이었고, 이민자는 미국 어느 병원에서 회계 일을 한다고 했다.

최영 회장 때는 대학 입학 50주년이 되는 해였다. 미국에 거주하던 이영애·나춘실·박경자·이용복도 서울에 왔고, 대전에 사는 배영자도 동창회에 참석하여 옛 친구들과 회포를 풀었다. 이대 교정 선관에서 모임을 가졌는데, 학창시절에 찍었던 사진을 슬라이드로 새롭게 감상했다. 그리고 이대 박물관에서 천으로 만든 시장주머니도 선물로 받았다. 이화 캠퍼스 시절 캠퍼스의 단골 사진사 '바둑이네 아저씨'를 특별 초빙해서 선관 마당 계단에서 기념촬영도 했다.

지은희 회장 때 김수경의 초대로 두 번째 광주를 방문했다. 아침 일찍 광주행 KTX를 타고 내려가는데, 차 안에서 다른 손님들은 모자란 잠을 보충하려고 거의 눈을 감고 잠을 청하고 있었다. 모처럼 나들이에 나선 친구들은 반가운 나머지, 서로 이야기를 나누느라 목소리들이 커졌다. 안내 방송에서 조용하라는 경고를 받고서야 소곤소곤 이야기를 나누었다. 김선화와 유정순 그리고 김선옥·엄은옥도 참가하였다. 수경의 남편이 운영하는 골프장 숙소에서 숙박하였고, 점심시간에 부산에서 올라온, 목사님이 된 손윤희도 반갑게 만났다. 점심은 특별히 유혜자가 초대하였다. 다음 날은 비가 거세게 내렸지만, 다산 정약용이 강진에 유배 와서 기거했던 다산초당도 올라가 보았고, 화순에 있는 운주사의 와불臥佛도 구경하였고, 벌교의 조정래 문학관도 둘러보았다.

먼 길 나들이 말고도 서울 근교에서 가진 나들이도 손가락에 꼽을 정도로 많다. 서울 사대문 안에 있어서 잘 알고 있다는 선입견이 있어서인지, 잘 들어가지 않던 창덕궁을 탐방하였다. 배영자·김길자·손경님도 함께하였다. 창덕궁 후원을 찬찬히 훑어본 것은 그때(2014년 가을)가 처음이었다. 최영 회장의 말로는 원래 봄에 창덕궁을 탐방할 예정이었으나, 그해 봄에 세월호 사건이 나서 가을로 미루었다고 했다.

창덕궁 후원의 부용지芙蓉池는 정원 그 자체가 자연이었다. 더 들어가면 옥류천 계곡이 나오는데, 다섯 정자 가운데 유일하게 초가지붕으로 된 정자가 있다. 이름은 청의정이다. 그 앞에 작은 논이 있다. 임금이 그 논에서 직접 농사를 지어 농부의 일을 체험하고 여기서 나온 벼로 청의정 지붕을 이었다고 했다.

2016년 강화도 나들이에서도 많은 것을 배웠다. 고구려 소수림왕 때 창건되었다는 전등사, 고려가 몽고에 대항하고자 강화도로 천도하고 쌓은 성—광성보廣城堡—은 신미양요 때 미국과 격전지이기도 했다. 그리고 북방식 돌무덤 양식인 고인돌도 새롭게 공부하였다. 1900년에 건축된 최초 성공회 한옥 예배당도 둘러보았다. 돌아올 때는 강화도 포구 시장을 방문하여 새우젓 등을 쇼핑했다.

2019년에 지금은 올림픽공원으로 조성된, 옛 한성백제시대 유적지인 몽촌토성을 탐방하였다. 이때 미국에서 문영자가 와서 반갑게 재회하였다. 그리고 서울의 숲에 나들이 갔을 때는 미국에서 온 김인정·서효자도 참가하였다. 김인정은 미국 동네교회에서 동기생인 손수자를 만나서 이웃이 되었다고 했다. 김인정은 이보다 며칠 일찍 서울에 도착했다. 광화문에서 열린 민주화(?) 시위 대열에 김광자·강숙자와 함께 으쌰 으쌰 외치며 시위에 동참하기도 했다. 서효자는 친구들과 함께 서울 인사동 거리를 누볐고, 코엑스 건물 아이스크림 집에서 늦게까지 남아서 못다 한 이야기보따리를 풀어내었다. 삼성동에 있는 봉은사도 둘러보았다.

비슷한 시기에 이용복이 서울에 와서 유재숙이 부탁한 동창회비 200불을 전해주었다. 강윤희도 그즈음에 서울을 방문했다. 친구들이 올 때마다 신연자의 친언니가 운영하는 봉은사역에서 가까운 삼성국수집에서 자주 모였다. 1년 뒤에 2020년 코로나가 한창 이 지구를 강타할 때 유재숙이 하늘나라로 떠났다. 재숙은 산소마스크를 쓰고서도 친구들과 마지막까지 귀중한 시간을 함께 나누려고 카톡으로 소통하였다. 재숙의 유가족은 조화弔花를 받지 않는 대신에 그 돈을 캘리포니아 코로나 방역센터에 기부하면 좋겠다고 했다. 동창회가 내는 조화값에 몇몇 친구들의 개인 조의금을 합하여 '67영학회 이름으로 유재숙 기념 기금임을 밝히고 1,000불을 방역센터에 기부하였다.

각 기수의 동창회는 영문과 총동창회인 '영학회' 회원으로 자동으로 가입된다. 영학회는 시의에 맞는 주제들을 그때 그때 선정하여 일 년에 2차례 회원들을 위한 특강을 실시하고 영학회의 활동 상황을 보고한다. 이 특강은 학교 동창회관에서 개최한다. 그리고 2년마다 '영학회의 밤'을 개최한다. 이때는 호텔 대연회장을 빌려서 총 동창회원들이 함께 모인다. 졸업 30주년과 50주년을 맞는 'Home-coming Year'의 동문들은 무대에 올라 합창, 현대무용, 고전무용, 사물놀이 등 특색 있는 장기자랑을 선보인다. 어느 해에는 패션쇼를 열었다.

후반부에는 유명 가수를 초빙하여 특별공연도 가지며, 행운권 추첨도 있어 혹시나 하는 마음으로 끝까지 자리를 지키게 만든다. 한 번은 김경옥이 행운권 추첨에서 선정되어 스타일러(styler)를 상품으로 받았다. 참석 티켓 한 장에 8만원 씩 하는데, 호텔 대관료와 음식값을 제외한 나머지 수익금은 전부 영문과 장학기금으로 모교에 기탁한다. 행사 마지막에 부르는 교가 합창은 재학시절 때와는 달리 언제나 콧등을 시큰하게 만들며 거기 모인 동창들 사이에 자매애(sisterhood) 비슷한 연대감을 느끼게 한다. 위당 정인보 선생님이 지은 가사였다.

한가람 봄바람에 피어난 우리   성인이 이를 불러 이화라셨네
거룩한 노래 곱게도 나니   황화방 안에 천국이 예라
이화 이화 ~ 우리 이화   진선미의 우리 이화
그 향기 널리 퍼져라   아~ 우리 이화

총동창회 '영학회의 밤'에 참석하시던 모교 은사 선생님들 가운데 초창기에 나오셨던 김갑순·이석곤 선생님은 고인이 되셨고, 나영균·김옥자·김세영·조정호 선생님들도 이젠 뜸하게 나오신다. 지금은 고인이 되신 김옥자(연옥) 선생님은 생전에 '영학회의 밤' 모임에 검은 긴 장갑을 끼고 나오셔서 〈검은 장갑 낀 손〉 유행가를 즐겨 부르곤 하셨다.

헤어지기 섭섭하여 망설이는 나에게
굿바이 하며 내민 손 검은 장갑 낀 손
할말은 많으나 아무말 못하고

돌아서는 나의 모양을 저 달은 웃으리

지금은 재학시절 가장 젊으셨던 김승숙 선생님이 주빈석(head table)의 주인공이 되셨다.

50대 중반을 넘기면서 친구들 사이에서는 가끔 사리에 맞지 않는 엉뚱한 이야기들을 해서 웃음을 자아내게 한다. 어느 해였던가? 30주년을 맞는 후배 동문들이 '영학회의 밤' 행사의 하나로 무대에 올라서 족두리를 쓰고 한복과 버선에 한삼을 입고서 고전무용을 덩실덩실 추었다. 어찌나 잘 추던지 보는 이들이 모두 심취해 있는데, 신연자가 무심코 한 마디 물으며 고즈넉한 분위기를 깨트렸다. "쟤네들은 무용과 출신이니?" 연자의 뜬금없는 물음에 옆에 앉았던 친구들이 모두 웃었다. "얘, 여기는 영문과 졸업생들이 모인 '영학회의 밤'이야."

또 한 번은 정령자와 나, 이율의 등 여러 친구들이 지하철을 타고 가던 길이었다. 율의가 교육대학 교수이다 보니, 교육대학 이야기를 많이 했다. 그러자 령자가 옆에서 가만히 듣더니 큰 깨우침이라도 얻은 듯 불쑥 끼어 들었다. "얘, 너 교육대학 졸업했니?" 령자도 말을 쏟아놓고 나서 '아차' 싶었던지 시침을 떼고서 재바르게 슬쩍 딴 데로 화제를 돌렸다. 아~아~ 우리들도 이런 모양으로 조금씩 늙어가고 있구나!

앞으로 더 많은 추억을 만들면서, 모두 건강하기를 기도드린다.

2. 정치학박사 학위를 받다

　87년 봄 학기에 석사 논문 통과를 하고 한국외국어대학교와 성신여자대학교에서 여성학 강의를 맡아서 출강했다. 이화여대 여성학과는 90년 봄 학기에 박사과정 개설을 교육부로부터 인가받아서 신입생 선발 공고를 냈다. 여성학과 졸업생 가운데 나와 김혜경 그리고 후배 2명과 타 학과 졸업생 1명이 원서대 5만원과 함께 지원서를 냈다. 대학원 당국에서 영어시험을 출제하고 각 학과에서는 전공과목 시험 출제를 했다. 영어시험에서는 합격한 것 같았으나 어인 일인지 여성학과에서는 지원자 모두를 떨어뜨렸다.

　그다음 가을 학기에도 나와 김혜경을 포함해서 신입생 전형에 5~6명이 지원했다. 지원자들은 시험을 마치고 학교를 나와 이화교를 건너면 첫 번째로 마주치는 찻집에서 차를 마시며 서로의 시험 답안에 대한 담화를 나누었다. 그때 타 학과 출신 1명은 전공시험 질문을 잘못 이해해서 답안을 다르게 썼다고 실망을 드러냈다. 그런데 예상을 깨고 여성학과 후배 1명과 시험문제 둘 가운데 하나를 잘못 썼다고 실망한 다른 학과 출신 1명, 합해서 2명을 선발했다. 좀 뜨악했다. 3번째 학기에 김혜경은 사회학과에 지원서를 냈고, 나는 여성학과에 그대로 응시 원서를 냈다. 그 결과 혜경은 사회학과 박사과정에 합격했고 나는 여전히 떨어졌다. 나는 대학원 교학과장실을 찾아가 과장선생님께 '시험 평가가 불공정하니 시험지 채점 답안지를 보여 달라'고 요청했다. 대답은 당연히 안 된다는 것이었으나, 단 여성학과 시험 채점에 대한 문제 제기가 있었다는 사실을 여성학과에 통보하겠다는 대답을 들었다.

다음 네 번째에는 여성학과에서 '여성학과 선생님들 가운데 미리 지도교수를 정한 학생들만 입시원서를 내야 한다'는 규정을 만들어 제시했으나, 어느 선생님의 지도를 받을지는 입학해서 공부하는 과정에 주제가 정해지면 그때 지도교수를 정해도 늦지 않다는 마음으로 원서대 5만 원과 함께 그냥 지원서를 냈다. 또 떨어졌다. 다섯 번째에는 오기가 생겼다. 학생 선발권을 행사하여 특정 학생을 불합격시킬 권한이 선생님들에게 있다면, 학생에게도 지원할 권한이 무한대로 있다는 마음으로 또 지원서를 냈다. 원서대 5만 원은 문제가 되지 않았다. 또 떨어졌다. 아마도 이런 상황은 대학원 교수들 사이에 소문이 퍼진 듯했다.

보다 못해 내 석사논문 심사위원을 맡았던 정외과 진 선생님이 같은 과 동양정치사상 전공의 박충석 선생님을 소개해주셨다. 박 선생님은 나의 석사논문을 점검해 보셨다. 여섯 번째로 1993년 봄 학기에 정외과 박사과정에 입학했다. 마흔아홉(만)의 나이였다. 서른아홉에 석사과정에 입학한 지 10년 만에 다시 나이 많은 박사과정 학생으로 출발했다.

정외과에서도 학부와 석사 전공이 모두 다르다고 해서 6학점 두 과목을 추가로 수강해야 했다. 어수영 선생님의 석사과정 '민주주의' 강의를 들었다. 1984년 이대에서 최초의 애플 컴퓨터를 사무기기로 도입한 지 10년이 되어가는 1993년 당시에는 이미 개인 컴퓨터도 많이 보급되었다. 리포트 발표문을 컴퓨터로 입력해서 프린트기로 많은 양을 출력해 학생들에게 각기 나누어 주고 발표하는 것이 상례였다. 어느 날 열심히 발표내용을 입력하고 프린트 하려고 하는데 컴퓨터가 느닷없이 '덮어쓸까요?'라고 물었다. 아무것도 모르는 나는 '네'에 클릭했더니 이때까지 작성한 발표문 내용이 깡그리 날아가고 말았다. 얼마나 난감했던지…. 그래서 손으로 쓴 발표문 원문을 보고 혼자서 설명하고, 다른 학생들은 귀로 듣기만 했다.

한번은 또 이런 일도 있었다. 발표 내용을 모두 입력했는데 프린트할 때 양옆 종이 크기를 맞추지 않아서 한쪽 끝 면의 내용이 인쇄되지 않았다. 그 부분을 설명하느라 발표가 산만했다. 그래도 나이든 학생이라고 선생님이 인내심을 가지고 많이 봐 주셨다.

당시 정외과 박사과정 수업을 듣는 학생들은 6명이었으며, 논문학기 학생들까지 합하면 10여 명이 되었다. 김태임 후배는 낯선 정외과 분위기에 적응하도록 나를 잘 안내했다. 동양정치사상, 국제정치, 정치사, 서양정치사상 외교사 등 과목은 수월하고 재미있었으나, 정치경제학은 어려웠다. 태임 후배가 임혁백 선생님의 정치경제학 과목을 같이 수강하자고 해서 용기를 내어 수강 신청했다. 첫 시간에, 선생님은 여성학과에서 뜬금없이 정외과로 전향해 온 나이든 학생에게 이것저것 질문을 했다. 바로바로 대답하자 선생님은 혼자말로 '공부를 많이 했군' 하셨다. 자격도 없는 학생을 정외과에서 적선하듯 뽑아준 것이 아닌가 하는 차원에서 테스트를 하신 것 같았다. "이화여대 남자 선생님들도 여성문제를 함께 잘 풀어 보자고 협조를 하려는데 남성들을 적으로 몰아 부친다"며 언짢은 기색을 드러내셨다.

임 선생님 시간에 인구의 20%가 전체 부富의 80%를 차지한다는 '파레토 법칙'도 배웠는데 중간에서 수강 철회하고 청강으로 전환한 결정적인 이유는 경제학 용어에 서툰 탓이었다. 영어 논문을 번역해서 발표하는 순서를 내가 맡았다. 'Economy of Scales'를 '척도의 경제'로 번역하였더니 선생님이 화를 내셨다. '규모의 경제'가 옳은 번역이라고 했다. 경제학 용어는 영어 단어 번역만 한다고 저절로 숙달되는 것이 아니었다. 그러나 선생님의 다른 수업인 유교 자본주의—즉 동아시아의 네 마리 떠오르는 용을 강의하는 시간에는 저절로 흥미가 솟구쳤다. 싱가포르 · 대만 · 한국 · 일본은 막스 베버(Max Weber)가 "서양자본주의는 청교도정신에 뿌리를 둔다"는 지적과 상당히 근사한 대조를 이루는 유교의 근면 정신에 바탕을 두었다.

양승태 선생님의 서양정치사상 시간에 플라톤의 《국가(the Republic)》를 강독했다. 강독하는 가운데 놀라운 사실을 발견했다. 플라톤은 그때 이미 인구문제를 언급했다. 2명의 자녀를 출산해야 한다고. 건강하고 유능한 시민을 출산하자면 임신 시기도 중요하고 인구조절을 위해서 부부의 성생활을 감시하는 감독자 배치도 제안했다. 화이트 해드(Whitehead)가 말했다던가? "서양 철학사는 플라톤의 각주에 불과하다"고. 정말이었다. 영국의 경제학자이자 《인구론(On Population)》을 쓴 맬서스(Malthus)도 플라톤의 이 주장을 발전시킨 것에 지나지 않았다.

도시계획(City Planning)의 창시자도 플라톤이었다. 플라톤은 도시 중심부로부터 사방팔방 방사선형으로 길을 낼 것을 제안했다. 그 길의 중심부는 언제나 거기 중심에 있었다. 훗날 구 러시아의 옛 수도 상트페테르부르크를 여행했을 때 중심부에서부터 방사선형으로 낸 길을 직접 걸었던 경험이 있다. 그리고 파리 개선문을 중심으로 방사선형 길이 나있는 것도 우연이 아닐 것이다. 런던 피카딜리 서커스(Piccadilly Circus)를 중심으로 리전트 스트리트(Regent Street)와 옥스퍼드 스트리트(Oxford Street) 등이 방사선 형으로 길이 난 것 또한 우연이 아닐 것이다. 나는 맬서스의 이론을 플라톤과 비교하여 분석한 글을 기말 리포트로 제출했고 선생님은 후한 점수를 주셨다.

박준영 선생님의 국제정치학 수업에는 국제 분쟁에 대한 UN의 역할과 기능에 대해 공부하였다. 2차대전 뒤에 결성된 UN은 그 기능을 강화해야 하는 과제가 남았지만 누가 어떻게 고양이 목에 방울을 달아야 하는 매우 정치적인 고려 때문에 진전을 못보고 있다. 작금의 우크라이나에 대한 러시아 침공 사태에서 보듯이 UN이 강력한 힘으로 중재에 나서지 못하고, 민간인들 피해 참상을 그저 바라보아야만 하는 세계인들의 마음은 매우 답답하다. 구대열 선생님의 외교사 시간에 영일동맹 체결 과정을 배웠다. 외교는 명분과 실리의 최대공약수를 만들어야 타당하다, 그럼에도 외교 역시 힘의 정치(power politics)의 또 다른 전형임을 느꼈다.

박충석 선생님의 동양정치사상 시간에 조선왕조를 설계한 정도전의 〈불씨잡변佛氏雜辨〉을 통독했는데, 정도전이 불교를 무부무군無父無君의 도道로 비판하였다. 박 선생님은 개화사상을 공부할 때 이렇게 설명하셨다. 한 시대의 사상이란 무 자르듯 1899년은 전근대 사상이 지배했고, 그다음 1900년부터 하루아침에 근대사상으로 바뀌었다고 말할 수 없다. 어느 시기를 기점으로 전근대 사상이 차츰 쇠퇴의 길로 접어들며, 근대사상이 차츰 융성해지다가 대세를 이루어 나간다고 했다. 그리고 차명희 선생님 시간에 원서를 해석·요약 발표하는 과제도 만만치 않았다. 선생님은 깐깐하기 이를 데 없어서 발표 맡은 어느 후배는 밤을 꼬박 새우며 준비하다가 실신해서 병원 응급실에 실려 간 적도 있었다. 황태연 선생님은 외래교수로 출강하여 〈감시와 처벌〉에 대해 강의하였다.

박사 과정에 필요한 30학점과 추가 6학점을 모두 수강해서 36학점을 땄다. 논문 쓰는 일이 남았다. 당시에는 입학해서 10년 안에 논문을 쓰고 학위를 받으면 되었다. 93년도에 입학했으니 정석대로 해서 10년이면 2002년 2월에 졸업해야 한다. 주변의 박 선생님 제자들도 논문 통과하고 2002년 2월 말 박사 학위받고 월드컵 축구 경기나 신나게 보면 된다고들 농담 삼아 말했다.

하루는 외국어대 이문동 캠퍼스에 강의하러 가기 위해 1호선 전철을 탔다. 전철 안에서 동기생 김숙현을 만나서 이런저런 이야기를 나누었다. 숙현이는 졸업한 다음 영자신문 〈코리아 헤럴드〉 기자를 했다. 그 뒤 미국 하와이대학교에 유학 가서 언론학(Communications)으로 박사학위를 받고 귀국했다. 연세대와 외국어대에 나처럼 시간 강사로 강의했다. 그런데 시간강사이지만 연세대에 자신만의 연구실을 재빨리 신청해서 배정받았다고 자랑삼아 얘기했다. 내가 박사과정은 마쳤으나, 아직 논문을 끝내시 못하고 준비하고 있다고 하자, "얘, 학위는 받아서 무엇하니? 박사학위가 있어도 전임교수로 취업이 안 되는 걸." 맞는 말이었다. 2002년이면 환갑을 바라보는 나이인데, 그 나이에 박사 학위를 가진들 무슨 영화를 보겠다고… 우울한 마음이 들었다. 그리고 주위에서 "누구는 박사학위를 받고 그다음 해에 사망했다"는 무시무시한 이야기도 들었다. 그래도 숙현이는 그 뒤 55세에 세명대학교에 전임 교원으로 채용되었다.

1999년도에 아들이 대학 재학 중에 군 입대를 했다. 아들이 집을 비우는 26개월 동안 열심히 공부해서 박사학위 논문을 끝내겠다고 굳게 결심했다. 그런데 세상일은 마음먹은 대로 되지 않을 때가 많다(아들의 군 복무 이야기는 제목을 달리하여 기술하겠다).
2001년 1월 겨울방학이었다. 졸업논문 제출 기한 1년 전 어느 날
김태임 후배와, 정외과에서 석사를 받고 미국 뉴욕대에 진학한 젊
은 후배와 셋이서 이화대학 중앙도서관 휴게실에서 학문 이야기,
미국 대학 이야기를 화제로 환담했다.

젊은 후배가 미국 대학원생들도 열심히 도서관에서 밤을 새며
공부한다고 했다. 한국 유학생들은 도서관에서 밤새워 공부했지만
아침에 기숙사에 들러서 세수하고 옷 갈아입고 수업에 들어오는
반면에 중국 유학생(여성)들은 밤새워 도서관에서 공부하고 세수
도 하지 않고 그대로 수업 시간에 들어와서 발표한다고 했다.

이제 논문제출 기한이 일 년 밖에 남지 않았다. 논문자료 준비를
충분히 하지 못해 논문을 쓰지 않겠다고 말했다. "60을 바라보는
이 나이에 박사학위를 받은들 무슨 영화를 보겠느냐?"며. 태임 후
배는 즉시 "선생님, 그러면 평생 후회할지도 몰라요."라며 적극 만
류했다. 그리고 박사논문 제출 시한이 1년 더 연장되어서 입학한
지 11년 안에 논문 제출하도록 몇 년 전 학칙이 바뀌었다고 알려
주었다. 그때 미국 시인 로버트 프로스트(Robert Frost)의 〈가지
않은 길(The Road Not Taken)〉 시어詩語가 머리를 스쳤다.

Two roads diverged in a wood, and I-
I took the one less traveled by,
And that has made all the difference.

정말 후회하면 어쩔까. 마음이 흔들렸다. 1년이란 여유가 더 생
겼으니 그렇다면 어디 한번 해보자는 마음이 생겼다.

우선은 대학원 교학과에 11년으로 바뀐 학칙을 확인하러 갔다.

교학과 여직원이 학칙은 바뀌었지만 93학년도에 입학한 나에게는
마치 해당이 되지 않는 것처럼 대답했다.

"학칙이 바뀌었어도 선생님(나)에게는 해당이 안 됩니다."

"아니, 00년도 입학생부터는 되고 그 전 입학생은 적용이 안 된
다니 말이 됩니까?

당시 교학과장은 법대 남성 교수였다. 그 자리에서 교학과장과
도 통화했다. 교학과장도 같은 대답을 되풀이했다. 여직원은 한술
더 떴다. "박사과정 수료(이력서에), 이렇게 쓰면 되지 왜 박사논
문을 쓰려 하나요?" 어이없는 참견이었다. 당시 대학원장 자리에
여성학과 선생이 앉았다는 사실은 너무나 잘 알고 있었지만, 그
대학원장의 지시로 교학과장이나 교학과 여직원이 '너만은 안 된
다'라고 답하지는 않았으리라고 믿고 싶다. 왜냐하면 여성학이 추
구하는 이상은 바로 '평등'과 '정의'가 아니던가!

나는 대학원관을 나와서 본관 총장실로 달려갔다. 당시 총장은
윤후정 선생님이었다. 비서실에 총장 선생님 면담 신청을 했다.
비서진이 이름과 학과 그리고 연락처(집 전화)를 적고서 면담 날짜
와 시간을 연락해 주겠다고 했다. 그런데 연락은 총장실이 아닌
대학원 교학과로부터 왔다. 11년 안에 논문을 쓰면 된다고 했다.

다행히도 종합시험은 미리 보았지만, 제2외국어 시험이 남아 있
었다. 학부 때 전혜린 선생님 시간에 《카프리 처녀》를 강독한 실력
만으로 독일어를 제2외국어로 정할 수도 없는 노릇이었다. 하는
수 없이 한문을 제2외국어로 정하고 지도교수님의 지시로 《논어》
를 시험 교재로 적어서 대학원에 신청했다. 《논어》의 문장과 해석
을 거의 달달 외우다시피 했다. 제2외국어 시험을 끝내고 김혜경
을 만나 본관 앞 잔디밭에 앉아서 이런저런 이야기를 나누었다.
혜경이는 이미 사회학박사 학위를 받은 뒤여서 주로 혜경이가 나

를 위로해 주었다. 그 자리에서 무언가 코에서 끈끈한 액체가 묻어 나왔다. 손으로 닦아보니 피였다. 열심히 공부한 탓에 코피를 흘린 최초의 사건이었다.

중앙도서관 정독실에 부지런히 드나들며 열심히 책을 읽었다. 정독실은 박사과정이나 박사논문을 쓰는 학생들이 지정 좌석에 앉아서 공부하는 장소였다. 무거운 책을 들고 다닐 필요도 없이 지정된 책상에 두고 다녔다. 하루는 지하 매점에서 자판기 커피를 뽑아서 들고 계단을 막 올라서려는데 뒤에서 "학생"하고 미화원 아주머니의 날카로운 경고 음성이 들렸다. 단발머리를 한 내 뒷모습을 보고 아마 학부 학생으로 착각하고 내지른 소리였다. 정독실에는 커피 반입이 가능하였다.

책을 보다 피곤하면 잠깐 엎드려서 낮잠을 자고, 그러면 한결 정신이 맑아졌다. 그때는 간편한(potable) 노트북이 흔하지 않을 때여서 책을 읽고, 메모지에 책 이름, 내용, 출판사, 쪽수를 메모해 두는 메모장을 주로 사용했다. 차곡차곡 쌓인 메모장을 풀어서 논문을 써 나갔다. 이제는 수기手記가 아닌 집에 있는 개인 컴퓨터를 사용해서 논문을 썼다. 내가 쓰고자 하는 논문 제목은 세월이 지나도 변함이 없었다. 한국여성해방이론을 세우는 것이 나의 관심사이자 과제였다.

이론은 경험에서부터 도출되는 것이기에 한국 여성의 경험을 〈단군신화〉에 나오는 최초의 여성 웅녀熊女의 원초의식에서부터 찾기 시작했다. 웅녀는 결혼할 상대 남성이 없음에도 신단수 아래에서 출산을 기원하였다. 이에 견주어 구약 창세기 2장 4절 하반절의 아담과 이브의 창조 이야기와 타락 이야기[1]에서 출산은 하나

---

1) 2장 4절 하 반절부터 다시 시작되는 창조와 타락 이야기는 유대민족에서 전승되던 신화, J문서이다.

님의 창조 질서의 원안(original plan)에 없었고. 벌의 대가임을 알 수 있다. 물론 1장 1절에서 2장 4절 상반절의 창조 이야기는 '하늘의 별처럼 땅의 모래처럼 번성하라'는[2] 축복의 의미가 담겨 있기는 하다. 그러나 사람들은 인간의 타락과 원죄를 이야기할 때 아담과 이브의 금지된 열매를 따 먹는 이야기를 주로 인용한다.

따라서 출산의 부정不淨성은 구약 레위기 12장에서 명확하게 드러난다. 출산한 여성은 부정不淨하기 때문에 아들을 낳으면 33일, 딸은 66일을 금기하고(confinement)[3], 그 시기가 끝나면 외출이 가능하다. 제일 첫 번째 외출은 반드시 회막의 제사장 (Churching)에게 가야만 하고, 양과 비둘기 각기 한 마리씩 가지고서 번제(burnt offering)와 속죄제(sin offering)를 드려야 했다. 여기서 금기하는 기간을 영어 confinement로 표기하는데 이 단어는 '감금'의 의미도 담겨 있다. 그리고 출산이 죄이기 때문에 속죄제를 드리는 것이다. 첫 외출을 회막 제사장에게 가는 이 churching의 풍습은 18세기 말 프랑스 루이 16세의 아내 마리 앙투아네트의 기록에서도 확인할 수 있다. 왕비가 첫 왕녀를 출산하고 금기기간을 지나서 첫 번째 외출인 노트르담 사원으로 churching 할 때 수만의 인파가 연도에 모여서 그녀에게 환호를 보냈다[4]고 한다. 그리고 19세기 영국 상류 여성들의 출산 기록에서도 처칭(churching)의 관습이 보인다.[5]

---

2) 이 창조 이야기는 바빌로니아 신화의 영향을 받았으며 구약학자들은 P문서라고 말한다.
3) 이 금기기간은 〈단군신화〉의 삼칠일(3x7=21일)보다 길며, 더욱이 딸이냐 아들 이냐에 따라 차별한다. 아들 33일, 딸 66일 금기는 21일로 동일하게 금기하는 우리 전통의 유습과는 다르다.
4) 슈테판 츠바이크(1932), 《마리 앙투아네트 평전》, 서울: 풀빛
5) Judith Schneid Lewis,(1986) *In the Family Way-Childbearing in British Ariscocracy, 1760~1860* (New Jersey : Rutgers University Press)

〈단군신화〉 이야기에 나오는 숫자는 오늘 한국사회에서도 의미
를 지닌다. 100일의 숫자는 지금도 '백일잔치'를 하는 풍습에서도
볼 수 있다. 돌잔치는 서양에서도 하지만 백일잔치는 우리나라에
만 있는 풍습이다. 이 100일의 숫자가 요술을 부려 요즘 젊은 세대
들에게도 영향을 미쳤다. 젊은 남녀가 만나서 100일째 되는 날을
기념하여 반지를 서로 교환하는 풍습은 어디에서 유래한 것일까?
내 아들이 군에 입대했을 때 일이다. 100일째 되는 날을 기념하여
특별휴가를 받아서 집에 보내는 풍습은 무엇 때문일까?

기독교에서 의미 있는 숫자는 40일이다. 모세가 광야에서 40년
을 보냈고, 예수님도 40일을 시험받았고, 부활해서 이 땅에 40일
지내다가 승천하였고, 노아의 홍수도 40일 주야로 비가 내렸고,
여리고 성도 40일 만에 함락했다. 그런데 주변의 기독교 여신도들
도 자녀들의 대학 입시를 위해서 40일 작정 기도보다는 100일 작
정 기도드리기를 더 선호하는 것 같다.

삼칠일(21일) 금기는 내가 어렸을 때까지도 이어져 내려왔다.
시골 안동에서 출산하는 집에는 금줄을 최소한 3x7일 동안 쳐놓았
다. 이것은 출산한 집에 잡귀가 들어오지 말라고 치는 것이지만,
자세히 살펴보면 신생아의 건강을 보호해서였다. 적어도 3주는 집
안 식구가 아닌 사람들 출입을 금지하여 신생아가 오염된 환경에
노출되는 것을 막았다. 요즈음은 병원분만을 하고, 집에서 조리하
기보다는 산후조리원에서 신생아와 함께 산모들의 건강회복을 맡
아 살핀다. 그러다 보니 수많은 사람들이 드나들어 가끔 산후조리
원의 신생아가 병균에 노출되어 사망한 사례를 뉴스에서 보곤 한
다. 산후조리원은 직계 부모 말고는 할머니 할아버지라도 외부인
의 출입을 엄격하게 금해야 할 것이다. 옛것이 지금도 이어지고
있는 것을 전통(tradition)이라고 하며, 옛날에는 있었으나 지금

은 이어지지 않는 것을 유물(antique)이라고 한다.

전통사회에서 출산은 산모와 여성들이 주인공이 되어 치루는 축제 행사였다. 산모, 친정어머니, 시어머니, 친척 여성들, 산파 모두가 산모를 도와서 신생아의 출산을 안전하게 돕는다. 물론 출산은 새 생명을 담보해야 하기 때문에 위험이 따르기도 했다. 그런데 근·현대에 들어서 의사의 도움을 받다 보니 마치 산모가 환자인 양, 그리고 임신을 질병처럼 취급하는 사례가 있음을 지적하는 여성학자들도 있다.

농경사회를 지배했던 이념인 유교가 땅을 천賤하다고 규정했다는 해석은 무리이다. 물론 하늘에 제사 지내는 것은 천자天子의 나라에서만 할 수 있고 제후의 나라에서는 사직社稷과 산천山川에 제사 지낼 수 있었다.6) 불교를 숭상했던 고려시대에서 유학을 정치이념으로 내세운 조선조 사회로 넘어오면서 풍속의 변화[移風易俗]는 당연하였다. 유교가 뿌리내리면서 고조선 시대부터 하늘에 제사 지내던 제천祭天의식이 사라졌고, 고려시대 환구단圜丘壇에서 하늘과 땅에 제사 지내던 제례 행사의 맥이 끊어진 것도 또한 사실이었다. 따라서 조선조 말 광무원년(1897) 고종이 등극하면서 자신을 황제로 일컫고 환구단을 복원하여 환구단에서 즉위식을 거행하고 천자만이 하늘에 제사 지낼 수 있었던 제천 의식을 행하였다. 이 환구단을 일제가 없앴고 그 터만 조선호텔 경내에 남아 있다.

제후의 나라인 조선조 농경사회에서 일 년에 두 차례 봄과 가을, 왕이 직접 사직단社稷壇에 나아가 제사를 올렸다. 즉 사직신앙이 있었다. 흔히 종묘사직宗廟社稷으로 통칭되는 신앙이다. 종묘는 종로 3가에 위치한 종묘 건물에서 지내는 제사이다. 종묘는 조선조

---

6) 강숙자 공저(2005) 〈세종의 유교 예치 경영〉《세종의 국가 경영》, 서울: 지식산업사, 161~192쪽

왕실 임금과 왕비들의 위패를 모신 사당이며, 제사 때 연주하는
'종묘제례악'이 유네스코 무형문화재에 등재된 사실은 누구나 알
것이다. 내가 25년 동안 대학에서 강의할 때 학생들에게 흔히 종
묘사직이라 말 할 때, 사직이 무슨 뜻이냐고 물었다. 단 한 명만이
정확한 대답을 했다.

사社는 토지신이며, 직稷은 곡물신이다. 농경사회에서 토지신에
대한 숭배 그리고 곡물신에 대한 숭배는 너무나 당연하다. "農者는
天下之大本"으로 농업을 높이고 상업을 천시하던 농경사회의 이데
올로기로 기능하던 유교 이념에서 여성을 뜻하는 토지신과 여성의
생산기능(fertility)의 상징과 일치하는 열매 맺는 곡물신을 숭배
했음에도 여성을 천하게 여겼다고 해석하는 것은 상식에 어긋난다
고 하겠다. 종로구 사직공원 안에 있는 사직단은 일제 강점기에
건물을 허물어서 지금은 사직단 터만 남아있다.

그리고 음양론陰陽論이 지배했던 유교 사회에서 여성 자신들은
음양론을 어떻게 파악하였는지를 살펴보는 일이 중요하다. 조선조
후기 이덕무李德懋(1741-1793)는 《사소절士小節》에서 남편과 아
내의 관계를 이렇게 설명하고 있다.

> 남편과 아내가 화목하지 못한 원인은, 다만 남편은 하늘은 높고
> 땅은 낮다는 말을 지켜 스스로 높고 큰체하여 아내를 억눌러 그
> 뜻을 용납하지 않고, 아내는 다만 동등하다는 도리를 지켜, 나는
> 그와 같다고 생각하는데 연유하는 것이니, 이러고서야 어찌 서
> 로 굴복하는 일이 있겠는가? …
> 하늘과 땅이 비록 높고 낮더라도 그 만물을 길러내는 공功은 한
> 가지 임을 모르기 때문이다. 남편과 아내는 비록 동등하다고 하
> 더라도 강하고 부드러운 분수를 어겨서는 안 된다.7)

양반들의 내외법에서 남성의 일과 여성의 일을 구분 지어 놓은 것은 시대적 한계로 지적할 수 있다. 외업外業은 학문에 정진하여 과거시험을 보고 급제하여 관직에 나아가서 정치를 하는 것이요, 내업內業은 방적과 길쌈을 포함한 생산과 접빈객接賓客 등 가정관리와 음식 장만의 가사노동을 포함했다. 물론 학문과 정치라는 정신노동과 생산이라는 육체노동이 질적으로 같다고 말할 수는 없다. 그러나 전근대사회 여성은 생산자였기 때문에 특유의 재산권을 행사하는 법적 인격체였다. 그리고 학문과 정치참여에서 배제된 것은 조선 여성들만이 아니라 전근대사회 어느 곳에서나 있었던 세계사적인 보편의 여성 문제였다.

구한말 1886년에 발족된 이화학당은 물론 기독교 전도 목적으로 영어와 성경을 가르쳤으나, 남성의 영역으로 여기던 학문분야에 도전을 한, 즉 제도교육의 첫째 관문을 연 출발점이었다는 점에서 획기적인 사건이라고 하겠다. 특히 영어를 가르친 것은 세계적인 여성 지도자 양성의 초석을 깐 것이기에 상당한 평가를 받아 마땅하다.

구한말 양반 여성들도 서재필이 만든 〈독립신문〉 사설의 영향을 받았음인지 여성 인권에 눈을 뜨기 시작했다. 1898년 1월 양반여성들로 구성된 최초의 여성단체인 찬양회는 여학교를 설립해 달라는 상소문을 대궐문 앞에 가서 엎드려 고종에게 전달하였다. 찬양회 회원들은 그 당위성을 〈여권통문〉에서 이렇게 서술하였다. "첫째 문명개화 정치에 여성들도 참여할 권리가 있다. 둘째, 여성도 남성과 평등하게 직업을 가질 권리가 있다. 셋째, 여성도 교육을 받을 권리가 있다."

---

7) 이덕무(1775), 김종건 옮김, 《사소절》 (서울:양현각, 1983), 111쪽

　그해 2월 찬양회 회원들이 주축이 되고 후원금을 받아서 직접 순성여학교를 설립하고 운영하였다. 동양 고전과 한문을 가르쳤고 4~5년간 운영하다가 재정난으로 문을 닫았다. 최초의 관립여학교인 한성여학교가 1908년에 문을 열었으나 2년 뒤 일제의 강제병합으로 이 여학교는 식민지 하부기관으로 전락하였다. 1911년에 발표한 조선교육령 제14조에 여자고등보통학교의 교육 목표는 "… 부덕婦德을 길러 생활에 필요한 지식 기능을 가르침"으로 명시되어 있다. 따라서 남자학교에서 영어와 수학을 주당 10시간씩 수업한다면 여학교에는 영어 수학을 3~4시간으로 줄이고 대신 주부로서 일상생활에 필요한 가사실습 · 염색 · 수예 · 재봉 등의 과목을 많이 가르쳤다. 여성의 가정화 현상(domestication)이 제도교육으로 심화된 셈이었다.

　공사公私 구분은 근대 자본주의 경제와 더불어 첨예화되었다. 근대는 정치사적으로 계몽주의 사상에 기댄 자유와 평등의 가치가 확대되는 시기이며, 사회경제사적으로는 가내수공업家內手工業(manufacture)이 공장제 기계 대량생산(factory system) 체제로 바뀌어 공장에 나가서 일하는 임금노동자가 많아지는 자본주의화를 말한다. 즉 전근대사회에서 가정은 곧 생산이 이루어지는 일터였다. 10~15명의 하인들과 친척 일꾼들을 데리고 새벽 별 보고 일어나서 저녁 별 보고 잠들 때까지 온종일 집 안팎을 부산스럽게 넘나들며 일을 했다. 낙농(dairy) 가정은, 소 젖 짜는 것은 남성의 일이고, 우유와 버터, 치즈 만드는 일은 여성 몫이었다. 밤늦게까지 일하던 피곤한 몸을 쉬려고 집안 여기저기에 쓰러져 잠자는 것이 일상의 삶이었다. 이러한 생활양식이 근대로 접어들면서 가정의 기능은 획기적인 변화를 맞는다.

　가정과 일터의 분리, 즉 생산이 공장으로 떼어 나가면서 가정은 소비의 기능만 남게 되었다. 가정의 대표 한 사람인 가장家長이 공장(일터)에 나가서 일하고, 아내는 가정에 남아 소비자로서 단순 가사노동(bread maker)에 전념했다. 전 산업사회에서 하루 열 시간 넘게 가정에서 일하던 여성들— 아내와 딸들은 생산 노동으로부터 해방되어 시간이 많이 남게 되었다.

부富를 축적하여 중산층으로 부상한 부르주아 가정의 아내들은 귀족계급의 관습을 본떠서 가정교사를 집으로 초빙하여 딸들에게 신부수업을 시켰다. 언어, 사교춤, 피아노, 예절교육 등 교양을 쌓게 했다. 당시 수녀修女나 몰락한 귀족계급의 딸들이 생계를 위해 가정교사 일자리에 충당되었다. 돈푼깨나 있는 가정에서 너도나도 가정교사를 두겠다는 수요가 많아지자 공급에 문제가 생겼다. 영국에서 가정교사 양성을 위한 첫 여성 제도교육기관이 1848년에 문을 열었다.8) 가정을 꾸려가는 아내의 역할 즉 '사랑받는 아내' 되기에 중점을 둔 교육이었으며, 여성의 가정화 현상을 제도교육이 뒷받침하였다.

일터에 나가서 일하는 가장은 집에 남아서 일하지 않는 나머지 가족들의 생계를 책임지는 가족부양자(bread winner)가 되었다. 가장은 공적인 바깥 험한 세상의 세파에 시달리며, 상사의 눈치도 살피며 때로는 자존심도 접어놓고 일을 해야만 가족의 의식주에 필요한 임금을 받는다. 따라서 가장이 받는 임금은 전체 가족의 생계를 위한 가족임금(family wage)이 된다. 자본주의 초기 하루에 열 몇 시간을 바깥 공적 영역에서 일하고, 일과를 마치고 피로에 지친 몸으로 귀가歸家하면, 가정은 가장을 따뜻하게 품어야 하며, 그의 피로를 풀어주는 편안한 안식을 제공해야 하며, 활력을

---

8) Joan N. Burstyn (1984), *Victorian Education and the Ideal of Womanhood* (New Jersey : Rutgers University Press), p. 125

재충전하여 내일 다시 새로운 기운과 마음으로 일터로 향하게 해
야 한다.

가정은 영혼의 안식처요 휴식의 공간이 되어야 하며, 가정을 지
키는 아내는 남편의 피로를 풀어주는 위로자·위안자로서 역할이
강조된다. 따라서 여성이 지켜야 할 곳은 가정이라는 신념이 뿌리
내리게 된다. 가정은 휴식의 공간, 영혼의 안식처이기에 바깥 험한
세상과는 단절된 공간이어야 한다. 이 사적私的 공간인 가정은 보
호받아야 하며, 어떤 공권력公權力도 침범할 수 없는 영역이 되었
다. 공公(public)과 사私(private)가 첨예하게 구분되었고, 사생활
은 보호받아야 마땅했다. 근대화와 더불어 가옥 구조의 변화도 있
었다. 침실(bed-chamber)이 처음 도입되었고 응접실을 만들어
서 피아노와 장식장을 들여놓고 집안 꾸미기를 시작했다. 가장의
휴식을 배려한 가옥구조의 변화였다.

남편 한 사람의 임금만으로 가족 전체가 먹고살기에는 턱없이
부족한 노동자 계급의 가정에서는 근대화 초기부터 여성들(아내와
딸)은 일터에 나가서 일해야만 했다. 이들 여성들은 남성과 비슷한
일을 하지만 가족부양자가 아니므로 적은 임금을 받을 수밖에 없
었다. 이들은 '생활에 보탬이 될까 해서,' '반찬값이라도 내 손으로
벌려고,' 일터에 나와서 일을 했다. 따라서 가정과 일터의 분리는
곧 부양자인 남성과 그렇지 않은 여성 사이에 임금격차가 정당하
다는 논리가 성립된다.

일본의 강제병합과 함께 그 뒤 10년 동안은 조선 사람들에게는
암흑기였다. 1919년 3.1만세운동 뒤에 일본은 문화정치를 표방하
면서 겉으로만 언론·출판·집회·결사의 자유를 보장한다고 천
명했다. 그 뒤 좌·우 여성단체들이 생겨났다. 1922년 4월 김활
란·유각경 등 기독교 계열의 여성지도자들이 중심이 된 조선여자

기독교청년회(YWCA)가 출범하였고, 1924년 정종명 · 정칠성 ·
허정숙 · 주세죽 · 박원희 등 사회주의 계열의 여성지도자들이 조
선여성동우회를 발족하였다. 이들 좌 · 우 여성 지도자들이 함께
발기인으로 참여하여 1927년 민족 유일당으로 근우회槿友會가 출
발하였다. 가장 활동이 활발했던 1929년 근우회 전국대회에서 채
택한 '7대 행동강령'은 식민지 시기 조선여성들의 지위가 어떠했는
지를 알게 해준다.

1. 여성에 대한 사회적, 법률적 일체 차별철폐
2. 일체 봉건적 인습과 미신타파
3. 조혼제 폐지 및 결혼의 자유
4. 인신매매 및 공창제 폐지
5. 농민부인의 경제적 이익 옹호
6. 부인노동의 임금차별 철폐 및 산전 · 산후 임금 지불
7. 부인 및 소년공의 위험 노동 및 야근 폐지

1번과 4번은 일제 강점기 시기 여성들의 법적 무능력(legal
non-entity)을 제기한 것이며, 5번, 6번, 7번은 근로 여성들의
임금차별 문제를 제기하였고, 2번과 3번은 결혼제도에 대한 신여
성들의 요구가 포함되었다.

일제 강점기에 신식 여성들은 자유결혼 연애결혼을 주창하였다.
조혼제早婚制는 전근대 사회 동 · 서양 어디에서나 성행하였다. 영
아사망률(infant mortality)이 높았던 당시에 다음 세대를 이어가
기 위한(regeneration) 목적으로 여성의 첫 월경을 전후해서
12~15세를 적령기로 삼았다. 《경국대전》〈예전〉'혼례조'에 명시
된 결혼연령은 남자 15세 여자 14였고, 구한말 순종 대에 남자

17세 여자 16세로 상승하였다.[9]

1100~1350년 북 스웨덴의 전체 출생자 가운데 1/3은 1년 이내 사망하였고, 8세가 될 때까지 약 50%가 사망하였다.[10] 조선조 사회 정약용의 가문에서도 아내가 임신·출산한 횟수는 9회였으나, 성년으로 혼인시킨 자녀는 3명에 불과하였다. 조혼제는 배우자 선택권이 당연히 부모에게 있게 되고 결혼 당사자에게 있지 않았다. 갑오개혁에서 조혼제 폐지로 남자 20세 여자 16세로 결혼 연령을 상향 조정하였다. 그러나 식민지 시기 조선 인구의 평균 기대수명은 40세가 채 되지 못했던 상황이었다.

자유결혼, 이혼의 자유를 직접 실천한 대표적 인물은 나혜석 (1896-1948)이었다. 나혜석은 김우영과 결혼했으나, 해외 여행지 파리에서 최린을 만나 불륜 관계에 빠져, 그 이유로 이혼을 감내해야 했다. 오빠 나경석은 집안 망신을 시킨 여동생을 다시 가족으로 받아들이지 않아서,[11] 나혜석은 어느 양로원에서 비참한 생애를 마감하였다. 여성이 이혼하면 친정집 호적에 다시 들어가야 하나 오빠는 이를 거부하였다. 호주에게는 〈불복종 가족에 대한 제재로써 이적권·복적 거절권〉이 있었고, 또한 가족의 입가入家·거가去家에 대한 동의권도 호주가 행사하였다.

나혜석 집안은 만석꾼으로 부자였다. 오빠가 호주이면 가족을 부양할 의무가 있어서 동생 나혜석을 부양해야 함에도, 호주인 오빠가 여동생을 가족으로 다시 받아들이지 않아서 유리걸식하다 생을 마감한 것이다. 식민지 일본 민법에서 여성은 재산상속에서도 완전히 배제되었다. 따라서 근우회 7대 행동강령 첫째 조항인 여

---

9) 강숙자 (1998)《한국여성학연구서설》, 서울: 지식산업사, 100쪽
10) 강숙자 (1998), 앞 책, 223 쪽, 각주 77 참조.
11) 나영균 (2004)《일제시대, 우리 가족은》, 서울: 황소자리

성에 대한 사회적 법적 차별철폐가 바로 여성의 법적 무능력에 대한 문제를 제기하고 철폐를 주장한 것이라 하겠다.

여성의 결혼 자유를 제한한 제도는 바로 재가再嫁 금지였다. "忠臣 不事二君 烈女 不更二夫"의 유교 명분에 따라 성종이 반포한 《경국대전》〈예전〉 제과조諸科條에 "再嫁女의 아들·손자는 생원·진사 시험에 응시할 자격을 금한다"는 조항을 넣었다. "재가를 금지하면 30세 미만의 젊은 과부들이 굶어 죽기 쉬우니 三嫁女子·孫부터 금지합시다"는 신료들의 빗발치는 반대 상소에도, 성종이 끝내 뜻을 굽히지 않았던 이유는 사실 따로 있었다. 성종 대에 이르면 문과 과거시험에 합격은 하였으나 발령(보직)을 받지 못한 양반 자제가 상당수를 넘어서 문제가 되었다. 즉 관료의 자리 숫자에 견주어 합격자 숫자가 넘쳐난, 수요 공급의 불균형이 야기된 것이다. 따라서 재가 금지는 양반의 숫자를 제한하기 위한 성종의 고육지책이었다.

자세히 살펴보면 농사일에 바빠서 생원·진사시험을 칠 꿈도 꾸지 않는 아들을 가진 필부匹婦에게는 해당되지 않았다. 그러나 상층부의 풍습이 점점 하층까지 스며들어 16세기 사료에 "여항閭巷의 천녀賤女까지도 수절守節을 한다."는 내용에서 수절이 보편화하였음을 알 수 있다.

수절이 육체적으로 얼마나 힘든 일이었는가는 연암燕巖 박지원의 《열녀 함양 박씨전》에 잘 나타나 있다. 열녀 박씨는 육체적 욕망이 솟구칠 때마다 동전이 다 닳도록 동전으로 자신의 허벅지를 문질러서 욕망을 억제하였다. 유교만이 아니라 어느 종교에서나 육신의 욕망을 정신력으로 이겨내도록 고취한다. 그러나 유교의 재가금지는 남자도 상처하면 수절을 강조했느냐? 그리고 열부문烈夫門을 세워서 장려했느냐 하는 점에서 이중 잣대를 적용한 여성차별이라는 비판을 받아 마땅하다.

구한말 1895년 근대 개혁인 갑오경장甲午更張에서 재가금지가 법적으로 철폐되었다. 그러나 일제강점기인 1935년 주요섭의 소설 《사랑손님과 어머니》에서도 수절하는 청상과부를 만난다. 어머니는 6살 난 딸 옥이가 "사랑방 아저씨와 결혼하면 좋겠다"는 말에 "그러면 동네 사람들이 화냥년이라고 손가락질한다"며 거절하는 장면에서 재가가 쉽지 않았음을 알 수 있다.

이에 견주어 서양(영국)에서 여성의 재혼은 금지하지 않았고, 오히려 장려하였다. 예컨대 테일러 씨(Mr. Taylor)가 사망하면, 그녀는 사망한 남편의 재산을 포기하고 다른 남성 스미스 씨(Mr. Smith)와 재혼하여 스미스 부인(Mrs. Smith)으로 살아갈 수 있다. 그런데 테일러 씨(Mrs. Taylor)가 남편의 재산을 포기하지 않고 자신의 아들에게 재산을 상속시키려면, 다른 남성 허드슨 씨(Mr. Hudson)가 자신의 성씨를 버리고 '테일러(Mr. Taylor)'의 성씨를 이어받아 Mr. Taylor로 입적하여 Mrs. Taylor와 재혼하면 된다. 그러면 테일러(Taylor) 가문의 재산은 Mr. Taylor Jr. 즉 아들에게 상속된다.

이 비슷한 사례의 원천은 《구약성서》 〈룻기〉에서 찾아볼 수 있다. 유다 땅 베들레헴에 흉년이 들어 남편 엘리멜렉과 나오미가 모압 땅으로 이주했다. 남편은 죽고 나오미의 두 아들 길론과 말론은 모압 여성 오르바와 룻과 결혼했다. 10년 뒤에 두 아들도 죽자, 나오미는 고향으로 돌아갈 결심을 하고 두 며느리에게 친정으로 돌아가서 재혼하기를 권유했다. 첫째 며느리는 친정으로 돌아갔으나 둘째 룻은 어머니 고향으로 같이 가겠다고 울면서 호소해서 함께 고향에 왔다. 나오미가 남편의 땅 일부를 팔려고 내 놓자, 보아즈는 자신보다 엘리멜렉 가문과 더 가까운 친족에게 기업무를자

(Next of kin)가 되라고 이렇게 말한다(룻기 4장 5절).

> 보아스가 이르되 네가 나오미의 손에서 그 밭을 사는 날에 곧
> 죽은 자의 아내 모압 여인 룻에게서 사서 그 죽은 자의 기업을
> 그의 이름으로 세워야 할지니라 하니
> The day you buy the field from the hand of Naomi, you are
> also buying Ruth the Moabitess, the widow of the dead, in
> order to restore the name of the dead to his inheritance.

그 친족이 자신의 재산 유지에 손해가 난다면서 기업무를자 되
기를 포기하자 보아즈가 대신 기업 무를 자를 맡으면서 이렇게 말
했다(룻기 4장 9-10절).

> 보아스가 장로들과 모든 백성에게 이르되 내가 엘리멜렉과 기론
> 과 말론에게 있던 모든 것을 나오미의 손에서 산 일에 너희가
> 오늘 증인이 되었고 또 말론의 아내 모압 여인 룻을 사서 나의
> 아내로 맞이하고 그 죽은 자의 기업을 그의 이름으로 세워 그의
> 이름이 그의 형제 중과 그곳 성문에서 끊어지지 아니하게 함에
> 너희가 오늘 증인이 되었느니라 하니
> I have bought from the hand of Naomi all that belonged
> to Elimelech and all that belonged to Chilion and to
> Mahlon. Also the Ruth the Moabitess, the widow of
> Mahlon, I have bought to be my wife, to perpetuate the
> name of the dead in his inheritance, that the name of
> the dead may not be cut off from among his brethren
> and from the gate of his native place.[12]

결국 보아즈와 룻이 결혼해서 얻은 아들인 오벳은 다윗왕의 할아버지가 된다. 룻기에 나오는 보아즈 이야기는 우리 고대 부여 · 고구려 · 옥저 시대 형사처수혼兄死妻嫂婚 제도와 더 닮았다. 그렇다면 조선시대 재가금지는 여성(아내)의 희생으로(수절) 재산의 유지를 보호한 제도로도 볼 수 있겠다.

첩제妾制는 영아사망율이 높았고, 인간의 평균 수명이 짧았던[13] 조선조 초기 정종 대에 "후사를 널리 잇기 위함"의 광계사廣繼嗣를 목적"으로 도입되었다. 물론 첩은 본처에 견주어 차별을 받았으나 나라가 공식적인 제도로서 첩제를 인정했기 때문에 첩의 법적 지위가 없을 수는 없었다. 첩도 호적에 등재되었으며 첩에게서 태어난 서자庶子는 문과 시험은 아니지만 과거시험을 보고 잡직雜職, 주로 당상관 이하의 관직, 즉 관상감이나 규장각 등에서 벼슬도 할 수 있었다. 이들 서자는 적자嫡子에 견주어 차별은 받았으나 재산상속에서도 상속을 받았다. 이덕무 · 박규수 등도 서자들이었다.

이에 견주어 기독교 국가에서는 16세기에 일부일처제가 이미 정착이 되었다.[14] 그러나 영국의 문필가 제임스 보스웰(1740-1795)은 20세에 동정을 버리고 29세에 결혼할 때까지 신혼 1개월의 가장 절친한 친구의 아내를 정부로 가진 일을 필두로 하여, 12명의 상류 여성들—그 가운데 3명은 기혼임—, 4명의 여배우, 3명의 하층 여성들을 정부로 두었고, 루소의 여비서는 그의

---

12) Nelson (ed.) (1953) *The Holy Bible-Revised Standard Version*, New York : Thomas Nelson& Sons, pp. 282-3
13) 조선조 17~19세기에 이르는 200년 동안 평균 2.5년 마다 천재지변이 있었다. 가뭄이 들거나 홍수가 나면, 농사를 망친다. 따라서 양식이 모자라 영양실조로 굶어죽거나 전염병이 생겨 사망자가 속출했 다. 이 시기에 인구가 늘어나지 않았 다. 조광 (1982), 〈19세기 민란의 사회적 배경〉《19세기 한국전 통사회와 민중의식》, 서울 : 고대민족문화연구소
14) 강숙자(1998),《한국여성해방이론》, 85쪽

평생의 정부였다. 그는 2명의 사생아를 낳았고, 결혼 전 10회, 결혼 후 7회의 성병을 앓은 경력이 있다.15)

첩제로 말미암은 서자 차별은 갑오개혁에서 완화되어, 적자가 없이 서자만 있을 경우 양자를 들이지 않고 서자가 제사봉사를 할 수 있게 하였다. 구한말 들어온 개신교에서 첩제를 반대하였다. 선교사들은 기독교인들의 축첩 행위가 먼저 근절되어야 한다고 주장하며, 축첩자에게 세례를 금하였다.16) 이는 첩 여성에게도 세례를 금했을 개연성이 높다. 이는 본말이 전도된 그리고 기독교 정신에 반反하는 처사이다. 가장 핍박받고 억눌린 자에게 복음을 전하고 사랑을 베풀었던 예수의 전범을 외면한 한국 초기 기독교가 범한 잘못이었다.17)

첩제는 1922년 식민지 일본 민법에서 폐지되어 일부일처제가 시행되었다. 즉 한 명의 아내 이름만 호적에 올리게 하였다. 조선조 시대에는 정실正室과 부실副室 난이 각기 있었다. 그러나 축첩은 근절되지 않아서 1950년대 후반 이승만 정부가 첩을 가진 공무원들을 한 차례 숙청하였다. 내가 초등학교 시절 우리 옆집에 살던 아저씨는 경찰서 경사였는데 첩과 안동에서 본처 아들을 데리고 살림하였다. 이승만 정부가 축첩 공무원을 몰아낼 때 경찰복을 벗었고 뒤에 운수업으로 직업을 바꾸었다.

1978년 김수현 작가의 〈청춘의 덫〉 드라마가 인기리에 방영되었다. 당시에는 애인으로부터 버림받는 가난한 여성 주인공을 이효춘이 맡았고, 애인을 버리는 비정한 남자 주인공은 이정길이 맡

---

15) 강숙자(1998), 앞 책, 86쪽

16) 최숙경(1980) 〈한국여성해방사상의 성립〉, 《한국사학 1》, 한국정신문화연구원, 204쪽

17) 강숙자(2005) 《한국여성해방이론》, 208쪽

앗다. (이 드라마를 1991년에 리메이크하여 심은하·이종원·전
광열·유호정을 주인공으로 대체하였다.) 당시 첩의 자녀들은 본
처의 호적에 오르는 것이 상례였다. 이 드라마가 시사時事하는 바
는 1970년대에도 첩이 사실상 존재하고 있었음을 뜻한다. 드라마
에서 첩은 남편의 장례식, 자녀의 약혼식, 결혼식 등 가족의 공식
행사에 참여하지도 못하는 '존재가 없는' 존재였다. 첩의 법적 존재
는 미혼의 독신 여성이었다.

근우회의 나머지 강령은 식민지 조선 여성노동자들의 차별 철폐
를 주장했다. 1922년 일본 민법이 조선 여성을 지배하면서 조선
여성들이 법적 무능력자가 되었음을 수차례 강조하였다. 조선 여
성노동자들은 식민지 차별과 남녀차별의 이중 차별을 받았다. 이
들의 임금구조를 보면, 일본 남성은 1을, 일본 여성은 1/2을, 조선
남성은 일본 남성의 반인 1/2을, 조선 여성은 일본 여성의 1/2,
조선 남성의 1/2, 그리고 일본 남성의 1/4 되는 금액을 임금으로
받았다.[18] 식민지 시기 가장 밑바닥에서 식민지 구조를 떠받치며
차별받고 착취당했던 여공女工들의 노동운동이 줄기차게 일어났던
사정은 그들이 누구보다도 억압받았던 계층이었기 때문이다. 이들
여공들은 '남녀차별 철폐' 구호보다는 '식민지 차별철폐'를 먼저 내
세웠다. 근우회 활동이 활발하던 때에 근우회는 경성방직공장 여
공 파업에 이들과 동조, 연대를 결성하여 여공들을 도왔다. 그러나
1930년 신간회가 해체되면서 근우회도 소멸되었다.

근우회 이후 조선여성운동은 여성노동운동이 그 맥을 이었다.
이들 여공들은 '식민지 차별철폐'라는 거대 담론을 위해 '남여차별
철폐' 구호를 잠시 유예하였다. 조선 여성노동자와 남성노동자들

---

18) 이효재(1977) 〈일제 치하 한국여성노동운동〉《한국근대사론 》III권, 서울
   : 지식산업사

모두에게 일본 제국주의 통치는 공동의 척결 대상이었다. 이 공동의 적에 효과적으로 대처하기 위해 조선여성들은 對남성투쟁이 아닌 조선남성들과 연대를 결성하여 반제국反帝國주의 운동을 함께 펼쳤다. 이들은 식민지 차별을 벗어나기 위한 '자유'와 식민지 차별을 벗어나기 위한 '평등'을 요구하였다.

혹자들은 말한다. "서양 여성들은 참정권 투쟁을 해서 쟁취했음에 반해 한국 여성들은 참정권 투쟁도 하지 않고 해방과 더불어 위로부터 주어졌다"고. 나는 이 의견에 동의하지 않는다. 조선 여성들이 요구한 식민지 억압으로부터의 자유와 식민지 억압으로부터의 평등은 서양 여성 참정권 운동에서 내세웠던 자유와 평등과도 본질적으로 동일한 인류 보편의 가치이기 때문이다. 따라서 식민지 여성노동운동은 참정권 운동과 궤를 같이 한다고 하겠다. 동학사상의 여성관, 미 군정 시기, 그리고 해방 이후 여성운동은 이 책19)을 참조하기 바란다.

여성의 몸은 달과 닮은꼴이다. 여성의 생리 주기와 달 주기가 같다는 것은 주지의 사실이다. 여성의 생리를 '달거리'나 '월경月經'이라 부르는 이유도 두 주기가 같다는 것을 뜻한다. 농경사회에서 모든 표준을 달력이나 태음력(lunar calendar)에 의존하였다. 이 달력 사용에서 태양력(solar calendar) 사용으로 바뀐 것이 1896년 건양建陽 원년이다. 물론 고종이 유길준이 써서 올린《서유견문》의 건의를 수용하였는지, 아니면 일본식을 따르려고 했는지는 모른다.

일제 강점기에 일본은 신정 쉬기를 적극 장려하여 신정 3일을 공휴일로 정했다. 1930년대에는 강압적으로 설날 쉬는 것을 탄압

---

19) 강숙자(2005),《한국여성해방이론》, 175~234 쪽

했다. 그래도 민간사회에서 설 쇠는 것을 막을 수 없었다. 이중과
세二重過歲는 국가적 낭비라는 지적이 있었다. 내가 1960년대 후반
회사에 다닐 때에 설날은 공휴일이 아니어서 출근은 했으나, 일이
손에 잡히지 않아 직원들이 옹기종기 모여서 한담閑談으로 시간을
보냈던 기억이 난다. 심지어는 설 쇠는 것을 막고자 공무원들이
떡 방앗간을 급습하여 가래떡 뽑는 것을 단속하고 벌금 물리는 일
까지 있었다. 그러다가 1984년 설날을 '민속의 날'로 이름하고 하
루를 쉬게 하다가 민족대이동으로 교통 혼란을 감안하여 1989년
부터 설날 앞뒤로 3일을 공휴일로 정한 것이다.

음력陰曆 달력 중심으로 모든 농사에 기준을 삼았던 조선조 농경
사회에서 땅과 여성을 비천하다고 해석하는 것은 잘못된 것임을
누누이 밝혔다. 중세 서양사회에서도 땅(지구) 중심의 세계관을 가
지고 있었다. 지구는 우주 중심에 고정되어 있고 태양이 지구 주위
를 돈다는 우주관이 지배했었다. 그런데 갈릴레오 갈릴레이
(1564-1642)가 망원경으로 우주를 관측한 결과 태양을 중심으로
지구가 그 주위를 돈다는 지동설을 책, 《천문학 대화》로 발표하여
교황청으로부터 핍박을 받았다. 그의 책은 금서禁書로 지목되어 유
통이 금지되었고, 이 때문에 '출판의 자유'가 민주주의의 기본 원칙
으로 꼽히게 되었다.

조선조 사회에서 홍대용(1731-1783)이 지구 자전설을 소개했
다. 그는 사신의 일원으로 중국에 가서 서양 문물에 대한 지식을
쌓았다. 그러나 지구가 태양 주위를 돈다는 지구 공전설은 알지
못했던 듯하다. 조선조 사회는 오랫동안 지구(땅) 중심의 우주관을
가지고 있었다.

'80년대 들어서 "Personal is Political(사적인 것은 정치적인
것이다)!"라는 급진주의 여성이론가들의 구호가 한국 사회에서도

빠르게 수용되었다. 초기에는 가정에까지 여성문제를 끌어들이지 않기를 바랐으나 이 도도한 물결은 사적 공간에서 일어나는 여성문제를 정치 영역으로 끌어냈다. 이들은 공적 영역에서 남녀평등을 이룬다고 하더라도 가정에서 일어나는 문제 -즉 아내 구타, 성폭력과 아내 강간, 가사결정에서 아내 배제- 등은 해결되지 않는다고 주장했다.

대학원 여성학과 재학 당시인 1983년의 일로 기억한다. 한국에서 최초로 한 아내가 구타를 이유로 남편을 법적으로 고소한 사건이 있었다. 당시 어느 보수언론 사설에서는 가정에서 처리할 문제를 법적인 판단을 요구하는 것은 지나치다는 견해를 밝히기도 했다. 그러나 1983년 한국 여성의 전화가 발족하여 은폐되어 왔던 '매 맞는 아내' 문제를 공적 영역으로 끌어내어 정치쟁점화 하였다. 그 결과 1997년 〈가정폭력방지법〉이 제정되어 수차례 개정을 거쳐 오늘에 이르렀다.

인수대비가 찬집한 교육서 《내훈內訓》을 보면, 아내를 때리지 말고 타이르라고 가르쳤다. 누군가가 말했다. "오죽 많이 때렸으면 때리지 말라고 가르쳤겠느냐"고. 서양 근대 시기에 남편은 아내의 잘못을 법적으로 책임져야만 했다. 이 때문에 남편은 아내를 교육하고 매질할 권한을 법적으로 보장받았다. 그렇다면 같은 논리로 "오죽 매질이 없었으면, 법적으로 매질해도 된다고 하였겠는가?" 이런 논리가 타당한지 묻고 싶다.

조선조 사회에서 매를 들어서 가르치는 것은 남편이 아니라 시어머니의 권한에 속했다. 며느리가 잘못하면 처음에는 부드러운 말씨로 타이르고, 같은 잘못을 또 하면, 큰 소리로 꾸짖고 매를 들어서 가르치라, 세 번째 잘못하면 아예 내어 쫓으라고 가르쳤다.

성폭력은 원래 형법에서 '강간죄'로 다루었다. 그리고 강간죄가 성립하려면 불가항력의 물리력 행사가 있었느냐가 범죄 성립의 관건이었다. 1989년 성폭력상담소가 문을 열고 한국사회에서 일어나는 성폭력 문제를 제기했다. 그 결과, 여성이 'no'라고 의사를 표시했음에도 성관계가 있었으면 성폭력으로 간주하게 되었다. 부부 사이에 강간이 성립하느냐의 문제가 초기에는 논란이 되었다. 여성운동의 결과, 2009년 부산지방법원 판례에서 성적 욕구를 충족시키기 위해 일방이 강압적으로 성관계를 맺은 경우 부부 강간을 인정한 판례가 나왔다. 데이트 성폭력, 성희롱도 성폭력특별법에 따라 형사 처벌된다.

　1984년 한국 최초의 강도강간 사건이 일간지 신문기사를 장식했다. 한 강도가 가정집을 침입하여 물건을 강도질하고 그 집 아내를 강간했다는 보도였다. 정절을 중요하게 여기는 한국사회에서 있을 수 없는 일이 일어났다고 사회 여론이 들끓었다. 분분한 논의 끝에 강도+강간범은 특별범죄가중처벌법을 제정하여 법정 최고형인 사형에 처할 수 있게 하였다. 그런데 민간단체에서는 사형제도를 폐지하자는 상충하는 운동을 펼치기도 했다.

　한국 사회에서 10명이 넘는 사형수들에게 사형집행을 한 것은 김영삼 정부가 마지막이었다. 그뒤 사형은 언도 받았지만 집행되지 않았고, 사형수들은 감방에서 불안한 하루하루를 지내고 있었다. 강도강간범으로 사형 언도를 받은 한 사형수의 수기가 어느 여성잡지에 실린 것을 오래전에 읽어 보았다. 그 사형수는 자신은 사람을 살인한 흉악범도 아닌데 왜 사형을 받아야 하느냐면서 약간 억울한 심사를 드러내 보였다. (외국의 여성운동가들은 강간범을 거세하자는 주장도 있었다.)

　가사결정권의 문제는 내외법의 유습으로 '한국 여성들의 가사결정 참여도가 외국 여성들보다 높다'는 연구 결과는 일찍이 사회학

자 이동원이 발표한 연구 논문에서 지적한 바 있다.20) 내가 1990
년 미국 뉴저지 주에 사는 친구 강윤희 집에 이틀 유숙했을 때,
부군 김영만 회장 언급에서도 입증된다. "한국 주부들이 남편의
급여를 몽땅 받아서 가사 지출권을 행사하는 것을 미국 주부들은
무척 부러워한다"고 소개했다. 그리고 은행 전산망 제도가 훌륭해
서 남편의 급여는 아내 통장으로 직접 송금되는 사례가 대다수를
차지한다.《나는 나다》라는 제목으로 책을 낸 독일 여권 운동가는
그녀가 이혼할 때까지 가사 지출권을 갖지 못했다고 불만을 토로
했다. 결국 이혼으로 결말 짓고 여성운동가가 된 배경도 따지고
보면 가사 지출권을 행사하지 못했던 것에서도 일부 기인했다.

　성별 노동 분업은 대다수 여성운동가들이 제기하는 문제다. 여
성들이 바깥에 나가 공적인 분야에서 일을 한다고 하더라도 전통
적으로 여성의 일로 여겨지는 분야에 집중적으로 몰려있는 것은
사실이다. 그렇다면 여성적인 일도 남성적인 일만큼 경제적 가치
를 부여하면 평등을 이룰 것이다. 1985년 한국외국어대학교 경제
학과 교수였던 김애실은 최초로 주부의 가사노동을 경제적 가치로
환산하였다.21) 주부들이 집에서 무상으로 하는 일들, 즉 빨래는
세틱소에 맡기고, 음식조리는 식당 음식으로 대체하고, 아이 보기
는 베이비시터(baby sitter)에게 맡기고, 청소는 청소 업체에게 맡
기는 비용을 합산해 보니 상당한 금액이 되었다. 이렇게 환산된
주부의 가사노동은 당시 일반 회사 부장급 직원이 회사에서 받는
급여와 거의 비슷하게 평가되었다. 따라서 주부의 가사노동이 법

---

20) 이화여대 이동원 교수가 발표한 논문 내용을 〈동아일보〉 1984년 11월 29일
　　문화면에 지영선 기자가 요약하였다.
21) 김애실(1985), 〈가사노동의 경제적 가치〉《여성연구》 가을호, 서울: 한국여
　　성개발원

적으로 인정받아서 결혼생활 동안 모은 돈으로 집을 사면 공동소
유주가 될 수 있으며, 이혼할 때에 아내의 재산분할 청구 권리가
보장되어서(1989년) 공동 재산의 40% 이상을 분할할 수 있게 되
었다.

이 지점에서 성차이(다름)에 대한 여성학의 쟁점 과정을 일괄
정리하는 작업이 필요하다.

자유주의여성해방론(Liberal Feminism)은 중산층 여성들의 이
익을 대변한다. 고등교육을 받은 여성들로서 일터에 나가서 일하고
싶으나, 가정에 묶여서 단순 가사노동에 매달리다 보니 어느덧 자
신의 정체성에 회의를 품는다. 중산층 주부들의 이러한 공허감을
미국 여권운동가 베티 프리단(Betty Friedan)은 그녀의 저서《여
성의 신비(The Feminine Mystique)》에서 '주부증(housewife
syndrome)'으로 표현하고 있다. 나가서 일할 수 있는 선택의 자유
(freedom of choice)와 기회균등(equal opportunity)을 요구하
며, 법적·제도적 평등을 대안으로 내세운다.

어떤 이들은 프랑스의 실존주의 철학자 보봐르(Simone de
Beauvoir)를 실존주의 여성해방론자로 이름 붙이나, 구태여 그런
카테고리로 나눌 필요는 없다. 1949년에 출간된 그녀의 저서《제2
의 성(Second Sex)》에서 일관되게 흐르는 하나의 맥락은 '여성의
경제적 자립 없이는 남녀평등은 없다'거나 '아내가 남편에게 경제
적으로 의존하는 한 남녀평등을 이룰 수 없다'라는 논지이다. 이
경제적 자립을 위해서 그녀는 "여성은 여성으로 태어나는 것이 아
니라 여성으로 길러진 것이다"는 유명한 언설을 그녀의 책에서 토
로했다. 즉 여성성은 선천적인 것이 아니라 후천적으로 사회적으
로 형성된 것으로 단정했다. 보봐르 이래 지금까지 70년 넘는, 아
니 그보다 앞서 존 스튜어트 밀(John Stuwart Mill)의《여성의

예속(Subjection of Women)》이 출간된 1869년으로 거슬러 올라가면 150여 년 긴 세월 동안 '여성성이 본성이냐 후천적이냐'하는 지루한 논쟁을 여성학계에서 이어오고 있다. 베티 프리단 자신도 보봐르의 주장을 받아들였다. 그녀의 책 이름이 시사하듯이 여성성(femininity)은 남성이 만들어 낸 신화(mystique)일 뿐이라고 항변한다. 이 논쟁을 주도하는 이들은 거의 중산층 여성들의 이익만을 대변한다는 비판을 받고 있다.

마르크스주의 여성해방론(Marxist Feminism)은 프리드리히 엥겔스(Frederik Engels)의 책 《The Origin of the Family, Private Property and the State》에서 기원한다. 엥겔스는 이 책에서 남편에게 종속된 아내의 관계를 계급으로 규정하였다. 남편은 생산수단을 소유한 부르주아 계급이며, 아내는 그에게 종속된 노동자 계급으로 보았다. 그렇다면 노동자인 아내가 노동력을 투입하여 상품을 생산한다면, 따라서 출산의 진통(labor)을 겪으며 태어난 아기가 상품(commodity)일 수 있는가?라는 문제에 직면한다. 노동자의 노동력 투하로 생산된 상품은 시장에서 교환 가능해야 하는데, 과연 태어난 자녀를 시장에서 사고 팔수 있는가? 그럴 수 없다는 결론은 곧 이 이론의 한계점으로 지적된다. 그러나 가난한 여성들의 경제적 평등을 지적한 점에서 그의 혜안을 높게 평가해야 한다. 그런데 엥겔스는 여성성이 본성인지 후천적인지에 대해서는 침묵하였다.

마르크스주의자들의 한 분파로 사회주의 여성해방론(Socialist Feminism)이 있다. 이들은 가장 먼저 지금까지 무시되어 왔던 가사노동을 경제적 노동으로 평가해야 한다고 한목소리를 냈다.[22]

---

22) 김혜경 (1985), 〈가사노동 이론에 관한 연구-여성해방론에서의 접근을 중심으로〉, 이화여대 대학원 석사논문

가사노동의 가치를 말하는 사회주의 여성해방론자들의 주장은 낮게 평가된 여성성을 남성성과 동등하게 평가받아야 한다는 전제를 뒷받침한다. 그러나 이들은 여성성이 본성이냐, 후천적이냐에 대한 논쟁에는 참여하지 않았다.

초기 급진주의 여성해방론자(Radical Feminism)인 파이어스톤(S. Firestone)은 여성의 생물학적 성 자체를 열등한 것으로 간주했다. 따라서 출산을 천벌의 대가로 보았으며, 여성이 자궁의 기능으로부터 해방되어 출산을 시험관 아기(test-tube baby)로 기계화해야 여성은 해방될 것으로 전망했다. 후기 급진주의자(Lesbianism)들은 생물학적으로 남성성이 여성성에 견주어 더 열등하다고 주장했다. 여성 염색체 XX가 원형(proto type)이며, 남성 염책체 XY는 여성 염색체가 잘못된 불량품이라고 했다. 이는 아리스토텔레스의 생물학인 "여성은 남성으로 되려다가 만 불량품이다(Female is a misbegotten male)"라고 한 언명을 완전히 뒤바꾼 것이다. 이들은 여성성이 후천적이라는 논점에는 무관심하며, 오히려 여성성이 더 우월하다는 여성우월주의의 태도를 견지한다.

사실 여성성이 본성이냐 후천적이냐 하는 논쟁은 자본주의 초기에 시작되었다. 근력筋力 위주의 노동력을 우대하던 산업화 현장에 있던 남성들은 여성이 일터로 진출하는 것을 달갑지 않게 여겼다. 교육을 받은 여성들이 가정교사 말고도 다른 직업에 종사하고 싶은 욕구가 분출되어 남성들과 같은 일터에서 일하기를 원했다. 그때 내놓은 논리가 여성은 가사일에 종사하는 것이 더 적합하며, 냉철하고 공격적이고 합리성을 요구하는 바깥일에는 적합하지 않다는 것이었다. 따라서 바깥 일터에서 일하기를 원하는 교육받은 여성들은 여성성이 본성(nature)이 아니라, 사회적으로 형성된 것이기에 훈련을 받으면 남성성과 차이가 없이 똑같이 되어 아마조네스와 같은 공격적인 여전사가 될 수 있다고 주장했다.

필자는 이처럼 지루한 논쟁에 종지부를 찍고 싶다. 남성과 여성이 성품에서 차이가 없으며, 모두 똑같다고 주장하는 것은 문제를 쉽게 풀 수 있는 가까운 지름길을 두고 멀리 우회하여 가는 것과 같은 어리석은 선택이라고 생각한다. 남성과 여성이 성품에서 똑같아지는 것이 문제의 해결방안이 아니다. 문제는 남성과 여성이 성품에서 차이가 있거나 다름이 있더라도 그 차이로 말미암아 차별로 이어지게 하는 연결고리가 잘못된 것이다. 다름을 인정하고 그 다름에 동등한 가치와 평가를 하면 문제는 쉽게 풀린다. 남성성은 가치가 있고 여성성은 가치가 없다고 한 자체가 잘못된 평가이다. 여성이 모두 아마조네스가 될 필요도 없다. 다름과 다양성을 인정하는 사회가 곧 포스트모더니즘(Post-modernism)이 지향하는 바가 아니던가!

급진주의 여성이론가들의 구호인 '사적인 것은 정치적인 것이다'에 힘입어 한국 여성운동가들이 사적 영역의 여성문제를 공적인 정치영역으로 끌어내어 상당한 결실을 맺게 한 점은 높은 평가를 받아 마땅할 것이다. 그러나 그들의 시각—여성억압의 원인을 남성으로 규정하고 여성문제의 해결을 위한 대안으로 여성들만의 국가 즉 《허 랜드(Her Land)》[23]를 제시하는 한 나는 그들의 주장에 동의할 수 없다. 그들이 제시하는 남성은 **추상적인 남성**일 뿐이다. 남성 가운데에도 할아버지, 아버지, 남편, 아들, 오빠, 남동생, 삼촌, 동료 등 여러 관계망 속에서 남성들이 존재한다. 남편으로서 남성은 아내 즉 여성의 적일 수 있다. 그렇다면 친정아버지와 오

---

23) 《Her Land》는 1915년 미국의 여성운동가 샬롯 퍼킨스 길먼(Charlotte P. Gilman)이 쓴 유토피아 소설f로서 고립된 섬에서 여성들만의 생활을 묘사했다.

빠, 아들도 아내의 적이란 말인가? 그리고 여성 자신도 아버지로 부터 물려받은 남성 유전인자를 어떻게 부정할 것인지를 묻고 싶다. **남성은 여성의 적敵이 아니라 여성운동의 상대방(target audience)이다.**

《허 랜드》역시 종국적으로는 인구 감소로 몇 세대 못 가서 국가의 소멸을 맞을 것이다. 그들이 제시하는 또 하나의 대안, 과학기술의 발전으로 출산의 완전 기계화도 전망이 어둡기는 마찬가지이다. 그들이 적으로 치부하는 남성들의 유전인자를 지닌 정자를 복제하여 난자와 함께 기계로 복제한다는 것은 앞뒤가 맞지 않는 허상일 뿐이다. 남성의 정자 없이 여성의 난자만으로 인간복제를 할 먼 훗날은 과연 도래할 것인가? 그리고 오늘의 한국 사회에서 사적 영역의 여성문제도 결국엔 법과 제도의 보완으로 해결해 나가고 있지 않은가?

요즈음 한국사회에서 뜨거운 논쟁을 불러일으키는 사안이 '차별금지법' 국회 통과이다. '차별금지법'에 동성애 문제가 포함되어 있다. 때문에 '차별금지법' 통과를 강력하게 반대하는 측은 놀랍게도 기독교 계통의 사람들이다. 1970년대 초 여성계가 호주제 철폐를 외칠 때 가장 반발했던 측은 유림단체였다. 이제 유림단체는 명목상으로만 존재하는 것이 아닌가 하는 의심이 든다. 유교의 음양론에서 음陰은 음끼리 양陽은 양끼리 결합해도 된다는 이론은 없다. 음은 양하고 결합해야만 만물의 시초가 열리는 것이다. 그리고 음과 양은 독자적으로 존재할 수 없고, 반드시 결합해야만 세상 만물의 운동 법칙이 작동하기 시작한다. 이런 점에서 차별금지법 반대에 유림단체가 목소리를 내지 않는 것은 이상하다. 기독교는《구약성경》〈창세기〉에 '한 남자와 한 여자가 부모를 떠나 한 가정을 이룬다'는 구절에서 남자와 여자의 결합을 정당화한다. 그런데도 레위기에 보면 남성들 사이에 동성애가 존재하였음을 알게 한다.

흔히 서양문화西洋文化라고 뭉뚱그려서 말할 때 그리스 · 로마 · 유대 · 기독교 전통을 뜻한다. 사실 동성애(homo-sexuality)는 그리스 철학자 플라톤 시대로 거슬러 올라간다. 그 시대에 성인 남성과 소년 남성 사이의 사랑, 즉 동성애가 유행하였고, 플라톤 자신도 동성애자였다. 그러나 플라톤은 남성들 사이의 육체적인 교섭(anal intercourse)은 배척하였다. 때문에 플라토닉 사랑은 엄밀하게 말하자면 남성 동성 사이에 육체를 배제한 정신적인 사랑을 말한다. 이성異性 사이에 육체를 배제한 정신적인 사랑으로 해석하는 것은 잘못된 것이다. 사실 남성 동성애는 여성을 비하卑下한 데에서 출발한다. 여성은 정신적인 능력이 모자라서 지적 소통을 할 수 없는 존재이기에 남성들 사이의 정신적인 사랑을 고취해 온 것이다.

한편 여성동성애(lesbianism) 또한 그리스가 발상지이다. 그리스 레스보스(lesbos) 섬에는 시인 사포(Sappho)를 비롯한 여성동성애자들이 많이 살았다. 플라톤에 견주어 여선생과 어린 여제자 사이의 사랑, 즉 여성동성애가 유행했다. 따라서 여성동성애를 지칭하는 레즈비언은 바로 그 어원이 레스보스 섬에서 유래했다.24) 물론 동성애가 성인 남성 · 소년과 성인 여성 · 소녀 사이의 사랑에서 지금은 성인들 사이의 동성애로 변하였다.

1988년 미네소타대학교에서 열린 제10회 미국여성학대회 당시에 '영미문학과 여성'이라는 분과 발표회에 참석해 발표를 들었다. 영 · 미문학은 말하자면 그네들의 국문학이었다. 나는 좀 늦게 들어갔는데, 한 발표자가 한창 슬라이드를 보여주며 설명하고 있었

---

24) 강숙자(2005), 앞 책, 57쪽

다. 레스보스 섬 여기저기를 사진으로 찍어서 자세한 설명을 덧붙였다. 마치 한국 어느 대학교 국사학과 학생들이 유적지를 답사 여행한 뒤에 사진을 찍어 자세한 답사 보고를 하는듯한 느낌이 들었다. "아하 바로 이것이 서양문화의 한 단면이구나!"를 깨달았다.

플라톤은 《향연(Symposium)》에서 남녀의 성의 기원을 신화의 형식을 빌려 이렇게 설명한다. 애초에 세 종류의 인간이 있었다. 남남성·여여성·남녀성이었다. 즉 남자와 남자가 결합된 남남성, 여자와 여자가 결합된 여여성, 남성과 여성이 결합된 남녀성이 있었다. 이들 인간들은 엄청난 힘과 야심을 가지고 있어서 하늘에 올라가 신들을 공격했다. 신들은 인간들의 힘을 약화시키기로 결정하고 제우스는 인간들을 두 조각으로 나뉘게 했다. 이들 떨어진 반쪽이 다른 반쪽을 그리워하는 것을 사랑으로 표현했다.25) 이성 애나 동성애가 동등한 가치로 평가받았다. 하지만 음양론에서 음과 음이, 혹은 양과 양이 결합할 수 있다는 가설은 결코 성립할 수 없다. 음은 반드시 양과 결합해야만 세상만물의 단초가 열리기 시작한다. 따라서 한국사회에서 레즈비어니즘이 기댈 언덕을 찾기 어려운 점이라 하겠다.

그렇다면 서양사회에서도 동성애가 보편타당한 이론적 근거를 가지는가 하는 점이다. 앞서 설명했듯이 창세기에서 하나님은 한 남자와 여자를 만들어서 이들이 결합하도록 했다. 이것이 창조의 질서이다. 따라서 동성애는 서양문화를 대표하는 보편의 현상도 아니다. 그리스를 발상지로 한 작은 지류가 오늘까지도 면면이 이어 온 서양문화의 특수성이라고 하겠다. 서양문화의 특수성이 다른 나라의 보편의 문화를 몰아내고 그 중심에 자리 잡는 것은 '문화

---

25) 장영란(2007), 〈성〉《우리말철학사전 5권》, 서울: 지식산업사, 134~135 쪽

제국주의' 또는 '학문의 제국주의'에 다름 아니다. 어떤 사람은 이렇게 반문할 수 있다. "여성학은 기존의 체계를 해체하여 새로운 체계를 구축하는 것인데, 낡은 음양론을 고수하느냐?"라고. 그렇다면 플라톤이나 사포도 해체되어야 할 대상이 아니겠는가?

한국 사회에서 동성애자들이 취업의 기회 균등에서 배제되거나, 진급, 그리고 직장 생활에서 차별받는 일은 없어야 한다. 그러나 같은 성끼리 제도로서 결혼도 허용되어야 한다고 그들이 주장한다면, 나는 부정적인 입장을 견지한다. 앞에서 설명한 것처럼 문화제국주의, 그리고 학문의 제국주의 차원에서 동의할 수 없는 일이다.

정치학 박사학위 논문에서 한국여성해방이념을 새공동체주의(New Communitarianism)로 제시하였다[26]. 1987년 한국여성운동이념으로 자유와 평등의 통합인 민족주의[27]를 내세웠으나, 여성의 사적 영역의 문제를 모두 포괄하기에는 좀 협소하다는 생각을 했다. 따라서 새공동체주의는 자유주의 여성이론가들의 선택의 **자유**와 가난한 어성들의 경제적 **평등**과 시적영역의 **여성**문제를 포함한 것이다. 물론 정대현이 일찍이 방법론으로 제시한 최한기의 개과천선적改過遷善的 공학[28]을 원용하였다.

2002년 5월에 논문 제출을 하였다. 물론 제목은 〈한국여성해방이론〉이었다. 박충석 지도교수는 이미 은퇴를 하셨고, 정외과 세분 선생님과 (지금은 고인故人이 되신) 국민대 김영작 선생님이 논문심사위원장을 맡으셨다. 봄 학기 첫 번째 심사 모임에서 더 다듬으라는 지시와 함께 심사에서 떨어졌다. 그 자리에서 어느 선생님

---

26) 강숙자(2005), 앞 책, 289-338쪽 참조.

27) 진덕규(2021), 《한국민족주의 이론》, 서울:지식산업사 자유·평등의 통합을 더 정밀하게 분석하였다.

28) 정대현(1983), 〈이론의 선택과 실학적 방향-최한기의 실학논리를 중심으로〉, 《철학연구 》제18집(서울:철학연구회편)

은 〈송시열의 여성관〉으로 논문 주제를 바꾸면 어떻겠느냐고 권유하였다. 어안이 벙벙했다. 송시열(1607-1689)이 딸을 시집보내면서 딸에게 훈육한 《우암선생 계녀서啓女書》가 자료로 남아 있기는 하지만, 이 책만으로 여성문제를 포괄적으로 다룰 수 없을 뿐만아니라 남은 6개월 동안 새 주제로 논문을 쓰기에는 물리적으로불가능하였다.

아마도 내가 여성해방이념을 주제로 박사 논문을 쓴다는 소문이여성학과 선생님들에게도 퍼진 모양이었다. 그렇다면 남에게 쓰지못하도록 막을 것이 아니라 자신들이 먼저 그 주제로 논문을 쓰면될 것인데, 쓰지도 않으면서 다른 사람까지도 못 쓰게 막는 것은무슨 횡포란 말인가! 한국여성해방이론은 누구도 언급하지 말아야할 신성불가침神聖不可侵의 주제란 말인가? 내 논문도 하나의 이론이나 가설로서 제시하는 것뿐이다. 만고불변萬古不變의 진리란 이세상 학문세계에 존재하지 않는다. 내 이론도 세월이 지나면 어떤후배로부터 비판을 받을 것이고 그래서 학문은 한 걸음 한 걸음발전하는 것 아닌가? 칼 포퍼(Karl Popper 1902-1994)가 말하는 '열린사회(Open Society)'도 합리적 비판에 열려있는 사회가아닌가? 나는 송시열의 여성관을 주제로 하라는 조언을 무시하고내 주제를 밀고 나갔다. 여름방학 동안 대학 중앙도서관을 드나들며 열심히 공부했다.

그해 6월에 대학 동기생들이 최초로 해외 나들이를 계획하여,일주일 동안 터키 여행을 떠났다. 논문 쓰기를 잠시 미루어 두고친구들과 첫 해외여행을 함께 가기로 마음먹었다. 여행에서 얻은새 기운으로 심기일전하면 공부에 더 효율적이지 않을까 생각했다. 효자동 집 아래층에 들어와 사는 친정 조카댁에게 우리 집 전화를 연결해 놓고 신신당부했다. "만약 지도교수 전화가 오면 시골에 급한 볼 일이 있어서 잠깐 내려갔다"고 말하고 전화 내용을 잘 받아 두라고. 당시에 웬만한 사람들은 손전화(hand phone)를 사용했었는데, 나는 사지 않았고 사용하지 않았다.

2001년 인천국제공항이 개항되어서 인천공항까지 운행하는 셔틀버스를 광화문 공항버스 정거장에서 기다렸다. 마침 이화대학으로 출근하는 친구 최영을 만났다. 터키 이스탄불을 간다니까 무척 부러워했다. 12명의 친구들에게 터키여행은 두고두고 화제가 되었다. 강숙자 · 김용재 · 손정호 · 신희원 · 오경님 · 이율의 · 전계희 · 정수자 · 정령자 · 지은희 · 홍성욱 · 황경숙이 함께했다.

그리스의 영향으로 터키에는 야외 원형극장 터가 거의 손상되지 않은 모습으로 남아있었다. 당시에 음향효과까지 염두에 두고 설계한 덕분에 노래를 부르면 극장 전체에 소리가 울려 퍼져 가득 찬다. 황경숙이 그 원형극장에서 한 곡조 뽑아서 시범을 보였다. 보스포러스 해협 크루즈 · 카파도키아 · 동굴교회 · 카타콤 · 파묵칼레 · 셀수스 도서관 · 헤라클레스문 거리를 산책했던 추억들이 지금도 생생하다.

가을 학기가 시작되자마자 9월 하순에 논문심사일이 정해졌다. 논문 원고를 컴퓨터로 입력, A4 용지에 출력해서 스테이플러로 찍어서 모두 다섯 부를 만들었다. 박 선생님은 논문 표지를 따로 만들어서 제본하지 않았다고 꾸지람하셨다. 그리고 심사위원들에게 일일이 찾아가서 인사드리고 논문 부본을 직접 전달하지 않았다고도 야단치셨다. 논문 쓰기에만도 시간이 모자라 한시적으로 두 달 채용한 개인 조교에게 학교에 찾아가서 정외과 세 분 선생님들께 논문 부본을 대신 전달했더니 그 일을 못마땅해 하셨다.

그 날은 집 컴퓨터가 고장 나서 기사가 집에 와서 수리하고 있었다. 그때 집 전화로 박 선생님이 나무라신 것이다. 통화를 끝내고

엉엉 울었다. 컴퓨터 수리 기사는 어안이 벙벙해서 어쩔 줄 몰라
했다. 박 선생님의 심정을 이해 못 하는 바가 아니다. 지도교수지
만 은퇴하신 뒤라 학교에서 선생님의 령슈이 서지 않아 그러시는
거겠지… 그런 생각으로 위로를 삼으면서도 속은 무척 상했다. 내
가 손 전화를 사지 않은 이유는 박 선생님의 꾸지람을 덜 듣기 위
해서였다. 집 전화는 집에 사람이 없으면 받지 못할 것이고, 그만
큼 꾸지람 듣는 숫자가 줄어들기 때문이었다.

운명의 첫 논문 심사일이 왔다. 정외과 진덕규·차명희·최은봉
교수님들과 국민대 김영작 교수님 네 분이 심사위원을 맡으셨다.
법정대학 한 세미나실에서 심사가 열렸다. 나는 심사 선언이 시작
된 뒤 얼른 말문을 열었다. "심사 시작하기 전에 드릴 말씀이 있는
데 저에게 10분의 시간을 주시면 좋겠습니다." 누구도 반대하지
않아서 이야기를 시작했다.

"19년 전 1983년 봄에 이대 대학원 여성학과 석사과정에 입학했
다. 그때 대학원에서 주관한 대학원 신입생 오리엔테이션이 중강당
에서 있었던 그 날을 기억한다. 안식년 1년을 영국 런던, 특히
LSE(London School of Economic)에서 연구를 마치고 새로운
학풍 진작을 다짐하며 돌아온 진덕규 선생님이 특강을 맡아 하셨
다. 선생님은 영국 대학과 대학생들의 면학 분위기를 소개하고 이
화여대도 학문의 전당으로서 세계에 명성을 떨치기 위해서 논문을
쓰는 대학원생들이 연구에 더욱 정진해야 한다고 역설했다. 남이
다 만들어 놓은 논문의 한 부분을 잘라 내거나 모자이크해서 이리저
리 가져다 붙이거나 짜깁기하는 방식으로 논문을 쓰지 말라고 당부
했다. 독창성을 지닌 논문 쓰기를 목표 삼으라고 했다. 좋은 논문,
훌륭한 연구결과물이 나와야지만 이화여대가 진정한 의미의 '학문
의 전당'으로 자리매김할 것이라고 격려하였다. 그때 '아, 논문은

그렇게 써야 하는 구나!' 동의하면서 그 강의를 마음에 새겼다.

그리고 여성학과에 지원 때 제출한 연구계획서에도 분명 〈한국 여성운동 이념 정립〉을 연구과제의 하나로 포함하였다. 서양에서 도 다양한 여성이론들이 있고, 자신의 이론을 바탕으로 상대방 연 구자의 이론을 비판하는데 주저하지 않는다. 그런데 제3세계 여성 이 자국어(한국어)로 논문을 써서 영어로 출판된 논문을 비판하면 혹 검열에라도 걸리는 것인가? 영어권 학자들만이 서로 비판할 자 격이 있다는 말인가? 양심과 학문의 자유, 사상의 자유를 보장하 지 않으면서 어찌 이화여대가 학문의 전당이라고 감히 말할 수 있 으며, 상아탑으로서 자존심을 가질 수 있겠는가?"

나의 물음에 아무도 답변하지 않았다. 얼마간 침묵이 흐른 뒤 김영작 선생님께서 서두를 떼었다. '이러한 주제로 누군가는 꼭 써 야 할 필요한 논문'이라고 격려해 주셨다.

원래 논문심사 모임은 한 번으로 끝나거나 많아야 두 번으로 끝 난다. 그런데 나는 9월 초, 10월 초, 11월 초, 12월 초 그리고 12월 하순, 다섯 차례에 걸쳐 논문심사를 받았다. 서론과 결론을 빼고 한 달에 한 장(chapter)씩 진도가 나간 셈이다. 김영작 선생 님은 첫 3회 심사까지 참석하였으나, 12월 2회 심사는 불참하였 다. 최은봉 선생님이 부제를 붙이라는 권고에 따라 〈유토피아에서 헤테로토피아로〉란 부제를 붙였다. 레즈비언들이 꿈꾸는 《Her Land》[29] 역시 유토피아의 하나라고 보았다.

대학 학부 영문과 재학시절에 들었던 이석곤 선생님의 영문학사 강의 내용은 거의 잊어버렸지만 딱 하나 기억나는 내용이 문득 떠 올랐다. 토마스 모어(Sir Thomas More, 1477-1535)의 《유토피

---

29) 《허랜드》 여성들은 당시 사회규범에 반하여 짧은 머리, 편안한 복장을 하고 전문직의 강인한 성격의 소유자들이었다.

아(Utopia)》를 설명하면서 영어로는 'No Where'로서 이 지상에 없는 장소이다. 이 'no where'를 거꾸로 하여 새무얼 버틀러(Samual Butler, 1835- 1902)는 《Erehwon》[30]이라는 제목의 소설을 썼다고 설명하였다. U는 그리스어로 ou '없다'이며, topia 는 장소 'topos'이다.

　인류 초기부터 철학자들은 이상사회를 꿈꾸어 왔다. 플라톤의 《the Republic》, 토마스 모어의 《Utopia》, 프란시스 베이컨의 《New Atlantis》, 올더스 헉슬리의 《New Brave World》에 이르기까지 사람들은 이상향이나 미래세계를 꿈꾸어 왔다. 급진주의 여성이론가 파이어스톤은 헉슬리의 《멋진 신세계》에 영향을 받아 '출산의 기계화'를 주장하였다. 동양사회에서도 이상향을 꿈꾸어 온 것은 동일하였다. '대동사회'[31]와 '율도국'이 그러하였다. 기독교에서 '천년왕국'을, 불교에서는 '극락정토'를 내세운다. 나는 논문에서 이 세상에 존재하지 않는 이상사회를 제시하기보다는 실현 가능한(feasible) 차선의 세상, 즉 '헤테로토피아(heterotopia)'를 대안으로 제시하였다.

　12월 하순까지 저인망식 촘촘한 심사를 받고 나서 드디어 논문 통과를 하였다. 충무로에 있는 어느 제본소에 논문 제본을 맡겨서 완성본 다섯 부를 학교에 제출한 다음 1월 중순 나는 미국 서부를 일주하는 여행 일정에 참가하여 단체 관광여행을 떠났다. 로스앤젤레스 · 샌프란시스코 · 요세미티 국립공원 · 그랜드 캐니언 · 라스베이거스 등을 관광하였다. 단체여행을 마치고 버클리 대학 어

---

30) 1872년에 출간된 역유토피아 소설로 19세기 영국 사회제도를 풍자한다. 식민지 양치기 주인공은 높은 산맥을 넘어 미지의 나라 애래혼에 도착한다. 영국과 반대로 질병은 죄악으로 처벌받고, 죄인은 병자로서 따뜻한 치료를 받는다.
31) 대동사회는 《예기》〈예운〉편에 나오는 이상사회이다.

학원에 연수하러 와있는 아들을 만나보기 위해 버클리에 혼자 남았다.

아들은 2002년 4월쯤에 제대하였다. 본인이 미국 대학에서 개설한 어학연수를 받겠다고 했다. 아들은 버클리 대학 부설 어학연수원 2개월 코스 과정에 등록해서 연수원 기숙사에서 생활하고 있었다. 버클리 대학 캠퍼스는 아름다웠다. 아름드리나무들이 이곳저곳에 잘 배치되어 자라고 있고, 다람쥐들이 숲과 나무들 사이로 부지런히 뛰어다니며 열매를 찾는 풍경이 정말 평화로웠다.

내가 기숙사 사무실 문을 두드리고 들어섰을 때, 나이 든 여직원은 급히 일어서며 실내 전등불을 켰다. 방문객이 없고 혼자 있을 때는 불을 끄고서 창문으로 들어오는 자연 채광으로 서류를 들여다보고 있었다. 가슴이 뭉클했다. 부자 나라 미국에서, 그것도 유수의 버클리 대학 언어연수원 사무실에서 자신의 개인 재산 보호 차원이 아닌, 공공의 전기를 아끼려고 전등불을 끈 채 서류를 보다니… (겨울이면 난방을 빵빵하게 틀어놓고 실내에서 반팔 옷을 입고 생활하는 한국 사람들 모습을 떠올려보니 매우 난감한 생각이 들었다.) 한국은 겨울 날씨인데 미국 서부 버클리는 기온이 영하로 내려가지 않아서 기숙사에도 난방이 되어있지 않았다. 아들의 방은 다행히 정남향이어서 난방 없이도 추위가 느껴지지 않을 만큼 온화하였다.

시내 적당한 한 호텔에 짐을 풀고 이틀을 그곳에서 더 묵으며, 아들과 함께 시내 구경도 하고, 서점에서 또 책을 사서 작은 짐 가방에 가득 채웠다. 일행과 떨어져 혼자 미국에 남았다가 뒤늦게 귀국한 일 때문에 수상쩍다는 의심이 들었는지 인천공항 검색대에서 짐 가방을 열어서 일일이 꺼내 보는 철저한 검색을 받았다.

*   *   *   *   *   *

초등학교 어린 시절에 학교에서 가정환경 조사를 하면서 그 용지에 장래희망을 적는 칸이 있었다. 아버지는 향학向學이라고 적으셨다. 그 뜻이 무어냐고 물으니 공부를 지속적으로 하라는 뜻이라고 답하셨다. 박사학위를 얻은 것은 아마도 어릴 적 아버지의 희망사항으로 쓰신 향학을 마음 한구석에 늘 품고 있었는지 모른다.

3. 한국학중앙연구원 객원연구원 생활

2월 말 졸업식이 다가왔다. 석사 졸업식에 빠졌기 때문에 박사 학위 졸업식에는 참석하려고 마음먹었다. 그런데 박사 가운을 빌릴 수 없었다. 기운 대여짐에 미리 예약을 하지 않고 미국 여행을 떠났기 때문에 여벌이 남아 있지 않았다. 이리저리 수소문한 끝에 박 선생님의 제자이자 서경대학교에 재직하는 이희주 박사가 흔쾌히 자신의 가운을 빌려주겠다고 해서 빌려 입었다. 졸업식 때 박사모의 수술을 옮겨준 것은 신인령 총장이었다.

후배 김혜경은 사회학박사 학위를 받고서 100편의 영화를 보았다고 했다. 나도 그동안 읽지 못했던 장편소설 시리즈, 조정래의 《태백산맥》과 최명희의 《혼불》을 읽고, 비디오를 빌려서 영화를 보며, 하루하루 게으름을 피우며 보냈다. 늦잠을 자다가도 깜짝 놀라 깨어서 '이렇게 게으름 피워도 되나'하고 정신이 번쩍 들었다. 그러나 이내 '참 박사공부는 끝났지'라며 겨우 안도의 한숨을 쉰 적이 많았다. 그 뒤로도 종합시험에 낙방해서, 제2외국어 시험에 떨어져서 박사학위를 받지 못하는 꿈을 종종 꾸었다.

5월 어느 날인가 한 통의 전화를 받았다. 한국학중앙연구원이 조직한 세종임금의 치적을 정치학적으로 조명하는 연구 프로젝트에 연구원으로 참가할 생각이 있느냐고 물어왔다. 물론 참가하겠다고 대답했다. 아마도 지도교수였던 박 선생님이 추천하신 것으로 짐작된다. 한중연의 정윤재 교수를 책임연구원으로 부남철·배병삼·정재훈·박영도·문중양·박현모·이지경·유미림·강숙자 등 10명이 한 팀을 이루어 학술진흥재단(학진)에 연구비를 신청했다. 연구비를 신청할 때 물론 전 연구진들이 모여서 각자 의제를 맡아서 서로 토의한 결과물인 제안서(proposal)를 제출했다. 학진이 한중연 세종연구팀의 제안서를 수용, 선정해서 2년 6개월의 연구 프로젝트가 가을학기부터 시작되었다.

유미림 박사와 나는 한중연 건물 한 방을 연구실로 배정받고 일주일에 두세 차례 출근해서 출근부에 도장 찍고 꼬박 연구에만 몰두했다. 속세와 물리적으로 단절된 느낌이 들어 더욱 연구에 집중할 수 있어 좋았다. 한중연 둘레 경관은 매우 아름다웠다. 건물 주변은 산으로 둘러싸여 계절이 오고 감을 먼저 느낄 수 있었고, 한여름엔 스치는 산들바람과 풀벌레 소리를 들을 수 있었고, 겨울에는 흰 눈 덮인 산속의 고즈넉함도 즐길 수 있었다.

세종연구를 위해 거금을 지불하고 스물 몇 권의 《세종실록》을 구입했다. 내 연구과제는 세종시대 예禮와 악樂 부분이었다. 처음 《세종실록》을 읽으면서 큰 충격을 받았다. 조선 조정에 대한 중국의 횡포가 상상을 초월해서였다. 자신들은 천자天子의 나라이고 주변국들을 제후諸侯의 나라로 평가 절하하는 태도에 반감이 절로 생겼다. 중세사회에서 강대국과 약소국 사이 외교수단의 한 방편이었다고 애써 자위했다. 서양 전근대사회에서도 똑같은 사례가 있었다. 교황청이 주변 여러 나라를 통치했던 것과 똑같은 관계였다. 세종임금이 느꼈을 약소민족의 설움을 조금이라도 공감하려고 노력하면서 연구에 임했다.

서양사회는 법치法治로 백성을 다스렸다면 동양사회는 예치禮治 또는 덕치德治로 백성들을 다스렸다.

> 예와 악을 먼저 하고 형과 벌을 뒤로 하여 백성들을 교화시켰던 것으로서, 그 결과 사방이 교화된 효과가 있었고, 40년 동안 형벌이 없는 융성함이 있었던 것입니다.[1]
> 40년 동안 형벌이 없는 융성한 시기는 중국 상고시대 주나라 주공周公이 조카 성왕을 도와 문물을 정비한 이후의 치세를 말한다.[2]

예치를 근간으로 하는 동양사회에서 나라를 건국하면 먼저 예법을 정해야 하는 것은 성한 이치였다. 공자도 다음과 같이 말하였다.

> 일이 이루어지지 못하면 예악이 일어나지 못하고, 예악이 일어나지 못하면 형벌이 맞지 아니하고, 형벌이 맞지 아니하면 백성이 수족을 둘 곳이 없다.[3]

그리고 군자君子만이 예·악을 제작할 수 있음을 시사했다.

> 제왕된 자는 나라를 세우는 대업의 공을 이루면 음악을 제작하고 백성을 교화하는 정치가 정립되면 예법을 제정한다. 그 대업

---

1) 성현이 지은 《樂學軌範》에 나오는 내용이다.
2) 司馬遷 《史記 表·書》〈樂書〉
3) 《論語》子路

의 공이 크면 그 음악이 갖추어지고, 그 교화의 정치가 두루 미치면 그 예법이 갖추어진다.4)

세종은 먼저 오례五禮를 정비하였다. 오례는 吉禮·嘉禮·賓禮·軍禮·凶禮를 말한다.5) 길례는 종묘사직과 산천·기우·선농 등 국가에서 행하는 의례 및 관료와 일반 백성의 시향행사이며, 흉례는 국상·국장에 관한 의례이며, 군례는 출정 및 반사班師에 관한 의식이며, 빈례는 외국사신을 접대하는 의식이며, 가례는 중국에 대한 사대례와 궁중의식 절차 및 국혼 등에 관한 예를 이른다.

그리고 악樂도 재정비하고 새로운 악도 제작하였다. 악은 詩·歌·舞를 통틀어서 말한다. 세종은 박연에게 음을 측정할 율관과 편경 제작을 맡겼다. 율관을 제작하는 과정에서 중국의 기장쌀은 알이 크고 조선의 기장쌀은 알이 작아서 같은 소리가 나지 않는다는 사실과 '우리나라는 지역이 동쪽에 치우쳐 있어 중국 땅의 풍기와는 전혀 다르다'는 교훈을 얻게 되었다. 세종은 종묘제례악에 조상들이 듣지 못하던 당악唐樂을 연주하면 조상들이 이상하게 생각할 것이니 향악鄕樂도 함께 연주하라고 하였으나, 신료들의 주청으로 아악 중심의 제례악 연주로 귀결이 되었다. 예와 악은 우리나라 문자가 없었던 당시에 백성들을 교육·교화하는 수단으로 반드시 필요했던 제도라 하겠다. 세종은 사대주의와 우리의 것 사이에서 고민하며, 결국에는 절충주의를 택한, 이상과 현실 사이에서 중용을 선택한 임금으로 평가받을 것이다.6)

---

4) 《禮記》樂記
5) 강숙자 공저(2006) 〈세종의 유교 예치 경영〉《세종의 국가경영》, 서울: 지식산업사, 161~192쪽 참조.

2004년 1월 겨울방학에 세종연구팀이 한자리에 모여서 중간발표회를 가졌다. 장소는 서울이 아닌 부산 해운대에서 모이기로 하고 영산대학 부남철 교수가 회의실과 숙소 등 모든 준비를 맡았다. 서울역 몇 번 개찰구에서 만나기로 했다. 설은 지났지만 발표일 전에 정월 대보름날이 끼어 있었다. 발표 준비하랴, 오곡밥과 다섯 가지 나물 요리하랴 주부로서, 연구자로서 너무 힘들었다. 그때까지도 손전화를 장만하지 않아서 서울역 집합 장소에 제때에 나타나지 않았던 나를 찾느라 박현모 연구원은 개찰구 이곳저곳을 찾아 뛰어다니느라 숨이 턱에 차서 말했다. "강아지 훈련시키는 것도 아니고⋯ 손전화 좀 사세요." 그 뒤 2004년 봄에서야 손전화를 구입했다. 중간발표를 마치고 팀원들이 부산 시내를 구경했다. 차를 타고 광안리 대교를 건넜고 용두산 공원도 올라가 보았다. 부산은 바다가 있어서 좋았다.

세종시대 예악을 연구하면서 세종의 인간적인 면모에 더 마음이 쏠린 것은 사실이있다. 태종 이방원은 아버지 태조 이성계가 형제 서열에 따라 세자를 택하지 않고, 새어머니에게서 난 막내 동생 방석을 세자로 책봉한 것에 반기를 들고 왕자의 난을 일으킨 장본인이 아닌가! 그러므로 자신의 대를 이을 세자를 첫째 아들 양녕대군으로 삼은 것은 명분에 따른 마땅한 처사였다. 그런데 세자 양녕대군은 아버지 태종이 어머니 원경왕후의 친정 남동생들, 즉 외삼촌들을 차례로 죽음으로 내모는 것을 보고 큰 충격을 받았을 것이다. 태종은 권력을 잡기 위해 조선 초부터 수없이 손에 피를 묻힌 인물이다. 정몽주 · 정도전 · 방석 · 방번 · 방간 · 민무구 · 민무질 · 민무휼 · 민무희 등을 죽음에 이르게 했다. 양녕대군은 요즈음 같으면 정신적

6) 강숙자 공저(2006) 〈세종의 조선 음악 경영〉《세종의 국가경영》, 서울:지식산업사, 193~220 쪽 참조.

인 큰 트라우마를 가졌었을 법하다. 아버지의 피비린내 나는 그 냉혹함에 대한 반항이 매사냥이나, 여색을 탐하는 것으로 표출되었 을 것으로 짐작된다. 양녕대군의 폐세자로 충녕대군은 세자로 즉시 책봉되고(1418년), 그해 8월 곧이어 세종은 태종으로부터 양위를 받았다.

태종은 흔히들 '제왕학'이라 불리는 진덕수의 《대학연의大學衍義》 를 탐독했다. 자신의 재위 때에 《대학연의》를 간추린 따로 교재를 만들어 신하·환관·왕비·후궁에 이르기까지 강독시켰고, 세자 양녕대군에게도 읽기를 강권했다. 이 책은 권력을 탐하는 자들의 비참한 말로가 어떠한지를 사례로 들어서 제시했다. 아마도 태종 은 상대가 누구이든지 상관없이 인정사정없이 무자비하게 단죄를 내렸던 자신의 행위에 대한 정당성을 《대학연의》 사료에서 찾았는 지도 모른다.

세종은 임금으로 즉위했으나, 병권은 아버지 태종이 3년 동안 장악했다. 말하자면 3년은 아버지로부터 임금 수업을 받은 수습기 간이었다. 당시 병조참판이었던 강상인이 병권에 관한 사무를 상 왕에게 먼저 결재를 받고 다시 임금에게 결재받는 일이 행정상 효 율적이지 않다는 뜻으로 "병권은 한 곳에서 나왔으면 좋겠다"는 말을 세종의 장인 심온이 있는 자리에서 했다. 말하자면 상왕과 임금이 집무하는 전각이 서로 달랐기에 거리상 시간이 걸리고 비 효율적이기에 결재가 한 곳에서 나왔으면 했다. 이 말을 전해 들은 태종은 강상인을 역모죄로 처단했다.

새로운 세자 책봉을 알리러 중국에 사은사로 갔던 바깥사돈 심 온이 한양으로 돌아오면 체포하라는 명령이 기다리고 있었다. 바 로 그즈음 10월부터 세종은 경연에서 《대학연의》를 강독했다. 심 온은 중국에서 돌아오는 길목에서 압송당해 12월 22일 의금부로

끌려왔고, 23일 자진하라는 태종의 명령을 받고 이틀 뒤 수원에서
자진했다. 세종 부인 소헌왕후의 친정, 심문 일족은 멸문지화를
당했다. 아버지는 자진하고, 작은아버지는 사형당하고, 어머니는
관노비가 되었으며, 가산은 몰수당했다. 물론 역모에 연루된 가문
출신이기에 중전을 폐하자는 신하들의 주청이 있었으나, 세종이
아버지 태종에게 그 일만은 막아달라고 간곡히 청을 드려 아내가
폐비되는 일만은 막았다.

성군聖君으로 이름난 세종의 예·악 연구를 하면서 처음에 세종
임금이 비정하고, 또 비겁한 사나이가 아닌가 하는 의심이 들었다.
자신이 사랑하는 아내의 친정집, 즉 장인, 장모, 처삼촌이 비참한
최후를 맞는데도 아버지 태종에게 한 마디 간곡한 청請도 드리지
못하는 옹졸한 인물로 비춰졌다. 그런데 그 고통과 아픔을 이겨내
려고 《대학연의》를 열심히 강독했던 사료를 읽으면서 그의 처절한
심정의 일단을 살펴볼 수 있었다.

> 동지사 이상 모두 다 연고가 있어 경연에 불참하자 휴강하기
> 를 청했는데, 임금은 윤회에게 특명하여, 나와서 《대학연의》를
> 읽게 하여, 왕길이 창읍왕을 간하는 상소에 이르자, 임금이 말하
> 기를, "들짐승이 아무리 빠져 달아나도, 사냥꾼은 반드시 잡고야
> 만다. 그 짐승이 험한 곳으로만 내달리며, 넘어져 죽게 될 것은
> 생각지 않으니, 지극히 어리석다 이를 수밖에 없다"고 하다.[7]

임금이 친히 참석하는 경연에 어떻게 신하들이 감히 개인 사정
을 이유로 불참할 수 있겠는가! 말이 되지 않는다. 임금 장인이

---

[7] 세종 원년 1월 9일

자진한 일에 방관한 신하들은 면목이 없어서 차마 임금 얼굴을 마주하기가 무척 송구했기 때문이었을 것이다. 그런데도 세종은 특명을 내려 윤회로 하여금 나와서 강독을 하게 했다. 자신의 슬픔을 오로지《대학연의》강독으로 극복하려 한 세종의 심사가 적나라하게 드러난다. 사냥꾼은 누구이고 들짐승은 누구인지 참으로 가슴 아픈 비유이다.[8]

세종은 자신의 마음을 추스르기 위해서 1차 강독이 끝난 직후, "다시 상세히 읽겠다." "다 읽었지만 또 읽고 싶다"는 말로 "마음의 공부"가 필요[9]하여 곧바로 2차《대학연의》강독을 시작했다. 세종이 훗날 성군의 자질을 갖춘 것은 슬픔을 삭이며, 인내하며, 평정심을 잃지 않으려고 안간힘을 쓰면서 읽었던《대학연의》강독 덕분이었다고 평가한다면 지나친 해석이라고 누가 감히 말할 수 있을 것인가! 왕위를 물려받은 지 4년 뒤인 1422년 태종이 붕어하자 평온하고도 찬란한 세종시대의 정치와 문화가 펼쳐지게 된다.

세종시대 예·악 연구를 끝내며 소망하는 바가 있었다. 소헌왕후는 어떤 성품을 지녔을까? 궁금증을 불러일으켰다. 그런 엄청난 고통을 겪고도 굳건히 버티었던 저력은 어디에서 나오는 것인가? 요즈음 같았으면 정신적인 충격과 외상후 스트레스로 병원에 입원해도 몇 번씩은 했을 터인데. 언젠가는 꼭 소헌왕후를 주인공으로 한 소설을 한 편 쓰려고 마음먹었다. 15년이 흐른 지금 아직 그 결심은 유효하지만 내 건강이 허락할지 모르겠다.

---

8) 강숙자 공저(2006), 앞책, 167쪽
9) 조남욱(2005), 〈세종의 정치이념과《대학연의》〉,《세종국가경영 연구팀 자료집》

4. 대한민국 육군 일등병의 어머니

1999년 9월은 우리 집 아들 양헌 군이 군에 입대한 해이다. 내가 결혼을 늦게 한 탓으로 친구들 자녀들에 견주어 대학 진학도 늦었을 뿐 아니라 군대 입대도 늦은 시기에 했다. 친구들 자녀들이 수능시험을 보고 대학에 들어갈 때 이런 우스개 소리가 있었다. 서울에 소재한(in Seoul) 대학에만 들어가도 모두 서울대학교에 입학한 것이고, 경기권에 있는 대학에 들어가기만 해도 다행이라고 입을 모았다. 아들은 오산에 있는 한신대학교 경제학과 3학년 1학기를 마치고 군 입대를 하였다. 대부분 어머니들이 아들을 군대에 보낼 때 눈물을 흘린다고 들었는데 나도 가슴이 울먹울먹하고 눈물이 핑 돌았다.

입대 장소는 논산 훈련소가 아니었고, 대전에 있는 육군 훈련소였다. 아들을 배웅하기 위해 대전까지 동행하였다. 큰 운동장에 그 날짜에 입대하는 젊은이들이 대오를 맞추어 섰고, 책임 교관이 주의 사항과 훈시를 할 때 주변 스탠드에 앉아 있는 가족들은 자신

의 아들에게 시선을 고정하고 교관의 소리에 귀를 모았다. 훈시가
끝나자 입소자들은 구령에 맞추어 앞에 있는 가족들에게 큰 소리
로 '충성'을 외치며 거수경례를 한 다음 줄을 맞추어 연병장을 떠나
병영 건물로 향했다. 그것이 끝이었다. 가족들은 뿔뿔이 그 자리를
떠났고 저마다 집으로 돌아갔다.

　나는 아들의 군복무 기간 26개월을 잘 활용하기로 작정하고 원
대한 계획을 품었다. 26개월 동안은 나라에서 입혀주고 먹이고 적
지만 월급(용돈)까지 주니까 아들의 학교 뒷바라지를 하지 않아도
되는 이점을 살리겠다는 뜻이었다. 학교가 경기도에 있어 등·하
교 통학하는 데만 하루 3시간을 길에다 시간을 소비하니 아들은
무척 피곤해했다. 기숙사 입사나 대학 근처에서 하숙하기를 권유
해 보았으나 싫다는 대답이었다. 이러저러한 신경을 쓰지 않아도
되겠기에 이 시기에 박사 학위 논문을 끝내고 논문심사를 무사히
마치겠다는 꿈을 꾸었다.

　일주일 만에 아들이 입고 갔던 평상복이 소포로 배달되었다. 그
때도 어머니들은 아들을 본 듯이 반가워서 운다고 했는데 나는 그
러지는 않았다. 8주간의 훈련을 마치고 자대에 배치되는데 아들은
강원도 인제군에 있는 공병부대 행정병으로 배속이 되었다는 전화
가 왔다. 30여 년 전 내 막내 남동생이 군대 입대했을 때는 편지로
소식 전하는 것이 유일한 통신수단이었다. 그나마도 편지 내용을
검열한다는 소문도 있었다. 어디 감히 사병이 집에 공중전화로 소
식을 전할 수가 있었겠는가! 그리고 또 한 가지 더 기쁜 소식은
입대 100일째 되는 날을 기념해서 4박 5일 특별휴가를 나온다는
내용이었다. 막내 남동생 당시에는 일 년이 지나서야 겨우 집에
휴가 올 수 있었다.

　그런데 가장 보수적인 집단인 군대에서도 이러한 신풍속도를 접

목해서 입대한 지 100일째 되는 날에 특별휴가를 주기로 했다니, 아들을 둔 어머니로서 나는 군 당국에 그저 감사할 따름이었다.

자대에 배치되면 어느 때나 부대를 방문해서 아들 얼굴을 볼 수 있다기에 남편과 딸 연주와 나, 우리 가족은 아들을 면회하러 강원도 인제군 어론리 공병부대를 찾았다. 면회 신청을 하니 아들이 면회실로 나왔다. 무얼 하다 나왔는지 얼굴에 검댕이가 묻은 듯했고, 군복 입은 행색은 꾀죄죄했다. 마음이 아팠다. 부대 바깥에 있는 식당에서 아들과 함께 식사를 하고 곧 들여보냈다. 그리고 100일째 날 휴가를 손꼽아 기다렸다.

100일째 날을 좀 지난 주말을 끼고 아들은 4박 5일 첫 휴가를 나왔다. 아마 그해 크리스마스를 낀 주말이었던 것 같다. 성탄 예배에도 함께 참석하고 아주 유용한 시간을 보냈다. 하루는 아들과 나 둘만 집에 있었다. 아들은 큰 고민을 해결해 보겠다고 작심한 듯 말을 꺼냈다.

"어머니, 내 위의 하사관이 하루에 소비한 식료품비를 장부에 기록하는데 자꾸만 〈자유재량'에 맡긴다〉고 하는데 나에겐 아주 심한 스트레스(부담)가 됩니다."

"이상한 하사관도 다 있구나. 이등병에게 어떻게 '자유재량'에 맡긴다고 말할 수 있니? 고민하지 말고 이렇게 하여라. 주부들이 가계부를 쓸 때 하듯이 계산기를 가지고서 하루에 양파 몇 자루, 무 몇 접, 배추 몇 포기의 단가에다 수량을 곱해서 값이 나오면 이를 정확하게 장부에 기록하면 된단다."

옛날 내가 초등학생이었을 때 우리 집 근처 어느 집에 육군 상사 가족이 세를 들어 살고 있었는데 그 젊은 아내는 상사 남편이 군부대의 식료품을 가져다주는 것으로 생활한다고 주변에 널리 알려져 있었다. 초등학생인 나까지도 들어서 알고 있었으니 그것은 관행이었고 비공식적인 공식으로 통용되었다(모든 군인 가족이 그랬다는 것은 아니다). 하지만 2000년대에는 그런 일은 있을 수 없다는 것이 내 소신이었다.

나는 이어서 거창한 인생관을 아들에게 피력하기 시작했다. 이처럼 아들이 조용히 자신의 고민을 털어놓았던 기회가 과거에는 드물었기 때문에 '이때가 기회다' 싶었는지 나는 술술 말을 이어갔다. 지금 돌이켜 생각해보면 그때 내 자신이 참으로 한심하고 아둔했다는 것을 깨닫게 된다. 아무리 후회해본들 이제 무슨 소용이 있으랴!

"아들아, 이런 일 말고도 인생을 살다 보면 이렇게 해야 할 것인지, 저렇게 해야 할 것인지 판단이 서지 않아서 고민할 때가 분명 있을 것이다. 그럴 때는 고민하지 말고 원칙대로 하는 것이 정답이란다."

나는 그 어쭙잖은 원칙주의를 설파한 뒤에 한술 더 떠서 미국 초대 대통령이었던 조지 워싱턴 대통령의 어린 시절 일화를 들려주면서 "정직이 최선의 방책이다(Honesty is the best policy)"를 강조하였다. 그리고 주일날 교회 가서 예배드리는지 물어보았다. 매번 편지 쓸 때 마다 꼭 빼놓지 않고 당부했었기에.

"주일 날, 교회에는 잘 나가느냐?"

"그럼요. 기쁜 마음으로 참석해 예배드립니다. 초코파이 먹는 것도 즐겁지만, 찬송가를 부를 때만큼은 사병들 누구나가 평등하니까요."

그렇다. 일등병이든, 상병이든, 병장이든, 하사관이든, 중대장이든, 찬송하고 기도드리고 설교 들을 때든, 하나님 안에서 모두 한 자녀들인 것을! 군대에서는 밥그릇(짠밥) 숫자대로 위아래 서열이 결정된다. 대학을 늦게 입학하여 늦은 나이에 입대했으니, 자신보다 나이 어린 후배에게 상사 대접을 해야 하는 아들의 심정이 그 대답 한마디에 녹아 있음을 알 수 있었다. 그리고 군인교회에서는 예배에 참석한 장병들에게 격려차 초코파이 한 개씩을 주는 모양이었다. 감질나게 하나만 먹으니 성에 차지 않았던 것일까? 휴가 나오자마자 아들은 초코파이 한 상자를 사 오더니 그 자리에서 모두 먹어치웠다. 얼마나 먹고 싶었으면 그렇게 했을까! 4박 5일 휴가는 꿈같이 흘러 가버렸다.

주말마다 아들은 부대에 있는 공중전화로 매번 소식을 전해왔었다. 그런데 100일 기념 휴가를 마치고 귀대한 뒤 첫 번째 토요일에 기다렸으나 전화가 걸려오지 않았다. 실망이 컸다. 그다음 두 번째 토요일에도 열심히 전화벨이 울리기만 기다렸다. 그런데도 전화가 없었다. 무슨 일이 있음이 분명했다. 나는 월요일이 되기만을 기다려서 부대 대표 전화 번호를 알아내어 전화를 걸었다. 내 아들은 급식 자재를 담당하는 행정병 김양헌 일등병인데 연결을 해 달라고 부탁했다. 선화 받는 사병은 여기저기 문의하더니 '김 일등병은 보직이 바뀌어서 C피엑스 매점 담당이며, 지금은 연결이 불가능하다'고 하며 전화를 끊었다.

눈앞이 캄캄했다. 그 사이 식자재 담당 보직에서 미끄러졌다니! 나는 별별 생각을 다 했다. 아마도 아들은 내가 일러준 대로 구매 물품 수량과 값을 정확하게 고집을 피우며 장부에 기재했을 것이며, 〈자유재량껏 하라〉는 그 하사관과 마찰을 빚었을 것이며, 따라서 그 하사관은 말을 고분고분 듣지 않는 아들을 식자재 담당 보직에서 해임했을 것이다. 불을 보듯 뻔한 일이었다.

아들 보직이 C피엑스 매점 담당으로 바뀌었다는 소식을 듣고 나서도, 주말이 되면 여전히 아들의 공중전화 목소리를 듣고자 전화벨이 울리기를 기다렸다. 그런데 보직이 바뀐 뒤에도 전화는 계속 걸려오지 않았다. 하는 수 없어서 남편과 나는 그다음 주말 인제군 어론리에 있는 부대로 면회를 갔다. 아들이 하는 일은 매점을 지키며 물건을 판매하고, 사병들이 쉴 때 찾는 당구장을 관리하고 청소하는 것이었다. 문제는 사병들이 주로 주말에 매점을 찾고 당구를 치기 때문에 주말에는 바빠서 통화할 시간이 없어서 전화를 못 걸었노라고 했다. 그리고 더욱이 문제가 되는 것은 주말에 매점과 당구장을 청소하고 자리를 지키고 있어야 하므로 교회 예배에 참석할 수 없다고 했다.

참으로 낙담이 컸다. 다른 장병들은 모두 교회 · 성당 · 사찰에 가서 예배를 보는데 아들은 매점과 당구장을 청소하고 지키느라고 교회를 갈 수 없다니! 이 일은 분명 그 문제의 하사관이 고의로 아들을 교회에 가지 못하게 하느라고 이런 보직으로 돌렸다는 생각이 들었다. 간혹 아들 소식이 궁금하여 주중에 부대로 전화해서 바꾸어 달라고 하면, "김 일병은 운동장에서 훈련받고 있다."며 통화를 못 한 적도 있었다.

*　　*　　*　　*　　*　　*

그러한 가운데 2000년 5월 아르헨티나 수도 부에노스 아이레스에서 세계 출판인 대회가 열려, '이런 기회가 아니면 어떻게 라틴 아메리카를 구경할 수 있을까' 싶어 남편의 동반자(observer)로 대회에 참가했다. 가는 길에 미국 LA에 들러서 할리우드의 유명 배우들이 손바닥 도장을 찍어 놓은 극장 앞 거리도 구경했다.

L.A.에 있을 때, 서울에서 남편에게 급한 전화가 걸려왔다. '서울대 동양사학과 민두기 선생님께서 지병으로 돌아가셨다'는 비보였다. 거리상 어찌할 수 없어서 선생님 빈소에 조화를 보내고 대신

정중하게 조문하라는 부탁을 직원에게 했다. 민 선생님은 동양사학과 과를 창설하는 데 공이 큰 분이고, 7개 외국어를 구사하는 한국에서 몇 손가락 안에 꼽히는 석학이기에 그의 타계는 역사학계의 큰 손실이라고 여겨진다. 나에게는 미국이 88년과 90년에 이은 3번째 방문이었지만 남편은 처음이었다. L.A.에서 하룻밤을 묵고 다음 날 멕시코로 향했다.

비행기 안에서 대학 대선배를 만났는데, 그 선배는 멕시코 칸쿤으로 관광여행을 간다고 했다. 우리 일행은 수도 멕시코 비행장에 내리고 그 선배는 칸쿤으로 떠났다. 멕시코 시에서 국립박물관을 견학했다. 인류의 조상이 어디에서부터 왔는지를 그림으로 잘 설명해 놓았다. 다음은 마야문명의 흔적이 남아있는 곳을 찾았다. 멕시코 중앙고원 테오티우아칸에서 '죽은 자의 큰 길'도 걸어 보았고, 그 북단에 있는 '달 피라미드'를 나는 기다시피 해서 올라갔다. 달 피라미드는 남북 168m, 동서 131m. 높이가 45.8m나 되는 거대한 피라미드이다. 달 피라미드는 농경사회에서 마야인들이 달을 숭배했던 표징이 아니었을까 추측해 본다. 남편과 나는 한창인 60대 전후의 나이라 피라미드 꼭대기까지 올라간 것이다. 일행 가운데 우리보다 연배가 높은 지학사 김병일 회장 부부는 주변 광장에 앉아서 쉬며 경치를 구경하였다.

다음은 아르헨티나의 수도 부에노스 아이레스에 도착했다. 100주년 기념 세계출판인대회가 4박 5일 열리는 도시이다. 일행 가운데 당시 출협회장이던 예림당 나춘호 회장부부, 지학사 김병일 회장부부, 민음사 박맹호 회장부부, 한길사 김언호 사장부부와 혼자 참석한 출판사 대표 등이 여럿 더 있었다. 첫날 저녁 세계출판인대회장이 마련한 저녁 환영 만찬에 나회장 부부가 초청받았다. 그런데 서양 만찬장에 참석하려면 여성들은 바지가 아닌 치마를 입어야한다는 공지사항이 있었다. 나회장 부인은 서울에서 바지 정장만 두어 벌 여행 가방에 넣어 와서 난감해했다. 부랴부랴 치마를 새로 구입한 것으로 기억한다. 세계 여행에 첫발을 내민 촌뜨기 남편과 나는 변변한 여행복을 마련해오지 못해 같은 옷을 자주 입고 나섰다. 보기에 딱했던지 지학사 김 회장 부인이 여벌로 가져온 남녀 점퍼 하나씩 주어서 남은 여행기간 동안 유용하게 입었다.

아르헨티나 세계출판인대회에 observer로 참가한 동반자(부인)들은 따로 마련한 프로그램에 따라 시내 중심부에 있는 대통령궁과 시청 광장도 구경하였고, 아르헨티나 국민들 마음속에 영원히 자리하고 있는 에바 페론의 무덤도 둘러보았다. 무덤은 우리 풍습인 봉분을 쌓은 것이 아니라 작은 사당집처럼 생긴 자그마한 건물을 짓고 그 안에 땅을 파고 가족 시신을 넣은 관들을 켜켜이 쌓아놓았다.

출협회장의 초대로 탱고 춤을 감상할 수 있는 비싼 식당에서 저녁을 먹었다. 탱고는 집시들의 춤인 플라멩코와는 달리 또 다른 열정과 품격을 느낄 수 있었다. 그다음은 마치 중국의 황하처럼 도심 주변에 누런 흙탕물이 흐르는 라플라타 강에서 크루즈를 즐기며 부에노스 아이레스의 번잡한 도시 이면을 들여다 볼 기회도 누렸다. 그런데 회의 일정이 빡빡하게 짜인 관계로 아르헨티나까지 가서 '이과수 폭포'의 웅장한 경관을 구경하지 못한 것은 지금까지도 두고두고 후회로 남는다.

돌아오는 길에 칠레도 들렀다. 한국 청년 현지 대학생 가이드 말에 따르면 칠레는 남미 해안선을 따라 남과 북 국토의 길이가 세계에서 제일 긴 나라라고 했다. 그리고 칠레 국립대학은 세계 100대 대학 안에 든다고 자랑했다. 그 당시에 한국의 서울대학교는 100대 대학에 들지 못했던 때여서 칠레 대학생들의 수준을 높이 평가하지 않을 수 없었다. 안데스 산맥에서는 사시사철 스키 타는 것이 가능한 나라이고 굵고 싱싱한 포도가 아주 맛이 있었다.

안데스 산맥하면 떠오르는 영상이 있다. 오래전에 안데스 산맥에서 비행기 추락사고가 있었는데, 그 실화를 바탕으로 영화를 만들었다. 그 영화에서 살아남은 생존자들은 먹을 것이 없어서 죽은 동료들 인육人肉을 먹기까지 했다는 장면이 잔상으로 남아있다. 세계에서 가장 큰 예수의 동상이 서 있는 언덕을 4명씩 지붕 없는 케이블 카를 타고서 올랐다. 예수님 동상을 가까이서 보았다. 그야말로 거대한, 함부로 넘볼 수 없는 무언가 경외감마저 느꼈다. 언덕 아래로 펼쳐진 산티아고시의 전경도 충분한 볼거리로 손색이 없었다.

남미 어디에서나 친숙하게 들을 수 있는, 우리 악기 퉁소와 비슷하지만 좀 더 복잡한 칠레 악기로 부는 곡조 〈설산雪山의 장미〉는 이미 귀에 익숙한 음률이 되었다. 같이 갔던 일행 가운데 어떤 이가 부추기는 바람에 나는 설산(안데스 산)에서 핀 장미꽃으로 기름을 짜 만들었다는 화장수 '장미 기름'을 샀다. 서울에 돌아와서 지인들에게 남미여행 기념품으로 선물했으나 반응은 신통치 않았다.

남미에서 마지막 방문지는 페루 리마와 잉카문명의 유적지 마추픽추였다. 마추픽추로 가기 위해 높은 지대에 자리한 옛 도시 쿠스코에서 하룻밤을 묵었다. 방갈로에서 유숙했는데 밤에는 상상외로 추웠다. 전기난로를 켜 놓고서 잠을 이루었다. 그런데 바깥 하늘의 별들이 얼마나 크고 영롱하게 비치는지 손을 뻗어서 잡을 수 있다는 착각이 들 만큼 가까이서 반짝였다. 저절로 어린 시절 불렀던 동요를 흥얼거렸다.

애들아 오너라 달(별) 따러 가자
장대 메고 망태 들고 뒷동산으로
뒷동산에 올라가 구름을 타고
장대로 달(별)을 따서 망태에 담자

'달' 대신 '별'을 넣어 노래해도 낯설지 않을 정도였다. 손에 잡힐 듯 큰 별을 만난 것은 쿠스코에서 밤하늘이 마지막이 될 것 같다 (그로부터 한참 뒤 몽골을 방문했을 때 초원에서 밤에 뜨는 큰 별과 재회를 꿈꾸었으나 비가 오는 날씨여서 꿈을 이루지 못했다). 유네스코 세계 문화유산으로 등재된 마추픽추는 너무나 유명해서 내가 따로 더 보탤 이야기가 없다. 다만 그 크고 거대한 돌들을 어떻게 높은 지대까지 운반했는지 그저 놀라울 따름이었다. 그 높은 공중도시까지 페루의 덜컹거리는 관광버스를 타고 산허리를 돌아 오르고 올라서 도착했고 내려올 때도 마찬가지였다.

한 작은 페루 원주민 꼬마 남자아이가 산허리 한 바퀴를 돌아서 내려오면, 버스보다 먼저 지름길로 내려와서 우리 일행을 맞으며 "아 듀"하고 말하며 손을 흔들었다. 우리 일행들은 그 꼬마가 너무 기특해서 미화 1불씩을 모아서 팁으로 주는 데 인색하지 않았다. 평지에 도착할 때까지 그 소년은 '아—듀'하며 끝까지 손을 흔들어 손님들을 환송했다. 평지에 도착하자 모두들 '후유' 하며 큰 안도의 숨을 쉬었다. 가장 어려운 여행 코스를 끝냈기 때문이다. 다시 리마로 가서 어느 개인이 수집하여 소장한 무기(칼)박물관을 둘러보았다. 그곳에서 조선조 시대 은장도가 전시된 것을 보고는 너무 반가웠다.

남미 여러 나라를 거쳐서 여행 막바지에 이르자 한식이 먹고 싶었다. 페루에서 만난 가이드는 한국인으로 리마에서 태권도 교사를 지냈던 이력이 있었다. 그는 일행들이 열흘 넘도록 남미 음식만 먹었으니 집밥이 먹고 싶을 것이라며 여행객들을 배려해서 아예 솥단지를 가지고 다니며, 쌀밥을 해 주었다. 그곳 리마에서 먹었던 물 누룽지 맛을 아직도 잊지 못한다.

남미는 소 값이 싸서 쇠고기 로스구이를 어디에서나 먹었다. 두께가 얄팍한 것이 아니라 반 뼘만큼이나 두꺼운 로스구이를 매일 저녁 먹었으니 질리기도 했거니와 내 약한 치아가 견뎌내기가 어려웠다. 서울에서부터 약간 흔들리던 윗어금니 뒤쪽 치아가 리마에서는 완전히 거덜이 난 상태였다. 리마에서 마지막 날 저녁을 먹을 때 흔들리는 치아를 혀로 살짝 밀어내니 그만 뽑히고 말았다.

나는 저녁 먹다가 말고 식당 밖으로 나와서 리마시의 하늘을 쳐다보며 어릴 적 하던 습관대로 "까치야, 까치야! 헌 이 받고 새 이 다오"를 외치며, 헌 이(뽑힌 치아)를 식당 지붕 위로 힘껏 던졌다. 리마의 까치가 한국 말로 한 내 주문을 잘 알아들었을지 모르겠다. 채식에 적합한 내 치아가 육식을 견뎌내지 못한 것이라고 나는 생각했다.

리마는 바로 우리나라와 접한 태평양 반대편에 있어 비슷한 식물들이 눈에 많이 띄었다. 우리의 봄은 그들의 가을이었기 때문에 친숙하고도 빨갛게 핀 접시꽃이 눈에 많이 띄었다. 어느 항구로 안내받아 맛있게 먹었던 생선회도 우리 입맛에 어긋나지 않았다. 그 항구에서 반대편 태평양 너머로 가라앉던 일몰(sun set)을 숙연한 마음으로 바라보며 장엄한 대자연의 순환에 경외감을 느낀 것 또한 오래도록 기억에 남아있다.

귀국하는 길에 다시 LA로 돌아와서 한국인이 운영하는 면세점에 들러서 쇼핑을 했다. 나는 당시 기초 화장품은 국산을 애용했지만, 파운데이션이나 파우더는 엘리자베스 아덴 회사와 랑콤 제품을 썼다. 랑콤 파우더를 2개 샀고, 파운데이션도 하나 샀다. 당시만 하더라도 아직 남편과 나는 촌티를 벗어나지 못해서 앞으로 세계 여행을할 때를 대비해서 큰맘 먹고 가장 큰 크기로 이튼제 트렁크를 2개샀다. 남미 여행에서 쇼핑한 물건들과 작은 가방을 모두 집어넣어도 넉넉한 크기였다. 그 뒤 그 큰 트렁크 둘은 쓰임을 받지 못한채 19년 동안 집안 한구석에서 먼지만 먹으면서 자리를 차지할뿐이었다. 길어야 일주일, 그렇지 않으면 3박 4일 여행이 대부분이었으니까. 2020년 통의동 집을 대수선할 때 작거나 낡아서 못 입게된 옷가지들을 버릴 때 그 큰 트렁크 2개에다 넣어서 버렸다. 트렁크 잠금장치는 이미 녹이 슬어서 쓸 수 없는 상태였었다.

12박 13일의 남미 여행을 할 때 아들은 3박 4일간 휴가를 받아집에 왔으나 어머니가 없었으니 제대로 쉬지도 못하고 귀대했을것이다. 여행 떠나기 전에 집 단속을 한다면서 세콤 경비회사 비상벨을 설치해 놓았다. 혼자 남아 있는 딸이 낮에는 학교에 다니느라집을 비우지만, 1층에 회사 직원들이 근무하기에 그래도 마음이놓이지만, 저녁에 직원들이 퇴근하고 나면, 딸 혼자서 밤을 보내야한다. 물론 든든한 진돗개 복실이가 집 지키는 데에 더 큰 몫을담당하였겠지만. 오빠가 휴가를 나왔으나, 딸은 자기 공부하기에바빠서, 밥이나 겨우 해 주었을 뿐 땀내 나는 군복 세탁도 해주지못했다고 나중에 털어놓았다. 아~ 아들이 얼마나 서운해 했을까!참 진돗개 복실이 이야기를 빼 놓을 수 없다. 복실이는 갑자기 주인 2명이 2 주일 가까이 사라져서 보이지 않으니 매우 궁금했었을것이다. 복실이는 대문 바깥 도로에 나와 앉아서 매일 주인들을기다렸다. 돌아오는 날도 여전히 대문 밖, 도로에서 기다리다가우리들을 보고서는 꼬리를 치며 기뻐서 큰 소리로 짖으며 반겨 맞았다.

일등병 월급은 당시 3만 원이 채 될까 말까 한 금액이었다. 아들이 피엑스 담당이 되면서 편지에다 돈을 좀 보내달라는 부탁을 해왔다. 먹을 것이 많은 피엑스(PX)를 지키다 보니 약소한 월급 가지고는 모자라는 모양이었다. 그리고 조리돌린 뒤 밀려나서 온 곳이니, 스트레스인들 어찌 없었겠는가? 나는 아들 형편을 충분히 이해하고 부탁을 들어주기로 마음먹었다. 빳빳한 새 돈 일만 원 권 2장을 두꺼운 편지지 안에 숨겨서 편지와 함께 서너 번 부쳤다. 요행이 걸리지 않으면 아들 손에 쥐어졌고, 검열에 걸리면 돈은 몰수되었다. 피엑스에 근무할 때에 검열에 걸리지 않고 돈 2만 원을 두 번 받았던 모양이었다. 그리고 군것질거리가 잔뜩 쌓여있는 곳에서 근무하다 보니 아들에게는 탄산음료수와 캔 커피 등 군것질하는 습관이 들었던 듯했다.

남미 여행에서 돌아온 뒤 한참 만에 우리 부부는 아들 면회를 갔었다. 아직 피엑스에서 근무할 때였다. 아들 형편은 무인지경이 되어있었다. 담당 하사관 – 아아~ 그 이름은 역사에 길이 빛나는 이봉창이었다! –은 아들이 당구대와 당구장 청소를 잘하지 못해서 벌을 주었고(귀 잡고 앉았다 일어섰다 하는 뜀뛰기 같은), 열 장도 넘는 반성문을 받아 놓았다며 부모들에게 보여주었다. 물론 아들이 청소를 깨끗하게 하지 못하는 것을 잘 안다. 내가 아들에게 자신의 방을 청소하도록 가르치지 못했고, 대신 청소해 주었기 때문이기도 했다. 그러나 나는 문제의 하사관이 자신에게 대들었던 졸병이 미워서 구차하게 꼬투리를 잡아 아들에게 거칠게 대한다는 생각밖에 들지 않았다. 이봉창 하사관이 바로 일등병 아들에게 "자유재량에 맡긴다"며 스트레스를 주었던 그 장본인이었다.

그는 "김양현 일병이 피엑스 판매 대금도 제대로 계산하지 못했다"고 부연했다. 즉 판매 대금 얼마를 빼돌렸다는 식이었다. 아마도 몸과 사물함 수색을 했던지 내가 집에서 부친 2만 원을 찾아내고선 판매대금에서 삥땅한 돈이라고 제멋대로 말했다. 아들은 '이 돈이 어머니가 편지에 넣어 보낸 돈'이라고 밝힐 수도 없는 형편이었으니, 아들의 처지는 점점 더 난감한 지경이 되었을 것이다.

아들을 만났으나 기쁘기보다는 착잡하고 마음이 어두웠다. 그래도 아들을 부대에 맡겼으니 기왕에 면회 온 김에 대대장실을 찾아서 H 대대장에게 잠깐 인사를 드렸다. 대한민국의 어머니들이 아들을 나라에 맡기고 얼마나 노심초사하는지를 대대장님께 알려야 했기 때문이었다. 나는 남미 여행에서 돌아올 때 LA 한국인 경영 면세점에서 산 파우더(분) 하나를 대대장님께 선물로 드렸다. 뇌물은 결코 아니었다. 아들을 맡긴 부모로서 부대에서 가장 큰 책임을 맡고 있는 어른에게 드리는 마음의 선물 그 이상도 그 이하도 아니었다. "정말 내 아들 잘 부탁합니다."라는 진정을 담아서.

자대 배치 받고 한 달에 한 번 정도 두서너 차례 아들 면회를 갈 때마다 인절미 두 말을 떡집에서 맞추고 과일(방울 토마토, 사과, 자두와 같은)을 120여 명 중대원들에게 빠짐없이 돌아가도록 넉넉하게 준비해서 선물했다. 모든 사병들도 내 아들 같아서 서로 잘 지냈으면 하는 마음을 그런 식으로 표현했다. 그런데 그런 나의 정성이 뒷날 생각해보니 도리어 아들에게 부정적인 환경을 만들었을 수도 있다는 생각이 들었다. 다른 사병들 가운데는 그렇게 하지 못하는 자신들의 어머니를 떠올리고선 상처를 받았을 수도 있었겠구나 하는 것을 한참 뒤에야 깨닫게 되었다.

아들은 당구대 청소를 잘 못 한다는 것과 피엑스 물건 판매 대금 계산이 잘 맞지 않는다는 이유로 그 보직에서도 밀려나게 되었다. 이른바 '삥삥이 돌림'을 당한 것이다. 그러나 그 하사관은 열 장도 넘는 아들의 반성문을 확보했으니 보직 해임의 정당성을 주장할 것이다.

한 번은 면회 갔다가 대대장님께 인사차 들렸었다. H 대대장님은 사병들에게 돌린 설문지의 결과를 남편과 나에게 자랑스럽게 보이면서, "이렇게 병영 생활을 민주적으로 관리한다"고 홍보하였다. 그 설문지 내용은 휴가와 포상휴가를 공정하게 실시하며, 병영 생활의 만족도가 높다고 답한 내용들이다. 그런데 무기명으로 설문지에 답한 것이 아니라, 사병들의 이름을 또박또박 밝힌 설문지였다. 어느 졸병이 자신의 이름을 쓴 설문지에 누구누구 상급 병사가 위해를 가한다든가, 혹은 휴가와 포상휴가 선정 과정이 불공정하게 이루어진다고 감히 문제 제기할 수 있겠는가?

나는 대대장님께 그 설문지의 답이 진실에 가깝지 않다는 의견을 냈다. 평가를 위한 설문지에 이름을 써서 자신이 누구인가를 밝히고 답한 것을 이제껏 단 한 번도 본 적이 없으며, 당연히 사병들도 무기명으로 설문지에 답해야 한다고 주장했다. 대대장은 아무런 답변도 내놓지 못했다. 이름을 밝히고 '군대 생활에 아무런 문제가 없다'고 설문지에 답하는, '눈 가리고 아웅'하는 것이 병영 문화의 본래 모습이라고 항변한다면 구태여 할 말은 없지만서도.

아들은 그 뒤 특정 보직도 맡지 못한 채 보초병으로 보초서는 일에만 내몰렸다. 아들이 정기 휴가 때가 되었는데도, 감감무소식이어서 눈이 빠지도록 기다렸으나 끝내 나오지 못했었다. 뒤에 그 사정을 물어보았더니, 중대 창고에 탄약이 없어져서 부대 비상이 걸려 못 나왔다고 했다. 하필이면 아들이 정기 휴가 받는 날만 골라서 사고가 터지고 비상이 걸리는지 알다가도 모를 일이었다. 아들로부터 이야기를 들어서 이름을 알고 있는 아들과 같은 기수의 동료 병사 몇 명은 포상휴가를 여러 차례 받은 기록을 보았었다(대대장과 면담할 때 설문지 조사 내용 결과와 함께 본 적이 있었다).

어머니로서 나는 아들이 진급해서 상병이 되면 좀 더 편한 줄 짐작했었고, 병장이 되면 최고 고참으로 말년에 편안하게 군대 생활을 하다가 제대할 수 있을 줄 알았다. 그런데 어느 날 오전 부대에서 집으로 전화가 걸려왔다. '아들 김 상병이 항명을 하고 있으니 부모님이 빨리 부대로 오시라'는 부대원의 전원이었다. 전화는 오전 10시 전에 받았다. 부랴부랴 남편과 나는 채비를 하고 조카가 운전하는 차를 타고 강원도 인제군 남면 아들 부대로 달렸다. 인제로 가는 국도 양쪽에는 파릇파릇한 새싹, 제법 녹색을 띤 푸르른 벼 이삭, 빨간색 코스모스들이 피고 지면서 계절을 알려준다. 그날은 딴 데 신경 쓸 겨를도 없이 그저 초조하게 얼른 부대에 도착하기만을 바랐다.

부대에 도착하자마자 우리는 중대장과 하사관을 만났다. 그동안 10장 가까이 되는 아들이 쓴 반성문을 우리들에게 보여주면서 특히 잘못한 것은 보초 서는 동안 소변을 보려고 어깨에 맨 총을 땅에 내려놓은 것이라고 했다. 보초병에게 가장 중요한 집총을 어겨서 영창 가는 벌을 받아야 한다고 했다. 김양헌 상병을 운동장에 내보내 귀 잡고 뺑뺑이 돌면서 토끼 뜀뛰기 얼차례를 주었는데 거부하고 자신의 숙소에서 항명하고 있다는 설명이었다. 부모님이 아들을 달래서 항명을 그만두게 하라고 중대장이 부탁했다.

우리는 아들을 데리고 부대 바깥 가까운 음식점에서 간단한 식사를 하고서 마을 어귀 느티나무 아래서 아들과 이야기했다. 아들은 부대 생활의 불만을 털어놓았다. 하사에게 잘 보인 병사들은 특별휴가를 받아서 잘도 나가는데, 이러한 모든 일이 공정하지 못하다는 것이었고, 무어라 이의를 달면 '상명하복'이라는 말로 내리누른다고 토로했다. 그러면 왜 보초 설 때에 총을 내렸느냐고 물으니 "다른 보초병도 소변볼 때는 다들 그렇게 하는데 다른 사병들은 가만두고, 누군가가 몰래 숨어서 나만 감시하다가, 한 번이라도 잘못한 것을 보면 나만 벌을 주려고 혈안이 돼 있다"는 하소연이었다. "그러니까 군대에서 '율곡비리'들이 터지는 것이 아닙니까?"라는 말까지 덧붙였다. 우리는 "네가 지금 율곡비리를 논할 계제는 아닌 것 같다. 우선 집총을 어긴 문제부터 생각을 모아 보자"고 달랬다. 아들은 "누가 친 올가미에 내가 걸려서 헤어 나올 수 없다"고까지 울분을 토했다.

아아! 지금 나는 후회한다. 왜 그때 아들의 말을 귓전으로 흘려들었을까? 부대에서 장병 개개인에 대한 대우가 불공정하다고 아들이 한 말을 왜 받아들이지 않았을까? 우리 아들만 총을 내리고 소변 본 것이 아니고 누구나 다들 그렇게 하는데 왜 하필 내 아들만 문제 삼느냐고 따지고 대들었어야 마땅했다. 군부대가 그렇게도 투명하게 원칙대로 모든 일을 처리하느냐?고 왜 그렇게 따지질 못했을까??? 아아~ 그런데 나는, 아니 우리는 그렇게 하지 못했다. 그렇게 하려면 다른 사병들노 소변볼 때 총을 내려놓는 것을 아들이 보았다고 말해야 하며, 더 나아가서 그들의 이름을 아들 입으로 일일이 거명해야 할 것이 아닌가! 그런 식으로 아들 입장을 난처하게 만들고 싶지 않았다. 그렇다. 그 알량한 원칙주의 때문에…. 나는 이 대목에 이르면 자신도 모르게 가슴이 먹먹해지고 눈물이 저절로 솟구친다. 글을 더이상 써 내려갈 수가 없다.

아들은 항명을 하면 부모님이 오셔서 이 불공정한 병영문화에 문제를 제기하며, 자신을 구출해주기를 한 가닥 실낱같은 희망을 품고서 기다렸을 것이다. 부모님이 오셔서 자신을 구해 주고 영창 가는 처벌에서 빼줄 줄 알았는데, 부모님마저 자신의 편을 들어주지 않다니! 부모로부터 버림받았다는 배신감을 느꼈을 것이다. 남편과 나는 단순하게 생각하고 아들이 영창 가는 것을 구두로 동의

하고 말았다. 영창은 규율을 어긴 병사들이 합숙하며 훈련과 정신교육을 받는 곳이란다. 아들이 항명할 정도로 반발했음에도, 아들 의견을 듣지 않고, '잘못이 있으면 벌을 받는 것은 당연하다'는 원칙론으로 아들을 설득했다.

가슴이 먹먹해지고 콧등이 시큰해지며 눈에는 눈물이 저절로 고여서 두 뺨으로 흘러내린다. 그 알량한 원칙주의 때문에 아들을 사지로 내몬 나(와 남편)의 오판을 지금은 뼛속 깊이 후회한다. 시쳇말로 '개뿔, 원칙주의가 사람 살리냐!' 아들은 배신감을 느꼈을 것이고, 홀로 황야로 내몰린 고아처럼 외로운 신세가 되고 말았다. 얼마나 외롭고 배신감에 젖어 가슴이 아팠을까? 영창 교육을 맡은 훈련관들은 정신교육이랍시고 사병들에게 온갖 욕설을 해대며 눈을 부라리며 목청을 높였을 것이다. 모든 동물들 – 개 · 돼지 · 소 · 닭 – 의 이름을 접두 명사로 붙여서 새끼로 끝나는 언어들을 서슴없이 내뱉었을 것이다. 그것은 뒷날 아들이 변한 모습으로 넉넉히 미루어 짐작할 수가 있다.

제대한 뒤, 얼마나 인격적으로 모욕을 당했으면, 아들이 저런 행동을 보일까 하는 생각을 수시로 하였다. 그때 나는 왜 여느 어머니들처럼 염치고 무엇이고 다 팽개치고 드러누워서 '우리 아들 영창 보내려면 차라리 나를 보내라. 나는 이곳에서 한 발자국도 나가지 않겠다. 총대를 내려놓고 소변을 본 다른 병사들도 많다는데 왜 하필 우리 아들만 문제 삼느냐?'고 떼를 쓰며, 고래고래 큰소리로 항의하지 못했을까? 내가 죽어 나가기 전에는 내 아들을 절대 영창을 못 보낸다고 왜 떼를 쓰며 고함치지 못했을까? 지금은 가슴을 치며 너무너무 후회한다. 그 알량한 지식인의 허울과 도덕적 자존심 때문에…

일주일인가 이주일인가 영창생활을 마치고 나올 때, 그 문제의 하사관이 아들을 마중 나왔다고 했다. 뒤에 들은 이야기이지만. 아들은 다른 부대로 옮겼는지 아니면 같은 부대에서 계속 있었는 지는 기억이 가물가물하지만, 특별한 보직도 받지 못하고 병장이 되어서도 〈기수 열외〉까지 당하면서 군대 생활을 마쳤다.

제대를 하고 집에 돌아온 아들은 집 식구들과 눈을 맞추지 않았 다. 말을 할 때도 고개를 숙인 채 묻는 말에만 겨우 단답형 대답을 하고, 극도로 사람을 싫어하고 방에만 틀어박혀 있으려고 했다. 한번은 나와 남편은 아들을 밖으로 나오게 하려고 덕수궁 미술관 관람을 아들과 함께하였다. 인상파 화가 피카소 전시회였다. 여러 사람이 모인 곳이라 처음부터 아들은 어쩔 줄 몰라 했고 진땀을 흘리면서 뒷전에 서서 작품을 감상하는 둥 마는 둥 했다. '아하! 아들은 사람이 많이 모인 곳에는 나설 채비가 되어있지 않구나' 깨달았다. 그리고 심한 스트레스를 받아서인지 기억력에 많은 손 상을 입었다. 입대 전에 4백여만 원이 든 자신의 저금통장을 나에 게 맡겨 두었었는데 그것소차 기억해 내지 못했다. 나는 그 돈을 아들이 무관심하니까 살림살이에 필요한데 잘 썼다. 뒷날 이자를 두둑하게 쳐서 돈을 갚긴 했지만.

아들이 제대한 뒤에 얼마간 세월이 흐른 뒤, 두세 번인가 군부대 (해병대 포함)에서 하급 병사가 상급 병사들에게 총기 난사를 한 사건들이 신문 라디오 TV 뉴스를 탄 적이 있었다. 가슴이 덜컹 내려앉았다. 여론은 총기 난사의 주범을 비난하고 총기에 희생된 상급 병사들을 추모하는 분위기였다. 나도 물론 아까운 청춘을 총 탄에 빼앗긴 그 젊은 사병들의 목숨도 중요하고, 그 부모들의 심정 이 어떠할지를 이해하고 애도를 표한다. 그럼에도 내 심정 또 한 갈래 반대편에서는 총질한 그 하급 병사의 처지가 애처롭게 내 가 슴을 후벼 팠다. 오죽하면 그랬을까? 이 총질을 한 다음 자신의 운명이 어떻게 될지 불을 보듯 뻔한데… 그런 한편, '아~ 아버지 감사합니다. 우리 아들이 그 어려운 환경에서 잘 견뎌내게 해 주신 것 감사합니다'란 절규가 저절로 튀어 나왔다. 그 사병의 가족들, 특히 그 어머니를 생각하면 가슴이 먹먹해진다. 그 아들이 받아야 할 벌보다 더한 벌을 그 어머니는 받고 있을 테니까.

또 한 번의 하극상 총기 난사가 뉴스에 보도되었다. 대상에 하사관이 포함되었던 것으로 기억한다. 내 좁은 소견으로는 같은 숙소의 상급 병들이 하급 병을 왕따시키는 일은 하사관이 묵인하지 않으면 불가능하다. 하사관이 오히려 자신의 마음에 들지 않는 사병을 상급병으로 하여금 따돌림 시키도록 부추기지 않을까, 그런 생각이 든다.

중대장이나, 원사, 대대장은 출퇴근하며 부대 근무하기 때문에, 일과 뒤에 사병들 숙소에서 어떤 일들이 벌어지는지는 잘 알지 못할 것이다. 일과 뒤에도 사병들을 감독하고 보살피는 일은 부대 숙소에 기숙하는 하사관들 몫이다. 만약 단순한 일로 상급 병사가 하급 병사를 '왕따'시키는 일이 있다면 하사관은 이를 말려야 하며 전우애와 같은 동질감으로 사병들끼리 단합과 연대(solidarity)감을 갖도록 지휘하는 것이 그들의 주요한 임무 가운데 하나라고 생각한다. 군부대는 여러 사회계층의 아들들이 무작위로 만나는 곳인 만큼, 편 가르기 해서 상호간에 배타적인 사회 심리적 보복을 하는 장소로 전락해서는 안 될 것이다.

군부대는 나라 사랑과 국민들 안보를 지키고자 같은 목적으로 모인 젊은이들이 집단생활을 하는 장소이다. 이 젊은 청년들이 잘 화합하도록 돕고 지휘하는 임무를 하사관들은 실천해야 할 것이다. 비록 적은 숫자이긴 하지만, 하사관은 개인의 호·불호로 말미암아 어떤 사병에게 나쁜 감정을 가지고 다른 사병들로 하여금 그 사병을 '왕따'시키도록 묵시적인 지시나, 암묵적인 힌트를 결코 주지 말아야 한다. 나는 감히 제안한다. 직업 군인으로서 하사관은, 법 전공자들이 '사법연수원'에서 일정 기간 교육과 훈련을 받듯이, 일정 기간 인성교육을 받게끔 연수 기간을 두기를 국방부에 적극적으로 건의한다.

아들이 군대 입대한 26개월 동안 나는 박사 논문 쓰기를 마치고 학위를 받으리란 부푼 꿈을 가졌다. 아들이 훈련병을 마치고 행정병으로 자대에 배치되었다가, 보직 해임되고, 이리저리 옮겨 다니기 시작한 때부터 내 꿈은 깨어지고 말았다. 열흘이 멀다 하고 불려 다닐 때, 내 처지가 안쓰러웠던지 한 번은 부대 중대장이 이런 말을 했다. 그 이름은 지금 기억나지 않는다.

"어머니, 저도 학교 다닐 때 우리 어머니가 학교에 많이 불려 오셨기에 그 심정을 이해합니다."

"아~ 그런가요?"

"참 안되셨는데, 이런 방법도 있는데, 어떨까요?"

"무슨 방법이 있나요?"

"불명예 제대하는 방법이 있긴 있습니다만…"

"그 불명예 제대는 아무나 쉽게 할 수 있나요?"

"부적응도 사유가 되는데, 김 상병은 너무 착하지만…"

중대장은 말끝을 흐렸다. 나는 뒤에 아들에게 불명예 제대하겠느냐고 물었다. 아들은 단연코 거절했다. 군복무를 끝까지 마치겠다고. 나는 지금 가슴 쓰리도록 후회한다. 그때 그 제안을 왜 받아들이지 않았을까….

언젠가 후배 김혜경을 길에서 우연히 만나 자투리 공원 벤치에 앉아서 내 아들이 군복무 때 조리 돌린 이야기를 하며 눈물을 펑펑 쏟았던 적이 있었다. 그때 혜경이가 얼마나 부러웠는지 모른다.

혜경이는 아들이 없고 딸 하나만 두었기에, 나와 같은 고통은 겪지 않아도 되었으니까.

*   *   *   *   *   *

시간이 나면 나는 총기난사 범행으로 군사재판에 회부되어 극형을 선고받았을, 복역중인 사병들을 찾아가서 그의 손을 꼭 잡고 함께 기도드리고 싶다. 그리고 그의 어머니를 찾아 아무 말 없이 두 손 마주 잡고 함께 울기를 소망한다.

VIII 부

노년기 – 삶을 관조觀照하다

1. 하나님은 진실을 아신다(God Sees the Truth)[1]

　그 사모의 이름은 배순덕이다. 하지만 주변 지인들은 그를 순덕 사모라고 친근하게 부른다. 순덕順德이란 이름은 친정아버지가 지어주었다. 순하고 덕성스럽게 살라는 뜻을 담았을 것이다. 그녀는 이름이 뜻하는 바대로 덕성스러운 삶을 산다고 자부한다. 바로 자신이 서울에서도 부자 동네인 강남에 있는 중형 교회인 A교회 담임 목사 사모가 된 것만 보아도 알 수 있다고 믿는다. 그녀가 경북의 한 시골 여고를 졸업하고 서울에 있는 보수 성향의 신학대학에 지원을 한 것은 "양 떼를 푸른 초장으로 인도하여 꼴을 잘 먹이라"는 주님의 부름에 응답한, 뚜렷한 소명의식이 있어서가 아니었다. 단지 그 시대 상황이 그녀를 신학대학에 지원하게 만들었다. 누구나가 그러했듯이 국가가 관리하는 학력고사 성적이 그리 출중하지 못해서 명문대학을 가기에는 턱없이 부족한 성적이라 될 대로 되

---

1) 졸업50주년기념 문집에 실린 글에 가필하였다.

라는 심정으로 선택한 것이다. 그래도 초등학교 시절에 성탄절이 다가오면 교회에 가서 사탕도 얻어먹고 〈동방박사와 아기 예수〉, 〈스크루지 영감〉과 같은 연극 배역을 한 자리 얻어서 천사나 양치는 목자와 같은 역할을 해 본 경험이 큰 밑천이 된 것도 사실이었다.

A교회 담임 목사가 된 남편과는 신학대학 시절 교정에서 만나 장래를 약속하고 신학대학을 졸업하자마자 곧 결혼하였다. 남편 조익수 목사는 성품이 성실하였다. 교회 일에서도 그러하고 '아내 사랑하기를 그리스도가 교회를 사랑하심과 같이' 사랑한다. 그 사랑은 신혼 초기에 개척 교회를 시작할 때 집도 교인도 없는 상태에서 황무지를 개간하듯 교회를 함께 일군 데 대한 감사의 마음에 바탕하고 있다. 인생의 동반자, 목회 사역의 동역자에 대한 감사가 아내에 대한 무조건적인 사랑으로 굳은 것이다. '부부는 일심동체一心同體'라는 한국적인 감성과 섞여서 아내 사랑이 목회 사역을 성공적으로 이끄는 길이라고 조 목사는 믿고 실천한다.

그 한 예가 교회 의전에서도 나타난다. 주일예배를 마치고 교인들이 돌아갈 때 대부분 교회는 담임 목사와 부목사들이 나란히 줄을 서서 인사를 나누지만, A교회에서는 부목사들과 전도사들은 예배실 출구와 멀리 떨어진 엘리베이터 앞이나 층계에서 인사를 나눈다. 그 대신 담임 목사와 사모가 나란히 서서 교인들에게 악수를 나누며 인사를 한다. 이런 형식만 보더라도 순덕 사모가 교회에서 지위가 어떠한지를 잘 보여준다고 생각한다. 두 부부는 한가한 저녁 시간이면 동네 '선정릉 공원'을 자주 찾는다. 식사도 마친 뒤라 느긋한 여유를 누리며 산보를 하노라면 절로 '개구리 올챙이 적 시절'이 떠오른다.

"여보, 우리 참 출세했지? 시골 촌닭들이 부자 동네 강남에서 제법 큰 교회의 담임 목사가 되었으니 말이야!"

"정말이야, 호호. 물론 자기 능력도 밑받침이 되었지만 내 노력
도 인정해야 해."

"물론이지, 거의 모든 걸 당신 공으로 돌리겠어."

이들 부부가 목회자가 된 것을 주님이 "내 양을 먹이라"는 부름
에 응답한 것이라기보다는 직업으로 의식이 더 큰 듯 보였다. 목사
에게 어울리지 않는 '출세'라는 단어를 스스럼없이 쓰는 데서 그들
이 얼마나 세속적인(secular) 생각을 하는지 알 수 있다. 순덕 사
모는 자신에게 주는 남편의 무한한 신뢰에 만족감을 느낀다. 남편
의 호칭을 가정에서나 교인들이 있는 공적 장소에서나 한결같이
'자기'로 호칭하는 것에 조금도 개의치 않는다. 한번은 여러 교인들
이 모여 식사하는 자리였다. 꼭 있어야 할 진우현 부목사가 보이지
않아서 모두들 두리번거리며 찾았다.

"진 부목사님 어디 가셨지? 왜 이렇게 늦으시지?"

그러자 순덕 시모는 목사에게 물었다.

"자기가 또 혼내 주었어?"

그 자리에 모였던 교인들은 무어라 할 말을 잃어버렸다.

사실 순덕 사모는 학교 공부는 그리 출중하지 못했으나 세상을
살아가는 이치에는 그 누구에게도 뒤지지 않는다고 자부한다. 그
러한 이치를 빨리 터득한 것이 남편 출세에 큰 도움을 주었고 앞으
로도 줄 것이기에 그것이 남편이 목회를 하는데 큰 뒷받침이 된다
고 생각한다. A교회에 처음 부임했을 때 뿌리 교인을 가장 먼저
살펴보고 먼저 손 내밀고 교제를 청한 것은 사모였다. 어머니 대代
로부터 믿음을 이어온 여장로 가정을 파악하고 먼저 청하여 심방尋
訪을 하였다.

여장로 조영임은 새로 부임한 담임 목사 조익수와는 본관이 같

은 풍양 조씨였다. 꼭 그래서만은 아니지만 담임 목사는 특별히
조 장로를 모든 일에 앞장세웠다. 조 장로의 남편은 원래 예수를
믿지 않았으나, 말년에 세례 받고 권사가 되었으며, 딸 둘과 사위
들, 외손자녀들을 포함한 대가족이 교인이었다. 조영임 장로는 목
사의 측면 지원이 없더라도 이 교회는 '내 교회'라는 생각으로 봉사
를 한다. 봉사라고 부르기보다는 차라리 '간섭'이라고 해야 옳을지
도 모른다. 어머니가 장로였으니 어렸을 때부터 보아 온 대로 여선
교회 일에서부터 혼인 예식 때 꽃 장식에 이르기까지 코멘트를 하
지 않는 것이 없을 정도이다.

　'내가 이 교회의 주인'이라는 주인 의식이 나쁘다는 것은 아니
다. 단지 교회는 '내 아버지 집'이며 '만민이 기도하는 집'이기에
인간 아무개 목사나 아무개 장로가 집 주인 행세하는 것은 주님의
뜻에 어긋나는 일이 된다. "수고하고 무거운 짐 진 자들아 다 내게
로 오라 내가 너희를 쉬게 하리라(마태 11:28)" 주님은 그렇게 천
명하지 않았던가! 여러 명의 교인이 한 뿌리에 속해 있으니 조 장
로와 가깝게 지내는 것은 당연한 이치가 아닌가! 조 장로 역시 기
회 있을 때마다 "먼젓번 (퇴임한) 김 아무개 사모보다 순덕 사모가
교회 일 보는데 훨씬 편하다."고 입을 모은다. 이제 A교회를 사목
하는 일에 조 장로의 협치가 보장되었으니 별 어려움이 없을 것이
라고 사모는 확신하였다.

　A교회는 여러 계층의 교인들로 구성되었다.

　부자와 가난한 자, 학식이 높은 자와 그렇지 못한 사람, 기업의
대표와 구두닦이에 이르기까지 다양하였으나 대부분 교인들은 중
간층이 주류를 이룬다. 한번은 수년 동안 이 교회를 섬겼던 구두닦
이 직업을 가진 이요한 씨가 지병으로 숨을 거두었다. 비록 교회
직분은 맞지 않았으나 주일예배 성수는 물론이요 새벽기도회까지

도 빠지지 않고 참석했던 착실한 교인이었다. 그는 미혼이어서 가족도 없었다. 그는 임종하기 전에 자신이 구두닦이로 모았던 전 재산 3천만 원을 독거노인 요양원 '천사의 집'에 기부하고 떠났다. 그의 선행이 매스컴에 알려진 것은 물론이었다. 조 목사는 이요한 씨 장례식이 있는 날에 아주 중요한 약속이 있었다. 교단의 현직 총회장을 만날 약속이었다. 만나면 교단의 이러저러한 문제와 다음 총회장 물망에 오르내리는 여러 목사 후보군들 정보도 귀띔을 받지 않을까 하는 바람에서다. 이제까지 해 왔던 대로 조 목사는 자신의 약속 때문에 선임 부목사 기동욱에게 장례식 집전을 맡겼다. 장례식을 앞둔 전날 저녁에 갑자기 순덕 사모가 남편에게 제의했다.

"여보, 자기가 내일 장례식 집전을 맡는 것이 좋겠어."

"난 총회장과 약속이 있잖아. 벌써 기 목사에게 지시했는걸."

"그래도 내 말대로 해요. 모든 매스컴에 이요한 씨 기사 난 것 못 봤어? 내일 틀림없이 매스컴이 총출동 할텐데요."

"그럼, 그렇게 할까?"

조 목사가 이요한씨 장례식을 집전한 덕분에 뉴스 시간에 조목사의 얼굴이 TV 화면에 조금 비쳤다. 순덕 사모의 예견대로 구두닦이 이요한씨의 장례식에 많은 매스컴 종사자들이 나와서 이를 취재하였다.

조 목사는 아내 순덕에 대한 무한한 신뢰와 사랑을 표하였다. 그것이 바로 항존직도 아닌 사모가 목사와 나란히 서서 교인들과 악수하는 의전에서 나타난다고 이미 말한 바 있다. 그러기에 그녀는 교인들을 섬겨야 하는 것이 아니라 당당한 안주인으로서 오히려 섬김을 받아야 한다고 생각한다. 조 목사는 아내의 외모를 수시로 자랑한다. 대예배시간 설교에는 감히 할 수 없는 일이지만 새벽기도회에서나 수요예배 설교에 자주 양념으로 끼워 넣는다.

"내 아내가 얼마나 아름다운지요!"

"내 아내의 마음씨가 얼마나 고운지요!"

사실 순덕 사모의 외모는 출중한 편이다. 눈은 좀 작지만 오똑한 콧날에다 특히 피부가 흰 것이 크게 돋보인다. 아내의 외모 자랑은 설교 시간이 아니라면 사석에서는 얼마든지 통용될 수 있는 말이었다(비록 팔불출이라는 말을 들을지언정). 설교를 통하여 은혜의 단비를 받기 바라는 교인들의 갈급한 심령은 아예 무시하고 전혀 개의치 않는 태도로 보였다. 담임 목사만이 아니라 부흥회 강사 목사로 초빙되어 온 목사님들 가운데에도 간혹 사모의 외모를 칭찬하는 일에 앞장선 이들도 있었다. 자신을 초청한 담임 목사에 대한 예의쯤으로 생각하는 듯 보였다. 조 목사는 아내의 외모가 자신의 목회에 도움이 된다고 생각한다. 목회자로서 가장 큰 그의 약점은 하나님보다 아내를 더 사랑하는 것이 아닌가 한다.

A교회에는 여섯 명의 부목사들과 전도사들, 그리고 행정 직원들이 사역을 맡고 있다. 담임 목사의 연령이 64세이니 얼마 있으면 곧 은퇴가 기다리고 있다. 지역담당 부목사들은 어떻게 하면 후임 담임 목사로 청빙을 받을 것인지 매우 마음을 졸인다. 그러자면 우선은 한 달에 한 번씩 부목사들이 차례대로 맡는 수요 저녁예배 설교는 물론 잘 해야 하겠지만 그것보다 먼저 순덕 사모에게 미움을 사지 않는 것이 최우선이었다.

행정 담당 부목사 진우현은 목사의 전도·심방비—일반 기업체로 말하자면 업무 추진비—를 줄여보려고 건의했던 것이 순덕 사모에게 미움을 산 계기가 되었다. 사실 목사 월급만 가지고 두 자녀들 교육비를 감당하기에는 벅찼을 것이다. 아들은 미국의 유수한 신학대학으로 유학 보내서 신학 박사 학위를 받았고, 결혼해서 한

인 교회 부목사로 사역한다. 딸은 피아노 공부를 시켜서, 역시 목
사 사위를 얻었다. 유학과 피아노 전공이란 말만 들어도 돈이 얼마
나 많이 드는지 짐작이 간다.

흔히들 목사들은 '과부의 동전 두 닢'의 헌금을 하나님 보시기에
아름다운 봉헌으로 설교하지만, 중국 동포들이 입주 가정부를 하
면서 받은 백만 원의 월급 가운데 십만 원을 떼어서 십일조 헌금을
하는 것보다 부자들의 액수 많은 헌금을 더욱 선호한다. 따라서
목사들에게는 "부자가 천국에 들어가는 것은 낙타가 바늘구멍으로
들어가는 것 보다 어렵다"는 성경 구절을 인용하여 설교하기가 무
척 난망한 일이 된다. "네 소유를 팔아 가난한 자들에게 주라…"는
말씀 설교는 더더욱 하기가 어렵다. 목사도 세상을 살아가려면 먹
고 입는 문제, 자녀들 교육비 문제로 돈이 필요한데 '네 소유를
팔라'는 성경 말씀을 어찌 따를 수 있겠느냐고 반문한다. 그러고는
(모두) 팔라는 전제가 붙지 않았으니 얼마나 다행이랴 싶었다. 여
윗돈이 있으면 가난한 자들에게 나누리는 정도에서 설교를 기획한
다. 정말로 그런 뜻일까?

그런데 돈 문제 사건이 일어났다. 교회당 5층 남자 화장실에 〈담
임 목사는 급여 말고도 3백만 원을 매월 받아간다〉는 난데없는 찌
라시(벽보)가 나붙었다. 5층에는 담임 목사실·부목사실·교역자
(전도사)실·행정실·성가대 연습실 등이 있다. 누가 그 벽보를 붙
였는지는 아무도 모른다. 컴퓨터로 뽑은 글씨체를 그 누가 알겠는
가! 조 목사가 노발대발하여 새벽기도회 설교 시간에 자신은 결코
3백만 원을 매월 가져가지 않는다고 해명하였다. 순덕 사모 또한
이에 질세라 목청을 높이며 남편에게 따져 물었다.

"자기, 짐작되는 사람 있어?"

"내가 어떻게 알겠어."

"무슨 근거로 그런 찌라시가 붙었을까?"

"아마도 전도 · 심방비를 말하는 거겠지."

"일이 이렇게 된 마당에는 행정 담당 진 부목사가 아무래도 마음에 걸려. 제일 먼저 진우현 부목사부터 찍어내야 돼. 알았지? 그리고 행정 담당 부목사를 서삼수 부목사(아들 친구)로 교체해요."

조익수 목사는 아무 대답도 하지 않았다. 아무런 대답이 없다는 것은 순덕 사모의 말을 새기겠다는 묵시적인 신호였다. '부터'라는 단어를 쓴 것은 진 부목사 말고도 찍어내야 할 부목사가 더 있다는 뜻이었다. 사실 전도 · 심방비는 일반 회사로 치자면 업무 추진비에 해당되는 항목이다. 관례대로 하자면 영수증을 일일이 붙여야 하지만 목돈으로 가져가고 영수증 처리를 하지 않았다는 것일 터이다 (여기서 참고할 것은 부목사들 급여가 230만 원 남짓한 수준이다). 서로 용서하고 이웃 사랑하기를 내 몸처럼 해야 하는 교회 공동체에서 이런 것쯤은 용인되는 것으로 순덕 사모는 믿고 싶었다.

그다음 해 초 인사 발령에서 서삼수 부목사가 행정 담당으로 올라왔고 대신 진 부목사는 행정 담당에서 어린이 주일학교 담임 교육목사로 강등되었다. '강등'이라는 어휘는 좀 어폐가 있지만 교회 업무에도 소위 말하는 '노른자위'가 있다. 예를 들자면 '행정'이나 지역(구역) 담당 부목사가 그것이다. 청년부 · 청장년부 담당 부목사도 할 만한 자리이기는 하다. 그러나 유치부와 초등부, 중 · 고등부를 담당하는 교육목사 자리는 그렇지 않은 모양이다. 교육 부목사들의 근무 연한이 대체로 짧고 뻔질나게 사표를 내는 사례에서 그 사정이 잘 드러난다. 진 부목사는 그 다음해 초 인사 발령에서도 주일학교 교육목사로 재차 임명되자 사표를 냈다. 어쨌든지 순덕 사모의 목표는 달성된 셈이다. 이를 본 어느 여신도의 혼잣말이 귀에 쟁쟁하게 울린다.

"제일 먼저 진우현 부목사를 찍어내야 한다더니, 결국에는 사표를 내고 마는구나!"

이렇듯 인사권을 순덕 사모가 휘두르는 한 부목사들과 전도사들 그리고 행정 직원들 모두 그녀의 눈 밖에 나지 않으려고 음으로 양으로 애를 쓴다. 그에 더하여 세상에서 지위가 높은 대통령까지도 목사가 무릎을 꿇게 하여 안수기도를 하는 만큼 그 동반자인 사모 자리가 얼마나 높은지 순덕 사모는 날마다 느끼며 살고 있다.

천하가 내 손안에 있다고 여기는 순덕 사모에게 한 가지 탐탁하지 않은 일이 생겼다. 2년 여 동안 등록을 하지 않고 12시 주일예배에 꼬박꼬박 참여하는 한 여신도가 있었다. 새 신자 담당 윤 전도사의 강권으로 등록을 마친 여교우 남순조는 60대 후반이었다. 교적부에 적힌 여교우의 신상 명세를 보고 사모는 별로 미쁘지 않은, 가슴이 찌뿌둥한 느낌을 가졌다.

"흥, 명문 여대에서 박사학위를 받았다고… 천국행 티켓을 거머쥐는 일에 학벌이 무슨 상관이람."

순덕 사모는 애써 위로하며 천국행 티켓 예매는 목사 사모인 내가 더 우선권이 있다고 굳세게 믿고 있다. A교회는 4주 동안 새 신자 교육을 마치면 신앙 간증문을 써내게 했다. 남순조는 자연스럽게 자신의 신앙 이력을 밝혔다. 한국의 추로지향鄒魯之鄕인 안동에서 할머니 대로부터 예수를 믿은 '모태신앙'으로 주일학교 교사, 성가대원을 두루 거쳤으나 유교 집안 남편과 늦은 결혼으로(늦었기 때문에 종교가 다른 것도 수용할 수밖에 없었다.) 8년 남짓 교회를 떠난 생활을 하다가 남편이 사업 위기를 맞자 믿음이 없는 남편을 데리고 다시 교회로 돌아온, 그야말로 '돌아온 탕자'의 비유에 버금가는 이야기를 적어냈다.

이것이 화근이었다. 조 목사와 순덕 사모에게는 한 가지 큰 정서적 약점이 있다. 이 둘은 '모태신앙'이 아니었기 때문에 목회를 하면서 늘 자부심에서 한 발 밀리고 꿀리는 점이 그로부터 비롯한다고 여긴다. 그런데 늦은 나이에 겨우 집사 타이틀을 가지고 들어온 남순조가 '모태신앙'이라니 담임 목사 내외에게는 달갑지 않은 편견이 생기는 것은 어쩌면 당연한 일인지도 모른다. 담임 목사는 자신은 불교 신자였는데 중학교 2학년 때 친구의 전도로 기독교인이 되었고, 제사를 지내지 않으려고 집에서 도망친 적이 있다고 여러 차례 설교 시간에 말한 적이 있다.

　남순조는 초 · 중 · 고등학교를 안동에서 다니고 서울로 이사 와서 대학을 마쳤다. 기독교 정신과 유교 정신이 그녀에게는 섞여 있다. 어려서부터 정직과 의義를 중요하게 여기도록 배워 온 바였다. 특히 이사야가 꿈꾸는 '정의가 강물처럼 흐르는 사회'와 세례 요한이 광야에서 외친 '회개하라'는 경고와 예수님이 바리새인과 서기관들에게 '회칠한 무덤(White Sepulchre)'으로 비유한 질타는 어린 시절부터 그녀의 뇌리에서 늘 떠나지 않고 있었다. 특히 "너희가 내 말에 거하면 참 내 제자가 되고 진리를 알지니 진리가 너희를 자유롭게 하리라(요 8:31-2)"는 성경 구절과 소통되는, 자유 · 진리 · 정의를 직접 추구하는 학문—어느 학문인들 이를 추구하지 않으랴마는—을 늦은 나이에 선택한 것도 따지고 보면 그러한 배경에서 비롯된 것이 아닌가 한다.

　남순조는 서울 북부 지역에서 강남으로 이사를 해서 집과 가까운 A교회를 선택한 것이다. 등록을 마친 뒤에는 집과 가까운 구역에 배치되고 일주일에 한 번 구역회에 참여하여 구역예배를 드리도록 권유받았다. 65세가 지나면 교회 일에 시간을 바치겠다던 결심을 떠올리며 남순조는 구역예배에, 새벽기도회에, 수요예배에, 여신도회에, 여신도회 성가대에 시간을 봉헌하였다. 구역장은 조

영임 장로였다. 조 장로는 A교회에서 유년주일학교를 다닌, 어머
니도 장로였던 신앙의 뿌리가 깊은 집안 출신이다. 겉으로는 온화
해 보이지만 이 교회의 장로로서 모든 일은 자신의 의사에 반反하
면 될 수 없다는 아집을 가지고 있었다. 한번은 조 장로와 함께
차를 타고 가는 길에 부목사들이 화제에 올랐다.

"기 목사는 틀렸어. 목소리가 나빠. 그리고 박 목사 설교는 별로
예요."

"아, 그러세요?"

남순조는 건성으로 대답하였다. 집이 같은 방향이라 조 장로와
차를 함께 타는 일이 많아지면서, 그리고 구역예배에 참여하면서
여신도들이 다른 이들의 '뒷담화'를 많이 하는 일에 익숙해 있다는
사실을 깨닫게 되었다.

A교회는 신도들에게 성경 공부를 시키는 교육 프로그램을 많이
개설하였다. 남순조는 전 같으면 시간이 아깝다고 사양했을 터인
데 주님의 일에 시간을 비치기로 결심한 마당에 그리고 구역 전도
사의 강권으로 '바울전도대' 교육을 받게 되었다. 어렸을 때 할머니
가 전도지를 나누어 주며 노방전도를 했던 기억을 떠올리며 전도
대 교육을 선택한 것인지도 모른다. 첫 시간에 보조교사로부터 이
런 질문을 받았다.

"당신은 오늘 밤, 만약 이 세상을 떠난다면 천국에 들어갈 확신
이 있습니까?"

순조는 망설였다. 유년주일학교 시절에 배웠던 예수님의 가르침
이 순간 그녀의 뇌리를 스쳐 지나갔다.

'너희는 먼저 그의 나라와 그의 의를 구하라'

'너희는 마음을 다하고 뜻을 다하고 정성을 다하여 주 너희 하나
님을 사랑하라.

'너희는 눈에 보이는 형제를 사랑하지 않으면서 어찌 눈에 보이지 않는 하나님을 사랑한다고 하겠느냐?'

'네 이웃을 네 몸과 같이 사랑하라'

'나더러 주여 주여 하는 자마다 다 천국에 들어갈 것이 아니요 다만 하늘에 계신 내 아버지의 뜻대로 행하는 자라야 들어가리라(마 7:21)

'아— 나는 진정코 주님의 나라와 그의 의를 먼저 구하였던가?' 늘 세상일을 우선하면서 주님의 나라 구하기를 뒷전으로 미뤘던 자신을 떠올렸다. 고향 친구 화자와 삐쳐서 여태까지 서로 소식을 끊고 지내는 일이며, 무엇보다도 바로 오늘 아침 남편에게 할 소리 못할 소리 뒤섞어서 맹비난을 퍼부었지 않았던가! 더욱이 "…주여 주여 하는 자마다 다 천국에 들어갈 것이 아니오…"라는 성경 구절이 마음에 와 박혔다. 물론 순조는 베드로가 한 신앙고백처럼 '주는 그리스도시오, 살아 계신 하나님의 아들'임을 확실하게 믿었지만.

십자가를 질 수 있나 주가 물어 보실 때
죽기까지 따르오리 성도 대답하였다
우리의 심령 주의 것이니 당신의 형상 만드소서
주 인도따라 살아갈 동안 사랑과 충성 늘 바치오리다.

주 예수보다 더 귀한 것은 없네 이 세상 부귀와
바꿀 수 없네…세상 즐거움 다 버리고 세상 자랑
다 버렸네
주 예수보다 더 귀한 것은 없네 이 세상 명예와
바꿀 수 없네…

위 두 찬송가를 부를 때마다 가슴에 무언가 찔림을 받았던 자신을 들여다보았다. 남순조는 기어들어가는 소리로 "아니오"라고 답하였다. 그 이유로 자신은 예수님이 바라는 진실한 제자가 못 된다고 고백했다. 보조 교사는 눈살을 찌푸렸다.

"아니, 기드온 성경 공부반 교육을 받지 않았나요?"

"……"

"선행이 아니라 믿음으로 구원받습니다."

순조는 의아해했다. 그리고 속으로 생각했다.

'그건 당연한 말이잖아. 교회 다니는 사람들은 누구나 모두 예수 믿는다고 스스로 말하지, 믿지 않는다고 말하는 사람들은 아무도 없어. 그렇지만 그 믿음이 진짜인지 가짜인지 혹은 알곡인지 가라지인지는 하나님만이 아시잖아…?'

이것이 발단이었다. 이 설문지 답변이 전도대 교육담당 기동욱 목사로부터 담임 목사에게 보고되자 담임목사는 반문했다.

"왜 이런 답이 나왔지요?"

"아마도 유년주일학교 시절에 예수님의 가르침을 많이 배운 탓으로 보입니다."

담임목사는 입맛을 쩝쩝 다시며 한 마디 보탰다.

"기목사, 교육 잘 시키시오."

이 내용을 전해 들은 순덕 사모는 의기양양하였다.

"학벌이 무슨 상관이람, 모태신앙 가짜 아니야?"

"그러게 말이야. 잘난 척하기는. 어디 두고 보라지."

순덕 사모는 더욱 기세를 올리며 남순조를 성토하였다. 자신이 이끄는 '현명한 어머니 되기' 교육을 듣는 젊은 여신도들에게 남순조에 대한 나쁜 이미지를 심어주기에 바빴다. 순덕 사모가 어느 대학에서 카운셀링 공부를 했다는 소리는 조 장로에게서 들은 바가 있다. 그 이유로 젊은 여신도들을 대상으로 교육을 맡고 있다.

"새 교우 남순조 집사 있지요? 글쎄 천국은 예수를 믿음으로써
만 들어가는데, 선행을 해야 천국 간다고 했다는군요. 잘못된 믿음
이지요."

이웃에 사는 젊은 여신도를 길에서 마주쳤을 때 그녀는 남순조
를 보고도 외면하며 지나갔다. 무언가 자신에 대한 '뒷담화'가 무성
하게 A교회에 번지는 것을 순조는 깨달았다.

엎친 데 덮친 격으로 전도대 교육 마지막 간증문을 써내라고 해
서 남순조는 믿음의 조상 할머니 이야기를 썼다. 할머니는 비가
오나, 눈이 오나, 바람이 부나, 더우나, 추우나 교회 권찰로서 섬
기는 일과 전도에 전 생애를 바친 분이다(이 이야기는 이 책 첫머
리에 실린 〈할머니와 내 악동 시절〉을 참조).

남순조는 할머니가 천당 가시는 마지막 순간을 목격하였기에 천
국을 믿는다. 그리고 친정아버지 임종 전날에 꾸었던 꿈 이야기를
함께 써냈다.

언덕 위에 넓고 조용한 뜰에 고대광실高臺廣室 집 한 채가 보였
다. 붉은 벽돌로 쌓은 튼튼한 담이 야트막하게 둘러 있고 그 담이
끝나는 공간에 할머니와 어머니가 나란히 서서 남녘을 바라보고
있었다. 남쪽 들녘에는 추수를 기다리는 벼 이삭들이 고개 숙인
채 황금 들판을 가득 메웠다. 할머니와 어머니는 치렁치렁 끌리는
긴 치마를 입었고 어깨는 천사처럼 작은 날개가 있었다. 언덕 아래
에는 꽤 깊고 작은 실개천이 흘렀다. 나는 그곳 어디에도 없었으나
(그 그림에는 나는 보이지 않는다.) 어머니와 대화하였다. 어머니
는 '내일 손님이 오시니까 손님맞이 채비로 담을 헐고 새로 쌓아야
한다.'고 했다. 내가 강력 반대하였다. '근검절약을 신조로 삼는 어

머니가 왜 멀쩡한 담을 허물려고 하느냐? 그건 낭비다. 평소 어머
니답지 않다'고 했다. 그러자 어머니는 절충안을 내놓았다. '손님
이 오시는 쪽만이라도 헐고 새로 담을 만들어야 한다.'고. 새로운
담의 반쪽은 그리어 가슨이 출연했던 영화 〈마음의 행로〉에서 봤
던 집의 울타리와 같았다. 하얀 페인트칠을 한 토막나무를 X자 모
양으로 엮어 만들었다. 나는 속으로 의문이 생겼다. '황금 들판에
도 길이 없고 실개천에도 다리가 없는데 어떻게 손님이 오시지?
아마도 날아서 올 모양인가?' 그 손님이 누구인지는 어머니에게
묻지 못한 채 꿈에서 깼다.

참으로 기이하고도 선명한 꿈이었다. 그 날은 외대 용인캠퍼스
에서 6시간의 연속 강의가 있는 날이라 순조는 새벽 일찍 집을 나
서면서 꿈은 까맣게 잊어버렸다. 외대는 외래 강사들에게 편의를
제공한다는 생각으로 서울과 거리가 먼 용인캠퍼스에 개설된 두
강좌를 하루에 몰아서 하도록 시간표를 짰다. 강행군 강의를 마치
고 돌아올 때는 거의 파김치가 되기 십상이었다. 전철에서 순조는
약간 갈등하였다. 곡기를 끊고 자리보전한 지 일주일이 넘은 아버
지를 뵈러 수유리로 먼저 가야 하나 아니면 편한 신발과 옷을 갈
아입으러 집에 먼저 들렀다 수유리로 가야 하나. 그녀는 후자를
택해 집에 도착하였다. 얼마 뒤에 조카의 급한 전화를 받고서 달
려갔으나 아버지는 이미 막 숨을 거둔 뒤였다. 마지막으로 아버지
가 눈을 한 번 떠서 주위를 살펴본 다음 눈을 감았다는 것이다(아
마 나를 기다리셨을 것이다). 장지에 가서야 순조는 그 '꿈' 내용
을 이해하였다. 일찍 돌아가신 어머니 옆에 아버지를 합장한 것이
다. 아버지가 돌아가시는 것을 꿈으로 예고했음에도 깨닫지 못하
고 임종을 지키지 못한 자신이 순조는 못내 한심스러웠다. (성지

순례를 가서 요단강을 보고 순조는 깜짝 놀랐다. 요단강은 자신이 꿈에 본 실개천과 폭이 같았다. 물론 발원지는 넓겠지만. 관광객들이 흰옷으로 갈아입고 작은 도랑물에 들어가 머리를 물속에 담갔다가 나오는 침례 의식을 보았다. 오히려 갈릴리 호수는 바다처럼 넓고 넓었다.)

전도대 교육담당 기 목사는 '아주 좋은 간증문'이라고 격려해 주었고 곧 천당을 가야 할 나이 많은 권사·장로가 남 집사 할머니 이야기를 듣고 싶다며 주변에 몰려들기도 했다. 그런데 담임 목사의 생각은 정반대였다. 기 목사는 전도대 교육 수료예배 시간에 남순조의 간증문을 발표하도록 하게끔 담임 목사에게 건의하였다.

"목사님, 남순조 집사의 간증문이 참 좋습니다. 수료예배 시간에 발표하도록 했으면 합니다."

"어디 봅시다."

담임 목사는 간증문을 건네받아서 읽어 내려갔다. 점점 조 목사의 얼굴색이 바뀌기 시작했다. 끝까지 읽은 다음 조 목사는 거친 음성으로 따져 물었다.

"기 목사, 무엇이 좋다는 말입니까?"

"특히 할머니가 천국 가는 모습은 기독교인이라면 누구나 관심 갖는 일 아닙니까?"

"이봐요. 기 목사, 이 간증문은 자칫 교인들을 미혹에 빠뜨릴 수 있고, 그리고 꿈 이야기는 또 뭡니까? 혹시 남 집사 '신천지' 교도 아닌가요? 잘 알아보세요. 그리고 다른 이를 발표자로 세우세요."

단칼에 거절당한 기 목사는 풀이 죽었다. '모든 기독교인들이 듣고 싶어 하는 천국 이야기를 왜 담임 목사는 가로막을까' 의아해하면서 남 집사를 신천지 교도와 비교하는 것은 잘못된 견해라고 생각했다. 그다음 토요일 교육 시간에 기 목사의 설교는 알맹이가 빠진 듯했고, 교육생들은 남순조를 슬금슬금 피했다. 담임 목사의 진노는 순덕 사모가 장로·권사들 집에 일일이 전화를 하면서 전달되었다.

"박 장로님, 나 사모인데 전도대 교육 받으시죠? 남순조 집사 간증문 내용 때문에 목사님이 얼마나 진노했는지 몰라요. 조심하세요. 아마도 이단에 가까운 사람 같아요."

박 장로가 A교회에 다니는 한 담임 목사의 말을 거역할 이유가 없었다.

"길 권사님, 나 사모인데 전도대 교육 받으시죠? 남순조 집사 간증문 내용 때문에 목사님이 얼마나 진노했는지 몰라요. 조심하세요. 아마도 이단에 가까운 사람 같아요."

길 권사 또한 A교회에 다니는 한 담임 목사의 말을 거역할 이유가 없었다. 이렇게 시작하여 A교회에서 남순조 집사에 대한 왕따가 시작되었다. 대다수 교인들이 남 집사를 만나도 모른 척 지나치기가 일수였고, 여장로들도 슬금슬금 눈 맞추기를 피하였다. 특히 전도대 교육에서 같은 팀으로 활약하는 젊지만 성실한 노영대 집사와 그 부인을 우연히 길에서 마주쳤을 때, 노 집사가 인사를 하려 하자 옆에 있던 그 부인이 남편의 옷을 재빨리 잡아당겨 가로막으며 얼굴이 빨개져서 모른 채 지나친 사실은 순조를 절망에 빠트렸다. 순조는 남편과 아들과 함께 노 집사와 부인, 그들의 두 자녀를 교회 근처 식당으로 저녁 초대를 해서 '성도의 교제'를 나눈 적도 있지 않았는가! 그러나 남순조는 A교회를 떠나기보다 남아서 '믿음으로 승리하리라'는 굳은 결심을 하였다.

뿌리 깊은 나무는 바람에 아니 흔들리며

꽃피고 열매 맺나니,

샘이 깊은 물은 가뭄에 마르지 아니하고,

내를 이루어 강으로 흘러가나니…

뜬금없이 《용비어천가》의 한 구절이 입에서 중얼중얼 흘러나왔다.

담임 목사가 남 집사를 알게 모르게 핍박하기 시작하였다. 그 첫 번째 시도가 모태신앙의 폄하로 나타났다. 수요예배 설교 시간에 툭하면 모태신앙을 '못해 신앙'이니 '못된 신앙' 또는 '모땐 신앙'으로 표현하였다. 그런데 같은 모태신앙인 조영임 장로가 수요예배에 빠질 때만 골라서 하였다. 여신도 성가대가 발전하여 수요예배를 담당하는 '갈릴리찬양대'로 승격하면서 같은 대원으로 조 장로와 남 집사가 참여하기 때문에 성가대석을 보면 누가 빠졌는지 설교자는 알 수가 있다. 그러다가 난데없는 '신천지 이단'이 종종 주일예배 설교 시간에 등장하기 시작했다. 처음에는 자신을 겨냥하여 '신천지'를 비판하는 줄 남순조는 꿈에도 상상하지 못했다. 그런데 그 강도가 심해지고 순덕 사모가 남 집사와 시선 마주치기를 피하는 태도가 수상해 지면서 남순조는 자신을 몰래 숨어들어 온 '신천지'의 끄나풀이 아닌지 목사 내외가 의심의 눈초리를 보낸다는 것을 알아챘다.

기독교의 이단이란 1954년 여름 어린 시절에 안동읍 낙동강 모래사장을 가득 메운 집회를 열고 자신을 하나님의 아들 혹은 '감람나무'로 자칭한 '박태선 장로'와 통일교를 세운 '문선명' 씨 말고는 아는 바가 없었다(용문산 나운몽 장로의 이름은 뒤에 들은 바 있다).−박태선 장로 부흥 대집회 때는 어른들을 따라서 남순조도 참여하였다. 박수를 치며 찬송가를 계속해서 불렀고 안수기도 뒤에 병자들이 여기저기서 일어나서 자신의 절름발이 다리가 멀쩡해졌고 만성 위장병에 시달리던 환자도 나았다고 소리치며 감사해했다. 마치 예수님이 앉은뱅이와 눈먼 소경을 고치는 것과 비슷한 장면이 연출되었다. 앞집에 사는 친구 박희자의 할머니는 박태선 장로가 세수한 물을 병에 받아 와서 '생명수'라면서 마시기도 했다. 이처럼 광풍이 휩쓸고 지나간 뒤 안동교회 교인들 가운데도 신앙촌이나 통일교회로 떠나간 사례가 많았다.

8년 만에 교회로 돌아오기는 했으나 1983년 봄부터 시작한 석사 과정에서 2003년 봄 박사 학위를 받을 때까지 20여 년 동안 공부에 매달려 눈코 뜰 새 없이 바빠서 종종 주일예배에 빠지기도 한 그녀가 신천지를 알 리가 없었다. 생경하기 짝이 없는 이름 '신천지'란 무엇인가? 드보르자크의 〈신세계〉는 아닐 터이고, 헉슬리(Aldous Huxley)의 《멋진 신세계(Brave New World)》는 더더욱 아닐 터였다. 남순조는 구역징인 조영임 징로에게 자신의 처지가 매우 고달프다는 사실을 털어놓을 마음을 먹고 동네 찻집에서 만났다. 자신을 찻집에서 따로 만나 이야기를 하자는 남순조가 무슨 말을 할 것인지는 뻔히 알고 있다는 듯이 조 장로가 먼저 입을 열었다.

"우리 교회는 사모가 문제이고 옆 동네 '새생명교회'는 담임 목사가 문제에요. 사모에 대한 것 맞지요? 신 권사(조영임 남편)는 사모가 예배 마친 뒤 중앙문에서 목사와 나란히 서서 교인들과 악수하는 것도 옳지 않다고 말하는 걸요."

"아, 그래요? 맞아요. 사모가 내 흉을 얼마나 보았는지 내 주변에 있는 젊은 여신도들이 모른 척하고 외면하고요, 전도대 수료 간증문 때문인지는 몰라도 수요예배 설교에 모태신앙을 '못해 신앙', '못된 신앙', '모땐 신앙'으로 폄하를 자주 해요. 그리고 나를 마치 '신천지' 끄나풀인 양 의심하는 데에는 도저히 참을 수가 없어요. 비록 내 믿음이 형편없다고 해도 선한 목자라면 아흔아홉의 양보다 잃어버린 한 마리의 양을 찾으러 나서야 하는 것이 아닌가요?"

"어머, 나는 몰랐네요. 내가 순덕 사모에게 물어볼게요. 걱정 마세요."

두 사람은 헤어졌다. 남순조는 '못된 신앙'과 '신천지' 이단 이야기를 할 때, 자신도 모르게 주르륵 하염없이 흘러내리는 눈물을 주체할 길이 없었다. 늘 가방에 넣어 다니던 여행용 티슈를 찾았으나, 그날은 그것마저 없었다. 찻집 휴지를 한웅큼 가져다가 눈물을 닦아내고 '팽'하고 막힌 코를 수도 없이 풀었다. 찻집의 작은 상자 안에 휴지가 곧 바닥이 났다.

며칠 뒤에 조영임 장로로부터 전화가 와서 같은 장소의 찻집에서 만났다.

"순덕 사모는 아무에게도 남 집사 흉을 본 적이 없다는군요."

"그렇게 대답하겠지요."

순조는 별 기대를 하지 않았기에 심드렁하니 대답했다.

"그런데 목사님 설교에 '모태신앙'을 '못해 신앙' 또는 '못된 신앙'으로 표현한 것은 설교가 재미있으라고 하였다네요. 남 집사가 문제 제기를 하면(편지 같은 수단으로) 수요예배 때에 사과를 하기로 했어요."

"아~ 그렇게 하기로 했나요?"

"그런데, 지금 함께 순덕 사모를 만나러 갑시다."

남순조는 어안이 벙벙하였다. 그 제의는 너무도 갑작스러웠다. 지금까지 눈물 콧물을 닦아 내며 순덕사모를 원망하였는데, 갑자기 만나서 얼굴색을 바꾸고서 할 말이 무엇이 있겠는가! 마음속과 겉모습이 다른 표정을 거짓으로 지을 자신이 없어서 순조는 거절하였다. 그리고 '문고리 권력'에 아부할 이유가 없다는 생각이었다. 교회를 오래 섬기다 보면 사모와는 자연스럽게 친숙해지는 것이 아닌가. 찾아가고 말고 할 일이 무엇이람. 그런데 이 만남 제의에 대한 거절이 순조의 교회생활에 걸림돌이 될 줄을 그때는 미처 깨닫지 못했다.

사실 교회에서 평신도가 목사에게, 그것도 담임목사님에게 어떤 이유로든 문제제기를 한다는 것은 무척 어려운 일임에는 틀림없었다. 물론 성경에는 '사람보다 하나님께 순종하라'고 말씀하시지만, 목사는 성직에 종사하기 때문에 하나님에 대한 '순종'이 곧 담임목사에 대한 순종으로까지 자연스럽게 이어지는 오늘의 교회 풍토에서는 더욱 그러하였다. 그렇다고 단순하게 "목사님, 모태신앙을 폄훼한 것 사과하세요"라고만 쓸 수도 없지 않은가!

순조는 망설이며 고민에 빠졌다. 그래도 기왕 하려면 제대로 된 문제제기를 해야 한다며 자신을 다그쳤다. 종교개혁자 마틴 루터가 '면죄부' 발행을 포함한 교황청의 거대한 권력 부패를 비판하는 95개 조문을 비텐베르크 '만인성자 교회' 문에 써서 부칠 때 심정을 상상하며 힘을 얻었다. 순조는 자신을 마틴 루터에 견주는 것은 가소로운 일임을 잘 알았지만, 어찌된 탓인지 루터가 그녀의 머리에 떠오른 것은 사실이었다. '어떤 사람을 목사와 교사로 삼은 것은 성도를 온전하게 하여 봉사의 일을 하게 하며 그리스도의 몸을 세우려 하심'인데, 어찌하여 이 교회직분 가진 사람들과 목사는 순조를 이단자 취급을 하는지 도무지 모를 일이었다. 교회는 '내 아버지 집이며 만민이 기도하는 집'인데 누가 주인 행세를 하고, 누가 월세 사는 사람으로 낙인을 찍는가?

순조는 강한 어조로 담임 목사에게 서신을 보냈다. 모태신앙을 우스갯거리로 폄하하는 일은 개개 당사자에 대한 인격 모독이라는 것, 다윗도 모태신앙이었고("…모태에서 나올 때부터 주는 나의 하나님이 되었나이다." 시편 22편 9-10), 하나님은 당신의 형상대로 인간을 만들었기(창세기 1:27) 때문에 인간은 태어날 때부터 누구에게도 양도할 수 없는, 하늘로부터 품부 받은 천부인권을 가지기에 개인의 인격 모독은 하나님이 기뻐하시지 않는다는 사실, 하나님은 사람의 외모를 취하지 아니하시고 그 중심을 보시기에 (삼상 16:7) 설교시간에 사모의 외모를 칭찬하는 일은 신도들이 듣기가 매우 민망하다는 것, '신천지 끄나풀'인지는 "하나님만이 진실을 아신다(God Sees the Truth)"는 함축된 언어와 "입법자와 재판관은 오직 한 분이시니…(야고보 4:12)", "…다만 나를 심판(판단)하실 이는 주시니라(고전 4:4)."는 구절을 인용하였다. 영문 인용은 그녀가 시골 안동교회 고등부 시절에 읽었던 톨스토이 단편 소설의 제목이다. 조 목사와 순덕 사모는 둘 다 크게 놀랐으나 반응은 각기 다르게 나타났다.

"남 집사 놀랍네. 직언直言이라…! 좋지요."

"아니, 무어가 좋다는 거야? 일개 집사가 목사를 가르치려 들다니! 이게 말이 돼?"

순덕 사모가 더 펄펄 뛰며 분을 삭이지 못했다. 사실 조 목사는 글을 보고서 뜨끔했다. 비록 새벽기도회나 수요예배라 하더라도 아내 외모 자랑을 십자가가 지켜보는 강단에서 해서는 안 되는 일이었다. 그걸 목사가 왜 모르겠는가? 그러나 부부 사이에 의견 충돌이 있거나 말다툼으로 해서 사모가 틀어져서 말을 하지 않는 경우 아내의 외모 칭찬을 강단에서 하면 반기며 풀어졌기 때문에 타성이 되어 잘못된 일인지를 깨닫지 못해 왔다. 순덕 사모는 남편이 더이상 자신의 외모를 강단에서 공개적으로 칭찬하지 못하게 된 점이 무엇보다도 가슴이 아렸다. '어디 두고 보라지, 이 교회에서 살아남을 것 같아? 흥!' 순덕 사모는 콧방귀를 뀌며 어금니를 꽉 물었다.

담임 목사는 직접 사과 대신에 대예배 설교 시간에 히브리서 12장 5-11절을 인용하여 설교로 마무리하였다. "징계는 사생아가 아닌 친아들이기 때문에 받는 것이요(여기서 징계는 영어로 'discipline'의 '훈련'이라는 뜻을 강조하였다.) …연단 받은 자들은 의와 평강의 열매를 맺느니라."

남 집사의 지역 담당 목사인 박홍식 부목사는 남 집사가 자신이 맡은 '성경공부'를 수강하지 않고 계속해서 기동욱 목사의 전도대 교육을 받는 것을 고깝게 여겼다. '아니, 지역 담당 목사를 뭘로 보는 거야!' 속으로 투덜거리며 전도사가 기획위원회에 추천한 권사명단에 남순조가 포함된 것을 마뜩찮게 여겼다. 권사는 교회에 등록한 뒤 5년이 돼야 집사에서 올라가는 직분이었고 남 집사는 3년차 밖에 되지 않았다. 그러나 성가대 봉사와 같은 특별한 경우에는 5년을 채우지 않는 사례도 많았다. 순조도 갈릴리찬양대 봉사를 하니 추천된 모양이라고 생각했다. 둘레 여러 교우들이 축하했다. 그런데 기획위원회에서 박홍식 부목사가 반대를 해서 최종 명단에서 제외되었다. 남순조는 그럴 수 있는 일이라고 애써 대수롭지 않게 여겼다.

'권사'는 초대교회 전통과 성경에 유래하지 않은, 한국 교회에만 있는 특이한 직분이다. 1953년 한국 장로교 총회에서 여전도회 전국연합회 임원들(김필례·유각경·한영신·김덕영·김함라·문복숙·김성무·이영숙)은 헌법 개정을 하여 여장로를 세울 것을 청원하였다. 총회는 여장로제를 허락하지 않는 대신에 권사제도를 신설한 것1)이 시작이었다. 남순조는 그까짓 권사를 미리 거절하면 어떨까도 생각해 보았으나 한국 교회의 뭇 권사들로부터 돌팔매질을 당할까 저어하여 그냥 참았다.

봄 심령 대부흥회 강사로 초빙된 김동수 목사는 새벽 설교시간에 '스데반 장로'라고 지칭하였다. 은혜가 되지 않는 설교였다. 이건 곡학아세曲學阿世가 아니라 성경을 그릇되게 인용하여 장로들에게 아부하는 것이 아니고 무엇이냐며 남순조는 분개하였다. 예수를 팔아 빌라도 법정에 세워 "바라바 대신 예수를 못 박으소서."라고 외친 군중들이 서기관과 장로들과 의논하고 그들의 자문을 받아서(마태 16:21-26:47/57, 27:1/3/12/20; 마가 8:31, 14:43/53, 15:1; 누가 9:22, 22:52/66; 행전 22:5) 예수를 십자가에 달리게 하였음을 성경은 말해준다. 이에 더하여 장로들은 초대교회 베드로와 제자들이 성령을 받고 복음 전파하여 하루에 믿는 자가 5천 명이 넘을 때도 제자들을 핍박하였던(행 4:5) 장본인들이다.

이처럼 예수를 십자가에 못 박는데 앞장섰고, 그리고 초대교회 사도들(베드로)이 복음 전파할 때도 핍박을 서슴치 않았던 자들이 장로들 아닌가? 그들은 회개하였는가? 그런데 어찌하여 예루살렘 공회(행전 15:4)에서 장로들은 사도들과 함께 뜻을 같이 하는지는, 또한 '각 교회에서 장로들을 택하여 금식 기도하며 그들이 믿는 주께 그들을 위탁(행 14:23)'했으며, 바울은 장로들을 청하여 '여러분을 감독자로 삼고 하나님이 자기 피로 사신 교회를 보살피게 하셨느니라(행 20:28)'고 격려하였는지 저간의 사정을 밝히는

---

1) 김광현 (1993), 《이 풍랑 인연하여서》, 서울: 성서교재사, 440쪽

것은 신학자들의 몫일 터이다.

장로는 구약 출애굽기(12:21), 레위기 등 여러 군데에서 기록이
보인다. 시실 유대민족의 하급 관리 구실을 담당했었다. 바울이
전도 여행을 할 때 유대교 회당에서 가르쳤기 때문에 바울 시대에
오면 기독교가 유대교의 전통과 습합한 것이 아닌가 한다.

사실 2세기부터 교회(카톨릭)에서 장로제도는 없어졌다가, 종교
개혁 운동이 있은 뒤에, 개혁교회(reformed church) 즉 개신교회
에서 다시 장로제도를 채택하였다. 카톨릭 교회에서는 초대교회
안수집사(deacon)를 부사제로 칭한다. 개신교도들을 프로테스탄
트(protestant), 즉 카톨릭에 '항의하는 사람들'로 총칭하는데, 잉
글랜드에서는 청교도, 스코틀랜드에서는 장로파, 프랑스에서는 위
그노, 독일에서는 고이센으로 불렀다. 특히 칼뱅은 초기부터 장로
제도를 엄격하게 도입하였다. 물론 장로 안수도 이때부터였을 것
이다.

'장로'라는 단어는 유대교에서만 사용한 전유물은 아니었다. 초
기 불교에서도 '장로'라는 명칭을 사용했었다. 인도 마우리아제국
3대 아소카 왕(B.C.265-B.C.232) 시대에 불교가 중흥하였다. 아
소카왕은 장로들을 스리랑카에 보내서 불교를 전파[2]하였다는 기
록이 있다.

남 집사는 부흥목사의 잘못된 성경 해석을 전도대 교육 토론시
간에 기동욱 목사에게 즉각 제기하였다. 기 목사의 보고를 받은
담임 목사는 수요예배 설교에서 자신은 김동수 부흥목사와 같은
견해임을 전제하고, 스데반이 집사가 아닌 장로인 이유는 안수기
도를 받았다는 것을 근거로 내세웠다. 현대 교회 전통에서 장로에

---

2) 한 학술단체의 인도여행에 참가한 적이 있다. 과거 불교에서도 '장로'제도가 있었
다는 사실에 무척 놀랐다.

게 안수하는 것에서부터 연역적으로 결론을 끌어내었다.

　남순조는 목사의 잘못된 해석을 그냥 묵과할 수는 없었다. 모태 신앙의 명예를 걸고 바로잡겠다고 다짐하였다. 집사의 영어 명칭은 'deacon'이며, 이는 헬라어의 diaconia에서 파생되었는데 그 뜻은 'to serve the table'이다. 집사는 초대교회 공동식사 때에 신도들에게 봉사하는 직분이었다. 신도들 수가 점점 늘어나자 초대교회 사도들은 설교와 기도, 전도와 식사 대접 모두를 감당하기에는 벅찼기 때문에 신도들 가운데에서 직선제로 선출된 일곱 집사들에게 안수기도를 하고 공동 식사 대접을 맡긴 것이다.

　순덕 사모는 남 집사가 '스데반 집사'라고 우기는 일에 '스데반 장로'라고 주장하는 남편을 돕고자 3일 동안 철야 기도를 드리러 일찌감치 베데스다 기도원으로 떠났다. 부속 식당에서 식사를 해결하며 불철주야로 기도에 매달렸다.

　"오! 주님, A교회에 평화를 주소서. 지금 스데반이 집사인지 장로인지의 문제를 놓고서 서로 팽팽히 맞서고 있습니다. 이제까지 35년 동안 당신의 종으로서 목회를 해 온 내 남편에게 축복하시사 이 국면을 승리로 이끌 수 있도록 도와주옵소서…"

　순덕 사모는 거듭거듭 머리를 조아리며 두 손 모아 간절히 기도드렸다. 그런데 결말은 너무 쉽게 나왔다. "이튿날 떠나 가이사랴에 이르러 일곱 집사 중 하나인 전도자 빌립의 집에 들어가서 머무르니라(행 21:8)"가 결론이었다. 처음 선출된 일곱 집사들의 직분은 신도들의 공동 식사와 구제하는 일에서부터 시작했으나 빌립의 경우처럼 뒤에는 전도자의 직분도 함께 한 것이다. 그 좋은 사례가 기독교 최초의 순교자 스데반 집사를 들 수 있지 않을까? 현재 한국 교회는 성경에서 그 근거가 미약하고, 세계 교회 전통에서도 유래를 찾기 힘든 '권사 제도'를 폐지하고 서리집사—안수집사의 단계로 나아가는 것이 더 성경적이지 않을까 한다.

　베드로가 사역할 때 뽑힌 일곱 집사들은 안수기도를 받았으나, 바울 시대에 등장한 장로들은 금식기도는 했으나 장로들을 선출하여 안수기도를 했다는 내용은 오히려 성경 어느 구절에도 보이지 않는다. 성경에 보면 안수기도를 받은 이들은 일곱 집사들 다음에 사울(바울)과 바나바였다. 이들에게 안수기도를 하고 전도자(선교사)로 파송한 것이다(행 13:3). 또 하나 순조가 이해할 수 없는 것은 부목사들 가운데도 아버지를 목사로 둔 모태신앙이 많음에도 담임 목사의 잘못된 해석을 아무도 문제 제기하지 않았다는 점이다. 참으로 개탄할 일이다.

　조익수 담임 목사는 주일예배 설교에 에베소서 2장 8-9절을 자주 인용한다. "너희는 그 은혜에 의하여 믿음으로 말미암아 구원을 받았으니 이것은 너희에게서 난 것이 아니요, 하나님의 선물이라 행위에서 난 것이 아니니 이는 누구든지 자랑하지 못하게 함이라." 행위가 아니라는 것을 자주 자주 강조한다. 에베소서는 바울의 친서가 아닌 위작이며 바울을 아는 제자가 바울의 이름으로 썼다는 설이 과거에는 지배적이었다. 바울 서한에는 그곳 교우들과 동역자 안부를 세세히 묻는 것이 일반적인데 에베소서는 이 안부가 없다는 점을 들었다. 그러나 1900년대에 들어와서는 그의 친서라는 주장이 정설로 우위를 점하고 있다.[3] 이 에베소서 구절이 바울신학의 핵심이라고 한다.

　물론 천국 문을 열고 들어가는 것은 예수 믿는 자에 국한된다는 것은 너무나 당연한 일이다. 신자들 가운데 베드로의 신앙고백처럼 "주는 그리스도시오 살아 계신 하나님의 아들"임을 믿지 않는

---

3) 조명한(2015), 《에베소서의 이해》, 서울: 지식산업사

자가 어디 있으리오. 하나님 은혜로 예수를 믿는 구원의 선물을 받은 신도들은 감사함으로 그 믿음을 행위로 입증해야 하는 의무가 있다고 남순조는 생각한다. "사람이 마음으로 믿어 의(義)에 이르고 입으로 시인하여 구원에 이르느니라(롬 10:10)"는 이 구절 때문인지는 몰라도 요즈음 목사의 설교 대목 대목마다 '아멘' '아멘'을 연발하며 통성기도 시간에 "밋-씁니다"를 소리 높이 외치는 신도들이 대부분이다. 그렇다면 목소리가 큰 사람들일수록 천당(남순조가 유년주일학교 시절에는 천국을 천당으로, 교회를 예배당으로, 성령을 성신으로 일컬었다.) 안방을 차지하기가 쉽다는 논리로 비약된다. 과연 그럴까?

믿음은 눈으로 볼 수 없는 추상명사이다. 성경에도 이렇게 말한다. "믿음은 바라는 것들의 실상이요, 보이지 않는 것들의 증거니(히 11:1)." 그렇다. 믿음은 눈으로 볼 수 없기 때문에 행위로 나타난 결과로 평가받을 수밖에 없다. "참, 그 사람 신앙심이 깊어."라고 칭찬받는 사람들은 주님의 가르침을 몸소 실천하는, 실천하려고 노력하는 기독교인을 일컬어 평가하는 말이다. 주님을 믿지 않는 비 기독교인들의 선행을 가리켜서 "참, 그 사람 믿음이 좋은 사람이야!"라고는 하지 않고, "참, 그 사람 도덕군자야!"라고 평한다.

그런데 〈히브리서〉 11장에서 믿음은 아브라함이 아들 이삭을 번제물로 바치는 믿음, 주님과 동행한 에녹의 믿음, 사라의 믿음 등을 열거한다. 어찌 현세를 살아가는 우리 인간들이 그러한 믿음을 가졌다고 감히 말할 수 있겠는가! 그런데, 말로는 기독교인이라고 칭하면서도, 예수 믿지 않는 사람들보다 더 파렴치한 행위를 서슴치 않는, 그러면서 바울이 말한 에베소 3장 6-7절의 '행위가 아닌 은혜로 구원 받았다'는 구절을 빙자하여 자신들의 그릇된 행위들을 정당화하는, '회칠한 무덤'처럼 겉만 뻔지르르한 기독교인들이 늘 논쟁의 중심에 서 있음을 직시해야 한다.

아브라함도 하나님의 명령 – '갈대아 우르를 떠나 가나안으로 가라'에 무조건 순종하였기에 그의 믿음을 증명하였다. 모세도 바로의 공주 아들이라 칭함을 믿음으로 거절하였고, 요셉도 믿음으로 이스라엘 자손들이 떠날 것을 명하였고, 기생 라합도 믿음으로 정탐꾼을 평안히 영접하여 멸망하지 아니하였다. 이들은 모두 믿음을 행위로써 증명한 믿음의 조상들이다.

어떤 목사님은 믿음을 '하나님 말씀에 대한 '순종'4)으로 정의하였다.

> …여호와께서 번제와 다른 제사를 그의 목소리를 청종하는 것을 좋아하심같이 좋아하시겠나이까 순종5)이 제사보다 낫고 듣는 것이 숫양의 기름보다 나으니(사무엘 상 15장 20절).

물론 16세기 초 종교개혁 당시에 기성 교회(천주교)는 성서 · 복음 · 신앙보다 의식(ritual)과 겉으로 보이는 선행에 더 치중했었기에 교회개혁운동을 일으킨 점은 십분 공감한다. 그렇다고 하더라도 마틴 루터가 〈야고보서〉를 성경에서 빼려 한 것은 〈야고보서〉를 잘못 해석한 오류에 휩싸일 뻔하였다. 마틴 루터는 '행위가 아니라 믿음으로만(sola fide) 구원받을 수 있다'고 주장함으로써, 그 뒤 개신교 신학에 결정적인 영향을 끼쳤다.6)

야고보서는 '행함이 없는 믿음은 죽은 믿음'이라고 믿음을 곧 행

---

4) 꽃재교회 김성복 목사님은 믿음을 순종이라고 설교하였고, 김병삼 목사님은 그 순종이 '하나님을 기쁘시게 할 때'라는 단서를 달았다.
5) 영학관 시절, 식사때마다 낭송했던 기도문의 저자, 성 프란체스코의 고향 씨에나를 이탈리아 여행 때 방문했다. 그는 청빈·순종·순결을 강조했다.
6) 문동환(2015), 《예수냐 바울이냐》, 서울: 삼인

함과 등치시키고 있다. 또한 예수의 직계 제자인 베드로 역시 행위의 중요성을 강조한다. "외모로 보시지 않고 각 사람의 행위대로 심판하시는 이를 너희가 아버지라 부른즉…"(벧전 1:1). 그런 점에서 남순조는 야고보와 베드로가 너무나 인간적이어서 매력을 느낀다. 풀리지 않는 의문을 그들이 풀어주었기 때문이다.

야고보는 적어도 믿음과 행위를 상호 배타적(mutually exclusive)이 아니고 상호보완적(mutually inclusive)으로 해석했다. 바울이 맞고 야고보와 베드로는 틀리며, 또는 야고보 · 베드로가 맞고 바울이 틀리다는 말이 아니라 에베소서 2장 8-9절과 야고보서 2장 14절 · 벧전 1:1은 상호보완의 관계에 있다고 남순조는 주장한다. 오죽하면 바울도 디도서 1장 16절에 "그들이 하나님을 (입으로) 시인하나 행위로는 부인하니 가증한 자요, 복종하지 아니하는 자요, 모든 선한 일을 버리는 자니라."고 믿음은 행위와 일치해야 한다는 것을 강조하였을까! 이미 은혜로 구원을 받았으니 행위는 아무렇게나 해도 된다면, 한때 항간을 떠들썩하게 했던 세월호의 '구원파'와 무엇이 다르다는 말인가?

조 목사는 주일예배 설교에 어느 목사님 책을 소개했는데, 그 목사님은 한국 교회 교인들 가운데 2, 3%만이 천국에 들어가게 될 것으로 예측하였다. 조 목사는 매우 낙담한 심정이 되었지만 에베소 2장 8-9절 인용하기를 포기하지 않았다. 천국에는 믿음으로만 들어가는 것은 맞다. 그런데 믿음은 사람 눈으로 검증할 수 없다. 오직 '중심'을 보시는 하나님만이 아실 것이기에 하나님만이 심판하실 것이다.

사실 예수님의 행적을 적은 4복음서(마태 · 마가 · 누가 · 요한)에 보면, 예수님이 선한 행위를 많이 강조한 것을 알 수 있다. 누가 진정한 이웃이냐에 대한 답으로 '선한 사마리아인(good

Samaritan)'의 예화를 들려주셨다(누가 10장 25-37절). 예수님이 영생을 얻고자 하는 율법교사 질문에 이렇게 답하셨다. "…너도 가서 이같이 하라", "네 소유를 팔아 이웃을 구제하라", "남의 눈에 티끌은 보면서 자신의 눈에 들보는 보지 못하느냐?", "눈에 보이는 형제를 사랑하지 않으면서 어찌 눈에 보이지 않는 하나님을 사랑한다고 하겠는가?", "너의 이 뺨을 치는 자에게 저 뺨도 돌려대며 네 겉옷을 빼앗는 자에게 속옷도 거절하지 말라", "네 원수를 사랑하라", "너를 핍박하는 자를 위하여 기도하라", "고아와 과부들을 잘 보살피라", "네 십자가를 지고 나를 따르라" 이 밖에도 많은 선한 행동을 제자들과 대중들에게 요구하였다. 물론 "나는 길이요 진리요 생명이니 나로 말미암지 않고는 아버지께로 올 자가 없느니라."고 예수님을 믿음으로써만 천국에 들어간다는 것을 전제하기도 하였지만.

그런데 바울은 예수님 생전에 그를 따르던 직계 제자가 아니라 예수님이 승천한 뒤에 예수쟁이들을 잡으려 다메섹으로 가는 길에서 성령에 이끌리어 부활한 예수를 만나고 회심한 것이 아닌가! 바울은 로마시민권도 가졌고 학식이 두터웠기에 그를 택하여 기독교를 세계에 전파하고, 이론적(철학적)으로 체계화하게끔 도구로 삼은 것은 하나님의 권한에 속하였다. 바울의 고향 다소는 길리기아의 수도로 그리스 문화의 영향을 받았고 아테네보다 더 수준 높은 학문의 중심지였다. 그러나 믿음으로써만 의인으로 칭함을 얻고[以信稱義] 입으로 시인하여 구원에 이른다는 이론이, 단순하게 일반 교인들이 입으로만 아멘, 아멘 하면서, 행위는 묵사발처럼 해도 된다는 말은 정녕 아닐 것이다. 예수님이 명령한 가르침들을 실천하는 일이야말로 네 마음과 뜻과 목숨을 다하여 주 너희 하나님을 사랑하는 일일 것이며, 진정한 의인으로 칭함을 받을 것이다.

그런데도 한 가지 아쉬운 점이 남는다. 왜 바울은 회심한 다음에 곧바로 예수님과 3년 동안 숙식을 같이 하며 함께 고생했던 베드로를 비롯한 제자들을 만나러 예루살렘으로 달려 올라가지 않았을까? 왜 그들과 얼싸 안고 예수님을 만난 감격을 함께 나누며, 눈물을 흘리며 예수님의 삶과 가르침을 서로 토의하며 공유하지 않았을까? 바울은 곧바로 아라비아로 갔다가 다시 다메섹으로 돌아갔다가(갈 1:17) 3년 뒤에야 예루살렘에 가서 베드로와 예수의 형제 야고보를 만나 15일을 함께 지냈다고(갈 1: 18-9) 했다. 애초부터 이들이 함께 뭉쳐서 전도지역 선정과 복음 내용을 설계했더라면 교회 안에서 게바파니, 아블로파니 바울파니 하는 분쟁은 없었을 터인데 말이다. 그리고 오늘날 바울이 너무 관념적이고 추상적이라는 비판을 면했을 수도 있었을 것이라고 순조는 감히 생각해 보았다.

8월에 열리는 '여신도 연차대회'에 숭실대학교 교목실장인 안명진 목사가 강사로 초빙되었다. 남 집사가 설교 시간에 맞게 달려와서 듣기를 매우 잘했다고 생각할 만큼 안 목사님의 설교는 감동이 있었다. 유럽의 산업화 시대에 소외된 계층을 교회가 얼마나 따뜻하게 품었는지를 설교하였다. 《메리 포핀스》나 《레미제라블》, 그리고 찰스 디킨스의 《두 도시 이야기》를 예화로 들면서, 따라서 한국 교회의 사명은 사회 약자들을 보호하는 데에 두어야 한다고 결론을 맺었다. 여담으로 안 목사는 "천주교 신도들은 입이 무거운 데 견주어 개신교 신도들 특히 여신도들은 이웃의 '뒷담화'하는 것을 매우 좋아한다."고 일침을 놓았다. 매천 황현과 퇴계 이황의 인품을 본받아야 한다고 했다. 옳으신 말씀이라고 남순조는 속으로 동조하였다. 그런데 '여신도 연차대회'를 두고 담임 목사 내외는 해외여행을 떠나서 안 목사의 설교를 듣지 못한 것이 매우 애석한 일이라고 생각하였다. 특히 순덕 사모가 설교를 들었으면 좋았을 터인데… 남순조는 아쉬워하였다.

기동욱 부목사가 남 집사 지역담당 목사가 되었다. 남순조는 기 목사의 성경 공부를 계속해서 들었다. 남순조가 기 목사의 전도대 교육과 성경 공부를 계속해서 듣는 데에는 나름대로 이유가 있다. 언젠가 수요예배 설교에 마지막 심판대에 선 사람들에게 내리는 선고를 예화로 들면서 '침묵한 죄'를 언급했을 때 그녀는 저절로 머리를 끄덕거렸다. 눈치 빠른 박흥식 부목사보다 우직하고 담임 목사에게 꾸지람을 많이 듣는 약자인 기 목사의 편에 서고 싶었을 것이다. 남순조가 한번은 기 목사에게 뼈있는 농담을 한 적이 있다.

"기 목사님 때문에 제가 담임 목사님에게 미움받는 거예요? 아니면 나 때문에 목사님이 미움받는 것입니까?"

목요일 새벽기도회를 마친 뒤 곧이어 구역회 모임이 5층 소모임실에서 있었다. 구역장 조영임 장로를 비롯해서 구역원들은 남순조처럼 집이 교회와 가끼운 곳에 있기 때문에 모두들 새벽기도회에 참석한다. 새벽기도회 마치고 이어서 구역예배를 보면 낮 시간을 활용할 수 있기 때문에 모두들 좋아한다. 이날은 남 집사가 기도를 맡았다. 기도는 하나님과 대화하며 자신의 허물을 뉘우치는 자기 고백이다. 순조는 오늘 새벽에 강독하고 묵상한 야고보서 1장 26절의 말씀을 떠올렸다.

"하나님 아버지 감사합니다. 하루의 첫 시간을 아버지께 바칠 수 있게 하시고 이어서 구역예배를 드리게 된 것 감사드립니다. 지난 일주일을 돌아볼 때 주님을 떠난 길을 정처 없이 걸은 적도 있습니다. 입으로는 '주여, 주여' 하면서 참 믿음의 본보기가 되지 못한 것 용서하여 주옵소서. 특히 오늘 새벽에는 야고보서를 묵상하였습니다. 그 말씀처럼 저희들 '혀에 재갈을 물려' 주옵소서. 이웃들의 마음에 상처를 주는 일을 하지 않도록 바르게 인도하옵소서. 저희 연약한 믿음을 굳게 세워 주옵소서. 다음 주일 만날 때까지 주님과 항상 동행하는 삶을 살도록 붙들어 주시기를 예수님 이름 의지하여 기도드립니다. 아멘."

　이 기도가 화근이 될 줄은 몰랐다. 예배를 마치고 모두들 떠날 채비를 하지 않기에 순조는 아들 아침을 차려 주려고 먼저 나왔다. 구역원들은 남아서 남 집사를 성토했다. 먼저 조 장로와 사돈의 사돈 관계에 있는 임 권사가 말을 꺼냈다. 조 장로 며느리 여동생이 임 권사 며느리였다.

　"혀에 재갈을 물리게 해 달라니, 우리들 들으라고 한 소리지 뭡니까?"

　"설마 그런 뜻이겠어요? 오늘 새벽에 들은 설교 내용을 강조한 것이지요."

　그래도 영문과 7년 후배랍시고 오 권사가 남 집사를 옹호하였다.

　"내가 박 목사를 한번 만나서 얘기해 볼께요."

　조 장로가 결론을 내고 헤어졌다. 조 장로는 비방과 뒷담화까지도 지역목사에게 보고하는 것이 장로(구역장)가 해야 하는 직무라고 생각한 모양이다. 지역담당 부목사가 기 목사로 바뀌었음에도 예전처럼 여전히 박 목사에게 전화를 걸어 만나자고 하였다. 박 목사는 마다할 이유가 없었다. 영향력 있는 장로와 긴밀한 관계를 유지하는 것은 후임 목사 청빙 때 크게 도움이 될 것이기 때문이다. 조 장로가 박 목사를 선택한 것은 그가 순덕 사모에게 밉게 보이지 않았기 때문이다. 두 사람은 교회 지하 식당 소모임실에서 만났다. 조 장로가 먼저 입을 열었다.

　"박 목사님, 글쎄 오늘 새벽 구역예배에서 남 집사가 구역원들을 비방하는 기도를 했지 뭡니까? 우리 모두 불만이 가득해요."

"기도 내용이 무언데요?"

"글세, 저희들 혀에 재갈을 물려 달라고 분명 말했어요."

"그래요? 오늘 새벽기도회에서 묵상한 야고보서 내용을 말한 것 같기는 한데…."

"그렇지만 구역원들 모두 심기가 불편해진 건 사실이에요."

"그럼 내가 사모님께 말씀드리지요. 그처럼 물의를 빚는 신도는 참 어쩔 수가 없네요."

박흥식 부목사는 즉각 사모에게 보고하였다. 사모가 교회 인사권을 좌지우지하기 때문에, 그리고 목사 퇴임 뒤를 바라본다면 사모의 뜻을 받드는 것이 우선이었다. 순덕 사모가 남 집사를 교회에서 쫓아내고 싶어 한다는 것쯤은 알고 있는 터라 이번 일에도 자신이 앞장서야만 했다. 기동욱 부목사가 자신보다 연배가 높고 먼저 부임하기는 했으나 자신은 미국에서 '목회학'으로 박사 과정을 밟고 있기 때문에 자신이 꼭 후임 담임 목사가 되어야 하며, 그 지름길은 순덕 사모에게 충성히는 일, 즉 가려운 데를 대신 긁어주는 일뿐이라는 것을 그는 잘 알고 있다.

남 집사가 뒤에서 자신을 음해하는 일이 벌어지고 있다는 사실을 깨닫게 된 것은 성경 공부 수련 뒤에 써낸 '간증문'을 읽은 담임 목사가 다음 날 새벽기도회에서 한 설교에서다. 그 간증문은 숭실대 교목실장이 지적한 개신교 여신도들의 '뒷담화'에 대한 자기반성이 있어야 하며, 자기반성은 곧 야고보서 1장 26절을 묵상하고 실천할 때에만 얻을 수 있다는 내용을 간추렸다.

"교우 여러분, 교회가 두 파로 갈라져서 싸우면 되지 않아요. 서로 뒷담화를 하지 맙시다. 사랑이 없으면 에베소 교회처럼 주님이 촛대를 거두겠다고 하셨어요. 의를 위하여 핍박받는 자에게는 주님이 늘 함께하시며 하늘에서 큰 상이 있을 것입니다."

　목사의 설교 소리가 아련하게 들려왔다. 남순조는 아버지께 부르짖었다.

　"오 하나님 아버지, 저에게 어찌 이런 곤고한 날들을 주시나이까? 당신은 어디에 계시기에 침묵으로만 일관하고 계시나이까? 주여 지금 여기 이 현장에 역사하시고 응답을 주옵소서!"

　어느덧 남순조의 뺨에는 두 줄기 눈물이 볼을 타고 흘러내렸다. 조영임 장로는 자신이 남 집사의 기도를 문제 삼아 박 부목사에게 보고했다는 사실이 뒤늦게 담임 목사에게 알려지자 (순덕사모를 통해) 맥이 쭉 빠졌다. 자신은 적어도 이 교회에서 장로인데 자신을 제쳐놓고 남 집사를 두둔하는 듯한 발언을 목사가 한 것이 더욱 마음에 켕겼다. 자신의 체면이 말이 아니게 구겨진 것 때문에 다음 주일날 대예배에도 빠졌다. 순조가 이 교회에 나온 다음 처음 있는 일이었다. 웨슬리성가대 알토 자리에 그녀가 보이지 않았다. 웬만해서는 주일예배에 빠지지 않는 조 장로가 얼마나 몸이 아팠으면 빠졌을까 교인들은 의아해했다.

　사실 남순조 집사와 조영임 장로 사이에 틈이 벌어지게 된 것은 아주 사소한 일에서였다. 조 장로가 부목사들을 한 명, 한 명 품평하는 일에 남순조가 묵묵부답으로 대응했을 뿐만 아니라 "기 목사는 못 써, 목소리가 틀렸어."라고 했음에도 기 목사의 교육 프로그램을 계속해서 듣는 남 집사가 그녀의 비위를 건드렸다. 더욱이 갈릴리찬양대를 만들 때 성가대장 김경숙 장로가 남 집사에게 알토 파트장을 맡긴 것이 조 장로의 심사를 결정적으로 꼬이게 만들었다. 자신도 알토 파트인데 후배 장로가 자신에게 상의도 하지 않은 것에 화가 났는지 40대 김순이 권사를 파트장으로 자신이 천거하였다. 남순조는 70을 바라보는 나이에 무슨 파트장이냐며 사양했으나 "파트장도 직분이니 기쁜 마음으로 받으라"고 대원들이 권유해서 받았으나 은근히 기분이 언짢았다.

한번은 조 장로가 전화를 해서 일산 꽃마을로 전체 구역장들 나들이를 가는 데 대리 참석을 권유해왔다.

"남 집사, 이번 구역장 나들이에 나 대신 참석해 줘요. 나는 그날 집안일 때문에 못 가요."

"나도 시간이 없어요. 다른 사람 보내세요."

남 집사는 순덕 사모가 비토 놓을 것이 불 보듯 훤한데 차마 그 말은 못 하고 시간을 핑계 삼았다. 그래도 조 장로가 순조의 이름을 대리 참석자 명단에 올려놓은 모양이다. 아니나 다를까 그 일을 진행하는 임 장로로부터 대리 참석은 불가하다는 통보를 이미 받았다. 그리고 남순조는 길에서 조 장로의 손 전화를 받았다.

"대리 참석은 불가하다네요. 담당 임 장로로부터 전화가 왔어요."

"네, 나도 통보 받았어요. 그것 보세요. 그럴 줄 알았지요. 임 상로가 아니라 아마도 순덕 사모가 명단에 내 이름이 있는 것을 보고 대리 참석은 안 된다고 했을 거예요."

"어떻게 아세요?"

"직관(intuition) 같은 거지요."

"아니, 무슨 그런 말이 있어요?"

"그럼 문학적 상상력이라는 표현이 맞겠네요."

"억지 주장 마세요."

"아니 그 말을 이해할 수 없다고요? 그럼 할 말이 없네요. 그리고 지금 길을 가던 중이라 잘 들리지 않으니 전화 끊겠어요."

조 장로가 무슨 말을 더 이어가려고 했으나 남순조는 전화를 끊었다. 초기에 순덕 사모를 만나러 가자는 제의를 순조가 거절한 것이 못마땅해서인지 조 장로는 연신 순덕 사모를 두둔했다.

'잘난 척하기는…, 나를 뭘로 보고… 아니 문학 전공한 게 그리 도 뻐길 일이야?'

조 장로는 투덜거리며 무언지 모를 분노가 치밀어 오는 것을 눌 렀다. 사실 구역장 나들이에 구역장이 참석하지 못할 경우 구역원 이 대리로 참석해 온 것이 이제까지 관례였다. 그렇게 해 왔으니 조 장로도 대리 참석을 권유한 것이 아닌가! 임 장로 또한 대리 참석은 안 된다고 독단으로 우길 그럴 사람도 아니었다. 그 뒤부터 조 장로는 남순조에게 트집 잡을만한 일이 생기면 곧바로 박홍식 부목사에게 보고했다. 지난 목요일 새벽 구역예배 시간에 남 집사 의 기도 내용을 박 목사에게 보고하며 성토한 것도 이러한 저간의 사정에서 연유한다.

신천지의 끄나풀로 오해한 부분을 "하나님만이 판단하신다"고 강력하게 반발한 남 집사의 글에 대한 답변으로 담임 목사가 히브 리서 12장을 인용한 설교로 대신한 것은 이미 언급하였다. 담임 목사에게는 갈릴리성가대원으로 새벽기도회에 빠짐없이 참석하 며, 여신도회와 구역예배, 심지어는 '군 선교회'에서 주관하는 장 병들에게 집단 세례를 주는 행사에도 먼 길을 마다 않고 참석하는 남 집사가 돋보이기 시작했다. '내가 처음에 오해를 한 게 틀림없 군.'하고 속으로 미안해했다. 새벽기도회 참석하랴, 교회 일로 회 의하랴, 봉사하랴, 집안일 보랴, 새벽부터 분주하게 하루를 보낸 여장로들은 성경 공부 위주의 수요예배 시간에는 졸기 일쑤였다.

남 집사는 목사의 설교를 경청하며 질문을 하면 즉각 대답하였 다. '즉답'이라는 별명이 남 집사에게 따라 다녔다. 사실 성경에 보면 예수님을 접대하기 위해 부엌에서 땀을 흘리며 음식 장만하 기에 바쁜 마르다보다 언니를 돕지 않고 예수님 앞에 앉아서 주님 의 말씀을 경청한 마리아를 예수님이 더 크게 평가하였던 것에서도 알 수 있듯이 설교시간에 조는 것은 설교자에게는 실례가 되는 일이다. 조 장로는 물론 교회 일과 손녀 돌보는 일로 동분서주 바빴겠으나 곧잘 수요 저녁예배에 조는 일이 많았다. 담임 목사는 남 집사의 됨됨이를 재평가하면서 순덕 사모의 의중을 슬쩍 떠보았다.

"남 집사 다시 보아야겠어. 목사의 질문에 즉답을 하고 예배 시간에 졸지도 않고 말이야. 그리고 갈릴리성가대가 은혜로운 찬양을 올리는 것에도 남 집사가 크게 한몫한다고 생각돼."

"그게 왜 남 집사 덕분인가? 성가대장 김 장로 덕이지."

"후배 김미경 교수도 우리 교회로 인도를 했고, 성경공부도 열심이고 새벽기도회도 빠지지 않고 동역자 자격이 충분하다고 생각해."

순덕 사모는 속으로 흥 하고 콧방귀를 뀌었으나 겉으로는 무심한 척하였다. 남 집사를 극도로 미워하는 자신의 마음을 남편에게 들켜서는 안 된다고 생각해서였다. 김미경 교수는 석사 과정을 함께 했던 남순조의 동기생이다. 후배라는 말은 사회학과 학부 졸업이 남순조보다 훨씬 아래 학번이라는 뜻이다. 박사 과정은 서로 달라서 그녀는 사회학 박사를 받고 현재 전북대학교 교수로 재직하고 있다.

김미경도 강남 아파트로 이사해서 남순조와 우연히 마트에서 마주쳤다. 반가운 김에 가까운 공원 벤치로 가서 이런저런 이야기를 나누었다. 김 교수는 작년에 안식년으로 1년 동안 미국 뉴욕대학에 가서 연구하고 돌아와서는 '새생명교회'를 섬기고 있었다. 그녀는 자신이 섬기는 교회 담임 목사의 전횡을 털어놓았다. 어느 부목사를 단칼에 쳐 내서 교인들 앞에서 사임 인사도 하지 못한 채 어영부영 그 부목사가 사라졌다면서 눈물을 글썽거리며 하소연하였다. 남순조는 "'새생명교회'는 담임 목사가 문제이고 우리 교회는 사모가 문제"라는 말을 떠올렸다. 그러나 순조는 오히려 후배에게 권면하였다.

"어느 교회나 크든 작든 나름대로 문제들이 있어. 그래도 영 마음이 허락하지 않는다면 우리 교회로 와."

'우리 교회는 사모가 문제'라는 말을 남순조는 차마 입에 올리지 못했다. 후배 앞에서 사모 뒷담화를 하기에는 그녀 마음이 허락하지 않았고 또 선입견을 미리 주기 싫어서였다. 김미경은 서너 차례 A교회에 와서 예배를 드려 본 뒤에 등록을 하고 집사로서 열심히 교회를 섬기며, 학계에서는 '여성학회' 회장으로 활약하고 있다(여성학회 회장으로 피선되었다는 학계 소식을 신문으로 접한 남편이 순조에게 '축하 전화'를 해 주라는 제의를 묵살하고 A교회를 떠난 뒤로 후배와는 연락을 끊었다).

9월에 시작한 기동욱 목사 주관 18주 성경 공부는 막바지에 이르렀다. 이번에는 남순조를 권사로 올리는 일에 기 목사와 담임 목사가 뜻을 같이하였다. 교육 시간에 기 목사는 '남 권사님'으로 스스럼없이 불렀다. 한번은 마지막 교육을 받으러 5층에 가려고 1층에서 엘리베이터를 기다리고 있었다. 등 뒤에서 '남 권사님' 부르는 소리에 돌아섰다.

"어머나, 목사님! 어디 외출하는 길이세요?

"네."

"그런데 목사님, 이번에도 시험에 드실 겁니까?"

"아닙니다. 절대로 시험에 들지 않습니다."

'절대로 시험에 들지 않는다'는 담임 목사의 말은 지난해처럼 권사 명단에서 임의로 남순조의 이름을 빼지 않겠다는 뜻이다. 이런 분위기에서 조영임 장로도 어쩔 수 없이 낯선 교우들에게 남순조를 소개할 때 '내년에 권사 되실 분'이라고 마지못해 인정하였다. 그렇지만 남순조는 조영임을 이해하기가 껄끄러웠다. 어떻게 같은 구역 식구인데 구역장이 되어서 구역예배에서 드린 기도 내용을 다른 지역 부목사에게 몰래 보고할 수가 있을까? 더욱이 연말에는 구역 식구들 부부 동반으로 두어 번 만난 적도 있고 안팎이 함께 친하게 지내오던 사이였는데 말이다.

남순조 남편은 좋은 강연 듣는다는 마음으로 교회를 따라가지만 세례받기를 사양하는, 믿음이 없는 관계로 그녀는 교회에서 일어나는 바람직하지 않은 일들을 시시콜콜 남편에게 말하지 않는다. 그런 일들은 남편을 기독교인으로 만드는 데 방해만 될 뿐이다. 또 하나 작년 11월에 출판인 부부 15명이 일주일 동안 이탈리아 여행을 하였다. 그 가운데 한 부인이 충현교회 권사였고 남편은 믿지 않았다. 대형 교회에서 일어날 수 있는 교회 분쟁이었는데, 그 부인이 새벽기도회다 헌금이다 열심히 교회 봉사를 했는데 졸지에 '교회에 나오지 말라'는 경고를 받았다는 것이다. 휴식시간에 그 남편은 큰 소리로 '그 따위 교회가 다 있느냐?'고 분을 삭이지 못하였다. '의논할 데가 오죽이나 없었으면 믿지 않는 남편에게 하소연했을까.' 남순조는 일견 이해가 가면서도 절대로 교회의 부정적인 이야기는 남편에게 하지 말자고 결심했다. 그런데 조 장로가 작년에 남편을 찾아 왔던 모양이다. 그러고는 남편이 모르는 교회 사정을 이러쿵저러쿵 이야기한 것이다.

"어제 조 장로가 나를 찾아왔던데, 당신이 조 장로를 한번 만나 보아. 권사를 시켜주겠다는데…"

"아니, 자기가 뭐라고? 장로가 권사를 시키고 말고 하는 그런 자리인가?"

순조는 어이가 없어서 큰 소리로 되물었다.

"그리고 그 남편 신 권사 말이야, 같은 대학 출신이라고 나를 선배로 대접하겠다는군. 그러기도 쉽지 않아."

남순조 남편은 자신이 알고 있는 진정한 기독교인은 친구 이만희 장로(전 국사편찬위원회 위원장) 한 사람뿐이라고 늘상 말해 왔다. 남편의 권유에도 끝내 남순조는 조영임을 따로 만나지 않았다. 알토 파트장만 2명이 되면서, 문학적 상상력 이해 불가 문제로 소원해졌던 관계를 하루아침에 돌리기는 어려웠다. 그런데다가 기도 내용을 박 부목사에게 보고하다니, 그리고 아무것도 모르는 남편을 찾아와서 이러쿵저러쿵 교회 일을 말하다니. 순조는 그만 평상심을 잃고 말았다. 조 장로에게 '문자'를 보냈다. '아차' 하며 후회했지만 화살은 이미 활시위를 떠난 뒤였다. 혀의 '재갈'만큼 손에도 '제어 장치'가 필요했다.

'순덕 사모가 중앙문에서 악수하는 것에 대한 신 권사(조장로 남편)의 비판을 누구에게도 말하지 않았는데, 내 기도 내용을 보고하느냐! 이것이 신 권사가 말한 선배를 깍듯이 모시겠다는 대접이냐?'

조영임은 깜짝 놀랐다. 그리고 마음에 조바심이 일었다. '만약 남 집사가 소문을 내어 이 말이 순덕 사모의 귀에 들어가면… 아 아 생각하기도 싫다. 나와 신 권사 체면은 무엇이 되며, 목사와 사모를 어떻게 본단 말인가.' 인간은 누구나 자신을 본보기로 남을 판단한다. 조영임 자신도 남들이 하는 뒷담화에 익숙해진 터라, 남순조 또한 틀림없이 소문을 퍼트릴 것으로 단정했다. 맥이 빠지고 밥맛을 잃고 그만 몸져 눕게 되었다.

다음날 주일 3부 예배에 조장로가 빠졌다. 두 번째였다. 대예배 시간에 웨슬리찬양대 알토 대원 자리에 조영임 장로가 보이지 않았다. 남순조는 자신의 문자 내용 때문에 조 장로가 대예배에 빠진 것을 보고 미안한 마음에 '문자'를 또 보냈다. '지난번 문자 내용은 아무에게도 말하지 않겠다.' 그러자 '고맙다.'는 답전이 조영임에게서 왔다.

그런데 엉뚱한 곳에서 들불이 번지기 시작했다. 조영임 장로가 주일 대예배에 두 번째 빠진 것 때문에 온 교회가 들썩거렸다. 그 어머니와 친분이 있던 은퇴 여장로 한 분이 담임 목사에게 문제 제기를 했다.

"아니, 새로 들어 온 뿌리도 모르는 남 집산가 남 권산가 뭔가 때문에 우리 조 장로가 마음 다쳐서야 되겠어요? 목사님 잘 보살피세요. 지켜보겠어요."

은퇴 여장로는 '뿌리도 모르는' 대신에 '어디서 굴러먹던 뼈다귀인지도 모르는'이라는 표현을 쓰고 싶었지만 그래도 점잖은 표현을 쓰길 잘했다고 생각했다.

"네, 장로님! 잘 하겠습니다."

담임 목사는 난감하였다. 이미 기획위원회와 당회를 모두 통과한 사안이며, 담임 목사가 남 권사로 호칭하며 '시험에 들지 않겠다'고 철석같이 약속했던 바인데, 이제 와서 원로 장로가 문제제기를 하다니 마음이 편치 않았다. 순덕 사모는 이 기회를 180도로 바꿀 절호의 찬스로 계산을 마쳤다. 담임 목사 내외는 미국 L.A. 지역 한인 교회와 자매결연을 맺는다는 구실로 미국으로 떠나 3주 동안 교회를 비웠다. 시끄러운 시간 동안 피해 있고 싶었던 것이다. 순덕 사모는 이때다 싶어서 남편에게 매일 주문을 외웠다.

"남 집사가 종로 지역 권사 교육까지 마쳤지만, 은퇴 장로가 반대하니 어떡해. 자기가 이렇게 하면 안 될까? 내년 새해 권사 명단을 발표할 때 남순조 이름을 빼는 방법이 있어. 그때까지 시간을 벌면서 내가 박흥식 부목사를 앞세워 여론 몰이를 하면 되잖아."

담임 목사는 가타부타 대답을 하지 않았다. 귀국해 보니 분위기는 여전히 냉랭하였다. 이 일에도 결국 박홍식 부목사가 총대를 멨다. 순덕 사모는 '손대지 않고 코 푸는 법'을 고안해 내고는 득의만면하였다. 조영임 장로를 지지하는 원로 장로의 반대로 남순조 이름이 새해 권사 명단에서 빠졌다고 하면 화살은 자연히 조 장로에게로 갈 것이고 자신은 앓던 이를 뺀 것처럼 속이 후련할 것이니 '꿩 먹고 알 먹고'란 이런 경우에 쓰이는 말이 아닐까, 그녀는 내심 고소해했다. 결국 순덕 사모는 전면에 나서지 않고도 조 장로와 박 부목사를 방패막이로 내세워 그녀의 숙원 사업이었던 남순조를 A교회 밖으로 몰아내기에 성공을 거둔다.

남순조는 A교회를 떠날 마음의 준비를 했다. 권사 명단에서 졸지에 빠진 것 때문이라면 자신의 믿음이 너무 초라한 것 같아서 마음을 다잡으려고 가까운 동네 교회 새벽기도회에 나갔다. 기도하고 묵상하며 주님께 질문하였다. '제가 무얼 그리 잘못했습니까?', '교회를 옮겨도 하나님 아버지 용서해 주실 거죠?', '내가 섬길 수 있는 교회는 어디에 있습니까?', '어서 응답해 주소서.' 조용한 묵상 가운데 갑자기 박홍식 부목사의 설교가 뇌리에 스쳤다. 언젠가 수요예배 설교를 맡았을 때 느닷없이 박 목사가 한 말이 떠올랐다.

"여러분들의 시대에는 예수님이 구름 타고 나팔 불고 재림하는 일은 없을 것입니다."

마태복음 24장 29-30절과 마가복음 13장 27절의 "…인자가 구름을 타고 큰 권능과 영광으로 오는 것을 사람들이 보리라"는 말씀과는 배치되는 것이 아닌가? 그때 남순조는 너무 놀라서 그다음 박 목사가 무슨 말을 지껄이는지 머리가 혼미하고 아무 소리도 들리지 않았다. 설교를 '지껄이다'는 단어로 표현하기에는 너무 거

칠어 적합하지 않지만, 그러나 그 단어가 그날 받았던 남순조의
충격을 이해하는 데 도움이 될 것이기에 그대로 쓴다.

　'그러면 등불에 기름을 준비하지 않고 잠만 자다가 신랑을 맞을
준비를 하지 못한 미련한 다섯 처녀의 예화는 아무런 의미가 없다
는 말인가?'

　　　　"…그날과 그때는 아무도 모르나니 하늘의 천사들도, 아들도 모
　　　　르고 오직 아버지만 아시느니라"(마태 24:36)
　　　　"…주의 날이 도둑같이 오리니…"(벧후 3:10)
　　　　"이르시되 때와 시기는 아버지께서 자기의 권한에 두셨으니 너
　　　　희가 알 바 아니요"(사도행전 1:7)

　그날은 아무도 모르고 오직 아버지만 아시고, 아버지의 권한에
두셨다고 성경은 말한다. 물론 과학적으로는 박 목사처럼 말할 수
도 있을는지 모르겠으나 목사라면 믿음을 말해야 하는 것 아닌가?
그런데도 박 목사는 '여러분의 시대만은 아니다'고 말한다. 남순조
는 그가 이단이 아닌가 하는 생각에 이르렀다. 아무도 모르는 그때
를 '이 시기는 분명하게 아니다'라고 언급하는 것은 한 부분은 안다
는 교만과 무엇이 다르단 말인가! '마라나타(주여 어서 오시옵소
서)'를 주보에 표어로 새겨서 시시때때로 외치는 A교회 교인들은
그럼 무엇이 된단 말인가! 그녀가 A교회를 떠날 결심을 하는 데에
박 목사의 그 설교가 영향을 미친 것은 한 부분에서는 맞는 말이
다. 그런 생각에 미치자 담임 목사는 어떤가라는 의구심이 들었다.
　남순조가 담임 목사와 일대 일로 면담한 것은 '절대 시험에 들지
않겠다'고 다짐한 다음이며, 목사 내외가 미국으로 떠나기 전이었
다. 이 면담은 남순조가 먼저 제안하였다. 그녀는 최근 돌아가신

친정어머니 꿈을 꾸었다. 어머니가 꿈에 보이는 것은 순조에게 무언가를 조심하라는 예고인 때가 많았다. 그런 다음에는 늘상 모든 일에 신중하고 조심하는 편이었다. '무슨 일이 내게 있으려나' 생각하며 목사님에게 문자를 보낸 것이다. 수요예배 성가대 연습 시간 앞서 20분으로 미리 시간을 한정하였다. 담임 목사실은 두 칸으로 나뉘어져 있다. 남순조가 들어서자 행정비서 김양순 씨가 일어서며 자리를 권했다.

"남 권사님, 이리 앉으세요."

그녀는 자리에 앉지 않고 목사 서재를 들여다보았다. 벽을 둘러선 서가에 책이 잔뜩 꽂혀 있고 입구를 바라보는 자리에 책상과 의자가 있고 책상 위에 놓인 컴퓨터로 목사님이 저녁예배 설교 원고를 마무리하고 있었다.

"아, 권사님 들어오지 마세요."

담임 목사는 부리나케 걸어 나와 응접실에서 남순조와 마주 앉았다. 목사 서재에는 cctv가 설치되어 있다고 설교 시간에 말한 적이 있다.

"남 권사님의 가정, 모두 평안하시지요?"

"네, 목사님 가정도 평안하시구요?"

"그런데 특별히 저에게 하실 말씀이 있으신가요?"

"그런 건 아니고요. 얼마 전에 친정어머니 꿈을 꾸어서… 교회도 별일 없지요?"

"그럼요."

교회에 별 일 없냐는 물음은 '목사님이 시험에 들 일이 없느냐'는 뜻이었다. 그런데 '친정어머니 꿈' 얘기를 할 때 조 목사 눈썹이 움찔하는 것을 그녀는 놓치지 않았다. 이 교회 와서 두 번째 쓴 간증문에 친정아버지 돌아가시기 전날 꾼 꿈 이야기가 문득 생각났다. 그러나 그녀의 입에선 엉뚱한 질문이 나왔다.

"목사님, 제 남편은 효자여서 자신이 기독교로 개종하면, 이미 돌아가신 어머니를 천국에서 만날 수 없다는 것 때문에 세례를 받지 않는 것 같아요. 복음을 듣지 못하고 돌아가신 분들은 구원 받을 수 없나요?"

"글쎄요. 성경에는 천국에 관한 이야기가 그리 많지 않아요. '거지 나사로' 이야기를 빼면요. 그리고 죽음 다음에는 아무도 몰라요. 누가 천국을 체험했다는 사람이 있나요?"

남순조는 "아~아!" 라는 탄식이 튀어나오는 것을 꾹 눌렀다. 그 간증문에 할머니 천국 가는 이야기를 썼던 기억이 떠오르며 목사님이 그때 왜 그렇게 화를 냈는지 알 것 같았다.

"……"

그녀는 목사님의 대답이 좀 의외라는 생각을 했을 뿐 당시에는 별로 심각하게 생각하지 않았다. 그런데 박흥식 목사가 '우리 시대에는 예수님의 재림이 없다'고 한 설교의 한 자락을 반박하다 보니 담임 목사가 한 '천국은 아무도 모른다'는 언급이 새삼스레 떠올랐다. 목사로서 그런 말을 해도 되는 것인지? 언젠가 남순조가 '모태신앙' 일로 눈물 콧물을 짜며 처음 조 장로에게 하소연했을 때 그녀가 "담임 목사가 기도원에서 설교할 때 이상한 소리를 하더라."고 한 말이 떠올랐다. '이상한 소리'란 천국이 있는지는 아무도 모른다는 언급을 뜻하는 것이 아닐까. (A교회는 한 달에 한 번 전교인이 베데스다 수도원에 가서 기도와 예배를 본다. 남순조는 아직 한 번도 기도원 예배에 참여하지는 못했지만.)

바울전도대 교육을 받고 실제로 노방 전도를 나갔을 때 만났던 50대 후반의 남성이 한 대답과 담임 목사의 대답이 비슷하였다. 그는 남성 의류점을 운영하였는데, 순조는 남편 와이셔츠를 사가

는 그 집의 단골이었다. 순조는 한 팀인 김 권사와 함께 단골집이
라 당당하게 점포로 들어섰다.

"안녕하세요? 요즈음 장사는 어떠세요?"

"그저 그렇습니다. 이리로 앉으세요."

50대의 주인 남성은 자리를 권했다. 두 사람은 등받이가 없는
둥근 의자에 앉았다.

"여사장님은 안 보이네요. 어디 멀리 가셨어요?"

"네, 집안일로 어디 볼일 보러 갔습니다."

순조는 안주인이 자리를 비운 것이 서운했다. 여주인이 더 상냥
했기 때문이다. 그래도 전도는 해야 되겠기에 입을 열었다.

"우리들은 가까운 A교회에서 나왔어요."

"옷을 고를게 아니라면 무슨 일로…?"

"선생님께서 만약 오늘 밤 이 세상을 떠나 천국 문 앞에 선다면,
천국에 들어갈 확신이 있습니까?"

"아니, 그런 말이라면 더 이상 듣고 싶지 않아요."

그는 손사래를 치며 금방 안색이 달라졌다.

"선생님, 예수 믿으면 천국 갑니다. 이 전도지 읽어 보세요."

친근하게 전도지를 건네며 예수 믿고 구원 받으라고 권유하였
다. 그는 화를 벌컥 내었다. 단골이고 뭐고 안중에도 없다는 태도
였다.

"아니, 천국이 어디 있어요? 누가 가본 사람 있어요? 죽음은 끝
이에요. 죽고 난 다음은 아무도 몰라요."

"그렇지만 인간은 영원에 대한 소망이 있잖아요?"

"영원은 무슨 얼어 죽을 영원. 그따위 말은 믿지 않아요."

남순조는 무의식 가운데 '영원에 대한 소망'을 언급한 자신에게
놀라움을 금치 못했다. 구약 전도서 3장 11절에 "… 또 사람에게

는 영원을 사모하는 마음을 주셨느니라…"고 분명히 적혀 있다.
아마도 성경 통독을 하면서 그 구절이 머리에 남아 있었던 모양이
다. 그 단골집 불신자와 담임 목사의 생각이 닮았다는 결론에 다다
르자 남순조의 가슴 한 구석이 서서히 무너져 내렸다. '아아 주님,
저의 마음을 주장하여 주시옵소서!'

남순조는 담임 목사에 대한 실망과 아울러 분노마저 느꼈다. 어
느 누구의 탓으로 돌리기 전에 최종 책임은 담임 목사가 지는 것이
다. 앞에서는 웃는 얼굴로 대하면서 뒤에서는 머리통을 내리치는
행위와 무엇이 다르단 말인가! 자신의 인격 살인에 대한 명예 회복
이라면 세상의 법을 빌리고도 싶은 심정이었다. 담임 목사를 앞
세워놓고 자신은 그 등 뒤에 숨어서 이 일과는 무관한 척하는 순덕
사모가 더 얄밉게 느껴졌다.

순조가 A교회를 떠나기 전에 마지막이자 처음으로 원로 담임
목사 사모님을 동네 가까운 찻집에서 만날 약속을 했다. 이 전도사
에게 물어서 전화번호를 얻었다. 원로 목사님은 일 년에 한 번 추
수감사절에 초빙되어 설교를 하였다. 설교 내용이 너무 쉽고 그리
고 너무나 인간적이어서 순조의 남편도 좋아하였다. 그런 그분이
2014년이 저물어 갈 무렵 84세로 돌아가셨다. 저녁 식사와 후식
도 마치고 원고 쓸 일이 있다면서 10시에 당신 방으로 가서 이른
새벽에 영원한 안식에 든 것을 사모님이 발견했다고 한다. 참으로
평안하게 천국 입성을 한 것이다. 사실 기독교는 주님을 영접하고
어떻게 잘 살아가느냐와 어떻게 천국에 들어가느냐(잘 죽느냐)의
종교가 아닌가 한다. 원로 사모님은 녹내장 때문에 선글라스를 쓰
고 들어섰다. 자그마한 몸집이지만 나이에 견주어 희고 팽팽한 피
부를 지녔다. 사모님은 자리에 앉자마자 기도부터 시작하였다.

"하나님 아버지, 풍파 많은 이 세상을 살아가는 데 지친 자매를

위해 기도 드립니다. 그것이 교회 일 때문이라면 더욱 긍휼히 여겨 주옵소서. 항상 힘과 용기를 주시고 실족하지 않도록 아버지의 눈동자처럼 보살펴 주시고, 주님의 뜻이 무엇이든지 받들어 섬길 수 있는 믿음을 주시옵소서. 이 짧은 만남이 유익한 결실을 맺을 수 있도록 주 예수님 이름 의지하여 간절히 기도드립니다. 아멘."

기도를 마쳤지만 순조의 마음은 누그러지지 않았다. 하소연을 한참 듣고 나서 원로 사모가 입을 떼었다.

"모태신앙은 참으로 귀한 것인데…"

"……"

순조는 자신의 처지를 이해하는 사모 위로에 목이 메어 입을 뗄 수가 없었다. 언젠가 조영임 장로와 찻집에서 만났을 때처럼 눈물, 콧물이 연신 흘러 내려 이번에도 휴지가 가득 담겼던 찻집 휴지통이 바닥을 드러냈다.

"기획위원회와 당회까지 거친 사안인데 어떻게 그런 일이 있을 수 있나요? 아마도 실수가 아닐까요? 이 전도사가 나에게는 분명히 권사라고 했거든요."

순조는 원로 사모도 같은 사모의 입장일 것이기에 순덕 사모의 흉을 볼 수가 없었다. 그런데 엉뚱한 말이 튀어나왔다.

"사모님, '한 알의 밀알이 땅에 떨어져 죽으면 많은 열매를 맺는다'는 성경 구절이 있지요?"

"네, 있지요. 그 구절은 하나의 희생 위에 더 선한 결과를 도출한다는 뜻이지요."

"이 세상에서 내 한 사람 '나쁜 년'으로 희생되어서 뭇 교회의 위선들이 드러난다면 이것 또한 한 알의 밀알이 죽는 구실이 되지 않을까요?"

"……"

한동안 침묵이 흘렀다. 순조가 세상의 법에 의존해서라도 자신의 인격 살인에 대한 명예 회복을 원한다는 사실을 은유적으로 표현했다. 이를 간파한 원로 사모는 무거운 어조로 입을 열었다. 그리고 간곡하게 권면했다.

"담임 목사는 하나님 아버지께 맡기세요. 그리고 기도원에 가서 철야기도를 해 보세요. 나도 가끔 철야기도를 하면 아버지께서 응답을 주셨어요."

"거리도 멀고 나는 기도원을 한 번도 가 본 적이 없는데요."

원로 사모는 가까운 영락기도원을 추천하였다. 그녀의 믿음이 반석과 같았다. "입법자와 재판관은 오직 한 분"이시라는 말씀을 원로 사모가 순조에게 새삼 되새기게 해 주었다. '그렇다. 재판관은 오직 한 분뿐이신걸… 나는 왜 그 말씀을 잊고 있었을까?' 원로 사모의 위로가 큰 위안이 되었다.

남순조는 일주일 뒤 오후에 수유리에 있는 이름이 익숙한 영락기도원을 찾았다. 수유리에 살 때 올케언니가 자주 가던 곳이었지만 그녀는 처음이었다. 기도원은 산 중턱에 넓게 터를 잡았다. 이미 산 기도를 하는 사람들의 외침이 이 골 저 골에서 쩌렁쩌렁 울려왔다. 예배당, 목사관, 여러 부속 건물을 지나서 마지막에 기도원 건물이 있었다. 평일 낮 시간이라 기도원 안은 비어있었다. 순조는 출입구 옆에 있는 긴 의자에 앉아서 잠시 기도를 드렸다. '고달픈 나그네 길에 주님 부디 동행하여 주옵소서!' 지은 지 얼마 되지 않은 새 건물이어선지 순조의 코에 매캐한 냄새가 들어오더니 이내 밭은 기침이 나왔다. 기침을 이기지 못하고 밖으로 나오니 공기가 참으로 맑았다.

순조는 이 기도원에 땅을 봉헌한 어느 장로님 내외 무덤이 보이는 벤치에 앉아서 기도를 드렸다. '제가 무얼 그리 잘못했습니까?'

무엇 때문에 이런 시련과 수모를 겪어야 하는지, 그렇다면 아버지의 뜻이 무엇인지 깨닫게 해 달라고 간구하였다. 그러자 문득 기동욱 목사님이 성경반 교우들에게 했던 당부가 떠 올랐다.

"교우님들, 시간을 정해서 회개 기도만 꼭 한번 드려보세요."

순조는 이 장소가 회개기도 드리기에 적합하다고 생각했다. 유년주일학교 시절 연보 돈으로 사탕을 사 먹고서 아버지에게 거짓말 한 일에서부터 중학교 때 가죽 무용화가 신고 싶어서 옆 반 친구의 것을 빌려서는 잃어버렸다고 거짓말하고 인조 가죽으로 된 싸구려 무용화를 돌려주고는 몰래몰래 신었던 일 하며 지금까지 지은 죄를 기억하는 대로 낱낱이 고백하는 '회개기도'를 드렸다. 그 가운데 두어 가지는 물론 공개하기에는 부끄러운, 아버지만 아셔야 할 일도 섞여 있지만. 90여 분 넘게 한 기도를 마치자 순조의 마음이 맑게 개었다. 조금 전까지만 해도 '무얼 그리 잘못했느냐?'고 아버지께 항변했지만 회개기도를 드리고 보니 잘못한 일이 헤아릴 수 없이 많다는 사실을 깨달았다. 아버지께서는 얼마나 가소롭다고 여기셨을 것인가! 순조는 민망하기 그지없었다. 둘레는 조용하고 바람 소리와 새들 지저귀는 소리만 들리는 듯했다. 쩌렁쩌렁 울리는 산 기도 소리는 이 자연의 소리보다 멀리서 아득하게 들려왔다.

내려오는 길에는 차근차근 주변을 살펴보았다. '신천지' 교도를 판별하는 수칙이 적힌 입간판이 눈에 띄었다. 가까이 가서 자세히 읽어 보았다. 그 가운데 하나가 "꿈 이야기를 꺼내어, 이를 해석해 주겠다며 접근하는 사람을 경계하라"는 내용이 있었다. 순조는 그만 '피식'하고 웃음이 나왔다. 전도대 수료 간증문에 꿈 이야기를 썼던 것과 '어머니를 꿈에 본 이야기'를 최근 목사님에게 했던 일이 생각났다. '그래서 내가 신천지 끄나풀로 오해받았나?' 그러나 그녀는 꿈 해몽 능력이 있다고 떠들면서 남들을 현혹하지는 않았지 않는가!

남순조는 초등학교 5학년 때 '전교 글짓기 대회'에서 장원을 한 적이 있었다. 그 뒤 그녀는 유명한 작가가 되어 노벨 문학상을 받 겠다는 꿈을 꾸기도 했다. 그리고 고등학생 때는 구체적인 직업으 로 정의로운 판사가 되려는 소망도 가졌으나, 우리나라 최초의 여 판사 황윤석씨가 자살했다는 보도를 보고 판사의 꿈은 접고 말았 다(그 당시 고려대 법학과는 학교장 추천서만 있으면 무시험 입학 이 가능했다).

대학에 들어오면서 '영문학은 문학이 아닌가 뭐.'라며 사그라진 작가의 꿈에 불을 당겨보려고 이대 학보사가 주관하는 '이화문학 상'에 도전하고 싶었다. 그때 영문과 선배가 소설을 써서 '이화문학 상' 수상자가 된 것을 보고 무척 부러워했다. 그런데 '문학개론' 시 간에 이헌구 선생님이 그 선배는 "소설을 쓰기 위해 겨울날 다리 밑에서 거지처럼 거적때기를 덮고 밤을 지새웠다"는 소개를 했을 때 질겁하며 그 꿈을 포기하고 말았다. 그리고 출판인 가족이 되어 《토지》의 박경리 선생님과 왕래하면서, 박 선생님이 '첫아들을 여 의고, 6.25 전쟁 가운데에 남편의 옥사獄死와 그 험난한 피란살이, 그 뒤 가장으로서 지난한 삶, 그리고 사위 김지하 시인의 감옥살 이'들이 곧 선생님의 글쓰기 원천이 됐다는 것을 깨달으면서 다시 한번 작가의 꿈은 깨끗하게 접어버렸다(선생님은 마음에 응어리진 한恨을 풀어내는 작업이 곧 글쓰기라고 했다). 그래도 마음 한구석 에 늘 맴돌던 언젠가는 소설 한 편을 꼭 써 보고 싶다던 어줍잖은 소망이 이처럼 호된 서리를 맞고서야 얼개가 짜여지는 구나. 순조 는 그 순간 깨달았다.

"아, 아! 하나님 아버지, 당신의 뜻이 이것입니까? 이 짧지만 깊은 고통의 늪을 헤쳐 오게 하신 것이 정녕 아버지의 섭리(God's Providence)였단 말입니까?"

탄성을 지르는 순조의 두 눈에 영롱한 이슬이 맺혔다.

＊　＊　＊　＊　＊　＊

後記 : 영소설 강독 시간에 나영균 선생님이 언급한 'White Sepulchre'가 늘 생각의 중심에 서성이고 있었다. 어떤 작가의 소설 제목인지 주제인지는 가물가물하지만. 이 글의 제목으로 그걸 차용하기에는 좀 건방진 것 같아서 톨스토이 단편 소설의 제목을 차용해서 《하나님은 진실을 아신다》로 정해본다.

2. 청산도 여행 –

이인자 · 김숙현 · 정령자를 회고한다

가슴이 철렁했다. 대학 친구들 모임에서 청산도로 국내 여행을 가기로 결정했다는 소식을 듣고선 '왜 하필 청산도람…' 중얼거리면서.

나는 참석 여부 확답을 차일피일 미루고 있었다. 열 몇 명이 신청했다는 소식을 얼핏 들었던 즈음 어느 날, 지하철을 타고 가는데 정령자로부터 전화가 걸려왔다. 참가자가 17명 홀수여서 룸메이트를 맞추려면 내가 꼭 참석해야 한다는 부탁이었다. 여느 때 같으면 친구들과 함께하는 여행에 쌍수를 들고 반기던 나였기에, 정령자로서도 내가 오래도록 침묵하는 것이 못내 궁금했으리라. 나는 이정자가 초대회장을 맡았던 영문과 동창회에서 간 설악산, 그다음 일본 아오모리, 말레이시아 여행만 빼고는 모두 참석해 왔었다.

"애, 나 지금 지하철 안에 있어. 집에 도착하면 전화할게."

집에 도착하자마자 전화기를 들었다. 이젠 나의 착잡한 심경을 말해야만 할 때라고 다짐하면서….

"정 대표, 나 강숙자. 내 심정이 좀 복잡해."

"아, 강 박사 무슨 사연이길래?"

우리 둘은 개인적으로 대표와 박사라는 거창한 호칭을 쓰면서 호호 깔깔거리며 희희낙락하던 사이였다. 령자는 자신이 강원도에서 으뜸가는 K여고(강릉여고) 출신이라고 으쓱대면서 경북에서 안동여고는 A여고라면서 서로 '도토리 키재기'를 하며 실랑이도 벌였었다. "A는 알파벳 문자의 으뜸이며 카드놀이에도 에이스(Ace)인 것을…" 속으로만 중얼거렸다. 이율곡 어머니 사임당 신씨를 배출한 강릉댁들도 자부심이 대단했겠지만, 대학자 이휘일·이현일의 어머니이자 《음식디미방飮食知味方》을 펴내고 시문과 서화를 많이 남긴 정부인貞夫人 장 씨를 배출한 안동댁들의 기세 또한 꺾일 리가 있었으랴!

"실은 청산도가 우리 남편 고향이야. 초등학교 2학년까지 그곳에서 학교엘 다녔대. 언양 김씨 집성촌이라 몇 해 전에 종친회 할 때 나도 아이들과 함께 다녀온 적이 있어. 얘, 이건 비밀이니까 친구들에게 말하지 말아줘."

령자는 '하하하' 한참을 웃었다.

"그래, 알았어. 비밀 지킬게. 그래도 갈 거지?"

나는 참석하겠다고 약속했다.

나도 읍 출신 '촌뜨기'이지만, 남편은 그보다 더한 '섬뜨기'인 것을 감추고 싶었던 속내였을까? 언양 김씨 시조는 신라 마지막 경순왕 일곱째 왕자 후손들로서 고려 때까지는 왕비를 내기도 했으나 조선조 이후 밀려서 청산도에 정착했다고 한다. 동창 모임에서 청산도로 여행 가기로 하였는데 어떻게 하느냐고 남편에게 물었다.

"무얼 어떻게 해? 남편 고향이니까 청산도에서 점심을 한 턱 내면 되지 않겠어?"

나는 령자에게 그곳에서 점심을 내겠다는 전화를 했다. 그 순간 남편 고향 청산도는 더이상 비밀이 될 수 없었다. 어느 날 오경님이 뜬금없이 친구들 앞에서 큰 소리로 말했다.

"숙자야, 너의 남편 참 많이 출세했다."

그래, 참 많이 출세했지. 청산도를 떠나 나주·목포를 거쳐 '서울내기'로 산 지 반백 년을 훌쩍 넘겼으니까.

사실 청산도는 임권택 감독이 만든 영화《서편제》(1993) 때문에 많이 알려진 곳이다. 소리꾼 아버지, 딸과 아들 셋이서 보리밭 둔덕 사잇길을 내려오면서 '진도아리랑'을 부르다가 덩실덩실 춤추는 장면을 촬영한 아름다운 풍광이 특히 인상에 남는다. 그리고 우리 친구들에게 청산도는 이미 하늘나라로 떠난 이인자·김숙현·정령자 세 명이 함께 한 마지막 여행지여서 더욱 의미가 깊다 하겠다.

숙현이는 고정관념을 깨는 무언가 새로움을 여러 차례 주곤 했다. 오키나와 여행에서 가이드가 어느 약국으로 안내했을 때 숙현이는 '독일에서 산 감기약이 참 효능이 있었는데 다 먹었다'며 감기약과 눈가 주름 방지 팩(pack)을 샀다. '아니, 공부벌레 숙현이가 눈가주름 방지 팩을 다 쓰다니…!' 그리고 겨울이면 너무나 멋진 밍크 모자를 즐겨 쓰고 다녔다. "얘, 그 모자 참 근사하다. 어디서 샀니?"라고 물으면 남편이 러시아 여행에서 사다 준 선물이라며 아주 뿌듯해했다. 그런데도 코트는 밍크가 아닌 모직으로 만든 것을 끝까지 고수했었다. 참으로 '숙현이다운' 언밸런스(un-balance)였다.

돈암동 아파트에서 넓은 텃밭이 딸린 부암동 2층 단독 주택으로 이사 와서 숙현이는 경기여고 동창들과 몇몇 영문과 친구들을 초청해서 '집들이'를 하였다. 온통 아내의 여성 친구들뿐이었는데도 그 부군 문명호씨는 대문 밖 골목길에서 밀짚모자를 쓰고 아내 친구들이 타고 온 승용차들을 차례차례 주차하고 있었다. 처음 나는 '세련된 주차원이네'라고 생각했었는데… 아내에 대한 남편의 배려가 새삼 돋보였던 그 모습이 눈에 선하다.

이웃 동네에 살다 보니 가끔 길에서 숙현이를 만나는 경우가 있었다. 어디 갔다 오느냐고 물으면 일흔을 바라보는 나이에도 '피아노 레슨' 받고 오는 길이라고 했다. 그럴 때면 겨우 바이엘 삼십 몇 번까지 집에서 혼자 치다가 내팽개친 피아노 연습을 나도 정식으로 선생님에게 배워야겠다는 결심을 하게끔 채찍질했다. 결국엔 실천에 옮기지 못했지만…. 그만큼 숙현이는 모든 일에 열성을 보였다. 한번은 이런 일도 있었다. 우리 동네에 〈금이빨 삽니다〉란 빨간 글씨를 종이에다 써서 출입문에 붙여놓은 구멍가게가 있었다. 그 가게에 들어가서 못 쓰게 된 빛바랜 금이빨 여럿을 손가방 주머니에서 꺼내 가격을 물어보고, 다른 곳과 비교 분석하였다. '부잣집 딸로 자랐으면서도 저렇게 꼼꼼하고 알뜰한 성품이라니…' 다시 한번 내 마음에 잔잔한 물결이 일었다.

집 근처에 비빔국수와 충무김밥을 잘 마는, 두 평 남짓한 맛깔스러운 분식집 '블루베리'가 있다. 어느 날 늦은 시각에 그 집을 찾았더니 숙현이가 덕수교회 구역 식구들 3명과 식사를 하며 한담하고 있었다. 우리 교회와 그들 교회를 지은 건축가가 같은 사람이라며 우리들은 금방 친해졌다. 나도 숙현이 외아들 교회 혼인예식에 참석하였기에 비슷한 공간 분위기에 공감했다. 그날 숙현이가 내 점심값까지 냈다. 아직 그 답례를 못 했는데 훌쩍 가버리다니….

마지막으로 만났을 땐 '허리가 아파서 한의사에게 침을 맞고 오는 길'이라고 했다. 그리고 정말 마지막은 강남에서 친구들 모임 끝나고 경옥의 차에 나와 숙현·홍성욱이 함께 타고 강북으로 올 때였다. "'영어 번역하느라 밤낮없이 책상 앞에 붙어 지내니 허리가 아플 수밖에 더 있느냐?'며 교회 식구들이 강력 말린다"던 숙현의 말이 오래도록 내 가슴에 여운을 남겼다. 그것이 마지막 만남이 될 줄이야….

이인자는 미국에서 건강을 회복한 다음 귀국해서 친구들과 여러 차례 국내 · 외 여행을 함께 했다. 오키나와 여행에는 인자를 따라 최영자b도 처음 참가하였다. 영자는 신혼 시절, 예쁘지 않다-그녀의 적나라한 표현을 빌리면, '못났다'-고 은근히 구박을 받았다고 털어놓았다. 백옥처럼 투명한 피부의 새색시가 아니어서 마뜩잖게 여기던 시어머니께서 하루는 며느리를 앉혀 놓고 미제 비누 '아이보리'를 방바닥에서 며느리 쪽으로 '쭈루루' 밀어 보내면서 하시는 말씀, "이 비누로 세안하고 얼굴 하얗게 가꾸라"는 대목에서 모두들 허리를 잡고 웃었다. 김경옥이 궁금증을 이기지 못해 흐름을 가르며 질문했다.

"얘, 4학년 졸업여행 때 김옥자 선생님(미국문학)이 학생들 손금을 봐 주셨잖아. 그때 너의 손금에는 남자가 두 명 있다고 했는데, 그게 맞는 말이니?"

"남자 친구하고도 편안하고 스스럼없이 만나는 사이야. 어깨를 툭툭 치는 스킨십 정도는 하면서 말이야."

최영자가 천역덕스럽게 대답했다. 경옥의 기억력도 놀라웠지만, 김옥자 선생님의 손금보기 신통력에 모두들 감탄해 마지않았다. 아~ 나는 형편이 어려워서 졸업여행을 가지 못했지…. 추억은 경험을 공유하는데서 온다는 사실을 다시금 깨달았다. 우리들의 젊고 푸른 꿈 많던 시절로 시간여행을 하는 동안, 김용재 · 전계희 · 정령자 세 명이 감쪽같이 사라져서 밤 12시가 넘었는데도 나타나지 않았다. 우리들은 지하층에서부터 여기저기를 모두 찾아보았지만 허탕이었다. 혹시 이 친구들이 납치된 것이 아닐까하고 얼마나 걱정했었던지….그런데 그 친구들은 10층 라운지에서 우아하게 와인을 마시면서 담소에 열중했었다니….

중국 상해 여행에서 있었던 일화 한 토막. 가이드가 30분 자유 시간을 주자, 우리들은 가까운 쇼핑몰에서 자잘한 기념품들을 사고선 정한 시간에 약속 장소에 모였다. 그런데 인원파악 결과 이인자가 보이지 않았다. 가이드와 우리는 인자가 타국 땅에서 길을 잃고 헤매는 모습을 상상하며 초조하게 기다리고 있었다. 그때 돌연 한 중국 현지 교통순경이 오토바이를 타고 우리 앞에 나타났다. 그 오토바이 뒷자리에 인자가 늠름하게 앉아 있는 것이 아닌가? 인자의 순발력이 한결 빛났던 사건이었다.

언젠가 경상남도 여행을 할 때 인자는 자신이 건강을 회복한 날을 기념해서, 제2의 생일이라며 친구들에게 점심식사를 대접했고, 거창에서는 무공해 거창 딸기를 후식으로 제공했다. 나는 지금도 그 맛을 잊지 못해 마트에 거창 딸기가 나오면 무조건 사곤 한다. 여행지에서 돌아오면 인천·김포공항 또는 서울역 주차장에는 인자를 맞이할 쇼퍼(chauffeur)가 있는 승용차가 기다리고 있었다. 인자는 집 방향이 같다는 이유로 나를 그 차에 태워서 가는 길에 우리 동네에 내려주곤 했다(전에는 김경옥과 안재옥 승용차에 동승했었다). 물론 인자의 첫째 둘째 자녀 혼인예식 주례를 선 목사님의 사모가 나와 절친이라는 이유도 있었겠지만.

인자의 친화력은 이것 말고도 자신이 주선한 일본 미술관 투어에 나를 두 번씩이나 합류시켰다. 인자의 배려가 없었다면 문외한인 내가 일찍이 '미우미술관'과 '노출 콘크리트 공법'을 창안한 일본의 걸출한 건축가 안도 다다오가 설계한 나오시마의 '지중地中미술관'을 언감생심 방문할 수 있었겠는가! 항상 두 화가, 마네(Manet)와 모네(Monet)를 구별하지 못해서 헷갈려하던 내가 일본 어느 미술관에서 모네의 진품 전시회를 관람한 다음부터는 그의 《수련睡蓮》을 확실하게 기억하게 되었으니 이것만으로도 큰 수확이라 여긴다. 공항 대기실에서 인자가 내게 말했다.

"쟤네들은 싸모님들이야."

덕수초등학교를 나와서 경기여중·고를 거친 건너편에 서 있는 친구들을 가리켰다. 시골 출신이지만 나도 질세라 이에 항변했다.

"얘, 나도 우리 동네 전통시장에선 사모님 소리를 들어."

"그런 사모님하고는 틀려. 싸모님이라니까."

글쎄 '사모님'과 '싸모님'의 차이를 알 듯 말 듯 했지만, 어쨌든 인자 덕분에 '싸모님'들과도 즐겁게 여행한 추억이 새삼 떠오른다.

인자는 참으로 성격이 화통하고 진취적이었다. 인천 출신 김선화와도 잘 지냈다. 선화 남편은 이탈리아에서 공부하고 돌아온 성악가인데 특이하게도 충청도 시골 목리沐里에서 양들을 키우는 목장을 운영하고 있다. 인자는 충청도까지 선화네 농장을 직접 방문해서 유기농 채소들을 가져다 먹기도 했단다.

한번은 친구들 모임을 마치고 집으로 오는 길에 인자가 들를 곳이 있다면서 나를 이화여고 유관순기념관으로 데리고 갔다. 거기에는 미국에서 온 장서희가 무슨 사업을 위해 '자선 바자회'를 열고 있었다. 인자는 많은 옛 친구들을 만나서 이야기꽃을 피웠지만, 나는 서희에게 미소로 인사를 대신했다. 인자는 현금 가진 것이 없다면서 내게 20만 원을 빌려서 바자회 모금에 기부했다. 나도 가만히 있을 수 없어서 꼭 필요한 것은 아니었지만, 제법 여러 가지 액세서리들을 골라서 샀다. 모금에 보태고자 했던 내 마음을 장서희가 기억할는지 모르겠다.

청산도 여행에는 김숙현·이인자·정령자·황경숙·최영·채영옥·지은희·진영숙·전계희·이문자·신희원·박정희·박찬미·김용재·김경옥·김광자·강숙자가 참가하였다(원래 18명이었으나 갑작스런 감기몸살로 오경님은 불참했다). 서울역에서 KTX를 타고 광주에 내려서 버스를 타고 완도로, 완도에서 배를 타고 청산도로 향했다. 최영도 교수직에서 은퇴한 뒤 친구들과 함께 한 첫 여행이었다. 유람선 선실에서 최영은 령자의 '독보적'인 '광수 강의'를 들었다. "When are you coming?" 그리고 충청도 세신사와 국내 거주 미국인 사이의 대화 "왓쓔?" "Mirror."에 대한. 영문과 교수도 이해하기 힘든 '듣기평가' 교육이었다. 사실 '광수'는 우리들의 첫 해외 여행지였던 터키 이스탄불 어느 호텔 숙소에서 령자가 소개해서 알게 된 이름이다. 그리고 그때 신희원이 직접 발성한 충청도 사투리에도 박장대소했었다. "개 혀?" "출껴?"는 그 날 알게 된 충청도 사투리의 백미白眉였었다.

청산도는 글자 그대로 산·바다.·하늘이 모두 푸른 청정지역이다. 불행인지 다행인지 우리가 내린 곳은 내 시가媤家 친지들이 아직도 거주하고 있는 곳과는 반대편이었다. 바닷가 자갈을 밟으며, 방풍림防風林의 의미도 살피고, 연리지連理枝 나무의 유래도 들었다. 《서편제》 촬영 장소도 둘러보았다. 점심은 예약한 식당에서 전복죽을 먹었다. 나는 약속한대로 점심값을 치를 작정이었으나 '과하다'는 최영의 만류로 반액 15만 원을 냈다. 박정희는 그날 맛있게 먹었던 점심이 '굴죽'이라고 추억했으나, '전복죽'이 맞는 것 같다.

오후에는 야트막한 돌담길을 걸으며 동네 이웃집들을 구경하고, 주막인 듯 아닌듯한 주막에 들러 막걸리와 해물파전, 부추·배추전도 사 먹었다. 인자는 막걸리가 참 맛있다며 가족을 위해 한 병을 샀다. 동네 할머니들이 쑥을 캐서 팔기도 했다. 김광자와 숙현이는 쑥떡을 해서 먹는다고 쑥을 샀다. 커뮤니케이션 전공 김숙현

박사가 쑥떡까지 손수 만들 수 있을까? 나는 고개를 갸우뚱했다.

본격적인 쇼핑은 배를 타고 다시 완도로 나와서부터였다. 자연
산 전복은 물론 완도 김과 건어물도 여러 가지 종류가 있어 우리들
손길을 사로잡았다. 문어·홍합·오징어·쥐포 말린 것들을 마음
대로 집어 먹어도 인심 넉넉한 어촌 건어물상점 주인은 별로 신경
쓰지 않는 듯했다. 나는 전복과 멸치, 그리고 홍합·문어 말린 것
을 샀다. '청정지역' '자연산'이라는 브랜드에 열광한 나머지 초로
의 서울내기 할머니들은 부피가 큰 다시마와 미역 사기에도 주저
하지 않았다. 신희원은 그때 산 완도 다시마를 8년에 걸쳐서 모두
소진했다고 한다. 숙현이는 전복·멸치·건어물·쑥 말고도 완도
김과 미역까지 사서 짐을 머리에 이고 손에 들고, 심지어 최영에게
짐을 맡기기까지 했다. 인자도 막걸리에 이어서 전복, 멸치, 어물
말린 것, 김, 미역을 샀다.

문제는 KTX를 타고 서울역에 도착해서야 그 심각성이 드러났
다. 머리에 이고, 손에 들고 왔던 인자·숙현의 짐 보따리를 인자
승용차에 실으니, 내 짐과 내가 탈 자리가 부족했다. 같은 동네에
살겠다, 여·중고 친구인 숙현이가 당연하게 승차의 우선권을 가
져갔고, 나는 자연히 밀려나게 되었다. 강남 거주 친구들은 두세
명씩 짝지어 떠났고, 나와 김경옥 둘만 남았다. 우리 둘은 택시를
잡아서 짐을 싣고 효자동을 거쳐 북악터널을 지나 수유리로 방향
을 정했다. 집 근처에 내리면서 나는 미터기에 찍힌 요금만 내기에
는 너무 야박한 것 같아 택시비를 넉넉하게 내려고 했다. '공정'과
'정확성'을 소중하게 여기는 경옥이가 이를 허용하지 않았다.

그다음 모임에서 광자를 만났을 때 물어보았다.

"광자야, 청산도에서 사 온 쑥으로 떡 잘 해 먹었니?"

"말도 말아. 그 쑥이 하룻밤 자고 나니까 누렇게 변해서 반은

버렸단다."

"아~ 아까워라. 그 멀고도 먼 청산도에서 머리에 이고 온 쑥반을 버렸다니…"

괜히 미안한 마음이 들었다. 남편 고향 청산도 순박한 할머니들이 남을 속이는 얄팍한 상술의 장사치들은 아니었을텐데…. 아마도 청정지역의 쑥이라 쉽게 말라버린 것이리라고 스스로 위로했다. 그런데 그 뒤 숙현에게는 쑥떡에 관해서 물어볼 기회가 없었다. 머~언 훗날 천국에서 숙현이를 다시 만나면 '그때 청산도 쑥으로 떡 잘 만들어 먹었느냐'고 꼭 물어볼 참이다.

＊　　＊　　＊　　＊　　＊　　＊

2014년 제일 먼저 동기생들에게 이별을 알려온 친구는 인자였다. 미술을 전공할까 말까 고민하다가 영문과로 진로를 정했다고 숙현이가 그의 마지막 글에서 인자와 우정을 회고했다. 인자는 그녀가 하고 싶었던 부전공(?)을 살려서 그녀의 인생 황금기에 세계 여기저기에 있는 미술관과 박물관 투어에 열성을 보였다. 마치 배우가 무대에서 대사를 읊조리다가 쓰러져 마지막을 맞듯이, 인자는 프랑스 어느 지방 미술관 투어 도중에 이 세상과 작별을 고했다. 그만큼 인자는 자신의 삶에 충실했었다.

세브란스 장례식장에 마련된 빈소에는 환하게 웃는 젊은 인자 사진이 방문객들을 맞았다. '이 세상에서 열심히 살다 떠난 인자를 아버지 너른 품에 품어 주시고, 그곳 천국에서 영원한 복락을 누리게 해 주소서' 기도하며 그녀의 마지막 '하늘가는 밝은 길'을 배웅했다. 빈소 옆 응접실에는 영문과·경기여고 친구들이 많이 참석해서 흡사 동창회 모임을 방불케 했다. 배웅을 마치고 몇몇 친구들이 함께 나오면서 누군가가 말했다. "인자는 참 복도 많은 친구야. 세 자녀가 모두 장성해서 일가를 이루었고, 친구들도 많이 와서 인사를 하니 참 보기가 좋더라". 이에 김선옥이 다른 톤(tone)으로 분위기를 반전시켰다. "내 장례식에는 친구 단 한 명도 오지 않아 쓸쓸해도 좋으니, 난 파파 할머니가 되어 끝까지 이 땅에 남아 있을 거야!" 뜨끔했다. 혹여 내 속마음을 선옥이가 훔쳐본 것이 아닌가 해서.

인자의 1주기 추도식을 맞아 숙현이는 인자를 추억하는 추모문집 내는 일을 맡아서 친구들에게 추모 글을 부탁하고 독려하는 데 분주했다. 추도식에서 추모문집 발간 경과보고를 할 때만 해도 숙현이는 아주 건강했었고, 순서를 잘 이끌었다. 그리고 영문과 졸업 50주년 기념 회고문집 발간을 위해 간행위원으로도 활약하였다 (2015년). 간행위원회는 이경자a가 운영하는 식당에서 모였는데, 숙현이는 첫 모임에서 점심을 샀었고(설렁탕과 추어탕이 맛있어서 집 식구들을 위해 종종 사 오곤 했다), 인자와 인연과 우정을 담은 마지막 추모글을 《50주년 회고문집》에 남겼다.

인자의 추도식에는 '67 영학회'를 대표해서 이율의 회장과 내가, 그리고 김경옥 · 김선화 · 최영 · 지은희 · 정령자 등 친구들도 많이 참석했었다. 동창회 이름으로 추모 화분도 증정 · 진열하였다. 그런데 '영문과 7인회'라는 낯선 이름의 또 다른 화분이 추도식장에 놓여 있었는데, 그 리본 한 갈래에는 거두절미하고 '축하합니다'란 글귀가 적혀 있었다. '아니, 이 추도식장에 때아닌 '축하합니다'란 문구가 웬 말?' 그리고 어깨 두목들 모임도 아닌데 건조하고 으스스한 이름은 무슨 까닭인고?' 나중에야 안 사실이지만 7인회란 학창시절 대강당 채플 시간 뒤쪽 좌석에서 인자와 친하게 지냈던 대학 동기들을 말함이었다. 어쩌면 윌리엄 워즈워스(William

Wordsworth)의 〈무지개 (The Rainbow)〉가 더 어울리지 않았을까? (채플 좌석 제1번에 앉았던 나로서는 뒷자리에서 있었던 일을 어찌 알 수 있었으랴!) 정령자는 7인회 이름으로 화분 하나를 준비해 오라고 부탁받았는데, 령자가 자세한 내용을 지정해주지 않은 바람에, 꽃집 사장님은 통상적으로 '축하합니다'란 문구를 쓰고 말았다. 나는 '(추모문집 발간을) 축하합니다'로 에둘러 해석하였다. 그날 령자는 말없이 다소곳하게 고개를 숙인 자세를 끝까지 유지했었다.

령자를 마지막으로 본 것은 강남 ○○○호텔 레스토랑에서 모임을 가졌던 2016년 8월로 기억한다. 한동안 모임에 나오지 않던 령자가 그날 모처럼 참석했다. 한여름이라 모두 반 팔 원피스나 블라우스를 입었는데, 유독 령자는 긴 팔 블라우스를 입고 나왔다. '어인 일이냐'고 물으니 팔에 뾰루지가 생겨서라고 했다. 나는 령자가 뾰루지 때문에 고생하는 줄 짐작하고, 졸업 50주년 기념 일본 돗토리 여행에서 산 마유 기름 두 통 가운데 한 통은 외손자·외손녀를 위해 딸에게 주고, 나머지 한 통을 정성껏 소포 포장해서 령자의 상계동 아파트 주소로 우송했다. 빠른 쾌유를 비는 카드와 함께. 그런데. 뾰루지 때문이 아니었단다.

＊　　＊　　＊　　＊　　＊　　＊

항상 노 브라(no bra.)·노 메이크 업(no make-up)의 첨단을 걸으며 어디서나 당당했던 이인자! 이제 나이 들어 너의 패션을 닮고 싶구나. 1968년 미국 뉴저지 애틀랜타 시의 '미스 아메리카 미인대회(Miss America Beauty Peasant)' 개최 반대를 위해, 브래지어를 벗어서 '자유의 통'에 넣어 불사르던 브라 버너스

(bra-burners)를 딱히 닮으려는 것은 아니지만. 그런데 말이 쉽지 뜻대로 되지 않는다.

대학 3학년 때 홍복유 선생님의 영국 수필강독 시간에 조지 기싱(George Robert Gissing)의 『The Private Papers of Henry Ryecroft(헨리 라이크로프트의 수상록)』을 읽으며 배웠던 명언; "Time is Money."를 가장 잘 이해해서, 그야말로 시간을 황금처럼 아껴 쓰고 비록 짧지만, 열심히 살다 떠난 김숙현! (아~아 홍 선생님이 늘 강조하시던 가르침, "High thinking-Simple living"도 생각난다).

집에서 김장을 그만한 지 이미 오래되었고, 찌개와 조림, 나물반찬에만 고춧가루를 쓰다 보니 정령자가 마지막으로 친구들에게 소개해서 구매한 강릉산 고춧가루가 아직도 병에 1/4이나 남아있다. 이미 색깔이 바래고 맛도 좀 덜하지만, 때깔 좋은 태양초 새 고춧가루를 사지 않은 것은 령자에 대한 나의 의리이자 우정이라고 스스로 다짐하곤 한다.

일찍이 우리 곁을 훌쩍 떠나 천국에서 만나고 있을 세 친구들이 새삼 절절하게 그리워지는 까닭은 나도 점점 '나이듦'에 대한 현실을 저항하지 않고 순응하며, '마음 비우기'를 실천하려는 내 숨은 의지 때문이 아니겠는가?

3. 70년 친구 김정자[1]를 추모한다

　정자는 나와 70년 지기 친구였다. 다섯 살 유치원 때부터 동창
이었으니까. 그 당시 안동교회 부속 안동유치원은 2년제였다. 다
섯 살엔 꽃반, 여섯 살엔 새반으로 이름하여 초등 과정에 들어가기
전 2년을 유치원에서 노래와 율동, 그리고 어린이 기독교 교육과
사회 생활 교육을 받았다.

　내 기억은 유치원 들어가기 전에 새까만 가죽 구두로부터 시작
한다. 유치원 들어가는 기념으로 법석골 작은 고모부께서 까만 가
죽구두를 손수 만들어서 선물로 주셨다. 발등을 까만 줄로 걸어
채우는 장식을 단 멋진 구두였다. 고모부는 구둣방을 운영하셨다.

　그 구두를 작은 책상 위에 올려 놓고 유치원 갈 날을 손꼽아 기
다리던 기억은 또렷하지만, 정작 구두를 신고 유치원에서 어떻게
뛰며 놀았는지는 사실 기억이 잘 나지 않는다.

---

1) (1944-2021)

6.25 전쟁 전에 정자네 아버지는 영남병원을 운영하던 원장 의사였다. 안동에서 가장 큰 안동 도립병원을 빼면 영남병원은 그다음 가는 큰 병원이었다. 그 당시 안동도립병원 원장은 같은 유치원 동무인 백낙충 아버지였고, 또 다른 유치원 친구인 조순혜는 낙충이와 고종사촌 사이였다. 권작창 · 김서혜 · 김신자 · 김양자 · 김추옥 · 이숙자 · 임화자 등 모두 안동유치원 원우들이었다. 교회 서쪽 공터에 높은 그네를 매어 놓았는데, 그네를 타고 하늘 높이 치솟으면 권작창이 사는 뜰이 넓은 큰 기와집이 훤히 내려다보였다.

정자 어머니는 유치원 원생 모두를 정자네 집으로 초대한 것 같았다. 나는 그때 정자네 집을 기억한다. 복도를 끼고 양옆으로 방이 있었고 2층으로 통하는 계단도 있었으니 아마도 이층집이었던 것 같았다. 아이들은 이방 저방 문을 열어보기도 하고 2층 계단을 기웃거리기도 했다. 유난히 유리문이 많았는데 여닫이 유리문으로 마루와 방을 바람으로부터 막아주는 구실을 하였다. 유리문을 열고 마당을 내다 보았는데, 거기에 연못이 있었다. '정자네 집은 참 부자구나! 유리문이 엄청나게 많고 연못도 있잖아?' 어린 마음에 그런 생각을 했었다. 어른이 된 정자에게 6.25 폭격 맞기 전에는 너의 집 마당에 연못이 있었다고 하니, 정자는 기억을 해내지 못했다. 그런데 그 언니 이자利子가 분명 마당에 연못이 있었다고 말해주었단다.

정자와 절친으로 지내게 된 것은 중학교 2학년이 되어 이른바 세로프(Seroph)의 그룹 멤버가 함께 되면서부터였다. 이 그룹은 노는 것이 목적 같았다. 우리들이 신입 회원으로 입회할 때 선배들이 중국집에서 짜장면을 사줬다. 그때 짜장면은 참으로 귀한 음식이었고, 중학생으로서 짜장면을 먹은 것을 아주 흐뭇하고 자랑스럽게 생각했다. 같은 그룹 2년 선배인 이홍규 언니는 그때 임청각

에 살았다. 임청각은 상해 임시정부 국무령을 지낸 이상룡의 생가
이며, 아흔아홉 칸짜리 큰 저택인데, 귀신이 하룻밤 사이에 백 칸
을 지으려고 했으나 새벽 닭이 "꼬끼오"하고 울자, 시간을 넘긴
귀신은 마지막 한 칸을 짓지 못하고 사라져, 아흔아홉 칸으로 남게
되었다는 전설이 전해온다. 홍규 언니가 초대해서 임청각에서 놀
았던 추억도 새롭다.

우리 동기는 나, 김미양, 배영자, 김정자, 김화자, 남영년, 김향
자, 신춘희, 박성숙 모두 아홉 명이었다(고등학고 진학 때에 신춘
희, 박성숙, 김향자는 다른 학교로 진학함). 저녁 먹고 나면 자연히
정자네 집에 모여서 놀았다. 향자는 많은 형제 가운데 맏이라 동생
돌보느라, 그리고 무서운 아버지 때문에 아주 가끔씩 참가했다.
정자네 집과 병원 건물은 6.25 때 폭격 맞아 없어지고, 그 자리에
작은 병원과 가정집을 붙여서 새로 지었다. 남은 공터에는 모형
골프 연습장이 있었다. 오밀조밀한 연습장에서 우리들은 각기 집
에서 쌀을 조금씩 가지고 와서 모둠밥을 해 먹기도 했다.

여름이면 정자네 집 대문을 활짝 열어 놓고 등받이가 없는 긴
나무 의자에 줄지어 앉아 지나가는 사람들 구경하면서, 정자네 집
에 열린 포도(청포도로 기억한다)를 복모 오빠(정자가 병원 돌보는
사무장을 그렇게 불렀다.) 몰래 따 먹으면서, 웃고 떠들며 놀았다.
겨울이면 병원으로 통하는 뒷방에 모여 김장김치를 몰래 꺼내어
찢어 먹거나, 땅에 묻어 둔 무를 꺼내 먹었다. 가끔 겨울까지 오래
도록 보관해 둔 국광 사과도 먹곤 하였다. 그 시절에는 가을 일찍
먹는 사과인 홍옥과 겨울까지 먹는 국광 두 가지만 있었다.

고등학교 시절엔 그래도 시험 때가 되면 시험공부 한답시고 모
여서 밤샘하는 것이 유행이었다. 하루는 정자네 집에서 함께 밤샘
공부를 하기로 약속했다. 그런데 정자는 10시도 채 되지 않았는데

편안하게 베개 베고 누어서 쿨쿨 잠자기 시작했다. 그래도 나는 밤늦게까지 버티긴 했지만. 정자 어머니는 정자에게 피아노를 가르치려고 피아노 레슨 등록을 했다. 나는 나중에야 알았다. 하루는 정자가 학교 공부 마치고 곧장 자기 집으로 가자고 해서 멋모르고 따라갔다. 피아노 배우러 가는 시간에 나를 데리고 나타났으니 정자 어머니는 얼마나 화가 나셨을까? 물바가지에 물을 담아서 정자에게 퍼부었다. 결국엔 어머니가 포기하시고 말았지만.

정자도 철도국 안에, 우리 집 곁에 있는 그 높은 '기관고'를 바들바들 떨면서 올라갔다. 올라가지 않으면, 그 높은 곳에 서면 무엇이 보일까 무척 궁금했기 때문이다. 탁 트인 안동읍내 전경을 한눈에 볼 수 있었지만 내려올 때가 문제였다. 요철 모양으로 돌출된 철근을 붙잡고 발을 한 계단, 한 계단 내려 밟으며 내려오는 일은 무척 힘들었다. 밑을 내려다보지 않으려고 안간힘을 쓰면서 애쓰던 정자 모습이 눈에 선하다.

1961년 5.16 군사정부 수립 뒤에 재수를 한답시고(미양이는 곧장 대학 입학했다), 나와 정자 화자는 서울에 올라와 입시 학원을 다니기는 하였으나(나는 서울로 아예 이사왔었다). 주말마다 놀러 다니는 일에 더 열중했다. 이자 언니가 (정자) 아버지께 고해 바쳐서 정자는 끝내 안동으로 불려 내려가고 말았다.

대학은 각기 달랐으나 결혼 전까지는 그래도 함께 모여 노는 일이 잦았다. 정자는 아서원(지금은 없어졌지만)에서 서울 상과대학 교수인 형부 오상락 씨가 중매를 해서 상과대학 수석 제자인 한의현과 혼인 예식을 올렸다. 그의 첫 신혼 보금자리는 서울 문화촌에 자리한, 문을 열면 곧장 부엌이며 부엌 마루를 딛고 올라서면 작은 방 둘이 나란히 붙은 열 몇 평 짜리, 문화촌 아파트(지금은 없어졌다.)였다. 그다음 수유리 신일학교 건너편 동네에서도 살았다. 시

어머니를 모시고…난 그때 아직 미혼이었고 수유리에 살았다. 퇴근길에 나는 신일학교 앞 정자네 집에 자주 들러서 저녁 먹고 놀기도 했었다. 물자를 아끼는 그의 시어머니께서 속으로 많이 언짢아하셨을 것이다.

그다음 화곡동을 거쳐 여의도 아파트에 살 때는 나도 혼인하였고 아이들 데리고 자주 놀러 가기도 했다. 정자는 10년 만에 아들 영기를 얻어서 애지중지 길렀다. 한 번은 정자와 내가 아이들을 데리고 배영자네 집에 놀러 갔다. 영자의 딸 서연이도 비슷한 또래여서 아이들은 아파트 놀이터로 놀러 나갔다. 놀이터에서 무서운 중학생 누나를 만났다. 그 누나가 "가진 돈 모두 내 놓지 않으면 죽인다"고 협박하는 바람에 영기는 아버지 친구들에게서 받은 세뱃돈 모은 것 10만 원을 고스란히 빼앗기고(스스로 내어 주고) 돌아왔었다. 내 아들과 딸 양헌·연주는 각기 5천 원과 4천 원을 순순히 내어주었다.

정자가 강남 어디로 이사 가서 살 동안 소식이 끊어졌다. 난 그 당시 늦게 공부를 시작해서 시간이 없을 때였다. 그 뒤 정자 남편의 부음도 듣지 못했고, 영기 결혼 소식도 알지 못했다. 뒤늦게서야 소식을 전해 듣고 지금의 잠실 아파트로 정자를 찾았다. 소식 듣지 못해서 미안하다며 뒤늦은 조의금과 결혼 축의금을 합쳐 20만원을 건넸다. 그런데 정자는 내 딸 연주 결혼식에 축의금 20만원을 냈다. 나는 속으로 아들 결혼식에는 오지 않을 건가? 남편 상을 당하면 그때 부조해도 될 터인데, 왜 한꺼번에 줄까? 의아했었는데, 아마도 이생에서 모든 셈을 미리 치르고, 나보다 먼저 떠날 것을 벌써 예견했던 것이 아닐까 하는 생각이 지금에야 문득 든다.

그다음부터는 나도 시간 여유가 있어서 정자와 자주 왕래했다

해외여행을 4번씩이나 함께 했다. 모스크바·상트페테르부르크·바르셀로나·마드리드·세비아·그라나다·론도·리스본·모로코·프라하·체스키   크룸로프·비엔나·짤즈부르그·로텐베르그·뮌헨·프랑크푸르트·암스테르담·파리 등에서 많은 추억을 만들었다. 마드리드에서는 저녁 늦게 〈레알 마드리드〉 축구 경기장에 도착했는데, 이미 관람 시간이 지나서 직접 경기장을 돌아볼 수는 없으나 경기장 바깥을 한번 둘러보아도 된다기에 젊은 일행들은 모두 내렸고, 연로한 정자와 나만 버스에 남아서 일행들을 기다렸다. 지금은 후회가 된다. '그때 레알 마드리드 경기장을 바깥에서나마 둘러 볼걸'하고… 서울에서는 먹지 않던 "짱구"나 "꿀꽈배기" 등 정자가 준비해 온 과자들을 버스로 이동하는 동안 먹으며, "어머, 이렇게 맛이 있었나?" 갸우뚱했던 추억도 떠오른다.

정자는 집에서 두루마리 화장지를 여행가방에 꼭 챙겨오곤 했다. 빨간 비닐 물바가지도 가지고 온다. 물바가지는 어떨 때 쓰려는지 기억에 없다. 그런데 두루마리 화장지는 호텔 베개 대신 밤새 베고 잔다. 그래야 머리가 흐트러지지 않는다면서. 헤어 드라이기는 호텔마다 있지만, 그래도 정자는 집에서 전기 고데기를 가져와서 머리 감고 난 다음에 꼭 고데기로 말아서 서울에서처럼 머리를 단정하게 한다. 여행지에서 한 번도 머리가 삐죽삐죽한 적이 없었다. 여성 가이드가 이를 알아채고 '어쩌면 머리가 한결같으냐?'며 물은 적도 있었다.

정자의 갑작스런 부음을 신송자로부터 전해 듣고 2021년 1월 5일 나는 삼성병원 정자 빈소로 달려갔다. 코로나 때문에 텅 빈 빈소에는 새초롬하면서도 약간 미소를 띤 생전의 정자 사진이 맞아주었다. 마지막 여행 마치고, 나는 자주 전화하지 못한 것을 후회하였다. 야위고 흐트러진 모습을 보이지 않기 위해 친구들 병문

안도 거절했다던 정자를 생각하면(며느리가 전해 준 말) 가슴이 아프다. 내가 통의동 우리 집을 리모델링한다고 하니까, "리모델링 끝나면 꼭 초대해라"고 한 너의 요청에 "그래, 꼭 초대하마"라고 생전에 했던 너와의 약속을 이제는 지킬 수 없게 되었구나. 지금 한창 리모델링이 진행 중이란다. 그런데 너는 무엇이 급하다고 그렇게도 서둘러 하늘나라로 훌쩍 떠나가 버렸니? 너의 타계 소식을 접하고 큰 충격을 받아서 일주일동안 '요실금'을 경험했던 사실을 너는 알고 있기나 하니?

그립다. 정자야! 정다운 그 이름 가만히 불러본다.

4. 제주도 여행을 추억한다

　지난 2022년 2월 15일 지은희 부군의 빈소를 찾아 고인을 추모하고 유족들에게 조문을 마치고 나오면서 문득 13년 전 제주도 여행 때 일이 생각났다. 2009년 그해 늦가을이었다. 미국에 거주하는 서효자가 2년 동안 건국대학교 교환교수로 서울에 와 있었다. 친구들 모임에서 제주도 여행을 계획해서 비행기 타고 제주도로 출발했다. 강숙자 · 구행자 · 김용재 · 서효자 · 신희원 · 엄은옥 · 오경님 · 이문자 · 이영자 · 정령자 · 지은희 · 채영옥 · 황경숙 모두 13명이었다. 초등학생시절 소풍가는 것처럼 마음이 들떴다. 제주도는 국내 여행이지만 비행기 타는 것이 좋았고, 바다도 볼 수 있고, 특히 남방문화의 이국적인 풍미도 느낄 수 있어 더욱 좋았다.
　나는 서울의 기온이 온화하니까 제주도는 우리나라 남단에 위치해서 더 따뜻할 것이라는 소박한 판단으로 가을 등산하듯 가벼운 옷차림으로 내려갔다. 그런데 제주도에 도착하자 비가 부슬부슬

내렸다. 그리고 그 유명한 제주도 바람이 세차게 불어오니 으슬으슬 추위마저 느꼈다. 하는 수 없어서 제주도 무직포로 만든 고깔모자(돌잔치 때 남아들이 쓰는 모자 모양) 하나를 사서 썼으나 추위를 막기에는 역부족이었다. 오들오들 떨면서도 어느 미술관에서 전시하는 이중섭의 '소' 그림과 박수근의 '빨래터' 그림 등을 관람하고 주상절리도 구경하였다. 그리고 오늘날 제주도 탐방에는 감귤농장 견학이 꼭 들어간다. 우리 팀도 감귤농장 앞에서 기념으로 사진 한 컷, 찰칵 셔터를 눌렀다.

참 세상 많이 바뀌었다. 70년대 초만 하더라도 한국에서 감귤 생산은 꿈도 꾸지 못할 때였다. 1970년 직장에서 처음으로 파견되어 일본 동경에서 열린 국제 세미나 일원으로 참석했을 때 첫날 저녁 각국에서 온 참석자들을 환영하는 만찬 파티가 열렸다. 그 풍요롭고 화려한 음식들이 가득 배열된 만찬장 한 귀퉁이에서 오로지 나쓰 미깡(감귤?)을 열심히 까먹는 촌스런 내 모습을 누군가가 카메라에 담았던 사진을 떠올려 보면 격세지감을 느낀다. 어디 미깡 뿐이겠는가! 체리·키위·바나나·애플 망고 등 열대과일이 궁하지 않는 세상이 되었다.

여행의 하이라이트는 저녁 식사를 마친 뒤였다. 옛날 칼(KAL)호텔에 여장을 풀었다. 각자 편한 옷으로 갈아입고 미리 예약해 놓은 1층 자그마하고 아늑한 방에 모였다. 미국에서 떨어져 살다 친구들을 만난 효자는 연신 이야기꽃을 피웠다. 그러다가 미국에서 남편으로부터 걸려오는 전화를 받을 때는 더욱 상냥하고 애교가 넘쳤다. 대학생 때도 애교가 많은 줄은 진작 알았지만, 결혼생활 40년 쯤 되는 한국 부부들은 서로 데면데면하기 십상이련만 효자는 그렇지 않았다. 부럽기도 하고 한편으로는 이해하기가 어려웠다. 말미에 가서 "굿 나잇" 하고는 알아들을 수 없는 짧게 한

마디를 더 말하고 전화를 끊었다. 마지막 말이 무엇이냐고 효자에게 물었다. "러브(love)"라고 답했다. '굿 나잇, 러브!(잘 자요. 내 사랑!)'이었다. 너무 예상 밖의 대답이라 모두들 큰 소리로 배꼽을 잡고 웃었다. "미국에는 모든 부부들이 그렇게 말하느냐? 너만 특별하게 그러느냐"는 등 질문이 빗발쳤다.

마침 그때 누군가의 손 전화 시그널 음악이 울렸다. 지은희에게 온 그의 남편 전화였다. 우리들은 한결같이 은희에게 '러브' '아이 러브 유'라고 말하라고 다그쳤다. 은희는 통화 말미에 "아이 러브 유."라고 발음했다. 전화기 너머 저쪽 목소리는 "뭐라고?" 큰 소리로 되물어 왔다. 뜬금없는 '아이 러브 유'라는 말을 들으니 무슨 소리인지 알 턱이 없었을 법하다. 은희가 다시 한 번 큰 소리로 "아이 러브 유"라고 외쳤고 전화기 너머에선 "제주도에 가서 무얼 먹었기에…"라는 반응이 들려왔다.

친구들은 일제히 웃음보를 터트렸다. 한참동안 말을 잇지 못할 만큼 웃음소리만 온방안을 가득 채웠다. 제주도 여행이 남긴 추억의 한 장면이었다.

5. 탭댄스 배우기 소망목록(bucket list)을 포기하며

1974년 7월 말 영국 카디프대학 인구학연구 졸업식 파티에서 결심한 '언젠가는 꼭 탭댄스를 배우고 말거야'라던 소망목록을 이젠 접어야 할 때가 되었다.

아마도 세 달 전쯤이었던 것 같다. 하루는 효자동 전통시장으로 장보기를 위해 광화문 집을 출발해서 걸었다. 버스 두 정류장되는 거리였다. 반쯤 가다가 왼쪽 다리가 저려서 도저히 걸을 수 없었다. 둘레를 살펴보아도 길가에 쉴만한 의자가 없었다. 그렇다고 엉덩이를 땅에 부치고 앉아서 쉴 수도 없는 노릇이었다. 하는 수 없이 길가에 잠깐 서서 두 손으로 왼쪽 허벅지와 무릎과 정강이를 골고루 두드리며 주물러주었다. 좀 나아진 것 같았다. 교회 가는 길도 마찬가지였다. 한 200m 정도 걸으면 왼쪽 다리를 한 번씩 두들기고 나서야 목적지에 도착할 수 있었다.

어느 날 동네 나이든 아주머니를 만나서 다리 저림에 대해 퇴행성관절염이 아닌가 걱정했더니, 그 아주머니는 이미 박식한 의사

선생님이 되어 있었다.

"아니에요. 그것은 척추협착증 때문에 그런 다리 저림이 와요. 병원에 빨리 가보세요."

나는 그 아주머니의 권고대로 정형외과 병원을 찾아서 X-레이를 찍었으나, 더 자세한 형편을 알려면 MRI를 찍으라는 권고를 의사로부터 받았다. MRI 찍은 결과는 척추협착증 초기 증세라는 판단을 받았다. 운동도 하고, 자세도 바르게 하고 노인 스타일로 천천히 걷고 하니까 이제는 중간 지점에서 다리 두드리는 일은 없어졌다. 특별한 약은 복용하지 않지만 다리 베개도 하고 운동화를 신으며 계단을 오르내릴 때는 손잡이를 꼭 잡는다.

나는 참회한다. 60대 초반 꽃띠 나이였던 시절, 예배 설교 시간에 노인 할머니 둘이 앞자리에 앉아 사탕 껍질을 까느라 '빠지직' 소리를 내어, 귀한 말씀 듣는데 방해가 된다고 속으로 언짢아했던 일을! 길거리에 하염없이 앉아 쉬는 노인 할머니를 동정과 우월감으로 바라보았던 일을! 관절약, 비타민류, 칼슘류, 몸에 좋다는 온갖 약을 욕심 내면서 과거 친정아버지의 약 욕심을 비판했던 일을!

80고지를 앞에 두고 친구들의 건강 적신호 소식을 자주 접한다. 그럴 때마다 "오! 주님" 부르짖음이 절로 나온다.

오 주님! 저희 인간의 교만함을 용서해주소서.
생명은 유한하다는 사실을 왜 진작 깨닫지 못했을까요?
늦은 나이에도 탭댄스를 배우겠다던 허황된 꿈은 교만이었나요?
운동화라도 좋으니 편히 걸을 수 있게만 해 주옵소서.
저희들의 생사화복이 아버지의 뜻에 달렸음을 깨닫게 됩니다.
오, 아버지시여! 이 측은한 인생들에게 긍휼을 베풀어 주옵소서!

참고문헌

1. 저서

강숙자 (1998),《한국여성학연구서설》, 서울: 지식산업사
_____ (2005),《한국여성해방이론-유토피아에서 헤테로토피아로》,
  서울: 지식산업사
_____ (공저) (2007),《세종의 국가경영》,ˊ서울: 지식산업사
강진철 (1980),《고려토지제도사연구》, 서울: 고려대출판부
권오주 외역/쏘온 베리·메릴린 얄롬 편(1991),《페미니즘의 시각에서 본
  가족》, 서울: 한울
김광현 (1993),《이 풍랑 인연하여서-나의 목회일생》, 서울: 성서교재사
김애실 외 역/마리안 A. 퍼버 · 줄리 A. 넬슨 공편(1997)《남성들의
  경제학을 넘어서-페미니스트 이론과 경제학》, 서울:
  한국외대출판부
김영작 (1989),《한말 내셔널리즘 연구-사상과 현실》, 서울: 청계연구소
김예숙역/슐라미스 파이어스톤 (1983),《성의 변증법》, 서울: 풀빛
김예숙역/존 스튜어트 밀 (1986),《여성의 예속》, 서울: 이화여대출판부
김정설 (1987),《풍류정신》, 서울: 정음사
김준기 (2016),《한국의 신모신화》, 서울: 서강대학교출판부
김행자역/베티 프리단(1986),《여성의 신비》, 서울: 평민사
나영균 (2004),《일제시대 우리 가족은》, 서울: 황소자리
문동환 (2015),《예수냐 바울이냐》, 서울: 삼인
박민영 (2020),《임시정부 국무령 석주 이상룡》, 서울: 지식산업사
박순경 (1983),《한국민족과 여성신학의 과제》, 서울: 대한기독교서회
박영배 (2018),《켈트인, 그 종족과 문화》, 서울: 지식산업사
박영혜 (1984),《한국여성학의 전망》, 서울: 숙대출판부

박용옥 (1984), 《한국근대여성운동사연구》, 성남: 한국정신문화연구원

_____ (1996), 《한국여성 항일운동사 연구》, 서울: 지식산업사

_____ (2001), 《한국여성 근대화의 역사적 맥락》, 서울: 지식산업사

박충석 (1982), 《한국정치사상사》, 서울: 삼영사

슈테판 츠바이크 (1932), 《마리 앙투아네트 평전》, 서울: 풀빛

오욱환 (1993) 《미군 점령시대의 한국교육》, 서울: 지식산업사

이덕무 (1775), 《士小節》〈婦儀〉

이만규 (1947), 《조선교육사 상》, 서울: 한국진흥원

이어령 (2010), 《지성에서 영성으로》, 서울: 열림원

이윤갑 (2019), 《한국근대 지역사회 변동과 민족운동》, 서울:
       지식산업사

이창선 (2021), 《누구에게 역사인가》, 서울: 지식산업사

이효재 (1989), 《한국의 여성운동》, 서울: 정우사

임혁백 (1994), 《시장 · 국가 · 민주주의》, 서울: 나남

전희경 (2008), 《오빠는 필요없다−진보와 가부장제에 도전한 여자들
       이야기》, 서울: 이매진

정의숙 · 조정호역/케이트 밀레트 (1976), 《성의 정치학》, 서울:
       현대사상사

조명한 (2015), 《에베소서의 이해》, 서울: 지식산업사

진덕규외 (2002), 《세계화 과정에서 공동체주의》, 서울: 신유

_____ (2021), 《한국의 민족주의론》, 서울: 지식산업사

하지연 (2015), 《식민사학과 한국근대사》, 서울: 지식산업사

홍인표 (2019), 《여성과 한국교회》, 서울: (사)기독교문서선교회

2. 논문

김세서리아 (2001), 〈음양과 성차이―끝나지 않은 싸움〉《철학의 눈으로
　　읽는 여성》, 서울: 철학과현실사

김애실 (1985), 〈가사노동의 경제적 가치〉《여성연구》 가을호, 서울:
　　한국여성개발원

김혜경 (1985), 〈가사노동 이론에 관한 연구―여성해방론에서의 접근을
　　중심으로〉, 이화여대 대학원 석사논문〉

김용섭 (1977), 〈일제 관학자들의 한국사관〉《한국근대사론》 I권, 서울:
　　지식산업사

안연선 (1988), 〈한국식민지 자본주의화 과정에서 여성노동의 성격에
　　관한 연구― 1930년대 방직공업을 중심으로〉 이화여대 대학원
　　석사학위 논문

신옥희 (1987), 〈철학적 여성학―실존철학의 타자개념과 현대 여성학〉
　　《여성학논집》 4집, 서울: 이대여성연구소

양승태 (1990), 〈예속과 해방의 논리와 비논리―J.S. 밀의 《여인의
　　예속》에 나타난 여성의 자유·평등 논리에 대한 인성론적 비판〉
　　《논총》 57집, 서울: 이화여대 한국문화연구소

이효재 (1976), 〈세계여성의식의 동향〉《한국여성의 어제와 내일》,
　　서울: 이대출판부

_____ (1977), 〈일제치하 한국여성노동운동〉《한국근대사론 III권》,
　　서울: 지식산업사

장상 (1985), 〈기독교 여성관의 재발견〉, 《한국여성학》 창간호, 서울:
　　한국여성학회

정대현 (1983), 〈이론의 선택과 실학적 방향: 최한기의 실학이론을
　　중심으로〉《철학연구》 18집, 서울: 철학연구회편

정세화 (1984), 〈이대 '여성학'강좌의 교육내용 및 운영의 문제점과
　　개선방안〉《여성학논집》 창간호, 서울: 이대여성연구소

최숙경 (1983), 〈한말 여성해방논리의 발전과 그 한계점〉《논총》 43,
　　서울: 이화여대 한국문화연구원

3. 외서

Agonito, Rosemary(1977), *History of Ideas on Women*, New York: G. P. Putnams & Sons

Angerman, Arina, et. al.(1989), *Current Issues in Women's History*, London: Routledge

Basch, Norma(1982), *Women, Marriage and Property in Nineteenth-century*, New York: Cornell Univ. Press

Barbara, Johnson(1998), *The Feminist Difference*, Beacon: Harvard Univ. Press

Baruch, Elaine Hoffman(1991), *Women, Law and Power*, New York: New York Univ. Press

Beard, Mary R.(1946), *Women as Force in History*, New York: The Macmillan Co.

Beauvoir. Simone de. H. M. Parshley(tr., 1961), *The Second Sex*, New York: Bantam Book

Biemer, Linda B.(1979), *Women and Property in Colonial New York: The Transition from the Deuch in the English Law 1643-1717*, Ann Arbor: UMI Research Press

Birke, Linda(1986), *Women, Feminism and Biology*, Brighton: Whearsheaf Books Ltd.

Bluestone, Natalie H.(1987), *Women and the Ideal Society*, Amherst: The University of Massachusetts Press

Bottomley. Anne & Joanne Conaghan(ed. 1993), *Feminist Theory and Legal Strategy*, Oxford: Blackwell Publishers

Bremmer, Jan(ed. 1989), *From Sappho to De Sade*, London: Routledge

Bunch, Charlotte(1987), *Passionate Politics*, New York: St. Martins Press

Burstyn, Joan N.(1984), *Victorian Education and the Ideal of Womanhood*, New Brunswick: Rutgers University Press

Bynum, Caroline(1986), *Gender and Religion: On the Complexity of Symbols*, Boston: Beacon Press

Cruikshank, Margaret(1982), *A Lesbian Studies*, New York: Feminist Press

Daly, Mary(1978), *Gyn/Ecology: The Metaethics of Radical Feminism*, Boston: Beacon Press

Davis, J. C.(1981), *Utopia and Ideal Society*, New York: Cambridge University Press

Denise, Thompson(2001), *Radical Feminism Today*, London: Sage Publications

Donaldson, Laura E.(1993), *Decolonizing Feminism: Race, Gender & Empire-building*, London: Routledge

Eichler, Margrit(1980), *The Double Standard*, New York: St. Martins Press

Elliot, Faith R.(1986), *The Family: Change or Continuity?*, Atlantic Highlands: Humanitis Press International Inc.

Elshtain, J. Bethke(1981), *Public Man, Private Woman*, Princeton: Princeton University Press

_____(ed. 1982), *The Family in Political Thought*, Amherst: The University of Massachusetts Press

Engels, Friedrich(1884, 1984), *The Origin of the Family, Private Property and the State*, New York: International Publishers

Erler, Mary(1988), *Women & Power in the Middle Age*, Athens: The University of Georgia Press

George, Margaret(1988), *Women in the First Capitalist Society - Experiences in Seventeenth-century England*, Chicago: The University of Illinois Press

Grimshaw, Patricia(1985), *Women in History: Reconstructing the Past*, Sydney: George Allen & Unwin

Hanawalt, Barbara(1986), *Women & Work in Preindustrial Europe*, Bloomington: Indiana Univ. Press

Hekman, Susan(ed. 1999), *Feminism, Identity and Difference*, London: Frank Cass

Hill, Bridget(1989), *Women, Work and Social Politics in Eighteenth-century England*, Oxford: Basil Blackwell Ltd.

Himmelfarb, Gertrude(1987), *Marriage and Morals in Victorians*, New York: Vintage Books

Hoagland, Sarah Lucia(1998), *Lesbian Ethics*, Palo Alto: The Institute of Lesbian Studies

Jagger, Alison(1983), *Feminist Politics and Human Nature*, Sussex: The Harvester Press

Joekes, Susan(1987), *Women in the World Economy*, Oxford: Oxford Univ. Press

Kaufman Linda(1989), *Gender and Theory*, Oxford: Basil Blackwell

Kehoe, Monika(ed. 1986), *Historical, Literary, and Erotic Aspect of Lesbianism*, New York: Harrington Park Press

Kelly, Joan(1984), *Women, History and Theory*, Chicago: The University of Chicago Press

Kennedy, Ellen-Susan Mendus(1987), *Women in Western Political Philosophy*, New York: St. Martins Press

Kleinberg, S. Jay(ed. 1988), *Retrieving Women's History*, Paris: UNESCO Press

Leacock, Eleanor(ed. 1980), *Women and Colonization*, New York: Bergin Publishers Inc.

Lewis, Judith Schneid(1986), *In the Family Way: Childbearing in the British Aristocrary 1760–1860.* New Brunswick: Rutgers Univ. Press

MacMillan, Sally G.(1990), *Motherhood in the Old South: Pregnancy, Child– birth and Infant Rearing,* Baton Rouge: Louisiana State Univ. Press

Peterson, Joanne(1989), *Family Law and Work in the Lives of Victorian Gentlewomen,* Indianapolis: Indiana Univ. Press

Pinchbeck, Ivy(1930), *Women Workers and Industrial Revolution,* London: Virago Press

Ramazanoglu, Caroline(1989), *Feminism & Contradiction of Oppression,* London: Routledge

Rowbotham, Shelia(1974), *Hidden from History,* New York: Pantheon Books

Salomone, Rosemary(1986), *Equal Education Under Law,* New York: St. Martins Press

Scott, Joan Wallach(1988), *Gender and the Politics of History,* New York: Columbia Univ. Press

Stanley, Mary Lyndon(1989), *Feminism, Marriage and the Law in Victorian England 1850–1895,* Princeton: Princeton Univ. Press

Stone, Lawrence(1977), *The Family: Sex and Marriage in England 1500–1850,* New York: Harper & Low Publishers

Tarcia, Carole & Carole Offirs(1977), *The Longest War: Sex Difference in Perspective,* New York: Harcourt Brace Jovanovich Inc.

Tilly, Louse A & Joan W. Scott(1987), *Women, Work and Family,* London: Routledge

Tong, Rosemary(1989), *Feminist Thought,* Boulder: Westview

Press

Vogel, Lise(1983), *Marxism and the Oppression of Women:*
Travel an Unitary Theory, New Brunswick: Rutgers
Univ. Press

Walby, Sylvia(1990), *Theorizing Patriarchy*, Oxford: Basil
Blackwell Ltd.

Weedon, Chris(1999), *Feminism: Theory and the Politics of*
Difference, Oxford: Blackwell Publishers

Weigle, Marta(1989), *Creation and Procreation*, Philadelphia:
The University of Philadelphia Press.

Weil, Kari(1992), *Androginy and the Denial of Difference*,
Charlottesville: The University of Virginia Press

Midgley, Mary(1988), "On Not Being Afraid of Natural Sex
Difference", M. Griffiths & M. Whiteford(ed.) *Feminist*
Perspectives in Philosophy, Indianapolis: Indiana
University Press